石井正敏著作集4

通史と史料の間で

荒野泰典・須田牧子・米谷 均〔編〕

勉誠出版

序言——通史と史料の間で——

第四巻には、他の三巻のように、渤海史や遣唐使など特定のテーマに絞りえない多様な論稿のうち、通史と史料論に関わる論稿を三部に構成してまとめた。すなわち通史としてⅠ「古代日本と東アジア」とⅡ「武家外交の誕生」を置き、史料論としてⅢ「虚心に史料を読む」を置いて古代から近世に渉る論稿を配した。石井氏は、研究史や通史をもって歴史を大局的・俯瞰的に見渡す視点と、個別の史実や史料という歴史のディテール（細部）に注ぐ緻密な視点との間を、自由闊達に往き来しながら歴史像を構築されていたように思われるが、そうした氏の姿勢が浮き彫りになるよう意図したものである。また石井氏は、あまり表立って語られることはなく、むしろ軽い冗談のようにして話題にのぼせられることのほうが多かったようだが、私たちが生きるこの現代という時代や世界に対する強い関心の持ち主でもあった。史料の読みこみと通史の構築という作業は、現代というフィルターを通して石井氏らしい歴史像に形象化された、と言ってよいだろう。

Ⅰ「古代日本と東アジア」1「研究の歩み」は、荒野泰典・石井正敏・村井章介編著『日本の対外関係1　東アジア世界の成立』「総説　対外関係史研究の現状と展望」（吉川弘文館、二〇一〇年）のうち、石井氏が執筆した「研究のあゆみ」を再録した。本章は、通史と史料論をテーマとする本巻の総論に相当する。そして現在の歴史学者の研究の軌跡ではなく、前近代の人々の編著書を題材として、各時代における対外関係「研究」の実態をたどる、という斬新な手法が採られている。換言すれば、史料論の観点から通史的叙述をこころみた、とも言えよう。論述の対象は、古代の『古事記』（七一二年）ならびに『日本書紀』（七二〇年）から『日本三代実録』（九〇一年）までの六国史、王朝文学と平安貴族の「勘例」（調査報告）、中世の『善隣国宝記』（一四七〇年）、近世の『異称日本伝』（一六八八年）や『通航一覧』（一八五三年）などを経て、近代初めの外務省編『外交志稿』（一八八四年）に及ぶ。そこで判明したことは、①律令と国史の両輪によって、古代日本国家が理想とする華夷秩序観が形成され、神功皇后の三韓征伐や任那日本府などの物語が、史実として認識され後世に絶大なる影響を遺したこと。②諸外国との公的外交が途絶えた十世紀以降は、異国への強い憧憬が昂じて、異国との交流を虚構の世界に仮託し、『竹取物語』『宇津保物語』『源氏物語』の中で異国譚が語られるようになったこと。③先例主義が主流となる時代では、過去の対外関係記事の蒐集と整理は行われても、それは「研究」とは言い難く、当時の外国の実情に対してはむしろ無関心であったこと。④室町時代に『善隣国宝記』が出て、ようやく対外関係の「研究書」と呼びうるものが日本にも出現し、江戸時代以降は、『異称日本伝』をはじめ現在でも参照に堪えうる「研究書」が続々登場したこと、などである。

2以下は、日本列島の地理的環境から説き起こし、十一世紀後半までに及ぶ通史を展開する。2「東アジア世界の成立」では、二世紀から七世紀まで縄文時代前期から七世紀頃までの日本列島と海を介した外の世界（東アジア地域）との交流が描かれる。この間に、中国外交に関する記録がとだえる期間、いわゆる空白期間（三世紀後半～五世紀はじめ）を経て、列島の政治的社会では、強力な王権秩序と大王を頂点とする官僚組織が形成された。

3「律令国家と東アジア」では、七世紀から九世紀までの日本の対外関係が描かれる。中国大陸は隋・唐の成立から滅亡まで、朝鮮半島は三国の対立から新羅の統一を経て後三国の分裂時代までで、日本は飛鳥時代から平安時代前期にあたる時期である。日本では律令国家が成立し、天皇を日本型中華世界の中心に据えた世界観が形成されてゆく。またイスラーム教が成立して、仏教・キリスト教と並ぶ三大宗教が出そろい、中央アジアをはさみ西アジアのイスラーム帝国・東アジアの唐帝国が対峙する。東は日本から西はローマにいたるルートが、陸路・海路ともに発達して歴史を活性化させ、対外関係は国家間外交から商人中心の貿易の時代へ移行する。

4「通交・通商圏の拡大」は、十世紀から十二世紀を対象とし、冒頭の一節が村井章介氏との共著、前半（十一世紀後半まで）が石井氏、後半が村井氏の執筆からなる。本巻は共著部分と石井氏執筆分を収録した。この時期、中国では五代十国の分裂時代から宋による統一、朝鮮半島では新羅から高麗、北方では渤海から契丹へと推移し、日本では律令体制が崩れて中世的な国家・社会が形成される。その形成過程については、国際交流拡大の潮流に投げこまれた日本の実態を踏まえてダイナミックに叙述され、かつての自足的な東国武士団の成長史や平安時代＝「鎖国」観は根底から捉え直されている。

Ⅱ「武家外交の誕生」は、NHKの歴史番組『さかのぼり日本史』外交篇［8］鎌倉の「武家外交――なぜ、モンゴル帝国に強硬姿勢を貫いたのか――」を書籍化したものを収めた。弘安の役（一二八一年）の結末から起稿して、徐々に源頼朝の時代までさかのぼり、日本の外交権が朝廷から幕府に移り、「武家外交」が誕生する過程を論じている。石井氏は中央大学で、「東アジアの『今』を『昔』から考える」という副題のもと、「日本古代史」の講義を担当し、常に現代を意識しながら過去を考えることの重要性を、学生に伝えていたと言う。「さかのぼる」構成自体は番組の要請であったが、「さかのぼる」視点は氏の授業方針と合致していたようだ。

1「幕府滅亡 強硬路線の果てに」は、クビライの日本侵略戦争である文永の役（一二七四年）から弘安の役（一二八一年）までの戦間期を主に論じたものである。クビライによる杜世忠の派遣（一二七五年）と、旧南宋捕虜の高麗屯田などを分析し、クビライが和戦両様の方針をもって日本再侵略に臨んでいたことを鋭く指摘する。また使者を斬首し返牒はしないという幕府の強硬対応のなかで、事実上、朝廷が幕府の諮問機関となる過程で、外交の最終的決定権を喪失してゆく過程と意義とを論じる。

2「握りつぶした協調の道」は、文永の役（一二七四年）に至るまでの日元交渉を主題として、特に三度に渉って日本にもたらされたモンゴルと高麗の国書を詳しく分析する。石井氏は、最初のクビライ国書（一二六六年）の末尾に見える脅迫文言につき、日本側が過剰反応したと見る近年の研究に対し、違例・無礼とみなした日本側の態度も、伝統的な漢文外交文書の常識から見れば無理からぬものであるとし、それが一種の文化摩擦の典型であると結論する。また高麗三別抄の救援要請の牒状（一二七一年）に対し、幕府や朝廷が十分な注意を払えなかったのは、クビライ国書を携えて直後に来日した趙良弼への対応に追われたからであろうと推測する。このあたりの分析は、石井氏のリアリズムがよく表れているように思う。

3「幕府が信じた外交ルート」は、モンゴル帝国誕生後の海外情報につき、幕府はどのようなルートからこれを入手したのかを中心に、文永の役（一二七四年）前夜の状況を論じてゆく。情報源の一つは、江南から招聘した禅僧たちである。特に無学祖元のように、蒙古夷狄観が法語の中に垣間見られるような禅僧たちが、幕府要人に与えた影響は大きかったであろうと、氏は推測する。もう一つは大宰府からの情報である。ただし鎌倉時代以降の大宰府は、九州管内の統治機能の方を幕府からは求められていたため、従来の海外業務の方は、いささかおろそかになっていたのではないかと言う。

4「源頼朝〝敗訴〟からのスタート」は、唐船の積荷をめぐる摂関家領島津荘と大宰府との訴訟事案を題材に選んで、源頼朝と対外関係という珍しいテーマを論じつつ、草創期の幕府と外交との関わりを描写したものである。頼朝は、文治元年（一一八五）頃に、側近の天野遠景を鎮西奉行として九州へ派遣し、大宰府の実権を掌握させているが、右の唐船一件は、彼が博多で行った「新儀」の処置が訴えられた事件である。頼朝は側近の遠景を擁護せず、摂関家の主張を認める裁決を下す。石井氏はそこに、旧勢力に対して配慮と調整を施しつつ、自己の政権を着々と構築する老獪な頼朝像を読み取っている。また宋で狼藉を働いて帰国した在日宋人の処罰をめぐる朝廷の裁決に、頼朝が何ら関与した形跡が見られないことから、幕府草創期の外交大権は、蒙古襲来の時とは異なり、まったく朝廷の専権事項であったと指摘する。

石井氏の「蒙古襲来」への関心は、学生時代に読んだ井上靖の小説『風濤』（新潮文庫、一九六七年）に始まり、印象深かったのはそこで描かれた高麗の苦悩であったと言う。その関心は、氏が史料編纂所に勤務していた頃、「高麗牒状不審条々」という一通の文書と運命的に出会うことによって、さらなる進展を遂げる。そして分析の結果、氏が特に着目したのが「情報」の重要性である。蒙古・高麗・日本間でやり取りされた、あるいは(意図的に)されなかった外交文書を、氏は丹念に収集して読み込んだ。その結果、三国間、あるいは朝廷と幕府が、折々の局面で、どのような情報を持ち(あるいは持たず)、結果としてどのような選択をしたかが、浮き彫りにされることになった。ことに「攻める側も守る側も情報を収集して分析し、戦略を立てることもないまま不毛の争いに突入してしまった」と言う氏の結論は、現在の国際紛争の原因にも通じる重大な指摘であろう。

Ⅲ「虚心に史料を読む」には、一九八〇年から二〇一一年の間に書かれた、十一点の史料論に関する短編を収録した。「虚心に……」という表題は、本著作集第三巻に収録された氏の論文「『参天台五台山記』研究所感――虚心に史料を読む、ということ――」の副題から借用した。その理由は、石井氏の史料に接する姿勢、ひいては歴史に対峙する心構えを端的に表しているように思われるからである。

1「崇親院に関する二・三の問題点」は、困窮子女の収養のため洛中に設けられた崇親院の位置と、その附属所領を論題とする。氏は、昌泰四年(九〇一)四月五日の太政官符を綿密に検討して、崇親院の位置を確定し、その房室はもともと洛東の鴨河原にあった家宅を移築したもので、鴨河原五町の所領は、家地の跡を開墾して水田化した最古級の事例であることを示した。この発見は、戸田芳実氏の「宅」論にもつながりうる論点を提示している。2「陽明文庫本『中右記』管見」は、藤原宗忠『中右記』の写本について論じたもので、陽明文庫本の書写者の一人が、後鳥羽上皇の寵臣で、承久の乱の際、北条義時追討の院宣を起草した葉室光親であった可能性が高いことを指摘する。

3「徳川光圀と『高麗史』」と4「朝鮮通信使との交流と『東国通鑑』」は、日本における朝鮮史書の流通を論じたものである。光圀は、稀覯本である『高麗史』の購入を、元禄四年（一六九一）に試みるも果たせず、同書は前田綱紀の手に渡った。もっとも光圀はすでに寛文七年（一六六七）に『東国通鑑』を刊行していたため、『高麗史』の入手に実はあまり執着していなかったのではないかと石井氏は推測する。いっぽう『東国通鑑』は、林春斎（鵞峰）を始め多くの日本人に愛読されていたが、寛延元年（一七四八）に来日した朝鮮通信使と日本人との筆談において、史書としては粗雑で参照に堪えないことが指摘されたと言う。もしも光圀が『高麗史』を入手し刊行していれば、近世における朝鮮史研究は一変していたであろう。なお綱紀が金百両で入手した『高麗史』は、現在は行方不明とのことである。

5「以酊庵輪番僧虎林中虔」は、天龍寺の禅僧虎林中虔と、儒者林春斎との詩文交遊を論じたもの。若年より漢詩文に才能を発揮した虎林は、寛文五年（一六六五）に以酊庵輪番僧として対馬に赴任し、朝鮮国内で起きた様々な異変情報を入手して春斎に伝えた。その情報群は、「倭乱の前兆」と結びつけられた一種の怪情報で、日本に対する朝鮮の警戒心を投影したものであり、情報論の見地から見ても極めて興味深い。なお虎林は、瑞渓周鳳『善隣国宝記』の明暦三年（一六五七）刊本の跋文を著している。この室町時代に編纂された外交史料集は、複数の木版本・写本・活字本が伝来しており、6「『善隣国宝記』諸本解説」は、これら諸本を書誌的に整理したものである。その上で石井氏は、諸本の比較を通じて、瑞渓が同書編纂を一旦完了した文明二年（一四七〇）の形態に近づこうと試みている。

7「『唐大和上東征伝』」、8「『日本紀略』」、9「『旧唐書』『新唐書』に描かれた「倭」「日本」」は、伝記や史書の内容や成立過程を論じたものである。7は、思託が師の鑑真の伝記を作成しようとした動機を探り、名文家として名高い淡海三船に、伝記の撰述を重ねて依頼した背景を探る。9は、二つの唐書に収録された日本伝を丁寧に読み、「日本」国号の改称背景を問い直したものである。石井氏の厳密な解釈により、右の改称動機をめぐる日本側の見地と中国側の見地が見事切り分けられ、「倭の卑名を嫌って日本に改称した」という説は、後者に基づく憶測に過ぎないことが分かる。8は、神代から後一条天皇の長元九年（一〇三六）に至る記事を、六国史などの諸書から抄出・編纂した『日本紀略』の諸問題を論じたもの。石井氏はまず、『日本紀略』の記事を引用元と思しき典拠史料と厳密に比較して、その差違を示す。そこで判明したことは、不適切な史料引用の実態であり、大意をまとめた取意文の有する危険性である。文章を節略化する過程で、複数の記事が月日や年号を跨いで合体させられている場合も多い。典拠文献が亡失した宇多天皇紀以降の記事は、さらに多くの問題点を孕む。また「是日」と解釈されがちな「其日」という表記は、「ある日」という意味の「某日」であることに、氏は注意をうながすが、この一見ささやかな指摘は、のちに「遣唐使の停止」議論に関わる重大な論点へと発展する（詳細は第二巻所収「いわゆる遣唐使の停止について」を参看されたい）。隙の無い緻密な論証は、かつて史料編纂業務に従事していた石井氏の史眼の厳しさを思い起こさせるものがあり、第三部の諸論文のなかでも出色のものかと思う。

10「印象に残る印章の話」は、美濃岩村藩が出版した『慶安御触書』にある「成教於国」の印章の典拠を論じたもの。石井氏は、各種の「印譜集成」を座右に揃え、文言の典拠は常に『佩文印譜』や『経籍纂詁』等をもって確認していたと言う。印文一つもゆるがせにしない氏の姿勢がうかがえる。

最後の11「『肥後守祐昌様琉球御渡海日記』」は、寛永十五年（一六三八）に、薩摩の使者として琉球に渡航した伊東祐昌の日記を全文翻刻し、その概要を紹介したものである。その使命は、島津光久の藩主就任を琉球王府に告げることと、琉球の対明貿易の懸案事項について交渉することにあった。また中国大陸における清の勢力拡張が琉球に及ぼす影響を探ることも、使節派遣の背景の一つであったと言う。同時期の寛永六年（一六二九）、大陸・半島の情勢探索のため対馬から朝鮮へ使節が派遣され、その道中日記が両種（『方長老上京日史』『御上京之時毎日記』）遺っていることも、全くの偶然とは言え興味深い。ともあれ本史料は、近世初期の数少ない琉球奉使記録であると同時に、点茶や立花を通じた薩琉文化交流など、当時の琉球の上流社会の一側面を知る上でも、まことに貴重なものである。

以上、石井氏が検討対象とした史料は、古代から近世におよぶ幅広いもので、また多様であり多岐に渉る論点をも内包する。これらの小論からは、石井氏の現地調査をふくむ周到な調査と緻密な考証におのずから顕れる碩学ぶりとともに、氏の幅広く生き生きとした好奇心と巧まざるユーモアも伝わってくる。奥様の「本当に研究がすきで」というお言葉通りの石井氏の人柄が垣間見られる。

本巻の編集は、私と米谷均・須田牧子が担当した。原本校正や索引の作成等、編集に関わる基礎的な作業は米谷・須田両氏による。特記して、謝意を表したい。

荒野泰典

第四巻　通史と史料の間で　目次

III 虚心に史料を読む……223

凡例

・本書の編集は、荒野泰典・須田牧子・米谷均があたった。
・本書は初出誌を底本として原則として原文のまま収録した。数字表記なども原則として原文に従い、統一をかけることはしなかった。
・『日本の対外関係』シリーズにおいては、該当巻所収論文注記に略記が用いられているが、他の論文注記の形式に合わせて改めた。
・『さかのぼり日本史』原著に用いられている挿図はこれを略し、必要最小限にとどめた。
・著者所蔵原本に著者本人による訂正指示が記載されていたものは、編者の判断に基づき、これを訂正した。
・編者の判断により、明らかな誤植等については訂正を施した。

Ⅰ　古代日本と東アジア

1　研究の歩み

一　対外関係の語義

今日の日本で対外関係といえば、日本と諸外国との国家間レベルの外交や経済・文化を中心とする交流を指して用いられているが、歴史をふり返れば日本列島の人々と異なる民族や集団との交流は国家成立以前から存在している。その地域は日本列島に近接する朝鮮半島や中国大陸から、次第にアジア、そして欧米へ、北方では北海道からサハリンを経てロシアへ、一方の南方では薩南諸島・琉球諸島そして台湾を経て東南アジアへと広がり、現在の地球規模の交流の時代を迎えている。交流のあり方は多様であるが、政治外交・経済貿易そして社会文化の三つの柱に集約することができ、これらが常に複合的に連関しながら展開されている。対外関係史とは、こうした有史以来今日に至るまでの、日本の「外」との多様な交流のあり方を研究する学問分野である。*

こうした政治外交・経済貿易・社会文化等の交流についての、「外交史」「貿易史」「文化交流史」等で呼ばれる部門別研究を包括する総合的な呼称として、かつては「海外交通史」「海外交渉史」「対外交渉史」等の名称が用いられていたが、国民国家の枠組みではとらえきれない、多種多様な交流の諸相を考究する上で、より視野の広い研究が求められるところから、今日では「対外関係史」の語が定着している。国家間の外交一つを例にとっても、使節の派遣や外交文書のやりとりで済むわけではなく、また問題が当事国同士にとどまることは少なく、近隣の諸国・諸地域と複雑に絡み合って展開されるのが常である。それらを総合的な視野に立ち、歴史的意義を探求するのが、対外関係史の研究ということになるであろう。**

＊ 内・外、境界等の観念については、総説の村井章介「境界と地域」（村井章介二〇一〇）を参照。

＊＊ 編者の間で本シリーズ（日本の対外関係1〜7、吉川弘文館）の名称を「対外関係」とするか「国際関係」とするか、多少の議論があり、最終的に「対外関係」としたことについては、総説の荒野泰典「民族と国家」（荒野泰典二〇一〇）を参照。

1　対外関係史研究の現状

近年の歴史学研究の中で、対外関係史の研究は特に活況を呈している分野にあげられる。*それにはさまざまな理由が考えられるが、グローバル化の影響で、人々のアジアさらには世界への関心が増し、その歴史についても目が向けられるようになったこと、また日本史・東洋史・西洋史、あるいは文献史学・考古学といった既成の枠組みを取り払い、また国籍や民族を超えた、国際的・学際的な研究がもっとも必要な分野として、大いに奨励されていることもあずかって力があるものと思われる。さらに海外史料の調査・蒐集そして情報公開も大きな理由となっている。情報技術（ＩＴ）の進展が学問の諸分野にもたらした影響は大きいが、対外関係史研究もその恩恵を強く受けている分野といえるであろう。**

＊　参考文献の末に主な文献目録二冊を掲げたが、いずれも一九九〇年代より以前の編纂であり、この二〇年間の研究の進展を考えると、増補版が必要とされるところである。

＊＊　ごく最近の『日本歴史』七四〇号（二〇一〇年一月）では「日本史研究とデータベース」と題する特集が組まれ、有益な情報が紹介されている。

二　「外」へのまなざし

もちろんこのような対外関係史に対する関心は今に始まったことではない。現代につながる研究としては、すでに戦前以来の日唐関係・日宋貿易・日蘭関係など精緻な個別実証的な研究がみられ、それに加えて戦後には対外関係の枠組みを理論的にとらえようとする試みが、まず古代の分野で始められ、やがて前近代を通じて展開されている。東アジア世界論、冊封体制論、国際的契機論、東夷の小帝国論、朝貢貿易システム論、華夷秩序論、王権論、鎖国論、海禁論等々が提起され、議論されている。これまで蓄積されてきた実証と理論の成果を、近年の国際政治学や社会学、さらに民俗学などとの総合的な研究のもとに、批判的に継承しようとする活発な研究動向がみられる。本シリーズのねらいの一つに、こうした研究の現在における到達点を示すことがある。

このような歴史をもつ対外関係史研究の歩みというテーマに対しては、折に触れて時代別に回顧と展望がなされているが（最近の主な論考を参考文献に掲げた）、田中健夫に『対外関係史研究のあゆみ』と題する著書があり（田中健夫 二〇〇三）、対外関係史とは何かという基本問題から、今日にいたるまでの研究史が扱われており、きわめて有益である。特にその「I　対外関係の基本問題」の「一　対外関係史研究の課題」は「中世の問題を中心に」と副題が付けられているが、中世の問題に限らず、古代から近現代にいたるまでの研究史が、時代の特色とともに、的確に記述されており、もっとも参考にすべき成果である。また本シリーズ所収の諸論文も十分に研究史を踏まえて叙述されており、論文末には参考文献もあげられている。

1　本論の視角

そこで、本シリーズの総説においてご研究史に触れるにあたり、重複を避ける意味から、やや視点を変えて、今、我々が研究の対象としたり、あるいは依拠している前近代の編著書を対象として、「研究」の軌跡をたどってみることにしたい。もちろん今日の「研究」と同列に論じるわけにはいかないが、それぞれの編著書がまとめられた時期の近現代史であり、その時々の対外関係をどのようにとらえていたか、興味深い問題を含んでいると思われるからである。史料を取捨選択し、編纂するという基本的な作業において、今日の「研究」と同じ努力が払われており、「外」へのまなざし――関心のあり方――という視点に立って、基本的な著作を取り上げて考えてみることも意義のあることであろう。その作業はまたそれぞれの時代の対外認識の足跡をたどることにも通じる。それぞれの時代が対外関係をどのように位置づけてきたか、対外関係史料の蒐集・分析・編纂とその背景という視点から、研究史の一端をさぐることにしたい。

三　六国史

1　『日本書紀』と律令――対外観形成の両輪

対外関係に関わる著作として、まずあげるべきは『日本書紀』以下『日本三代実録』に至る勅撰の六国史であろう。

四世紀末の広開土王碑文にみえる「(倭が)百残《(済)》・新羅を臣民となす」という記事が、どこまで事実を物語っているのか問題はあるが、五世紀に倭の五王が中国の王朝から「使持節都督倭・新羅・任那・加羅・秦韓・慕韓六国諸軍事」の称号を得たことは、自らを中華として朝鮮諸国を夷狄に位置付ける華夷秩序の思想が形成される大きな契機になったに違いない。中国に対しては東夷でありながら、朝鮮諸国に対しては中華で臨むという、倭（日本）の二つの顔ができあがる。

後者の顔を国家の基本とすべく、やがて自前の国号日本と君主号天皇を創出し、法制としての整備がおそらく浄御原令でこころみられ、まもなく大宝律令の完成（七〇一年）によって、唐をも蕃国に位置付ける法体系を作り上げた。そしてその歴史的裏付けとなる史料集として編纂されたのが『日本書紀』（七二〇年）である。律令と正史を車の両輪として、日本古代の国家の理想とする華夷秩序体制の根拠は整えられたのである。特に神功皇后の三韓征伐説話や任那日本府等々の物語は、『古事記』（七一二年）の撰述と相俟って「国家の歴史」として定着し、現代にいたるまで日本・日本人の対外認識に大きな影響を与えていることは周知のとおりである。『日本書紀』に続く『続日本紀』以下の五国史においても『日本書紀』の対外観が継承され、さらに増幅されていく。

2　『日本書紀』とその影響

六国史とは言うものの、その後世への影響力において『日本書紀』に勝るものはない。『日本書紀』については、その書名からして外国を意識して書かれたとされるが、海外諸国に見せること、見られることを考えていたのかは何とも不審である。おそらく編纂当時の朝廷に外国に見せようという意識はなかったとみるべきであろう。儀制令に「皇帝　華夷の称する所」とある。この華夷とは日本国内を指して用いられている。すなわち、華夷秩序と言いながら、「中華」の中だけで通用させる限り、いか様でも独善的な歴史観、対外認識を盛り込むことが可能であったのである。それでも『日本書紀』では、異説がある場合、異説を併記した上で、たとえば「後勘校者知之也」（継体天皇二十五年十二月庚子条）のように記している。編者が当時残されていた文字史料や口伝をまとめるに際して、取捨選択に努めた研究の一端を知ることができるとともに、必ずしも明らかでない記事は後考に俟つとする姿勢をみせている。『日本書紀』に『魏志』倭人伝の一部が引用されていて、神功皇后を卑弥呼に擬していることはよく知られている。そしてその紀年も現行の『魏志』倭人伝が景初二年と伝える卑弥呼の初めての遣使記事を、神功皇后三十九年条に景初三年として掲載している。景初二年・三年をめぐっては議論のあるところであるが、ともかく中国史料の記事を日本の紀年に換算して神功紀に掲載するという行為は、研究と称してよいであろう。

3　六国史と対外関係記事

こうして諸史料に取捨選択を加えて六国史は編纂されている。紀伝体をとる中国の正史では、巻末に外国伝が付されている。これに対し、日本の六国史は編年体を基本としているため、外国伝としてまとまった記述はないものの、対外関係記事は相当の分量を占めている。九世紀の末に菅原道真が六国史の記事を部門ごとに編集した『類聚国史』では、全二〇〇巻のうち、巻一九一から巻二〇〇までの一〇巻（五％）が殊俗部として、対外関係記事に宛てられている。欠巻があり、詳細は不明であるが、巻一九一～一九二には隋・唐を中心とする中国関係、巻一九三・一九四には高麗（高句麗）・渤海上下、巻一九五～一九八には百済・新羅・任那等が収められていたとみられる。六国史の中でもっとも大部な『日本三代実録』の扱う時代には唐・新羅との外交はなく、渤海との交流のみであり、またその序文に、「節会の儀注、蒸嘗の制度、蕃客の朝聘、自餘の諸事、永式是れ存すれば、粗ら大綱を挙ぐるのみ」とあるように、外交関係記事は大綱を挙げるにとどめられていることを考えると、対外関係記事は六国史全体のわずかに五％に過ぎないが、その記述の割合は相当の量にのぼっているといると評してよいであろう。古代国家の正史編纂が中華日本の存在を示す対外関係記事を重視していたことの表れである。ちなみに『類聚国史』では巻一九〇を風俗部として国樔《くず》・隼人・多禰《たね》・南嶋・掖玖《やく》人・蝦夷・俘囚関係記事にあてており、巻一九一以降の殊俗部と、内・外を意識した分類を行なっている。道真が最後に殊俗部として外国関係記事をまとめているのは、中国の正史に準じてのことであろう。論賛こそみられないものの、たとえば高句麗・渤海を連続してとらえる見方をとっていることなど、研究のあとがみられて興味深いものがある。

4　国史編纂の基本方針——治政の得失を弁ず

このように、六国史を貫く編纂方針の一つに中華日本を体制的に支えるというものがあるが、その中にあって一見異質とみられる記事がある。『続日本後紀』承和三年（八三六）十二月丁酉条で、遣唐使の派遣に際して新羅に漂着した場合の保護を依頼するために派遣された使者紀三津《きのみつ》が、現地で説明の不備を衝かれ、侮辱的な内容の新羅執事省牒状を得て帰国した経緯を記した後、牒状の全文を引用している。新羅自身を大国、日本を小人に擬する、日本の華夷秩序認識を逆転させた内容の牒状である。この侮辱的と思われる牒状全文を掲載する理由について編者は、「此の如き異論、誣罔《ふもう》に近し。斯の事、若し只大略を存し、首尾を詳らかにせざれば、恐くは後之観る者、得失を弁ずる莫からん。因て全て執事省牒を写し、之を附載す」と説明している。唐皇帝の勅書を引用することなく、日本が蕃国であった事実については、ひたすら隠蔽に努めた正史の中であるので、このような牒状は無視するか、別の表現がとられても不思議ではない。それにもかかわらず、全文引用しているのはなぜであろうか。

虚心に牒状を読むと、明らかに新羅側は事実を知りながら敢えて曲解しており、これまでの日本の独善的な姿勢に対する鬱積した不満の裏返し、俗に言う意趣返しを思わせ、今日の研究から言えば、日本の独善的な華夷秩序の崩壊を意味する重要な史料となっている。実はここに対新羅認識の独善性が如実に表れていると思われる。つまり全文の引用は、侮辱的な内容を不快としたからではない。新羅が如何に理不尽な国家であるか、事実を理解できない蕃国であるかを印象づけるために、敢えて全文を引用しているのである。今回の奉使の失敗は日本側に問題があるわけではない。蕃国新羅の非常識な対応によるものであるとするのが、編者の意図である。これを編者は「得失を弁ずる」ためと称している。『続日本後紀』は、このできごとから三十余年後の八六九年（貞観十一）の成立である。編者にとっての近現代史を「治政の得失」という観点から評価していることに他ならないであろう。そしてこの一件を契機に、日本の中華意識はさらに過激になっていく。

四　王朝文学作品と華夷思想と異国

1　華夷秩序の崩壊と華夷思想の変質

やがて十世紀初に唐が滅亡（九〇八年）し、さらに渤海（九二六年）・新羅（九三六年）が相次いで滅び、大陸や半島で大きく勢力図が塗り替えられた。東アジアはそれまでの冊封関係を基軸とする政治的世界から、経済的な関係、すなわち貿易を主体とする関係に再編され、商人（海商）の活躍する時代を迎える。日本では九一九年（延喜十九）の渤海使の来日を最後として、公式の外交はなくなり、もっぱら海商の往来により対外関係が維持されることとなる。これまで外交ルートを主たるパイプとして入手していた海外の先進文物や情報は、受け身ではあるが、居ながらにして手にはいるようになり、また前述した新羅執事省牒状一件で日本の独善的な対外方針の破綻をさとらざるを得なかった支配層の間では、敢えて外交を求めずとする方針が国是となる。このような変化は従来の華夷思想にも影響し、差別の意識に変わりはないものの、中華・蕃国に変わって本朝・異国というとらえ方が一般化する（榎本淳一　二〇〇八）。

こうした実際に自ら進んで出て行く外交がなくなった時代に、異国に対する強い憧憬を背景として、異国との交流を虚構の世界に託して表現する、文学作品が登場してくる。早く『竹取物語』にみられ、ついで『宇津保物語』や『源氏物語』では重要な舞台装置となり、交流や漂流譚など、さまざまな形で異国が語られる（河添房江　二〇〇七）。現代における歴史小説と同じように、そこには作者の異国に対する研究が存在するはずである。

2　『源氏物語』の高麗人

有名な例として、『源氏物語』の冒頭で、物語の主人公光源氏の命名に関わる重要な場面に登場する「高麗人《こまうど》の参れる中に、かしこき相人ありける」云々とする記述があげられる。この高麗の相人については、来日した渤海の使者をモデルにしていることが、『源氏物語』の注釈書で早くから指摘されており、『日本三代実録』光孝天皇即位前紀に見える、来日渤海使が即位前の光孝天皇を見て「至貴の相有り」と評したという記事などが参考にされている。やや時代は降るが、『源氏物語』の書写と註釈に努めた藤原定家も、この記事に関心を持った一人である。一二二五年（嘉禄二）ごろ、「高麗人」に関連する定家の質問に答えたとみられる文書が残されている。当時の歴史認識を示すものとして興味深いので、全文を読み下し文にして引用することにしたい（石井正敏　二〇〇七）。

高麗・渤海相並事異議無く候歟。延喜十九年渤海使貢朝候。延長七年渤海使裴球来朝之時、東丹国使を称す。過状を召され、返却せられ候歟。大宋之末にも渤海存し候歟。本文引勘す可く候□。一旦其の地に滅ぼさると雖も、其□□を以て故地に復する者、漢家之法に候。高麗尚存する之条、又勿論に候。恐々謹言東丹国使と称するは、改名の事など候やらん□。

定家がおそらく渤海の歴史について、この人物に尋ねれば分かるだろう、として質問した相手からの回答であるが、渤海国の歴史および東丹国との関係などについて、必ずしも正確な歴史を把握しているわけではない様子が見て取れる。このころの人々にどれほど対外関係の歴史そのものに関心があったのか、推して知るべきかもしれない。

五　先例主義と対外関係への無関心

1　家職の成立と対外関係史料

公式外交を持たずとする方針は、結局対外関係に対する関心を失わせる結果をもたらすこととなる。必要がなければ、研究の需要も生じない。『日本三代実録』を最後として国史が編纂されることはなく、まもなく編纂のための国家的体制はなくなる。また時代は先例主義が主流となり、対外関係事項も同様に扱われる。海商に託して時に宋や高麗から外交を求める牒状が届けられることがあると、そのつど先例にしたがって対応すべく会議が開かれるが、それも如何にして外交の申し出を断るかを前提とした議論が続けられるのが常であった。こうした時、先例の調査や諮問にあたるのは、当初は紀伝・明経・明法等博士などの有識者であったが、やがて太政官の文書を掌る弁官局の左大史（大夫史《たいふのし》）を世襲した小槻《おづき》氏（官務）、および詔勅の校勘などにあたっていた少納言局の大外記を世襲した中原氏・清原氏（局務）などが担当するようになり、彼らの調査報告（勘例）を参考に議事が決定されるようになった。

２　勘例

一一一八年（元永元）に宋からの牒状が届いた際には、中原師安・同広忠・同師遠・同広宗・清原信俊・三善信貞らが勘申にあたり、『日本書紀』『続日本紀』『聖徳太子伝暦』『通鑑綱目集覧』『経籍後伝記』『海外国記』などが引用されている（『善隣国宝記』）。この時の議論の結果は「書ノ体先例に背ク上、公家に進ずるおもむき無き由沙汰ありて、返牒無し」（『異国牒状記』）というものであった。平安貴族の日記で部類記が作られるように、勘申を担当する官務・局務をはじめとする家々では、それぞれに史料の蒐集を進め、今日で言うテーマ別にファイルを作り、いつ・どのような依頼がきても即座に対応できる体制を作り上げていたのであり、当然対外関係記録も重要な分類テーマとなっていたはずである。ただし史料の蒐集と整理は行なわれていても、どこまで「研究」が行なわれていたかは疑問で、前述の定家の場合にも、恐らくこのような有識者に尋ねたものと思われるが、その歴史に対する認識は心許ないものであった。

その後、南北朝時代の一三六七年（貞治六）に倭寇禁圧を求めて来日した高麗使ならびにそのもたらした牒状についての対応を、勘例に基づいてまとめた『異国牒状記』には、多くの先例が引用されている（石井正敏二〇〇九）。それには、単に先例を引用するだけでなく、対高麗外交の基本姿勢について、「高麗国は神功皇后三韓を退治せられしより、永く我朝に帰して西藩となりて、君臣の礼を致し、朝貢を毎年舟八十艘を送りし事、上古は絶えず。しかるに中古以来太元国に従へられて彼藩臣となる。しかありともいかでか旧盟を忘れん。仍テ代々高麗の礼は各別の事なり。無礼の事、ことに其沙汰あり」といったように、過去の経緯について触れるところもある。しかしその対外認識は『日本書紀』を出るものではなかった。

これより以前、一二七一年（文永八）に送られてきた高麗（三別抄）牒状の中に「我本朝統合三韓」という文言があった（石井正敏一九七八。村井章介一九八八）。この「我本朝」とは言うまでもなく高麗（三別抄）で、高麗の朝廷が三韓を統合した王朝との誇りを抱いていたことは『高麗史』に散見している。ところがこの文言を高麗の牒状に見出した日本の関係者は、この文言を不審としている。当時の日本人が「三韓を統合」したと言えば、ただちに神功皇后説話を想起し、なぜこのような文言が高麗からの牒状に記されているのか、と不審に思ったのである。前掲『異国牒状記』の事例とともに『日本書紀』の対外観が定着していることをよく伝えている。現実の国際社会からの逃避、公式外交は持たずとする国是は、『日本書紀』の記述にすべての権威を求め、信仰ともいうべき状況を現出する。そこに過去の対外関係についてふり返る研究はもちろん、関心も存在する余地はない。

六 『善隣国宝記』——はじめての研究書——

これまで取り上げてきた各種史料・史料集は、六国史をはじめ、必ずしも対外関係を専門とするものではなかった。現存する対外関係の本格的な著作としては、何と言っても『善隣国宝記』が注目される。これこそ必要から生まれた史料集であり研究書である。すなわち、編者である臨済宗の僧瑞渓周鳳《ずいけいしゅうほう》が一四六四年（寛正五）に遣明表作成の命を受けたことを契機として編纂が始められたのであり、増補改訂を経て最終的には一四七〇年（文明二）に完成した（田中健夫 一九九五）。本書は前編（版本上巻）・後編（版本中・下巻）の二部に分けられる。「日本と震旦と相通ずるは、蓋し垂仁天皇の代に始まるか」に始まる序文によれば、著者の意図は日本と中国および朝鮮との関係を叙述することに主眼が置かれている。仏教の世界観にもとづき、朝鮮半島諸国を震旦の領域に含めて叙述しており、前編には垂仁天皇八十八年条に[六]『後漢書』の五七年（中元二）の倭国遣使記事以下、対外関係史料を編年体に集成し、後編では一三九八年（応永五）以来の明・朝鮮との外交文書を集成している。一四〇一年（応永八）・一四〇二年の足利義満の遣明表を取り上げ、王を称し、臣と書くことなどを問題としたことは有名であるが、「以て異日此の事に預る者に諭す」ともあり、本書の編纂が外交文書の起草を担当する者のために備える趣旨があったことを知る。なお、本書所収朝鮮宛国書の中には、実際に朝鮮側に渡される前に改竄が加えられているものも含まれている（橋本雄 二〇〇七）。改竄前の文書が掲載されていることは、瑞渓周鳳にはそこまでの情報がなかったということであろう。

1　『魏志』倭人伝の扱い

注目したい記事の一つは、現行の『魏志』倭人伝で景初二年とされている卑弥呼の初めての遣使を、『善隣国宝記』でも景初二年に相当する神功皇后三十八年条に引用していることである。というのは前にも触れたように、『日本書紀』では神功皇后三十九年条に『魏志』倭人伝を引き、景初三年としているからである。したがって瑞渓は『日本書紀』を参照したのではなく、独自に『魏志』倭人伝を研究した成果とみなすことができるのである。しかしながら、瑞渓は参考にした書物の記述を踏襲した可能性が高い。瑞渓が座右に備えていた書の一つに『和漢編年』なるものがあることが知られている。その素性は明らかでないが、瑞渓が『善隣国宝記』前編著述の主たる参考にしている『元亨釈書《げんこうしゃくしょ》』の著者虎関師錬《こかんしれん》の著作に『和漢編年干支合図』がある。今日でいう年表にあたるものであろう。『善隣国宝記』の前編が『元亨釈書』に依拠していることを考えると、瑞渓の利用した『和漢編年』とは、同じく虎関師錬のそれで、『魏志』倭人伝の記事もそこに記された係年にしたがって記述したにすぎないのかもしれない。この他の『善隣国宝記』における出典を明記していない記事も、『和漢編年』による可能性が高い。もしこのようにみてよければ、国史よりも漢籍に通暁していることを重視する五山僧の学問姿勢を表す事例とみなすことができるであろう。実は瑞渓自身『善隣国宝記』の序文で、今の日本の学徒は中国や天竺の書を読む者は多いが、「吾が国に六国史等の書有りと雖も、しかも読む者鮮《すくな》し。故に本国の事を知る者は幾《ほと》んど希《まれ》なり。近きを捨てて遠きを取るは、無乃左か《むしろあやまてる》」と述べているのである。自戒を込めているのであろうか。ともあれ瑞渓は『日本書紀』を直接見ていないため、異同を感じることもなかったのであろう。

このように『善隣国宝記』には限界があるのであるが、国書作成に際して過去の歴史を研究し、それを踏まえた上で国書を作成すべきとする提言もなされていることに注目しておきたい。

七　近世の史料集・研究書

十六世紀に入り、ヨーロッパ人の日本への来航が始まり、やがて日本の貿易船も朝鮮・中国だけでなく東南アジア方面にも渡航するようになる。交流地域の拡大とともに、その歴史に対する関心も高まり、特に江戸幕府が成立し、元和偃武《げんなえんぶ》を迎えると、学問の振興も相俟って、対外関係の史料集や研究書が多く著されるようになる。

この時代の著作で早い時期のものに『異国日記』がある。徳川家康に仕えて外交関係の事務を管掌した南禅寺の金地院崇伝《こんちいんすうでん》の記録を基礎とし、慶長から明暦ごろまでの、日本と朝鮮・呂宋・暹羅（シャム）・安南・柬埔寨（カンボジア）などの諸外国との往復書翰やその発給手続き等に関する記事が収められている。また江戸幕府の儒官林家によって、「唐船風説書」により中国における明・清交替の海外情報をまとめた『華夷変態』が編纂されている。こうした機運の中で一六五七年（明暦三）には『善隣国宝記』の版本が刊行され流布することとなった。

1　『異称日本伝』

このように実務に発する史料の蒐集や編纂が盛んになってきた中で、研究という面からみた時、一六八八年（元禄元）に著された松下見林の『異称日本伝』（国書刊行会 一九七五。石原道博 一九九八）は貴重な成果である。「異国の史料にみえる日本関係記事に対する註釈」を意味する書名のとおり、上巻に漢から元、中巻に明、下巻に朝鮮の史料を引用し、その後に「今按」として日本の関連史料等を取り上げて考証している。約三〇年の歳月を費やしたという研究の成果が随所に示されており、特に倭の五王の人名比定が有名であるが、その他にも今日でも参考にすべき見解が多い。

その他、たとえば本居宣長が古代から豊臣秀吉の朝鮮出兵までの日本外交史を、独自の史観に基づいて評論した『馭戎慨言《ぎょじゅうがいげん》』（一七七八年成立）があり、さらに幕末にかけては外交のみならず、国防の観点から史料の集成と意見を付した著作が次々と編纂される。群書類従で知られる塙保己一は古代から一四一九年（応永二十六）のいわゆる応永の外寇に至るまでの外寇史料を集成し、『蛍蝿抄《けいようしょう》』（『改定史籍集覧』『新註皇学叢書』）の題目で一八一一年（文化八）に幕府に献上している。幕府も緊迫する時勢に対応すべく史料集の編纂を進め、長崎や蝦夷地在職経験のある書物奉行近藤守重（重蔵）による『外蕃通書』（一八一八年〈文政元〉）、林家を中心とする『通航一覧』（一八五三年〈嘉永六〉）などの大部な史料集が相次いで編纂されている。こうした状況の中にあってやや異色なのが、一八三八～四〇年（天保九～十一）に刊行された、豊前の儒者伊藤松（貞一）の『隣交徴書《りんこうちょうしょ》』（影印、国書刊行会、一九七五年）である。「我が邦と漢土」とは長い交流があるにもかかわらず、史料の散逸が著しいことを案じ、魏から清に至る中国人の詩文（明・清が中心）から日本関係記事を蒐集した史料集である。引用史料の末尾には、短いものであるが、コメントが付されている。

2　交流相手への関心と研究

こうした江戸時代の数多い史料集の一つで注目したいのは、対馬藩の儒学者松浦允任《まつうらまさただ》が一七二五年（享保十）に著した『朝鮮通交大紀』（田中健夫・田代和生　一九七八）である。室町から江戸時代にかけての日朝外交文書を集成し解説を加えたものであるが、特に編纂目的の一つに幕府に朝鮮と対馬との関係の沿革を理解させることがあげられており、一五九〇年（天正十八）来日の朝鮮通信副使金誠一《キムソンイル》の日記『海槎録』を収めている。単なる外交文書集成にとどまらず、交流相手への関心、研究心が高まっている様子を知ることができる。こうした交流相手への関心の背景には、国防対策があり、「彼を知り己を知れば百戦殆《あや》うからず」という孫子の兵法を実行しているようなものであろう。

3　相互の歴史認識と情報

それではこの時期の対外関係に関わるような人々は、諸外国の情報をどのようにして蒐集し、理解しようとしていたのであろうか。海外情報ということでは「阿蘭陀風説書」や「唐船風説書」が有名であるが、朝鮮との関係を例にあげると、一七四八年（寛延元）度通信使書記李鳳煥《イボンファン》と山宮雪楼（室鳩巣の弟子）との間で次のような問答が交わされている（石井正敏一九八九）。

雪楼問―『経国大典』（朝鮮の基本法典）の和学部をみると、『庭訓往来』や『童子経』などの書目がみえる。しかしこれらは皆な寺子屋の教科書である。（日本の重要な書物である）六国史や『懐風藻』『経国集』、諸実録や律令などは貴国に伝わっていないのであろうか。また水戸光圀公が編集した『大日本史』は、未刊で一般に流布していないが、同じく光圀公は貴国の『東国通鑑』をかつて刊行したことがある。

鳳煥答―貴国の書籍で我が国に伝わるものは極めて少ない。日本の通鑑（『本朝通鑑』）は最近訳所より出された。水戸公の『大日本史』が未だ刊行されていないのは残念である。また『東国通鑑』が既に刊行されたとのことであるが、同書は乱雑であって参考にするには堪えないものである。

この問答から、六国史以下、日本の基本書籍が朝鮮に伝わっていないこと、一方の朝鮮側の史書でも詳細な『高麗史』はなく、檀君から高麗までの歴史を編年体で叙述した『東国通鑑』で日本は朝鮮の歴史を理解しようとしていることなどが知られる。問答で触れられているように、『東国通鑑』は一六六七年（寛文七）徳川光圀によって刊行されている。林春斎の「新刊東国通鑑序」には、光圀の言として通信使との交流に役立つとの刊行の意義が記されているが、その一節には次のようにみえる。

是において其の書を概見するときは、即ち粗《ほ》ぼ本朝の事を載すと雖も、調庸貢献に至りては、即ち悉く之を略す。蓋し其れ国の為に之を諱むか。臣子の情、咎むべからず。両国の史に該通して眼を着けて用捨せば、即ち其の旨趣自ら知るべし。

このように『東国通鑑』を批評する春斎は、六国史に対してはどのように思っていたのであろうか。なお『高麗史』が日本に伝わっていなかったわけではない。一六九一年（元禄四）ごろ一本が売りに出され、光圀も入手をはかったが、けっきょく蒐集家として知られる加賀藩主前田綱紀が一〇〇両で購入したという（石井正敏一九八八）。しかし一般に流布することはなく、『東国通鑑』がもっぱら利用され、『高麗史』が日本で流布するのは一九〇八～〇九年（明治四十一～四十二）にかけて活字本が出版されてのことになる。

一方、中国との関係では、先に紹介した伊藤松の『隣交徴書』に収められている、清の学者朱彝尊《しゆいそん》（一六二九～一七〇九）の「吾妻鏡跋」を一例としてあげておきたい。『吾妻鏡』刊本を入手した朱彝尊の感想が書かれている。朱は、『吾妻鏡』には毎日の天候が必ず記され、将軍・執権の次第や武家の行事などは書いているが、〈国之大事、反りて之を略す。所謂不賢なる者、其の小を識《しる》すのみ〉と評した後、高麗（朝鮮）からは高麗史や海東諸国紀、あるいは東国通鑑等が伝わり、その歴史を明らかにすることができるが、日本は朝貢してこないため、君長の継承次第も奝然（九八三年入宋）の記録以外になく、かえって朝鮮の史料である海東諸国紀（日本国紀「天皇代序」）によって詳細を知ることができるというのが現状である、といったことを述べている。この朱の感想に対して伊藤松は、「吾妻鏡は鎌倉氏官署の日記なり。而して瑣《さ》砕《さい》殽《こう》雑《ざつ》、固《もと》より史典に非ず。彝尊、之を読みて、以為らく不賢なる者の記す所ならんと。憾むらくは、我が邦の典籍を得て読まざるを」と遺憾の意を示している（王宝平 二〇〇二）。

朝鮮・中国の例をあげたが、要するに日本も朝鮮・中国も相手の事情を研究し理解しようという考えはなく、相互理解とはほど遠い中で、それぞれの思惑のもとに交流がなされていたこと、これが前近代における交流の実態であろう。

八　今日の研究のルーツ

その後明治時代に入り、近代歴史学の進展とともに、「外交史」「貿易史」「海外交通史」等の名で盛んになるが、その嚆矢と言うべき著作が一八八四年（明治十七）刊行の外務省編『外交志稿』である。一八八一年四月付け外務大書記官記録局長渡辺洪基の緒言には、「外交事蹟ノ諸書ニ散見スルモノ多シト雖モ古来専書アル無ク世以テ遺憾ト為ス」ところから、一八七七年に外務卿寺島宗則らに建議して外交志の編纂をはじめ、不十分ではあるが「志略ト命ケ印行シ以テ本省掌故ノ用ニ備ヘ且世人ヲシテ外交源委ヲ知ラシム」云々と経緯が記されている。諸外国との外交を掌る外務省で必要に応じて編纂されたのであるが、実はこの企画は明治初年までさかのぼることが明らかにされている（木崎弘美 二〇〇五）。幕府から外交を引き継ぎ、欧米列強と伍してゆくためには、何よりも過去の経緯を十分に理解しておくことが重要であることを認識している。その後推敲を重ねて『外交志稿』として一八八四年七月に刊行されたのである。内容は、交聘・戦争・版図沿革・漂流・帰化移住・学術宗教・贈酬・貿易の八編に分け、地域を朝鮮、漢土、粛慎・渤海、西南諸国、欧羅巴及び亜米利加の五つに分類している。狭義の外交にとどまらず、広義の交流を網羅している。ほぼ今日の学界で議論の対象とされている問題を視野に入れており、対外関係史の研究とよぶに相応しい内容と評することができるであろう。

こうして近代以降、対外関係史研究が盛んになるが、それが一方では時局・政局と密接に関連していることは、すでに田中が具体例をあげて論じており、「明治維新後の研究に力点を置いて記述したが、各時期の研究が国家や社会の要請に束縛されることにより負わされてきた宿命を強く意識させられた」（前掲書「あとがき」）と述懐されている。今、これらの戦前以来の研究を批判的に継承し、さらに新しい視点からの研究が展開されている。その現状は、本シリーズ所収の各論文を通じて理解していただけるものと思われる。

参考文献
荒野泰典　二〇一〇年「民族と国家」『日本の対外関係』一　吉川弘文館
石井正敏　一九七八年「文永八年来日の高麗使について」『東京大学史料編纂所報』一二→本著作集第三巻8
石井正敏　一九八八年「徳川光圀と『高麗史』」『茨城県史研究』六〇→本書所収
石井正敏　一九八九年「朝鮮通信使との交流と『東国通鑑』」『季刊　青丘』一→本書所収
石井正敏　二〇〇七年「藤原定家書写『長秋記』紙背文書「高麗渤海関係某書状」について」『（中央大学人文科学研究所）人文研紀要』六一→本著作集第一巻13
石井正敏　二〇〇九年「『異国牒状記』の基礎的研究」『（中央大学文学部）紀要』史学科五四→本著作集第三巻10
石原道博　一九九八年『米寿記念石原道博選集』国書刊行会

榎本淳一　二〇〇八年「「蕃国」から「異国」へ」『唐王朝と古代日本』吉川弘文館
王　宝平　二〇〇二年「中国における『吾妻鏡』の流布と影響」『古文書研究』五五
河添房江　二〇〇七年『源氏物語と東アジア世界』日本放送出版協会
木崎弘美　二〇〇五年『近世外交史料と国際関係』吉川弘文館
木村直也　二〇〇四年「近世対外関係史研究の現在」『歴史評論』六五四
国書刊行会　一九七五年『影印　異称日本伝』
紙屋敦之・木村直也　二〇〇四年「総説・海禁と鎖国」『海禁と鎖国』東京堂出版
金　光哲　一九九九年『中近世における朝鮮観の創出』校倉書房
関　周一　二〇〇一年「対外関係史研究と歴史研究・覚書」『日本史学集録』二四
田中健夫・田代和生校訂　一九七八年『朝鮮通交大紀』名著出版
田中健夫　一九九七年『東アジア通交圏と国際認識』吉川弘文館
田中健夫　二〇〇三年『対外関係史研究のあゆみ』吉川弘文館
田中健夫編　一九九五年『善隣国宝記　新訂続善隣国宝記』集英社
田中健夫・石井正敏編　二〇〇九年『対外関係史辞典』吉川弘文館
田中史生　二〇〇二年「揺らぐ「一国史」と対外関係史研究」『歴史評論』六二六
橋本　雄　二〇〇三年「中世日本対外関係史の論点――王権論・冊封体制論・地域論を見直す――」『歴史評論』六四二
橋本　雄　二〇〇七年「室町政権と東アジア」『日本史研究』五三六
橋本　雄　二〇〇八年「『善隣国宝記』」『歴史と地理』六一七
廣瀬憲雄　二〇〇八年「古代東アジア地域対外関係の研究動向――『冊封体制』論・『東アジア世界』論と『東夷の小帝国』論を中心に――」『歴史の理論と教育』一二九・一三〇合号
松浦　章　二〇〇九年『海外情報からみる東アジア――唐船風説書の世界――』清文堂出版
皆川雅樹　二〇〇五年「古代「対外関係」史研究の行方」『歴史評論』六六七
村井章介　一九八八年『アジアのなかの中世日本』校倉書房

村井章介　二〇一〇年「境界と地域」『日本の対外関係』一　吉川弘文館
桃木至朗編　二〇〇八年『海域アジア史入門』岩波書店
石井正敏・川越泰博　一九九六年『増補改訂　日中・日朝関係研究文献目録』国書刊行会
中田易直編　一九九九年『近世日本対外関係文献目録』刀水書房

2　東アジア世界の成立

一　本書の視点

1　範囲

『日本の対外関係』シリーズ（吉川弘文館刊）第一巻である本書は、縄文・弥生時代からおよそ五～六世紀ごろまでの、日本列島と海を介した外の世界との交流について考えることを目的としている。地理的にアジアの東端に位置する日本列島の人々が、歴史的世界としての東アジア世界（金子修一二〇一〇）の一員となって以来、半島や大陸との間で展開されていた日常的な往来、政治的意図を持った交渉などさまざまな形での交流の様相を、多角的な視点から考察している。具体的には、縄文の社会に稲作が伝わり、農耕を基本とする弥生の社会が成長し、やがて環濠集落規模の小さな「国」々があらわれ、次第に統合されて大和王権が成立するころまでの、対外関係の歩みをたどることになる。

各章の内容には叙述の必要から重複する部分も多いが、調整をはかることはせず、また用語や概念を統一する

2　東アジア世界の成立

関連年表

前108	前漢、衛氏朝鮮を滅ぼし、楽浪郡等4郡を置く
紀元前後	倭、100余国に分かれ、その中に楽浪郡に朝貢するものあり
57	倭の奴国、後漢に朝貢、印綬を授けられる
107	倭国王帥升等、後漢に朝貢
2C後半	倭国大乱。その後、卑弥呼、共立されて王となる
204	この頃、楽浪郡の南に帯方郡が新設される
220	後漢、滅亡。魏・呉・蜀の三国時代、始まる
238	魏、遼東の公孫氏を討ち、楽浪郡・帯方郡等を接収する
239	倭の女王卑弥呼の使者難升米等、帯方郡を経て洛陽に到る。魏、卑弥呼を親魏倭王に封じる。翌年、帯方郡の使者、難升米らに同行して倭国に到り、詔書・印綬ならびに銅鏡等を伝える
247	卑弥呼、帯方郡に狗奴国との争いを告げる。魏、詔書・黄幢を与え、檄をもって告喩する。まもなく卑弥呼、死去。台与があとを嗣ぐ。魏の使者が到り、台与に檄を告喩する。台与の使者、魏使を送って洛陽に到る
265	魏滅亡、晋建国（～317西晋、317～420東晋）
313～314	高句麗、楽浪・帯方2郡を攻略
367	百済ならびに新羅の使者、日本に到る
369	百済王の世子、七支刀を作る。のち倭王に贈る
391	高句麗広開土王即位。倭、この頃から朝鮮半島において高句麗と争う
397	百済、倭国と好みを結び、太子を質とする
402	新羅、王子を人質として倭に送る
405	倭にいた百済王子、倭兵に伴われて帰国し、即位（腆支王）
413	高句麗・倭、東晋に遣使朝貢
421	倭王讃、宋に遣使朝貢。この後、珍・済・興・武が相次いで遣使朝貢し、安東（大）将軍・倭国王等に叙される
475	百済、高句麗に王都漢山城を攻められ、熊津（公州）に遷都
478	倭王武、宋に遣使し、上表して高句麗征討を訴える
479	百済王子、日本から帰国して即位（東城王）。宋滅び、南斉興る
513	百済、五経博士を日本に送る
527	筑紫国造磐井、反乱を起こすが、平定される
532	新羅、金官国を併合
538	百済から仏教が伝えられる（一説に552年）。百済、泗沘城（扶余）へ遷都
551	百済、高句麗から漢山城を奪回するが、翌年、新羅に奪われる
562	新羅、大加耶を滅ぼす
581	隋、建国。高句麗・百済、隋に遣使朝貢し、冊封を受ける
589	隋、陳を滅ぼし、南北朝を統一
600	倭国の使者、隋に到る

ともしなかった。とくに本巻においては限られた文献史料・考古資料をさまざまな視点から利用しており、同一の史料・資料に対する解釈や評価も執筆者によって大きく異なる場合があるが、これも歴史を学ぶ難しさと面白さを示すものとして味読いただければ幸いである。なお国号「日本」、称号「天皇」の成立は、七世紀後半とみられているが、説明の便宜上、それより以前でも用いている。

2　日本列島の自然地理と人文社会環境

日本の対外関係を考える上で、まず考えておかなければならないことは、日本列島の自然地理的な環境である。立地をはじめとする自然環境は、それぞれの国や地域のあり方を大きく規制する要素であり、とうぜん対外関係に一定の方向性を与える要素でもあるからである。日本列島はアジア大陸の東辺に位置して、南北に長く弓状に連なり、周囲を海で囲まれている。かつては海は他の世界と隔てるものとする観念が強かったが、今では外の地域と結びつける貴重なルートとする考えが共通のものとなっている。地政学でいう生存適地間の交通地域の概念をもってすれば、海上交通が外との関わりの唯一の経路となる。

歴史的世界としての東アジア世界においても東辺に位置し、中国の王朝による中華思想においては東夷とされている。中国の人々に東方海上に人の住む世界があることは早くから知られていた。『前漢書』地理志・燕地条に「楽浪海中に倭人有り」とあり、『魏志』倭人伝には、対馬や壱岐の人々は船を操り「南北に市糴《してき》す」と、日常的に半島と往来する様子が記されている。列島の特性が早くから認識されていたのである。考古学の知見では、九州北部と朝鮮半島南部には、後期旧石器の時代から、一つの大きな文化交流圏が存在したという。気候や風土において半島南部と九州や本州西部とではほぼ共通していたので、人々は違和感なく往来し、また定住したことであろう。また文明の発祥地中国および文化の先進地朝鮮半島との関わりでは、列島の西部が中心になるが、今日では北からの道もまた注目されている。南北に長い列島ではもちろんその歩みが常に均質であったわけではなく、弥生の社会に縄文が併存することも不思議ではなかった。地域の特性に配慮しながら、歴史的な歩みを考えることも重要である。なお人・物の移動について、大陸や半島から列島へという流れでとらえられがちであるが、たとえば『三国史記』新羅本紀・伐休尼師今十年（一九三）に「倭人、大いに饑《う》う。来りて食を求むる者千余人なり」という記事もある。実年代については検討の余地がもちろんあるが、何らかの事実を反映している可能性は十分に考えられる。平和的な交流だけでなく、戦争も含めた、こうした双方向の視点が必要であることもまた言うまでもない。

二 考える素材——文字と物——

こうした対外関係の歴史研究は、史料・資料に基づき、事実を積み重ねることによって過去の歴史像を描くことにおいて、他の分野と何ら異なるところはない。歴史資料は文字史料（文献・金石文・出土文字）と非文字資料（遺物・遺跡）とに大別されるが、本巻で扱う時代の文字史料は限られており、とりわけ考古学研究の知見が重要で、文献史学と考古学との総合的な研究がもっとも求められているといっても過言ではない。

1 非文字資料——遺跡・遺物

考古学の調査・研究は、自然科学の手法を取り入れて、近年とくに目をみはる成果をあげている。すでに長い研究の努力によって、土器などの形の変化を見定めて新古の順に並べる型式学、下の地層ほど古いという地質学の原則に基づく層位学、この二つの方法論によって遺跡・遺物の精緻な編年体系が構築されている。しかしこれを実年代（暦年代）にあてはめて、ある遺物はいったい西暦何年に作成されたものかとなると、研究者によって大きな差がでてくるのが現状である。実年代を考えることは、単に遺物や遺跡そのものの評価に関わるだけでなく、それらの生まれた、あるいは営まれた歴史的背景を考える上で重要な意味をもっている。たとえば半島の物が列島で出土した場合、物をもたらした人の移動がどのような歴史的環境の中で起こったのか、実年代が明らかでないと、なかなか評価が難しい。これが遺物や遺跡にある程度の実年代が与えられれば、文献等文字史料から知られる状況と比較検討が可能となるであろう。

　もちろん実年代を得る方法についても努力が重ねられている。現在注目されているのが、ＡＭＳ法（加速器質量分析法）による高精度Ｃ14年代測定法と年輪年代法の二つである（国立歴史民俗博物館 二〇〇七）。前者は従来のＣ14測定法と比べて微量の試料（土器に付着した煤・煮こぼれ・内容物など）で精度の高い年代測定が可能となり、成果をあげている。最近の研究によれば、日本列島における本格的な水田稲作の始まりは紀元前十世紀にまでさかのぼる可能性があるという。稲作は明らかに半島もしくは大陸から伝来しているので、その始まりの時期は列島の対外関係史上の一つの画期として重要な意味をもっている。さらにごく最近では、同じ方法を用いて古墳時代の幕開けを示すとされる前方後円墳最初期の箸墓《はしはか》古墳（奈良県桜井市）の築造年代を二四〇～二六〇年とする見解も発表されている。もしこの結果が妥当とすれば、まさに箸墓古墳＝卑弥呼墓説が強化されることとなる。邪馬台国の所在地問題もからんで、大きな反響をよんでいることは耳新しいところであろう。一方の年輪年代法とは、木材の年輪の変動変化を調べることにより、その木の伐採年代や枯死《こし》年代を求める方法である。日本は南北に長く、気候も一様ではないという自然条件から、適用が難しいとされてきたが、数多くのサンプルを蒐集し、現在では約三千年分のパターンが作成されているという。このような方法によって考古資料に対する精緻な検討が行なわれているが、示された実年代については、同じ考古学研究者からも疑問や異論が出されており、方法論も含めさらに議論を重ね、検討が必要なことはいうまでもない。

考古学研究の進展は、もちろん韓国・北朝鮮および中国でもみられる。とくにこの時代の列島の対外関係を考える上で重要な成果は、半島南部の調査である（武末純一 二〇一〇、亀田修一 二〇一〇）。半島から日本の土器や遺物が出土したり（倭系遺物）、列島から半島の土器や遺物が出土する（半島系遺物）例が豊富になり、交流のあり方が具体的に復元できる材料が備わってきている。近年注目されている韓国の遺跡には、たとえば慶尚南道泗川市の勒島《ヌクド》遺跡がある。同遺跡からは三〇〇〇～二〇〇〇年前ごろ、対岸の日本列島からやって来た人々の土器（縄文土器）が見つかっている。時期が降ると、百済・加耶の境界領域にあたる現在の全羅南道の栄山江《ヨンサンガン》流域では六世紀の前方後円墳が一三基も確認されており、その被葬者・築造者、さらには倭の影響の程度等をめぐって議論が続いている。また倭王武の有名な上表文（川﨑晃 二〇一〇）に、「道百済を巡《へ》て、船舫を装治」して宋に向けて船出するという一節があるが、そのルート上に位置するとみられる遺跡が発見されている。韓国の西海岸地域にあたる全羅北道扶安郡辺山面格浦里竹幕洞《チクマンドン》遺跡で、海岸に突き出た岬の突端に位置する祭祀遺跡から出土した遺物は、中国の南朝と百済・加耶・倭、そして、百済と加耶・倭の間で行なわれていた対外交流の一端を如実に物語ってくれる。日本の沖ノ島に相当するとの見方もある。半島と列島から出土する相互の遺物、類似の遺構や遺跡をどのように理解し、評価するか、いわば点と点をどのように線で結びつけ、面として展開させるのか、それが考古学に限らず、歴史学に課せられた大きな課題であろう。

2 文字史料

一方、文字史料とくに書物に記された文献史料には、具体的な情報が伝えられている。しかしながら本書が対象とする時代の文字試料は圧倒的に少なく、さらにどこまで事実を伝えているのか史料批判が十分に必要であり、数少ない史料から最大限の情報を読み取る努力が必要とされる。それでも書物だけでなく、金石文や土器等に記され、刻まれた文字は、たとえ一文字とはいえ、貴重である（新川登亀男二〇一〇）。本巻で扱うテーマの基本となる文字・文献史料は、中国史料を中心に、朝鮮・日本に伝わる史料となるが、本巻の各論においては、限られた紙幅であるため、主要な文献の基本情報についてあまり触れられていない。そこでここに若干の解説を加えておくことにしたい。

3　中国史料

列島に生活する人々のことは「倭」「倭人」として中国の書物に登場する。倭・倭人は『山海経《せんがいきょう》』や『論衡《ろんこう》』等にもみえるが、伝説の域を出ず、はたして列島の人々をさしているかどうかも明らかでない。列島の人々の足跡がうかがえる確実な文字史料は、やはり『前漢書』巻二八下・地理志・燕地条の「楽浪海中に倭人有り、分かれて百余国を為し、歳時を以て来たり献見すという」という記事であろう。ここでは九州のそれも北部地域の環濠集落規模を国と称しているものとみなされるが、七世紀後半に「日本」を国号とするまで、列島の人々は自ら倭・倭人の名称を受け容れていた。『旧唐書』倭国伝には「倭国自らその名の雅ならざるを悪《にく》み、改めて日本と為す」と記されている。こうして、いわゆる中国正史の東夷伝や本紀などに倭や日本として記録される（石原道博一九八五）。それらを内容の時代の順に示すと次の如くである（括弧内は撰者）。

『前漢書』巻二八下・地理志・燕地条（班固：三二～九二年）
　主要記事：楽浪海中に倭人有り
『後漢書』巻一一五・東夷伝・倭条（范曄：三九八～四四五年）

主要記事：五七年の奴国、一〇七年の倭国王帥升《すいしょう》等の遣使朝貢
『三国志』巻三〇・魏書・東夷伝・倭人条（陳寿：二三三〜二九七年）
主要記事：邪馬台国と魏との交渉
『晋書』巻九七・東夷伝・倭人条（房玄齢：五七八〜六四八年他）
主要記事：二六六年、倭人、方物を献ず
『宋書』巻九七・夷蛮伝・倭国条（沈約：四四一〜五一三年）
主要記事：倭の五王の遣使朝貢と官爵の授与

成立の順序は『漢書』『三国志』『後漢書』『宋書』『晋書』となるが、これらの中でもとくに詳しいのは『魏志』倭人伝と『宋書』倭国伝である。前者は正確には三世紀の前半から後半にかけて激しく覇権を競った魏・呉・蜀三国時代を扱った正史『三国志』の中の魏について記した「魏書」の烏丸鮮卑東夷伝の倭人の条である。『三国志』の撰者である陳寿は、もと蜀の家臣で後に西晋に仕えた人物で、完成は二八五年（太康六）のころとみられている。陳寿は先行する『魏略』や『魏書』を参考にしていることが知られているが、卑弥呼や台与が魏に遣使したのは、陳寿の少年・青年時代にあたり、まさに同時代史料と評してよいであろう。

同じ『三国志』魏書・烏丸鮮卑東夷伝の韓条には、「韓は帯方之南に在り。東西は海を以て限と為し、南は倭と接す。……三種有り。一を馬韓と曰い、二を辰韓と曰い、三を弁韓と曰う」という記述もある。『宋書』倭国伝には、五人の倭王が相次いで宋に遣使して、宋の官爵を求めている記事が収められているが、何と言っても最後の武の上表文は重要な史料となっている。これらの中国正史における記事は、時期が降るとともに記述が詳しくなってくるが、それはとりもなおさず、百余に分かれていた小国が、大陸や半島と交流を重ねて次第に成熟し、

やがて統一への道を歩む過程で、中国や半島との交流が密度を増していくことの反映でもある。

4　朝鮮史料・日本史料

高句麗・百済・新羅の朝鮮三国および加耶についての史料には、『三国史記』および『三国遺事』がある。『三国史記』は一一四五年（仁宗二十三）の成立であり、『三国遺事』は、一二八一年（忠烈王七）からあまり隔たらない時期に撰述されたものである。両書には倭・倭人記事が多く記されている。ただしそこにみえる倭・倭人がはたして列島の倭すなわち後の日本を指していると理解してよいかどうか、異論があるのをはじめ、どこまでその記事を信頼してよいか、判断が難しいため、あまり利用されていないのが現状である。

しかしながら、『三国史記』新羅本紀の倭関係記事は、大半が倭人の入寇記事であるが、四世紀半ばに相当する時期には、王家の婚姻記事や外交など、日本の『日本書紀』『古事記』などと対応する記事もあり、またかなり古い時期で成立した史料が利用されているともみられるので、記紀と同じく十分な史料批判の上に立って、活用すべきである（佐伯有清一九八八）。

なお、中国王朝との関係が途絶え、史料的に空白の期間となる四世紀後半から五世紀にかけて、倭が半島に積極的な行動を起こしていたことを物語る具体的な史料に七支刀と広開土王碑文があることはよく知られている（深津行徳二〇一〇）。

日本史料では『日本書紀』（七二〇年）・『古事記』（七一二年）が基本となる。記紀と言えば常に信憑性が問題とされ、とくに対外関係を意識して編纂されているため、半島関係記事には潤色とみられる記述が少なくないが、倭と加耶（任那）・百済・新羅との関係のみならず、朝鮮三国および加耶史を考える上で重要な史料であることは間違いない。記載されているすべてが事実であるわけではないが、だからといって全く信憑性がないということもできない。両書については、歴史学だけでなく、国語・国文学や民俗学などさまざまな分野から検討が加えられている。その成果を吸収し、十分な史料批判の上に立って、有効に利用される必要があるであろう。

三　東アジア規模の合従連衡と遠交近攻

本巻では以上のような史料を利用して叙述が進められることになるが、文字史料・考古資料のいずれをとっても、その理解や評価は一様ではない。本章では、史料解釈の難しい事例をいくつかあげながら、筆者なりの理解に基づいて全体の概要を把握しておくことにしたい。

1　合従連衡そして遠交近攻策

外交戦略で合従連衡そして遠交近攻という言葉はよく知られている。中国の戦国時代に発祥する言葉であるが、本書で扱う時代は、まさに東アジア規模で合従連衡そして遠交近攻策が展開されていた時代ということができる。合従とは「南北を連合させる」意味で、戦国七雄の一つ燕が西方の強国秦に対抗するため他の五国と南北に連なる同盟を実現させた政策であり、連衡とは「横に連ねる」意味で、秦が六ヵ国と個別に同盟を結び、他の国々を攻撃する方針である。また遠交近攻策とは、対立する隣国を越えて遠方の国と結び、隣国を攻める方策で、始皇帝による天下統一を導いたといわれる戦略である。

後漢滅亡（二二〇年）後、魏・呉・蜀三国の鼎立から魏・晋対立以降の南北朝といわれる大陸が分裂して覇権を競った時代には、また半島においても高句麗・百済・新羅そして加耶諸国による抗争が続き、それに加わった倭も列島内部で統一に向けた争いを繰り広げていた。大陸で覇権を競う魏はとくに呉対策の上から倭に注目し、あるいは半島における百済が倭と結んで高句麗・新羅に対抗するといった、列島を取り巻く東アジア規模での合従と連衡そして遠交近攻という戦略が絶え間なく展開されていたのである。こうした混乱の時代はまた人の大きな移動がみられ、人とともに物や技術など文化全般が伝播する機会でもあることに注意しておきたい。

2　倭人の登場

はじめて倭人が中国の文献（『漢書』地理志）に登場するきっかけは、前一〇八年に前漢が半島に楽浪郡等四郡を設置したことにある。百余に分かれていた倭の国々が「歳時を以て来たり献見す」とあるということは、現在の平壌《ピョンヤン》に中心のあった楽浪郡との間に政治的な交渉があったことを示している。九州北部の奴国や伊都国首長王墓とみられる墓室の中から、前漢の鏡やガラス製の璧《へき》などがみつかっていることは、その証明であろう（武末純一二〇〇二）。その後、前漢は王莽《おうもう》によって倒されるが、後二五年に光武帝が洛陽で即位して漢王朝を再興し、三〇年に楽浪郡の支配を回復すると、さっそく高句麗が朝貢し（三二年）、半島南部の韓の首長も貢献している（四四年）。

このような情勢のなかで、五七年に倭の奴国王が遣使奉献し、「漢委奴国王」の金印を得た。中国の皇帝（天子）からその地位を認められるという冊封関係を基軸とする中華世界の一員としての足跡の第一歩を踏み出したのである。列島にも前漢・新の混乱が収拾され、楽浪郡再開の情報が伝わってきたのであろう。そして一〇七年には「倭国王帥升等」の朝貢が行なわれている。奴国の時にまだ「倭の奴国」という地位であったが、帥升の場合はその名称から、より統一が進み「倭国」の誕生を示している（西嶋定生一九九九）。その後、後漢では黄巾の乱（一八四年）に代表される内乱が続き、列島でもその余波を受けて大乱状態になる。やがて二世紀の末ごろ、女性の卑弥呼を共立することによって混乱が収拾されるのであるが、このころの半島・列島の情勢に深く関わるのが、遼東半島一帯の支配者公孫《こうそん》氏の動向である（仁藤敦史二〇一〇）。

3 遼東半島情勢

公孫氏は、元々後漢代に遼東郡の太守であったが、二世紀の終わりに、自立して権勢を振るい、半島へも進出して楽浪郡を手に入れ、やがて楽浪郡の南半を割いて帯方郡を置いた。三世紀初頭のことと考えられている。帯方郡治については、平壌の南方黄海道鳳川郡説、今のソウル説など一定していないが、帯方郡の創設は大きな意味をもち、「倭・韓について帯方に属す」という表現から、公孫氏の経営する帯方郡を倭国の使者はしばしば訪れることがあったものと推測される。列島の墳墓から出土する後漢鏡は公孫氏との交流の中で入手したものが多いとみられている。

二二〇年に後漢が滅び魏・呉・蜀の三国時代になっても引き続き公孫氏は遼東の支配者として権勢を振るった。とくに対立する魏と呉は戦略上公孫氏を自らの陣営に引き込むべく使者を往来させ、公孫氏も両属の姿勢を見せながら巧みな外交を展開する。やがて西南の蜀との争いに一段落した魏は、二三八年（景初二）正月公孫氏攻撃の軍を発し、八月には滅ぼした。この間公孫氏は救援を呉に要請したが、呉軍の到着は翌年正月のことであった。この後、魏は帯方郡を直接統治のもとに置き、引き続き東夷政策の拠点とするのである。邪馬台国の女王「卑弥呼」の使者が帯方郡を経て洛陽を訪れるのは、ちょうどこのように遼東半島情勢が混乱している時期であった。

4 卑弥呼の魏への遣使

『魏志』倭人伝には、卑弥呼の遣使朝貢について次のように記されている。親魏倭王に封じられるという有名な史料であるが、文献史料の解釈の難しさを示す典型的な例の一つでもあるので、少し長いが引用し（佐伯有清 一九八八）検討を加えてみたい。

○景初二年（二三八）六月、倭の女王、大夫難升米等を遣して郡（帯方郡）に詣《いた》る。天子に詣りて朝献せんことを求む。太守劉夏《りゅうか》、吏を遣し将《ひき》い送りて京都（洛陽）に詣らしむ。

○其の年十二月、詔書して倭の女王に報じて曰く、親魏倭王卑弥呼に制詔す。帯方太守劉夏、使いを遣わして、汝の大夫難升米、次使都市牛利を送り、汝献ずる所の男生口四人・女生口六人、班布二匹二丈を奉り、以て到る。……今汝を以て親魏倭王と為し、金印紫綬を仮し、装封して帯方太守に伏し仮授せしむ。……今絳地交龍錦五匹……を以て汝献ずる所の貢直に答う。又た特に汝に紺地句文錦三匹、細班華罽五張、白絹五十匹、金八両、五尺刀二口、銅鏡百枚、真珠、鉛丹各五十斤を賜い、皆、装封して難升米・牛利に付す。還り到らば録受せよ。……と。

○正始元年（二四〇）、太守弓遵《きゅうじゅん》、建忠校尉梯儁《ていしゅん》を遣わし、詔書・印綬を奉じて倭国に詣り、倭王に拝仮せしむ。幷びに詔を齎し金・帛・錦・罽・刀・鏡・采物を賜う。倭王、使いに因りて上表し、恩詔に答謝す。

5　使者難升米らの行動

まず朝貢の年次について、「景初二年六月」となっているが、このころは遼東半島では公孫氏と魏軍が激しく争っている最中であり、楽浪郡も戦乱の舞台となっていたので倭国の使者の派遣はあり得ない状況にあるとみられること、また『日本書紀』神功紀所引『魏志』倭人伝等には「景初三年六月」とあることから、景初二年は三年の誤りで、卑弥呼は魏の公孫氏討滅の情報を得て、祝意を込めて朝貢の使者を派遣したのであり、新しい国際情勢に迅速に対応したとして、卑弥呼の国際感覚が高く評価されている。はたしてそのように理解してよいだろうか。

まず景初二年・三年のいずれにしても、使者難升米らの行動を示す六月・十二月の記事については大別して、①六月帯方郡到着・十二月洛陽到着、②六月洛陽到着・十二月帰途につく、③六月帯方郡到着、（七、八月ごろ洛陽到着）、十二月帰途につく、といった理解がある。相違の大きな原因に漢文史料の時制の曖昧さがある。十二月の詔は卑弥呼を対象としたもので、回賜品目が具体的に列記されていること、省略した本文中に「今、難升米を以て卒善中郎将《そつぜんちゅうろうしょう》と為し、牛利を卒善校尉《そつぜんこうい》と為し、銀印青綬を仮し、引見して労い賜いて遣還せしむ」とあり、難升米らに官職を授与して遣還つまり送り還すと述べていることなどから、難升米らが帰途につくに際して出されたとみて間違いない。したがってこれより以前に難升米らは洛陽に到着している。それは月まで記されている「六月」のこととみるべきであろう。すなわち卑弥呼の使者難升米等は帯方郡を経て「六月」に洛陽に到着し、およそ半年の滞在を経て「十二月」に帰途についたのである。

そこでその年次は景初二年（二三八）か三年（二三九）かということになるが、倭人伝には続けて正始元年（二四〇）の記事がある。そこには①帯方郡太守が部下の梯儁らを倭国に派遣して詔書・印綬等を伝えたこと、②倭王がその使者に託して答謝したこと、が記されている。①の帯方郡使梯儁らが倭王に伝えた詔書・印綬ならびに品々は「其の年十二月」に難升米らに対する回賜の詔の内容と一致しているので、梯儁らは難升米らに同行して来倭したのである。すなわち、「正始元年」は帯方郡使梯儁らが、①倭に派遣された年次か、②倭から帰国した年次か、二つの解釈が可能である。いずれと解釈するか判断が難しいが、詳細な記述のある派遣の年次にかけて帰国までを合叙しているとみるべきであろう。そこで、「正始元年」に魏使が難升米らを倭国まで送り届けたとすると、「其の年十二月」に洛陽から帰途についた難升米らが帯方郡に帰着し、郡太守が部下を同行させて倭国に向かわせるのは、遅くとも翌年中とみられる。したがって「正始元年」に送り届けたのであるから、景初二年とすると一年の空白ができてしまうので、「六月」「十二月」は景初三年のこととするのが合理的な解釈と思われる。

6　景初三年

景初三年という年は、正月元日に明帝が死去し、幼い少帝（斉王）が即位するという混乱の中で幕を開け、難升米らが洛陽に到着した翌七月には少帝がはじめて朝政に臨むという、魏の新時代を象徴するできごとがおこっている。難升米らに対して十二月に詔が出され、帰途についているのであるが、通常であれば、蕃夷の使者である難升米たちは、翌年正月の朝賀に参列して帰途につくところであろう。ところがこれより先、魏では景初元年三月を四月に改めるという変則的な暦を使っていたが、正月に明帝が没したため、忌日を避けてもとの暦に戻し、景初四年正月となるところを、景初三年の後の十二月に変更されている。倭人伝の記事には「後十二月」とはないので、詔は十二月のことと理解される。即位早々にはるばる遠方から帝徳を慕ってやってきた夷狄の使者を迎え、その王を親魏倭王に封じるという祝典を、前帝の一周忌にあたる後十二月より前に挙行して帰途につかせたものであろう。

7　卑弥呼の遣使契機

難升米らの帯方郡経由洛陽到着を景初三年六月のこととすると、卑弥呼の遣使の事情についても再検討が必要のように思われる。情報の伝達や朝貢の準備に要する時間などを考えると、卑弥呼の在所、すなわち邪馬台国の所在地――九州か畿内か――と関わるが、はたして卑弥呼が前年八月の公孫氏滅亡を知って新しい情勢に対応すべく使者を派遣したのか、再考の余地があるであろう。卑弥呼のこの時の貢ぎ物「男生口四人、女生口六人、班布二匹二丈」は、一五〇〇年前の倭国王帥升らの「生口百六十人」と比べても、また卑弥呼自身の次回の朝貢、すなわち当初から魏皇帝への献上を意識した正始四年の「生口、倭錦、絳青縑、緜衣、丹木、𤝔、短弓矢」や卑弥呼の後継者台与の「男女生口三十人、白珠・青大勾珠・異文雑錦」と比べても貧弱である。

こうしてみると、難升米らの場合、はたして当初から魏の都まで趣き、皇帝に朝献を意図していたのか、大いに疑問が抱かれる。これまでのように帯方郡の公孫氏のもとに派遣したところ情勢の急変を知り、あるいは新しい支配者帯方郡太守の勧めにより都の洛陽にまで赴いたという事情も考えられるのではなかろうか。卑弥呼の国際情勢への迅速な対応、鋭敏な国際感覚の持ち主であることを示すとされる重要な記事であるが、検討の余地があると思われる。

8　銅鏡百枚

もう一つの問題は卑弥呼がもらった「銅鏡百枚」のことで、難升米ら朝貢の年でもある景初三年銘や帯方郡使に送られて帰国する年である正始元年銘のある三角縁神獣鏡（岡村秀典 一九九九）が日本の古墳から出土し、「銅鏡百枚」に相当するのではないかと注目されている。卑弥呼に「銅鏡百枚」等を賜うという回賜の詔は景初三年十二月に出され、まもなく難升米らは帰途についたとみられる。したがって、この「銅鏡百枚」は回賜の詔が出されてから製作されたのではなく、その紀年銘は自ずから景初三年もしくはそれより以前のものとなる。少なくとも回賜の詔にみえる「銅鏡百枚」に景初四年・正始元年銘の銅鏡が含まれることはあり得ないであろう。

三角縁神獣鏡が魏鏡か日本製か、あるいは日本渡来の呉の工人説、帯方郡を経て日本に移住した呉の工人説、などさまざまな意見があるが、卑弥呼の銅鏡一〇〇枚は景初三年十二月には完成していたとみなければならないという状況も含めて、あらためて解釈することが必要であろう。

9　卑弥呼の死と台与の継承

この後、卑弥呼は魏への朝貢を重ね、二四七年に狗奴国との争いを告げると、魏は使者を派遣して檄を送っている。卑弥呼は狗奴国との交戦中に亡くなり、一時の混乱の後、卑弥呼の宗女台与があとを嗣いでおさまったという。ところが魏は二六五年十二月に滅亡し、晋（西晋）の時代が始まる。その翌年（泰始二年）十一月「倭人、来りて方物を献ず」（『晋書』武帝本紀）とある。遣使の主体が卑弥呼を嗣いだ台与か、あるいは台与の後継者であるかについては不明であるが、これをはたして「西晋の成立をまって派遣した」と理解してよいか、景初三年の卑弥呼の遣使事情と同じく検討の余地があるのではなかろうか。

邪馬台国問題は考古学の調査にまつところが大きいが、長い研究史をもつ『魏志』倭人伝そのものについても、またまだ基礎から読み直すべき余地が残されているように思われる。

四　中国外交の空白と朝鮮半島情勢

1　南北朝時代

倭国を積極的に支援した魏にかわった晋（西晋）は、二八〇年には呉を併合し、およそ六〇年続いた三国鼎立の争乱に一応の終止符が打たれた。しかしながら、まもなく内乱と異民族の侵入によって晋は一旦滅び、三一七年に都を江南の建康（南京）に移して再興した（東晋）。その後の華北では北方の異民族による国が興亡を繰り返したが（五胡十六国）、四三九年に北魏によって統一された。ここに河北の北魏、江南の東晋という南北朝対立の時代が始まった。やがて南朝では東晋に代わって宋が興り（四二〇〜四七九）、この後、南斉（四七九〜五〇二）梁（五〇二〜五五七）、陳（五五七〜五八九）の諸朝が相次いで交替し、一方の北朝では北魏が西魏・東魏に分かれ、西魏は北周に、東魏は北斉によってそれぞれ受け継がれ、やがて北周をついだ隋（五八一〜六一八）が五八九年に南朝の陳をあわせて南北を統一した。中国の統一は、後漢滅亡後、晋の一時期をはさんでおよそ三七〇年ぶりのこととなる。

2　長期空白期間

邪馬台国時代、魏との間では両国の使者が帯方郡を中継して、密度の濃い交流がみられた。ところが不思議なことに、二六六年以後、倭国の中国王朝への直接のアプローチを示す史料は四一三年までみられない。列島―半島―中国という交通ルールが開けたと思われるにもかかわらず、およそ一五〇年の空白の期間が生じている。この間、中国の権威や支援を求めることはなかったのであろうか。あるいは単に記録にとどめられなかっただけなのであろうか。

考古学の知見によれば、この間、列島内部では定型化した大型前方後円墳が畿内から西日本地域に一気に広まっていく。その起点となるのが箸墓古墳（奈良県桜井市）で、最近では二四〇年ごろ築造というデータが示され、卑弥呼の墓との説がいっそう強く主張されていることは前に紹介したとおりである。その説の当否検証はこれからの課題であるが、ともかく三世紀後半から四世紀を通じて列島の政治的社会が統一に向けて急速な歩みを進めていることは間違いがない。

不思議なのは、そうした時期に中国王朝への遣使がみられないことである。乱の最中であっても、奴国の首長のような存在はなぜ出てこなかったのであろうか。卑弥呼が狗奴国との争いを伝えるや、すぐに魏は支援を表明している。覇権を競う時期であればこそ、権威を外に求めることはなかったのであろうか。卑弥呼や台与に対する魏の檄は効果がなかったのであろうか。それとも争いに明け暮れて遣使の暇などなかったのであろうか。いろいろと素朴な疑問が浮かんでくる。

時代は降るが、遣唐使の歴史において六六八～七〇二年まで三十余年の派遣空白がある。この間、浄御原令・大宝律令編纂が相次ぎ、日本の古代国家成立に向けてもっとも重要な時期である。遣唐使を頻繁に派遣して唐から実務を学ぶ時期と思われるにもかかわらず、派遣はない。実はこの時期半島の新羅とは頻繁な交流をもっているのである。中国には権威を求め、実学は半島からという、日本の先進文化や技術導入のあり方が如実に示されている（亀田修一二〇一〇）。そこで三世紀後半から五世紀にかけての対中国外交空白期間であらためて注目したいのが半島情勢である。

3　朝鮮半島情勢

朝鮮半島では、北方の高句麗がいち早く政治的成長をとげ、三世紀初頭には丸都城（国内城。現在の中国吉林省集安市）に拠点を移して四方に勢力を伸ばし、ついに三一三〜三一四年には楽浪・帯方二郡を攻略している。その後、南朝の晋に入貢する一方では北朝の燕と激しく争うなど、中国の王朝と硬軟両様の姿勢をとりながら、着々と南下策をとっている。こうした高句麗成長の刺激を受けた半島南部の馬韓・辰韓諸国においても政治的統一が進み、やがて馬韓諸国は伯済国によって統一されて百済と称し、辰韓諸国は斯盧国が統一して新羅へと成長した。いずれも四世紀半ばごろと考えられている。ただし南部中央の諸小国では統一が進まず、百済・新羅にも属さずに自立を維持し、加耶と総称された（木村誠二〇一〇）。

そしてまもなく四世紀後半には加耶南部諸国を介して百済と倭とが軍事的同盟関係に入るとみられている。ちょうど倭国の中国への入貢記事が見えない時期にあたり、倭は半島への関わりを深めていたのである。こうした状況を具体的に示しているのが、七支刀と広開土王碑文、そして紀年の修正や内容の吟味を必要とするという条件付きではあるが、『日本書紀』である。これらの史料によって三六六年ごろから倭の勢力が半島に進出し、加耶（任那）や百済との関係を軸にして、高句麗と直接対峙していた様子を知ることができる。とくに辛卯年（三九一年）以来の半島における行動はよく知られているところである。大和王権が着々と勢力を拡大し、やがて地方豪族を従え、統一を果たすという状況が、半島との対外関係を梃子にして展開されていたのである（篠川賢二〇一〇)。

こうした状況の中で、対中国外交が再開される。いわゆる倭の五王の南朝宋への遣使である。その背景には単なる先進の文物、威信財の確保だけでなく、半島との力関係を意識した、きわめて政治外交的な要素が強い遣使事情を読み取ることができる。積極的に半島の政治対立に介入し、中国に朝貢して権威を求め、半島における盟主の地位を得ようと努めたのである。

五　中国外交の再開の中断——倭の五王——

1　倭の五王研究の推移

倭の五王については、邪馬台国同様に長い研究史がある。当初関心をもたれていたのは、讃・珍・済・興・武の五人の倭王が記紀にいう何天皇にあたるかという比定論で、応神天皇から雄略天皇にあてることはほぼ共通の認識になっており、とくに最後の倭王武を雄略とすることは間違いないと考えられている。

戦後はこうした人物比定論や対宋外交という局限した視点から、宋の対外関係からみた倭の五王、あるいは倭国と半島諸国との関わりといった、東アジア世界の中で理解するという考え方が定着した（坂元義種一九七八)。そして最近では、稲荷山鉄剣銘文の解読なども あいまって、宋から得た官爵を契機とする大王権力の確立、中央政治組織の急速な整備、古代国家の成立へと視点が明確になってきた（鈴木靖民編二〇〇二。河内春人二〇一〇)。そこでここでは対外関係史上の倭の五王という立場から、三つの問題について簡単に触れておくことにしたい（以下、石井正敏二〇〇五)。

2　倭国の中国外交再開

倭の五王の最初の讃の名による朝貢が『宋書』倭国伝に記されるのは四二一年のことである。しかしこれに先立ち、『晋書』安帝本紀・義熙九年（四一三）条に「是歳、高句麗・倭国及び西南夷銅頭大師、並びに方物を献ず」とある。辛卯年（三九一）以来半島で激しく争っていた高句麗と倭国が奇しくも同年に東晋に入貢したのである。倭国にとっては、二六六年に西晋に朝貢して以来、絶えて行なわれなかった中国王朝への朝貢が再開された記念すべきできごとである。また高句麗としても南朝への朝貢は、記録の上では三四三年（建元元）以来実に七〇年ぶりのこととなり、同じく注目される。

ところがこの年の倭国の遣使朝貢については、倭国からの正式の使者ではなく高句麗が倭人捕虜を使者に仕立てて同行したとする説、あるいは高句麗との共同入貢説などがある。前者の考えでは、倭国の中国外交の再開は四二一年となる。四一三年とはわずか八年の差に過ぎないが、四二〇年に東晋から宋への王朝の交替があり、四一三年とすれば東晋、四二一年とすれば宋となる。また後者つまり高句麗との共同入貢説をとれば、四〇〇年前後まで激しく争っている両者間に、一時的にせよ和平が生じたことになり、その背景について考えてみる必要がでてくるのである。

倭人捕虜説・共同入貢説のいずれも重視するのが『太平御覧』巻九八一所引「義熙起居注」に「倭国、貂皮《ちょうひ》（てんの皮）・人参等を献ず。詔して細笙・麝香《じゃこう》を賜う」という、倭国が高句麗の特産品である貂皮・人参を献じたとある記事である。ここから倭国からの使者ではなく、高句麗が半島における戦闘で得た倭人捕虜を使者に仕立てたとする説が生まれてくる。また共同入貢説は、『日本書紀』応神天皇三十七年（丙寅）条に注目する。呉（中国南朝）に縫工女を求めるために派遣された使者は、まず「高麗国」にわたり、その道案内で呉に渡り、使命を果たして帰国したという。応神三十七年は『日本書紀』の紀年では三〇六年になるが、干支二運を繰り下げる解釈に従えば西暦四二六年に相当する。得られる年代が近いことから、義熙九年の遣使と関連付けて解釈され、高句麗主導のもと、倭国との共同入貢が行なわれたとの理解である。

しかしながら「義熙起居注」の「倭国」は「高句麗」の、おそらく『太平御覧』編纂に際しての誤記ないし誤引とみなされ、高句麗・倭両国には四一三年に共同で使者を派遣するような環境にはないと判断せざるを得ない。また倭人捕虜説についても疑問である。中国歴代の王朝は遠方夷狄からの使者を天子の徳治の証しとして歓迎し、使者からその国の地理や情勢について詳しく事情を聴取し、風貌を描いて献上することを原則としている。事情を尋ねられればすぐに判明してしまう捕虜説は成り立たないと思われる。

四一三年、対立する高句麗・倭国の使者がたまたま同年に晋に入貢したのである。その背景には、四一〇年に東晋が山東半島の南燕を滅ぼして東晋通交ルートが開けるという山東半島情勢の変化があった。のちの倭王武の上表文を参照するまでもなく、倭は高句麗との対決を中国王朝の力を借りて打開しようとはかったものであろうし、高句麗も百済や倭との抗争を有利に進めようとして北朝のみならず南朝への入貢を行なったとみて間違いないであろう。すでに百済は三七二年・三八六年と東晋から冊封を受けている。倭も高句麗も百済の動向に刺激を受けての東晋入貢である可能性は十分に考えられる。ここに倭国と朝鮮半島情勢をめぐる新たな動きが始まるものとして、四一三年にあらためて注目したいと思う。

なお倭国の中国外交再開四一三年説を疑問とする意見の中には、新王朝宋の成立をまって四二一年になされたのであり、四一三年には倭国朝貢の状況にはないとする見解もある。しかしながら、東晋王朝の滅亡・宋の成立を誰も予見することはできなかったであろうから、新王朝の発足をまって派遣されたとする理解には疑問がいだかれる。この点前に述べた卑弥呼の魏、台与（?）の晋への遣使でも触れた「情報」に関わる問題、すなわち倭国の遣使契機はいかなるものであったのか、当時の交通レベルも考えて検討する必要があるのではなかろうか。

3　倭国王済の将軍号

この後、四二一～四七八年まで使者の派遣が続けられるが、倭の五王の三番目にあたる済は、珍に続き、宋朝に対して自らの官号だけでなく、その部下にも官号の除正を申請して許されている。大和王権の支配機構が整備されていく過程で注目されるのであるが、済の得た将軍号について安東将軍説・安東大将軍説があり、いずれをとるかによって、倭国王の国際的地位の評価などが大きく異なってくる。

すなわち『宋書』倭国伝によれば、済は元嘉二十年（四四三）に安東将軍・倭国王に封じられ、ついで同二十八年（四五一）に「使持節都督倭・新羅・任那・加羅・秦韓・慕韓六国諸軍事」が加えられたが、将軍号は安東将軍のままであったという。ところが『宋書』文帝本紀・元嘉二十八年条では、安東将軍から安東大将軍に進号されたと記されている。これまでの研究でもこの問題が争点の一つになっており、A：倭国伝が正しく、本紀が誤りとみて、将軍号はそのまま「安東将軍」とする説、B：本紀が正しく、倭国伝が誤りとみて、将軍号が「安東将軍」から「安東大将軍」に進められたとする説、C：倭国伝・本紀いずれも正しく、時間差を考慮して、まず「安東将軍」に叙され、その後まもなく「安東大将軍」に進号されたとする説などがある。とくにA説による時は高句麗王・百済王がいずれも征東大将軍・鎮東大将軍号を得ているのに対し、倭国王は安東将軍号止まりであって、そこに差があったとする理解も示されている。

そこで『宋書』倭国伝と文帝本紀元嘉二十八年条とあらためて検討すると、倭国伝に「（倭国）王如故」とないこと、および「安東将軍如故」とあるのは異例の表現であり、『宋書』倭国伝元嘉二十八年条には誤脱があると推測され、元嘉二十八年に済が得た将軍号は本紀の伝えるように「安東大将軍」とみるべきであると思われる。したがって少なくとも大将軍号において倭国王が高句麗・百済王よりも劣るとする理解はできない。

4　征東将軍（高句麗王）、鎮東将軍（百済王）、安東将軍（倭国王）の序列

五世紀を通じて東晋・宋から、高句麗王は征東（大）将軍、百済王は鎮東（大）将軍、倭国王は安東（大）将軍に、それぞれ叙任されている。これらの三将軍号について、東晋・宋朝における将軍制度からみて、同じ将軍号であっても征東→鎮東→安東の順で序列があり、それはすなわち三国に対する重要度が反映しているとされている。倭国王の地位は百済王よりも下位で、三国の中で最下位に位置付けられていたのである。

しかしながら、このような通説的理解にもとづく時、不可解なことが一つある。それは倭国王による「都督百済諸軍事号」の要求である。倭国王は四三八年の珍以来、使持節・安東（大）将軍・倭国王の他、「都督倭・百済・新羅・任那・秦韓・慕韓六国諸軍事」を自称して宋に除正を求めるが、最後まで都督諸軍事号に百済を含めることは認められなかった。すでに宋は百済王を冊封していたからである。

都督諸軍事号は当該地域に対する軍事的支配権を意味するものと理解してよいであろう。もちろんその称号がただちにその領域の実効支配を意味するものでないことは言うまでもないが、あらためて考えてみると、素朴な疑問が生じるであろう。そもそも倭国王は百済王よりも下位の将軍号でありながら、「百済」の軍事的支配権を要求し続けているのはなぜであろうか。上位の将軍が支配する領域の軍事指揮権を、下位の将軍が主張するということは、あり得るのだろうか。宋から認められないにもかかわらず、鎮東（大）将軍・百済王の支配する地域の軍事的支配権を、安東（大）将軍・倭国王は執拗に要求を続けているのである。倭国王の要求がそもそも制度の無理解からくるものという意見もあるが、本人だけでなく部下にも将軍号を仮授した上で除正を求める倭国王が、宋の官爵の制度を理解していなかったとは考えられず、また宋側も当然指摘するであろう。

すなわち、百済の軍事的支配権を主張した倭国王は「安東（大）将軍」のままでも十分に「都督百済諸軍事」号要求は可能とみなしていたと理解せざるを得ない。また倭国王は、自称ではあっても都督諸軍事の範囲に高句

麗を含めることはなく、また鎮東将軍・征東将軍を求めることもなかった。倭国王は十分に現実を理解していたものと思う。そうであるとすれば、そもそも鎮東将軍との間に上下優劣の関係があったのか、少なくとも倭国王には自らの地位が劣るというような考えはなかったのではなかろうか。倭国王の国際的地位についてもあらためて考える必要があると思われる。なお倭国王の都督百済諸軍事号要求を盟友とも言うべき百済側ではどのように感じていたのであろうか。当時の外交戦略を考える上でも興味深い問題であろう。

5　倭国の中国外交の放棄

このように五世紀を通じて熱心に中国への朝貢を続けた倭国王であるが、四七八年を最後に南朝への朝貢はみられなくなる。なぜであろうか。

一つは朝貢開始のときと逆の事情で、四六九年以降、北魏が山東半島を領有したため、倭国や朝鮮諸国は山東半島ルートを使えなくなったという。一方半島でも大きな動きがあり、北魏の援助をえた高句麗が、四七五年には百済の王都漢城を陥落させるというできごとがあり、百済は南の熊津《ゆうしん》（公州《コンジュ》）に都を移すという国家存続の危機を迎えている。こうした半島における三国鼎立の争いの変化が、百済関係を軸に展開していた倭国に外交路線の変更を迫ったという事情もあったとみられる。

一方、倭国側からみれば、対高句麗戦の支援や都督百済諸軍事号が認められず、成果が得られない朝貢を放棄したという側面もあるであろう。また高句麗の南下により、百済や加耶が圧迫され、今でいう難民が多く発生し、その新天地を列島に求める渡来人も多かったという事情も大きいと思われる（加藤謙吉二〇一〇）。統治技術も含む実務レベルでのノウハウは半島からの渡来人で十分に入手できたのである。記紀の雄略天皇条には、半島から多くの人々が渡来して技術革新をもたらしたことが記されており、また西の江田船山古墳出土の鉄刀、東の稲荷山古墳出土の鉄剣それぞれの銘文に刻まれた「大王」や「天下」の語から、この間列島内部で強力な王権秩序が形成されたことが知られる。宋との交渉で官職制度をはじめとする統治技術を学び、大王を頂点とする官僚組織ができたことで、中国王朝の権威を必要としないという状況にもあったことが考えられている。

六　半島南部をめぐる三国の抗争と倭国

1　六世紀の半島と列島

四七八年の倭王武（雄略）による宋への遣使ののち、六〇〇年に新興の隋に使者を送るまで、ほぼ六世紀を通じて、倭国の対中国外交は再び中断する。この間、列島内部では、倭の五王の後継者による統一に向けた動きが一層活発になり、畿内を本拠地とする大和王権が覇権を確立する。その統一の過程で重要な役割を果たしたのが、朝鮮半島諸国との外交と軍事であった。五二七年（継体二十一）に起きた筑紫国造磐井が新羅の賄賂を受けて大和王権の新羅遠征軍を阻止しようとしたというできごとに象徴されているように、半島への軍事動員や半島から獲得した先進の文物（威信財）の分配、技術の供与などを通じて各地の豪族を大王のもとに官僚組織化していったのである（篠川賢二〇一〇）。

2　新羅の台頭

半島では、六世紀に入ると新羅が急速に台頭し、高句麗に対抗するため、百済と時には結び、時には争うという、臨機応変の対外戦略を進めた。三国鼎立の状況のもと、新羅・百済両国とも領域拡大をはかり、半島南部の加耶諸国への攻撃を強めた（木村誠二〇一〇）。半島の南部中央に位置する加耶諸国は、百済や新羅のような統一国家の形成にはいたらず、諸小国が独立を保ちながら、緩やかな連盟として推移していた。その歴史は五世紀前半を境として二期に分けられ、前期には金官国（慶尚南道金海《キメ》）、後期には大加耶国（慶尚北道高霊《コリヨン》）が中心になっていたとされている。この地域に対し、南下策を進める高句麗の外圧という危機感のもとに国家としての成長を遂げた百済・新羅が、それぞれ進出を始めたのである。加耶諸国、中でも南東部海岸地域の金官国・安羅国（慶尚南道咸安《ハマン》）等は、倭国が鉄資源をはじめとする文物や先進技術を入手する上で重要な地域であったため、その存亡を前にして倭国も積極的に介入した。ここに半島南部の加耶地域をめぐる争いは、新羅・百済に倭を加えて新しい局面を迎えたのである。

3　『日本書紀』と任那

この時期の重要な文献史料が『日本書紀』である。そこには、日本から派遣された官人によって組織された「任那日本府」を中心に、「任那」全域をあたかも植民地のごとく支配していたとする記述がなされている。『日本書紀』における「任那」は、狭義では加耶諸国の中でも有力な金官国およびその周辺を指し、広義では加耶諸国の総称として用いられている。かつては『日本書紀』に記されている内容にしたがって、説明がなされていたが、現在ではこのような見方は否定されている。ただし対立と協力を繰り返しながら抗争を繰り広げる百済・新羅・加耶諸国が、それぞれの思惑から倭国を味方に引き入れるべく接近を試みたことは間違いなく、また倭国からも使臣や軍勢が派遣されたことも事実であろう。倭国の一定の影響力が生じていることは十分に考えられるのであり、「安羅に在る諸の倭の臣等」（『日本書紀』欽明十五年十二月条）といった記述が、いわゆる任那日本府の実体を示しているとみられている。『日本書紀』の記述は、任那植民地史観で貫かれているので、注意しなければならないが、『三国史記』などにはみられない記述も多く、厳密な史料批判の上で有効に活用することが求められている（田中俊明二〇〇九）。

4　新羅の加耶併合

こうして半島南部の加耶地域をめぐり激しい争いが展開されたが、次第に新羅が優勢となり、まず五三二年には金官国を併合した。金官国は加耶諸国の中でも倭国が重視していた国である。倭国にとって、新羅によるその併合は衝撃であり、復興策が図られたが、結局功を奏することはなかった。そして五六二年には加耶諸国の盟主の地位にあった大加耶までが新羅に滅ぼされ、加耶のほぼ全域は新羅の領域となったのである。大加耶の滅亡を『日本書紀』では「新羅、任那の官家《みやけ》を打ち滅ぼす」（欽明二十三年正月条）と記している。

5　半島からの文物の伝来

この間、百済の朝廷から、五一三年（継体七）には儒学を教授する五経博士、五三八年（一説に五五二年）には仏教が公式に伝えられた（増尾伸一郎二〇一〇）。宋や百済との交渉を通じて支配組織の基礎が作られ、さらに統治に必要な思想を手にすることができたのである。やがてこれらが律令を基本とする古代中央集権国家の文化思想的柱として大きな役割を果たすことになる。注意しなければならないのは、一見文化的にみえるこれらの事象も、実際にはきわめて政治的な意味合いの強いもので、百済が倭国の軍事支援を導き出すための、あるいは派兵の見返りとしての供与とみられている。百済だけでなく、加耶諸国や新羅も日本への接近をはかって、さまざまな新しい知識を伝えたとみられる。また半島南部を舞台とする戦乱は列島への人々の移動をひきおこし、彼ら渡来人の先進の技術や文化が列島の社会に革新をもたらした。

こうして倭国が半島交流の足がかりにしていた加耶地域が新羅に併合され、対外戦略の見直しをせまられることになる、ちょうどその時期に大陸でも大きな変化がおこっている。隋による南北朝の統一であり、強力な帝国は中華世界の拡大をはかり、周辺地域に積極的な対外政策を展開する。ここに倭国は再び対中国外交を復活させることになるのである。

七　交流ルートの多様化

1　環日本海ルート

これまで主に中国―半島―九州北部―瀬戸内―畿内というルートを中心にした対外関係をみてきた。日本海や北方海域の問題については、この時代については主に残された文献史料の乏しい関係から、あまり触れることができなかったが、環日本海地域の考古学調査からは、半島系遺物も多数出土しており、交流の盛んであった様子を知ることができる。たとえば長野県根塚遺跡（下高井郡木島平村）から加耶製とみられる鉄剣が出土しており、千曲川を通じての日本海ルートにより半島と通じていたとみられている。内陸に位置する地域も河川等を利用した半島との直接交流も考えられている。

また上に述べてきたところでは、倭は高句麗に対抗する百済・加耶を軸にした外交を展開しており、新羅との関係は希薄な印象を与える。とくに倭の五王が宋から得た都督諸軍事号には一貫して「新羅」が加えられているころから、いっそう倭と新羅とは対立しているような印象を与える。『三国史記』の記述にも倭人の侵入を示す記事が多くを占める。しかしながらその一方では、四世紀半ば以降、倭との政治的な交渉を示す記事が散見し、中には記紀に対応する記事もある。たとえば五世紀初頭、王子未斯欣を人質として倭に送るとする記事（『三国史記』実聖尼師今元年）があげられる。また『日本書紀』応神三十一年条（四二〇年）、仁徳十一年条（四四三年）等には新羅人技術者の渡来記事がみえる。これに関連して、列島で出土した遺物で、これまで加耶系統とみられていた文物が新羅産であるとされ、また新羅の遺跡で倭系遺物が発見されることから、新羅との関係も重視すべきであるとの意見が出されている（朴天秀二〇〇七）。半島の東南を領域とする新羅との関係では、おのずから日本海ルートも注目され、記紀の応神条や垂仁条にみえる新羅王子天日槍《あめのひぼこ》が但馬国にとどまるという説話も半島と日本海ルートの存在を示唆している。

2　倭系・半島系遺物の評価

このように、半島との交流の見直しをうながす遺跡や遺物の発遣が相次いでいるが、半島における倭系遺物、列島における半島系遺物の伝来経路については、より慎重な検討が必要であろう。たとえば新羅産の渡来ルートについて、王権間交渉によりもたらされたとするが、はたしてそれだけなのか。直接交流だけでなく、新羅の加耶への進出を考えれば、加耶経由渡来も考慮すべきであろう。また文物の存在が敵対・友好のバロメータとなりうるかについても同じように検討が必要であろう。倭国は先進の文物や威信財は産地を問わず求めたものであり、敵対する新羅だから受け付けないなどという考えはない。時代は降るが、日本・新羅が対立の時期に入った八世紀の半ばに交易品を大量にもたらした新羅の王子金泰廉との交易の例や、九世紀前半の新羅を敵視しながらも新羅商人がもたらす舶来品に日本人が殺到する光景を想起すれば十分であろう（『類聚三代格』）。先進文物の入手については貪欲であり、新羅の文物はもちろん工匠の渡来も大いに歓迎したに違いない。権威は中国に、実学は半島から（亀田修一二〇一〇）、これが古代の倭国・日本国を通じての基本的な姿勢であったといえるのではなかろうか。

参考文献

石井正敏　二〇〇五年「五世紀の日韓関係――倭の五王と高句麗・百済――」日韓歴史共同研究委員会『日韓歴史共同研究報告書（第1分科篇）』↓本著作集第一巻1
石野博信　二〇〇一年『邪馬台国の考古学』
石原道博　一九八五年『新訂　魏志倭人伝　他三篇』岩波文庫
大庭　脩　一九七一年『親魏倭王』学生社
大庭　脩　一九九六年『古代中世における日中関係史の研究』同朋舎
岡村秀典　一九九九年『三角縁神獣鏡の時代』吉川弘文館
加藤謙吉　二〇一〇年「漢氏と秦氏」『日本の対外関係』一　吉川弘文館
金子修一　二〇一〇年「東アジア世界論」『日本の対外関係』一　吉川弘文館
亀田修一　二〇一〇年「遺跡・遺物にみる倭と東アジア」『日本の対外関係』一　吉川弘文館
川﨑　晃　二〇一〇年「倭王武の上表文」『日本の対外関係』一　吉川弘文館
川本芳昭　二〇〇五年『中華の崩壊と拡大』講談社
木村　誠　二〇〇四年『古代朝鮮の国家と社会』吉川弘文館
木村　誠　二〇一〇年「朝鮮三国の興亡」『日本の対外関係』一　吉川弘文館
河内春人　二〇一〇年「倭の五王と中国外交」『日本の対外関係』一　吉川弘文館
金　文京　二〇〇五年『三国志の世界』講談社
国立歴史民俗博物館　二〇〇七年『弥生はいつから？』国立歴史民俗博物館
佐伯有清　一九七七年『古代の東アジアと日本』教育社歴史新書
佐伯有清　一九八八年『三国史記倭人伝　他六篇』岩波文庫
佐伯有清　二〇〇〇年『魏志倭人伝を読む』上下　吉川弘文館
坂元義種　一九七八年『古代東アジアの日本と朝鮮』吉川弘文館
坂元義種　一九八一年『倭の五王――空白の五世紀――』教育社
篠川　賢　二〇一〇年「日本列島の西と東」『日本の対外関係』一　吉川弘文館

白石太一郎編　二〇〇二年　『倭国誕生』吉川弘文館
新川登亀男　二〇一〇年　「文字の伝来」『日本の対外関係』一　吉川弘文館
関　和彦　一九九七年　『卑弥呼』三省堂
鈴木靖民編　二〇〇二年　『倭国と東アジア』吉川弘文館
武末純一　二〇〇二年　『弥生の村』山川出版社
武末純一　二〇一〇年　「「倭国」の誕生」『日本の対外関係』一　吉川弘文館
武田幸男編　二〇〇四年　『古代を考える　日本と朝鮮』吉川弘文館
田中俊明　二〇〇九年　『古代の日本と加耶』山川出版社
寺澤　薫　二〇〇一年　『王権誕生』講談社
直木孝次郎　二〇〇八年　『邪馬台国と卑弥呼』吉川弘文館
中野高行　二〇〇七年　「日本書紀における「任那日本府」像」『新羅史学報』一〇号
西嶋定生　一九九四年　『邪馬台国と倭国』吉川弘文館
西嶋定生　一九九九年　『倭国の出現』東京大学出版会
仁藤敦史　二〇〇九年　『卑弥呼と台与』山川出版社
仁藤敦史　二〇一〇年　「邪馬台国からヤマト王権へ」『日本の対外関係』一　吉川弘文館
深津行徳　二〇一〇年　「金石文の語るもの」『日本の対外関係』一　吉川弘文館
朴　天　秀　二〇〇七年　『加耶と倭』講談社選書
増尾伸一郎　二〇一〇年　「中国・朝鮮文化の伝来――儒教・仏教・道教の受容を中心として――」『日本の対外関係』一　吉川弘文館
堀　敏一　二〇〇八年　『東アジア世界の歴史』講談社学術文庫
森　公章　二〇〇六年　『東アジアの動乱と倭国』吉川弘文館
山尾幸久　一九八九年　『古代の日朝関係』塙書房

3　律令国家と東アジア

一　本巻の視点――東アジアの七～九世紀――

本巻（『日本の対外関係』2）はシリーズ第一巻を受けて、七世紀から九世紀までのおよそ三〇〇年間の日本の対外関係について扱うことになる。中国大陸では世界帝国隋（五八一～六一八）に始まり、そして唐の滅亡（九〇七年）に終わる。朝鮮半島では三国の対立から新羅の統一を経て再び後三国の分裂時代へと推移していく。日本では飛鳥・奈良・平安前期といった時代にわたり、特に律令国家の成立により現代にまで通じる日本及び日本人の世界観が形成される重要な時期である。視野を世界に広げると、西方でイスラーム教が成立し、仏教・キリスト教とともに現代の世界でもっとも影響力をもつ宗教が出そろう時期として注目される。七五一年にはイスラーム（アッバース朝）軍と唐軍とが中央アジアのタラス河畔（現在のキルギス共和国西北）で戦い、イスラーム側が勝利をおさめるというできごとが起きている。ただの争いにとどまらず、中国の製紙技術が西方に伝わるなど、文化伝播の面からも注目されるできごとであるが、これによって、中央アジアをはさんで、西アジアを中心とするイスラーム帝国、東アジアの唐帝国といった大きな枠組みが形成される。

東は日本から、西はローマに至る、ユーラシア大陸を東西に結びつけるルートが陸路・海路ともに発達したことが、何よりもこの時代の歴史を活性化している。主に中央アジアの人々がユーラシアの中央部を東西に往来し、また操船に巧みなアラビア人の活躍で東西航路も開かれ、東端の日本も国際市場の一角に重要な位置を占めることになる。唐の都長安には四方の国々から人々が集まり、異文化交流の雰囲気が満ちあふれ、その国際色豊かな雰囲気は遣唐使等により日本にももたらされた。奈良の都（平城京）には異国情緒あふれた空間があり、「長安を日本に移そう」とした人々の努力のあとが正倉院の宝物として今に伝えられている。

この間、日本は中国の隋・唐、半島の百済・新羅・高句麗、そして渤海との外交を基軸とする交流を活発に展開している。三世紀の間のおおまかな流れとしては、国家間外交から商人の活躍する貿易の時代へととらえることができる。そして交流の展開と共に日本人の地理的世界観も大きく広がり、遣唐使・留学者らによる唐本土の見聞、異国の公使や人々の来日等々により、書物でしか知らない世界を体験する機会が増えてきた。本巻ではこうした激しい動きをみせる七世紀から九世紀にいたる対外関係について、外交・貿易・情報ネットワーク等の諸方面から検討する各論を用意し、現代にまでつながる重要な三世紀間の歴史について考察を加えている。本章（通史）ではこの期間の歴史を概観し、以下の各論の理解に資することにしたい。本巻で扱う時期の諸問題については長い研究史があるが、全般を扱った最新の研究に坂上康俊・森公章（二〇一〇）、盧泰敦（二〇一〇）があり、史料・文献を網羅しているので、ぜひ参照していただきたい。なお国号日本・君主号天皇は七世紀後半に制定されたと考えられているが（遠山美智男二〇一二）、本章では叙述の便宜上それより以前でも用いることにする。

関連年表

589	隋、中国を統一
600	倭国の使者隋に到る
603	冠位十二階を制定、翌年、憲法十七条を制定
604	隋、煬帝即位
607	小野妹子らを隋に派遣。翌年、隋使裴世清を伴い帰国
610	この頃、ムハンマド、イスラーム教の布教を開始
612	隋、三回の高句麗遠征にいずれも失敗(～614)
618	隋、滅び、唐、興る
623	留学生帰国し、遣唐使の派遣を進言する
629	唐僧玄奘、インドに向けて旅立つ(644年帰国)
630	犬上御田鍬らを唐に派遣(第1回遣唐使)、翌年、唐使高表仁を伴い帰国、○唐、突厥を滅ぼす。太宗「天可汗」の称号を贈られる。○ムハンマド、メッカを征服
645	中大兄皇子ら、蘇我蝦夷・入鹿を殺す。翌年、改新の詔が宣告される
645	唐、三回の高句麗遠征にいずれも失敗(～648)
658	阿倍比羅夫、蝦夷を討つ
659	遣唐使、長安から帰途につこうとするが、「海東の政」を理由に幽閉される
660	唐・新羅、百済を滅ぼす。幽閉されていた遣唐使、帰国
663	日本の百済救援軍、白村江で唐軍と戦い敗れる
667	近江大津宮に遷都
668	唐・新羅、高句麗を滅ぼす。○新羅使来日し、日羅外交再開
669	遣唐使を派遣。高句麗平定を賀す。この後、702年まで遣唐使派遣されず
672	壬申の乱。大海人(天武天皇)が勝利を収め、翌年、飛鳥浄御原宮で即位
674	唐、皇帝を天皇、皇后を天后と改称
676	唐、熊津都督府・安東都護府を遼東に移す。新羅、半島を領有
689	飛鳥浄御原令を施行
690	唐、則天武后、即位。国号を周と改める
694	藤原京に遷都
698	渤海、建国(～926)。713年に唐から渤海郡王に冊封される
701	大宝律令完成
702	遣唐使粟田真人らを派遣。真人、唐人から学識・礼儀を称賛される
705	唐、則天武后、死去。国号が周より唐に復される
710	平城京に遷都
712	唐、玄宗即位
717	遣唐使を派遣。玄昉・吉備真備・阿倍仲麻呂ら同行
718	養老律令を撰定
720	『日本書紀』成る
727	渤海使、来日。渤海との交渉が始まる(～919)
729	長屋王の変。光明子が皇后となる
734	唐留学生玄昉・吉備真備ら帰国

735	新羅使を追い返す。以後日羅間外交に紛争が続く。○大宰府、漂着船に備えて南西諸島に島名・停泊所・飲料水の所在、行程などを記した標識を立てる
736	遣唐使、唐人・波斯人をともなって帰国
741	国分寺建立の詔が出される
743	大仏造立の詔が出される
751	タラス河畔の戦い、唐軍がイスラム軍に敗北
752	東大寺大仏開眼供養。新羅王子金泰廉ら来日
754	唐僧鑑真、遣唐使の帰国に同行して来日
755	安禄山・史思明の乱が起こる(～763)
758	遣渤海使帰国。安史の乱の情報を伝える。新羅征討計画が立てられる
779	新羅使が漂着遣唐使を送って来日。翌年帰国。最後の新羅使となる
784	長岡京に遷都
794	平安京に遷都
802	鎮守府を多賀城から胆沢城に移す
804	遣唐使を派遣。最澄・空海ら同行して入唐
811	渤海に使者を派遣。最後の遣渤海使
826	右大臣藤原緒嗣、渤海使を「商旅(商人団)」と指摘する
828	渤海使、但馬に来着。太政官、国司に私貿易の取締りを命じる
831	太政官、大宰府に新羅商人との貿易の厳正な管理を命じる
836	遣唐使派遣に先立ち、新羅に使者を派遣して、漂着した場合の保護を依頼。日本にとって侮辱的な内容の新羅執事省牒をもたらす
838	遣唐使(渡航した最後の遣唐使)出発。円仁ら同行して入唐
840	新羅人張宝高、使者を遣わして朝貢を求める。新羅王の臣下である張宝高に外交の資格は無いとして、認めず
842	大宰府の要請により、新羅人の入国を制限する
845	唐で仏教・マニ教・景教などの弾圧が始まる(会昌の廃仏)。
849	唐海商徐公直来日。在日唐僧義空に陶磁器の茶碗等を贈る
853	円珍、唐商船で入唐(858年帰国)
869	新羅の海賊、博多津に停泊中の豊前年貢船を襲い、絹綿を奪って逃げ去る
874	香料・薬材を購入するための勅使が唐商船を利用して入唐(877年帰国)
875	黄巣の乱、起こる(～884)
887	宇多天皇、即位。阿衡の紛議がおこる
894	遣唐大使菅原道真らを任命するが、実施されず
901	菅原道真、謀叛の嫌疑で大宰権帥に左遷される
903	大宰府に唐商人との貿易の厳正な管理を命じる
907	朱全忠、唐を滅ぼし、後梁を建国、五代十国の時代が始まる(979年、宋が統一)
911	唐商人の来日年限を定める(年紀制)
919	最後の渤海使、来日
926	渤海、契丹(遼)に滅ぼされる

二　争乱の東アジア

1　隋の南北朝統一

中国大陸では後漢滅亡（二二〇年）後、南北朝の対立が続いていたが、五八一年に北朝の周をついだ隋が、五八九年に南朝の陳を滅ぼして統一した。隋の初代文帝は即位直後に開皇《かいこう》律令を制定し、また官吏登用のための科挙をはじめるなど、内政改革を着々と進めた。その一方では四方へも進出し、五九八年には高句麗に遠征したが失敗している。六〇四年、文帝の後をついだ煬帝《ようだい》は首都（大興城）の拡充、華北と江南を結ぶ大運河の掘削など大事業を進めた。中でも大運河は大きな恩恵をもたらしたが、工事に徴発された庶民には大きな負担となり、さらに三度（六一二・六一三・六一四年）にわたる高句麗遠征をはじめ、東西への外征を繰り返したため、人々の不満は増大し、各地で反乱が起こり、ついに煬帝は六一八年に殺された。

2　唐の建国と発展

煬帝死後の群雄による覇権争いを制したのは華北出身の李淵《りえん》で、この年唐朝を興した。李淵（高祖）は、子の世民《せいみん》（太宗）らと共に律令法に基づく強力な中央集権を進め、唐朝三〇〇年の基礎を固めた。特に二代太宗は強大な勢力を誇る北方の遊牧国家突厥《とっけつ》を降し、彼らから「天可汗」の称号を贈られている（六三〇年）。唐の律令は武徳律令（六二四年）を手始めに順次改訂を加え、玄宗の開元二十五年律令（七三七年）でほぼ完成を迎えることになる。周辺の諸国・諸民族に対しても積極的に交流をもち、戦争と懐柔の硬軟両様を使い分け、その従属関係の強弱に応じて羈縻《きび》と冊封《さくほう》の二つの方式（石見清裕 二〇〇九。金子修一 二〇一〇）を用いて影響力を行使した。周辺の諸国・諸民族も先進国家唐との交流を求めて盛んに使者を派遣し、都長安をはじめ主要な都市には四方から集まる人々でにぎわい、国際色豊かな文化が繰り広げられていた。唐の国際性は文化に限るものではない。人材登用に出身地や民族を問わないという開明性があり、日本人留学生阿倍仲麻呂《あべのなかまろ》が玄宗《げんそう》に寵愛され、高官に上り、多くの文人官僚と交流をもったことは、唐の持つ世界性を良く示している。

3　半島情勢

こうした隋・唐統一国家の成立は、半島で覇権を争う高句麗・百済・新羅三国にもとうぜん影響を与えている。これまで南北朝の対立を梃子に中国の王朝を巧みに利用しながら目前の敵と争ってきたが、特に地理的に隣接する高句麗は強大な帝国の圧力を直接受けるようになり、突厥と結ぶなどの対抗策を取り、三国の争いは新しい局面を迎えることになった（森公章二〇一二）。

4　日本列島への影響

一方日本列島では大和王権内部における権力闘争を制した蘇我氏が専横の度を増し、五九二年には崇峻天皇暗殺という挙に出た。緊急事態の中で即位した推古天皇は蘇我氏とも血縁関係にある甥の厩戸王（聖徳太子）を摂政として、王権の安定をはかっている。やがて隋が、高句麗への侵攻を企てるという国際的に緊張した時代を迎えると、大和王権もその対応に迫られ、中央集権国家組織の形成を進め、六〇三年に冠位十二階の制、翌六〇四年には憲法十七条を定めている。これらは豪族を大王に奉仕する官僚への道をはかるもので、有力豪族の抵抗を受けながらも、国際的な難局に対応するため、推し進めている。

5　遣隋使

そして倭の五王以来途絶していた中国外交を再開する。遣隋使の派遣である（以下、遣隋使・遣唐使については森公章二〇一一、古瀬奈津子二〇一一、榎本淳一二〇一二）。『隋書』倭国伝にみえる、六〇〇年（推古八）に来朝したという倭国の最初の遣隋使記事は何とも不思議なものである。倭国の使者は「天を以て兄となし、日を以て弟となす」云々と述べ、文帝から「これ太《はな》はだ義理なし」と評され、訓え改めさせられたという。冠位十二階・憲法十七条の制定などは、文帝の教訓によるものとする理解もある。ついで六〇七年（推古十五）には小野妹子《おののいもこ》が派遣された。この時の国書は有名な「日出ずる処の天子、書を日没する処の天子に致す。恙なしや」云々というもので、隋の煬帝はこれを無礼としながらも、倭国使を受け入れ、帰国に際しては勅使裴世清《はいせいせい》を同行させている。高句麗を主とする朝鮮諸国を牽制する上で倭国を利用しようという意図によるものである。その評価の背景に、倭の五王時代の倭の朝鮮半島諸国に対する影響力についての知識があったことは間違いないであろう。この後、相次いで派遣された遣隋使には留学生・学問僧が同行し、中国の制度・思想・文化を学んでいる。代表的な留学生に高向玄理《たかむくのくろまろ》・南淵請安《みなぶちのしょうあん》・僧旻《そうみん》らがおり、帰国後その新知識は新しい国作りに大きな力を発揮した。

6　遣唐使の始まり

六二三年（推古三十一）隋から唐への政変を目の当たりにして帰国した留学生が、「大唐国は法式備定の珍国《たからのくに》」であるから通交すべきこと、留学生は十分に修業したから帰国させるべきことの二つを進言した。これを受けて六三〇年（舒明二）犬上御田鍬《いぬがみのみたすき》らが第一回目の遣唐使として派遣された。御田鍬らは翌年長安に達して太宗に謁見し、ついで在唐の留学生・留学僧および唐の使者高表仁《こうひょうじん》らを伴って、同四年に帰国した。この時、『旧唐書』日本伝等によれば、唐使と日本側で「礼」をめぐって争いがあり、表仁は使命を果たすことなく帰国したという。

冊封を意図した唐使とそれを拒否する日本側とのトラブルによるものと考えられているが、唐側から特に咎められることなく、その後も遣唐使は政治的・文化的使命を帯びて派遣が続けられた。

7　大化改新と留学生

蘇我氏の専横が続く飛鳥の朝廷では、中大兄皇子《なかのおおえ》（皇極天皇の子）が、遣唐使や帰国留学生、あるいは百済・新羅との交流を通じて、緊迫する国際情勢について学び、これに対処するためには権力の集中をはかる必要があると考え、六四五年（皇極四）に蘇我蝦夷・入鹿父子を滅ぼした。新たに即位した孝徳天皇のもと、中大兄皇子は皇太子となり、隋・唐留学経験者である僧旻・高向玄理を政治顧問の国博士に任命した。翌年（六四六）正月には、「改新の詔」四箇条が出され、地方組織や交通の整備、いわゆる公地公民制への移行をめざす政策が示された。周知のように、『日本書紀』が伝える詔文には後の大宝令などによる潤色があり、この段階で実際にどのような政策が打ち出されたかについては見解が分かれるが、唐に範を取った律令国家を志向する政策が実施されたことはまちがいないであろう。この一連の改新政治で大きな力を発揮したのは留学生で、国博士の二人だけでなく、中大兄皇子らが蘇我氏打倒へ立ち上がる前に師事していたのは留学経験者南淵請安であった。彼ら留学生の新知識が大きく日本を変えることになったのである。

8　白村江の敗戦

この頃朝鮮半島では大きな動きがあった。唐は新羅の要請から朝鮮半島の争乱にも介入を強め、ついに六六〇年に百済を、ついで六六八年には高句麗を滅ぼしたのである（森公章 二〇一二）。この間日本は百済遺臣による百済復興を支援するため大軍を派遣したが、六六三年に白村江で唐・新羅連合軍と戦い大敗した。この敗戦は日本に大きな衝撃を与え、半島における足がかりを失っただけでなく、唐・新羅侵攻の脅威にさらされることとなり、国防対策が進められた。最前線に位置する北九州では大宰府防衛のための水城《みずき》や大野城等をきずき、対馬から瀬戸内を経て畿内にかけて山城がきずかれた。これらは亡命百済人の技術指導によるものであることから、朝鮮式山城とよばれている（田中俊明二〇一一）。さらに六六七年には都を近江大津宮に移している。これも防御策の一環で、瀬戸内から近い飛鳥を離れ、琵琶湖を利用して北方と結ぶことを想定してのことである。白村江の敗戦から国家体制の整備が重要な課題であることを学び、律令国家建設に向けた動きに拍車がかけられた。

9　新羅との復交

白村江の戦い前後から日羅両国の間で途絶えていた外交が、六六八年九月の新羅使の来日によって再開された。直接兵火を交えた両国の復交は、両者の利害が一致したからに他ならない。新羅は百済・高句麗を破り宿願である半島の単独領有を実現したと思っていたところ、唐が熊津《ゆうしん》都督府・安東都護府をおいて直接支配をめざしたのである。これまで共闘してきた唐と敵対せざるを得ない状況に置かれた新羅と、百済・高句麗の次の矛先は日本に向けられるのではないかとの危機感を抱いていた日本とが復交するのは自然の流れであった。

こうした日本との復交を背景として、新羅は六七〇年に唐が占領する旧百済領への侵攻を開始した。これに対して唐も反撃を加えたが、まもなく新羅王が謝罪し、唐もこれを受け入れて一件は落着した。やがて唐が都督府・都護府を遼東に移して直接支配を放棄し、新羅が半島の支配権を確立するに至る（六七六年）。唐は高句麗・百済との長い戦いの経験から、半島の直接領有よりも、冊封による間接統治が得策と判断したものであろう。この後、新羅は唐への朝貢を欠かさず、先進の文物を学んで、長きに及んだ戦後の復興を果たすことになる。

10　日羅間の亀裂

日本・新羅両国は対唐対抗策で共通し手を結んだ。新羅は現実の危機に対応して対日従属外交も厭わず、外交再開を仕掛け、日本がこれに応じた。後顧の憂いをなくした上で、新羅はようやく半島領有の悲願を達成した。しかしいつ唐が方針を転換するか定かではない。不安が除去されるまで、日本とは良好な関係を結んでおく必要があった。しかし唐との関係を修復し、良好な関係を構築すると、日本に依存する理由はなくなり、新羅は次第に従属的な姿勢を改めていく。まさにその時期は日本が自前の律令を完成させ、新羅はもとより唐をも蕃国に位置づける中華世界観を基本とする律令国家としての自信をみなぎらせる時期である。新羅・日本両者の間に確執が生ずるのもまた自然の流れであった。こうした状況については、第三節で触れることにしたい。

11　壬申の乱と天武・持統朝

白村江の戦後処理を指揮した天智天皇が没すると、その翌六七一年に、天智天皇の子の大友皇子と弟大海人《おおあま》皇子とのあいだで皇位継承をめぐって争いがおきた。壬申の乱である（倉本一宏二〇〇七）。大海人皇子が勝利し、翌年飛鳥浄御原宮で即位した（天武天皇）。乱の結果、「大君は神にしませば」（『万葉集』）と謳われる強大な権力を手にした天武天皇ならびに皇后（のちの持統天皇）を中心に、天皇を頂点とする中央集権的国家体制確立に向けた動きが一気に進められた。律令編纂や支配の正当性を示すための国史編纂、そして都城の建設など、中国の王朝を意識した政策を打ち出している。それまでの大王にかわって「天皇」という君主号が使用され、「日本」という国号が定められたのもこのころのこととみられている（遠山美智男二〇一二）。

天武が志半ばで没したあとを継いだ持統天皇は、六八九年（持統三）には飛鳥浄御原《あすかきよみはら》律令を施行し、六九四年（持統八）には藤原京に遷都するなど、天武が手がけた事業を実現した。藤原京は近年の発掘調査の成果により、後の平城京や平安京とは異なり、中国の古典『周礼《しゅらい》』にみえる宮城を中央に配置する都城プランであったことが明らかにされつつある。果たして『周礼』に基づくとみてよいか議論のあるところであるが、国家の重要な政務・儀式の場として、中国式の瓦葺で礎石建ちの大極殿・朝堂院がつくられ、新しい国家を象徴する宮都となった（吉田歓二〇一一）。

なお、本格的な歴史書である『古事記』（七一二年）、『日本書紀』（七二〇年）はいずれも八世紀に入ってから完成しているが、もともとは天武が手がけた事業で、天武・持統朝の国家意識の高揚を背景としている。両書に盛り込まれた神功皇后のいわゆる三韓説話や任那日本府記事などは、日本の対外認識の根幹となり、現代にいたるまで大きな影響を与えている。

12 飛鳥・白鳳時代の世界性

この時期の飛鳥を中心とする畿内地域には仏教中心の文化が展開されている。鞍作鳥《くらつくりのとり》（止利仏師）による飛鳥寺本尊（飛鳥大仏）にみられるように、朝鮮三国や中国南北朝の文化の影響を強く受けており、渡来人が大きな役割を果たしている。この時代の世界性を示す遺物の一つに薬師寺本尊の台座がある。ギリシャの葡萄唐草《ぶどうからくさ》文様、ペルシャの蓮華《れんげ》文様、中国思想に基づく青龍・朱雀・白虎・玄武の四神が彫刻されている。何と言っても興味深いのは各面の中央に浮き彫りにされている異国人半裸像である。このモデルは『日本書紀』白雉五年条等に来日記事がみえる吐火羅《とから》人（今日のタイ南部にあった小国ドヴァーラヴァティ）とみられている（伊東照司一九七九）。

三　律令国家の成立

1　律令の編纂

七〇一年（大宝元）に大宝律令が完成し、二官八省の整然とした官人組織、租庸調という税システム等々、体系的な法典に基づく国家体制が整えられた。飛鳥浄御原律令では、律は唐律を利用したとみられるので、律と令がそろって編纂されたのははじめてのことである。大宝律令完成の翌年には約三〇年ぶりに遣唐使を派遣している。律令を完成させ、中華国家発足を期して派遣されたもので、この時国号「日本」を伝えたことは明らかであるが、君主号については「スメラミコト」と伝えたのみで、「天皇」号そのものの採用を表明することはなかったとみられている。その後七一八年（養老二）に大宝律令を改訂した養老律令が編纂されるが、根本においては大宝律令と大きくは変わらなかった。

大宝律令（養老律令）は唐の永徽《えいき》律令（六五一年）等を参考にしたもので、特に令においては日本の実情にあわせて補訂を加えている。それでも実際の施行に際しては実情と合わない部分が多く、詔勅や太政官符（格・式）によって補いながら、運営されていった。特に律令体制を支えるべき公地公民・班田収授の原則が早くに行き詰まり、三世一身法（七二三年）についで墾田永年私財法（七四三年）を発して、実情に対応せざるを得なかった。唐においても律令制の根本である租庸調制は行き詰まり、両税法（七八〇年）へと転換するなど、なかなか理想通りに進まないのが現実であった。

2　律令における中華世界

日本が模範とした中国（隋唐）の律令は、天子（皇帝）が官人を指揮して万民を統治するための法という性格があり、日本律令ももちろんこうした理念・原則を継受している。天皇が中華世界の頂点に位置し、その支配が直接に及ぶ範囲を化内、及ばない地域を化外とし、化外には新羅の他すでに存在しない百済・高句麗などの蕃国、蝦夷・隼人などの夷狄を配置する世界観が示されている。そして唐をも蕃国に含めている。天下に唯一の支配者である天子の統治法である律令にあっては、たとえ唐であっても蕃国に位置づけなければ、日本の中華世界は完結しない。しかし実際の交流にあっては唐を蕃国扱いなどできる話ではない。遣唐使は朝貢使である。つまり現実の世界においては、新羅（のちに渤海も）に対しては中華で臨みながら、唐に対しては蕃国の立場で通交するという使い分けがなされていたのである（石井正敏二〇〇三）。

3　対外関係条文

大宝律令（養老律令）における対外関係条文には、人・物の出入り、海外情報の蒐集と管理などがある（榎本淳一二〇〇八）。海外からもたらされる物については、関市令《けんしりょう》でまず朝廷が必要とする品物を買い上げた後、民間に適正価格で交易を許すという官司先買の原則が示され、違犯した場合の罰則が雑律《ぞうりつ》に明文化されている。海外情報の蒐集では、公式令《くしきりょう》遠方殊俗条では異国人が来着した場合、詳しく事情を聴取し、容貌を描いて報告せよ、と定めて海外情報は何でも集めようという意欲を示す一方、職制律《しきせいりつ》漏泄条では機密漏洩の罪を定め、特に外国の使者に漏らした場合は一等を加えると規定されている。とりわけ海外への情報漏洩に注意し、雑令《ぞうりょう》蕃使往還条には、「凡そ蕃使（来日外国使節）往還せん大路の近側に当たりて、当方の蕃人（使者と同国人）を置き、及び同色の奴婢、蓄ふることを得ざれ。亦伝馬子及び援夫等に充つることを得ざれ。」といった条文まで設けて、来日使節と在日同国人との接触に神経を配っている。唐令を受けたものではあるが、渡来人の多い日本事情を反映しており、外交使節の往復の路次及び現地における活動は諜報活動そのものであることを意識しての条文である。こうした情報で想起されるできごとに次のようなものがある。六五九年の遣唐使が使命を果たして帰途につこうとしたところ、来年「海東の政」（百済遠征計画）があるので、今帰国させるわけにはいかないとして、長安に幽閉され、翌年、唐が朝鮮半島の百済を滅ぼしたのちにようやく解放され、帰国することができた。唐は日本と百済が長い間同盟関係にあることを承知していたのである。唐の情報蒐集・分析の先進性を示すものと言えよう。

4　出入国管理規定

このように対外関係条文においてはおおむね唐の律令をそのまま継受しているのであるが、大きな違いもある。公使以外の日本人の海外渡航を想定していないことである。国境の出入国管理に関する唐律の条文に一つに衛禁《えごん》律《りつ》越度縁辺関塞条があり、国境に設けられた関所を公使以外の者が無断で通過したり、関所以外の場所を越えて貿易したりすることを禁止している。ところが日本の養老衛禁律では本条に相当する条文はなかったと考えられる（榎本淳一　二〇〇八。石井正敏　二〇〇三）。このことは公使以外の者が海外に渡航する事態、境外との往来を想定していなかったことを意味している。四方を海に囲まれている日本では、海外に渡航することなど、公使以外に考えられなかったのである。しかし時期が降ると海外への渡航を企てる商人などもあらわれてくるのであり、想定外の状況がおこったところで、その対応が求められることになる（河辺隆宏　二〇一〇）。

5　人材養成と典籍の輸入

律令国家は文書行政が基本であり、漢字・漢文を使いこなし、文書作成能力をもった人材（官人）の育成が重要な課題であった。このために中央に大学、地方に国学を置き、『論語』をはじめとする中国の古典をテキストとする教育が行われた。お手本となる中国の政治・文化を学び、日本の政治・経済・社会・文化あらゆる方面に生かすためには何と言ってもテキストと参考書が必要である。律令に僧尼令の編目が設けられ、国家に奉仕する（鎮護国家）地位を付与された仏教においても同様の事情にあった。内典・外典《げてん》いずれもテキスト・参考書の輸入が課題で、唐に渡った人々は使節・留学者に限らず、書写したり、購入したりとさまざまな方法で蒐集を試みている（王勇二〇一〇）。すでに六五四年（白雉五）に帰国した遣唐使がたくさんの「文書・宝物」を持ち帰ったことが特筆されており（『日本書紀』）、インドまで求法の旅を続けた玄奘（三蔵法師）に直接師事した留学僧道昭は、多くの経典を持ち帰り、日本における仏教研究の基礎を築いた。そして七三五年（天平七）に一緒に帰国した玄昉は経典五千余巻、吉備真備は『唐礼』一三〇巻をはじめ暦本などの書籍に加えて楽器や武器の見本などを多数もたらしている（石田実洋二〇一一）。それぞれ分野を分担して蒐集したのであろう。『旧唐書』日本伝には、遣唐使が「得る所の錫賚《しらい》（贈り物）、尽く文籍を市《か》」って帰る、と特筆されている。自分たちに課せられた使命を理解し、懸命に新知識の導入に努めている人々の熱意が伝わってくる記事である。

6　平城京遷都

大宝律令完成からまもなく新京建設が企画され、七一〇年（和銅三）奈良盆地北部の平城京へと遷都した（吉田歓二〇一二）。平城京は藤原京と同じく条坊制を持つ中国式都城であるが、プランは大きく異なり、宮城は隋や唐の洛陽・長安城と似た、北部中央に位置していた。宮殿・官庁や寺院は礎石に瓦葺きに丹塗りの柱という唐風の建物で、その華やかな様子は『万葉集』に「青丹よし寧楽の都は咲く花の匂うがごとく今さかりなり」と歌われている。藤原京から平城京への遷都は、本格的な律令国家の発足にともなう官庁や官人の増加に対応するものであるが、平城京は律令国家体制を支える実務機能だけでなく、内外に向けて中華世界の天子の居住するにふさわしい空間であることを印象づけるためにも荘厳でなければならなかった。

7　奈良時代の政治と留学生

平城京遷都前後から朝廷の実権は、大化の功臣中臣鎌足の子藤原不比等《ふひと》さらにその子孫に受けつがれていく。不比等は娘宮子を文武天皇妃とし、その子の皇太子首《おびと》皇子（のちの聖武天皇）にも娘の光明子を嫁がせるなど天皇家と密接な関係をきずいた。その死後、左大臣長屋王が政権をにぎったが、聖武天皇即位後の七二九年（天平元）謀反の疑いで自殺に追い込まれた。その直後に光明子を皇后に立てているところから、不比等の子の武智麻呂・房前・宇合・麻呂らの陰謀によるものと考えられている。ところが藤原四兄弟は、七三七年（天平九）に起こった天然痘の流行によりあいついで病死し、かわって橘諸兄が政権をにぎると、帰国した吉備真備《きびのまきび》や玄昉《げんぼう》を重用した。言うまでもなく、唐留学の新知識を期待してのことである。

8　藤原仲麻呂と道鏡

やがて聖武天皇をついだ娘の孝謙天皇の時代になると、光明皇太后の支援を受けた甥の藤原仲麻呂が台頭し、七五八年（天平宝字二）には淳仁天皇を擁立して権力を振るった。ところが光明皇太后が没し（七六〇年）、孝謙上皇が僧道鏡を信任するようになると、仲麻呂は七六四年（天平宝字八）に道鏡を除くためと称して挙兵したが、敗死した。孝謙上皇が重祚して称徳天皇となり、道鏡は太政大臣禅師、さらに法王となって仏教界だけでなく政治権力をもにぎり、僧侶や寺院を優遇する仏教政治をおこなった。しかし称徳天皇が没し（七七〇年）、天智天皇の孫である光仁天皇が即位すると、すぐに道鏡を追放し、仏教偏重で混乱した政治・経済の再建をめざした。その方針はその子である桓武天皇に引き継がれ、やがて平安京遷都を迎えることになる。

9　唐との関係

奈良時代には、これまでの唐・新羅に新興の渤海が加わり（七二七年）、華やかに国際外交が展開され、平城京は「咲く花の匂うがごとく」という言葉通りの国際色豊かな雰囲気に包まれていた。遣唐使は七〇二年の再開以来、奈良時代を通じてコンスタントに派遣された。組織も一隻一五〇人乗り、四隻船団、総勢六〇〇人前後と大規模化し、航路が北路から東シナ海を渡る南路へと変更されたところから、南方に対する関心が増大したことも注目されるところである（高梨修二〇一一）。ルートの変更により毎回といってよいほど遭難を繰り返しているが、危険を冒してでも派遣する価値があった。彼らは多くの文献や情報をもたらし（山内晋次二〇一一）、知識獲得のための留学生を往復させ、何よりも唐の朝廷で日本の国際的地位を向上させることに、まさに命を懸けた外交官であった。七五三年の唐の朝貢における新羅使との争長事件は有名である（古瀬奈津子二〇一一）。

10　遣唐使の使命

遣唐使の使命の厳しさを伝えるエピソードは数多いが、その一つに次のようなものがある。八〇五年（延暦二十四）入唐の途についた遣唐判官三棟今嗣《みむねのいまつぐ》の乗る第三船は遠値嘉《おちか》嶋（長崎県五島列島小値嘉嶋）を目指して渡航中逆風に遭い、孤島に流され、船が厳に触れて浸水し、今嗣らは命からがら岸に登ることができた。しかし船は一部の船員と積載の品々を載せたまま、行方も知れず、流されていった。この報告を受けた朝廷では次のような勅を下している。「使命は国信《こくしん》を以て重きと為す。船・物、人力を須《ま》ちて乃はち全《まった》し。而るに今、公途を顧りみず、偏に苟存を求む。船を泛《うか》べるに人無くば、何を以て能く済《すく》はん。奉使之道、豈に其れ然らんや。宜しく科責を加へ、以て峻しく懲沮すべし。」（『日本後紀』延暦二十四年七月癸未条）。命よりも大事だとする「国信」とは唐皇帝への贈り物（朝貢品）であった。しかし単なる贈り物ではなく、延喜大蔵省式に定めるそのリストをみると、日本に優れた技術（織物など）があることを伝える意義があり、それはまた唐からの返礼の品である回賜の質量にも関わっていたのである。

11　遣唐使の苦難

遣唐使の苦難を物語る史料も数多い。遭難しながら無事に帰国した日本人で最長距離を記録したのは平群広成であろう。彼は七三三年（天平五）遣唐判官として入唐した。使命を終えて帰途につくが、大海に出た所で悪風に遭い、南に流されて、崑崙《こんろん》（ベトナム方面）に漂着した。ここでまず現地人との戦いで多くの者が命を失い、さらに抑留されてからも熱病などで相次いで没し、結局広成ら四人だけが命を長らえ、その後、救出されて長安に戻ることが出来た。そこで留学生阿倍仲麻呂の仲介で帰国が許され、渤海を経て帰国した。七三九年（天平十一）のことである。こうした海外漂流の記憶が、さまざまな平安文学のモチーフになっている（河添房江二〇一〇）。

12　新羅との関係

統一後の新羅とは、六六八年の復交以来、両国使節がほぼ連年もしくは隔年に往来している。ところが、やがて両国外交交渉に紛争が生じるようになり、七三四年（天平六）以降互いに使節を追い返すということが続いて、緊張した状況をもたらした。新羅が次第に従属国としての礼を改め、対等の姿勢を取るようになっていったことによるものである。その背景には、新羅が半島の領有を唐から認められ、対唐友好関係の回復・進展、また国内における中央集権的な支配体制の確立、経済・文化・技術の進歩などにより、対日従属外交の政治的な意義が相対的に低下したことがある。このような現実を理解せず、律令に盛り込んだ中華世界観に基づいた蕃国としての姿勢を求める日本と新羅とが対立するのもとうぜんの成り行きであった（石井正敏一九八七）。

13　新羅王子金泰廉と貿易

このように対日対等外交を進めてきた新羅が、七五二年（天平勝宝四）一〇年ぶりとなる使者、それも王子金泰《きんたい》廉《れん》を代表者とする七百余人という空前の規模で使節を派遣してきた。しかも緊張した日羅関係が続いていた中で入京した金泰廉は、「新羅は古くから日本に朝貢している」と、これまでの姿勢を一変する趣旨を述べたのである。しかしながらこれは新羅の真意ではなかった。実は金泰廉一行は日本と貿易を行うために派遣された使節団で、円滑に貿易を進めるために日本側の意向にそった言動をとったものである。これを真に受けた日本との間の溝はさらに深まり、この後外交形式をめぐる問題が新羅使来日のたびに起こったが、それでも新羅は使者の派遣を続けた。それは新羅が日本を重要な市場と考え、貿易を行うためであった。そして民間の新羅商人がすでに対日貿易を担うまでに成長したことを背景に、七七九年（宝亀十）の使者を最後として、外交を絶つこととなった。

14　渤海の建国

新羅との関係が疎遠になってくるころに渤海との交渉が始まった（濱田耕策 二〇一二）。渤海はかつて高句麗に所属していた靺鞨《まつかつ》人の大祚栄《だいそえい》が、現在の中国吉林省敦化県を根拠地に自立し、震国王と称したことに始まる（六九八年）。そして七一三年に唐から渤海郡王に封じられ、以後、渤海を国号とするようになる。大祚栄の子武芸の時、渤海北方の黒水靺鞨経略をめぐって黒水を支援する唐と戦火を交えたが（七三二年）、まもなく朝貢を再開して収拾に向かった。そして武芸の子の欽茂は唐との関係の修復・友好関係の進展に努力し、その五十余年にわたる長い治政の間、これまでにもまして唐の文物制度に輸入に努めた。渤海は基本的には唐の律令制にならった官僚組織を整備し、中央集権の支配体制を固めた。もっとも長く王都となった上京龍泉府（黒龍江省寧安市）は唐の長安を模したプランを持ち、壮大な宮殿や官庁・寺院が立ち並んでいた（吉田歓 二〇一一）。高句麗・靺鞨の文化を基礎に、唐の文化を積極的にとりいれ、支配層の間では漢字・漢文学が必須の教養とされ、仏教が信仰されていた。「海東の盛国」とよばれるほどの高度の文化を作り上げたが、九二六年に契丹に滅ぼされた。

15　渤海外交の始まり

渤海と日本の交渉は、七二七年（神亀四）渤海からの使者の来日によって始まった。黒水靺鞨をめぐり緊張が高まってくる時期で、この時の渤海王大武芸の国書には、日本を唐から冊封されている同格の相手とみなした上で、渤海はかつて日本と交流のあった高句麗の再興であることを述べ、情勢の緊張のため日本と同盟を結びたい、との趣旨が記されていた。ところが日本の支配層は、渤海がかつての高句麗と同じく朝貢してきたものとみて、これを歓迎した。この日渤両国における見解の相違により、この後しばしば外交の形式をめぐって紛争が起きるが、日本と争うよりもその主張を受け入れることを得策とした渤海の判断で収拾された。それは、渤海が唐との友好関係の進展とともに、対日外交の目的を政治から経済（貿易）へと転じたことによるものである。

16　日本の中華世界観と新羅・渤海

このように、新羅・渤海の両国ともに、はじめは政治的な要因によって外交を再開もしくは開始しているが、八世紀後半に至り、ほぼ同じような時期にその主目的を経済に変化させていった。これは唐を中心とする東アジア世界の安定を反映するものである。一方、新羅・渤海が日本の華夷秩序遵守の要求に対して対照的な対応を示していることが注意される。新羅が唐との同盟関係を深め、日本離れを加速させたのに対し、渤海は唐との関係を深めつつ日本との関係も貿易に重点を移しながら維持している。そこには地政学からみて、北方に位置して唐からも遠く、自立志向の高い渤海と、南方に位置して唐の有力都市にも近い新羅という違いがあるのだろう。

17　天平の宮廷と則天武后

奈良時代を特徴付ける「天平文化」という言葉には異国文化の雰囲気が漂っている。まさに唐の都を平城京に丸ごと再現しようという熱気が伝わってくる。唐や新羅・渤海との交流を通じて先進の文物がもたらされ、国際色豊かな文化が花ひらいた。この天平文化を象徴するものが東大寺正倉院の宝物で、シルクロードを経てもたらされた優美な品々が今日に伝えられている（飯田剛彦二〇一二）。

天平の華やかな時代は、唐に対する憧憬がもっとも強く反映した時代でもある。天平文化を代表するのは東大寺であり、大仏（七五二年開眼供養）であろう。それらはふつう聖武天皇の事業とされるが、『続日本紀』の光明皇后の伝記には「東大寺及び国分寺を創建するは、本と太后之勧むる所也。」（天平宝字四年六月乙丑条）とあり、光明皇后の発案によるのである。そして光明皇后にはお手本があった。中国歴史上唯一という女帝則天武后《そくてんぶこう》（在位六九〇〜七〇五）であり、その実施した政策である。光明皇后とその娘の孝謙（称徳）天皇は則天武后を崇拝していた。国分寺のモデルは則天武后が州ごとに建立した大雲寺にあり、則天武后が発願して彫られた大仏は雲崗に残されている。則天武后崇拝は仏教だけではない。大化・大宝以来今に至るまで年号は基本的に二文字であるが、天平感宝・天平勝宝元年（七四九）に始まり、神護景雲三年（七六九）まで四文字年号が用いられている。その使用年代は孝謙・称徳天皇の時代に限られる。則天武后の一時期四文字年号が用いられていたのである。また則天武后が工夫した文字（則天文字）もいち早く日本に取り入れられている（蔵中進一九九五）。

18　藤原仲麻呂の唐制導入と国際感覚

唐風模倣が横溢する時代のリーダーは光明母子であった。しかし唐の文化に傾倒したのは光明母子に限るわけではない。藤原仲麻呂もその一人であった（木本好信二〇〇八）。仲麻呂は単なる模倣ではなく、自ら漢籍を学んだ結果を政策に移している。その唐風政策の最たるものは官職の名称変更であろう。七五八年（天平宝字二）、太政官を乾政官に改めたのをはじめ、例えば「民部省は政を民に施すに、惟れ仁を貴しと為す。故に改めて仁部省と為す。」といったように独自の解釈を加えて、改名している。さらに玄宗皇帝にならって課役負担軽減策を取ったり、『孝経』を全国の各家ごとに所蔵させていることなどをみると、仲麻呂は自らを皇帝になぞらえた徳治政治をめざしていたものであろう。

19　安史の乱情報と日本・渤海

藤原仲麻呂の国際感覚を示すのが、唐で起きた安史の乱の乱情報へ対応である（石井正敏二〇〇三）。渤海を経て詳しい情報が届いたのである。七五五年十一月、北方を守備する節度使であった安禄山は、玄宗の寵愛する楊貴妃の一族を除くと称して立ち上がり、洛陽・長安に向けて進軍を開始した。わずか一カ月で洛陽を陥し、さらに翌年六月には長安を占領するにいたった。首都陥落の直前、玄宗は楊貴妃を伴って長安を脱出するが、途中随兵の手によって楊貴妃は殺され、玄宗は一人蜀（四川省）へ逃れた。その後、反乱軍で内紛がおこり、禄山は子の慶緒に殺され、さらに部下の史思明がとって代わり、思明も子の朝議に殺されるといった骨肉の争いが繰り広げられた。この間、玄宗が譲位して皇太子が即位し（粛宗）、北方のウィグルの力を借りて反撃に出て、ようやく長安・洛陽を奪還し、反乱を鎮圧することができた。七六三年正月のことであった。開元の治と謳われ、盛唐を演出した玄宗も、晩年はその面影もなく、唐自体も乱を機会に増設された節度使がやがて地方政権と化して、衰退の道をたどることはよく知られているとおりである。

20　新羅征討計画

さて、唐側・反乱軍側双方から渤海に支援を求める使いがやってきていた。こうした時にたまたま日本から渤海に派遣されていた小野田守が渤海使を伴って帰国し、乱の詳報を仲麻呂に伝えたのである（山内晋次二〇一二）。七五八年（天平宝字二）九月のことで、この頃までに入手している情報が『続日本紀』に詳しく掲載されている。この第一報を受けた仲麻呂は直ちに大宰大弐《だざいだいに》吉備真備に対して、反乱軍が矛先を東に転じて日本に及ぶかも知れないので、その防衛対策を講じるようにと指示している。迅速な対応であるが、仲麻呂の乱情報への反応はこれだけにとどまらなかった。唐の混乱に乗じて新羅を征討しようという計画を立てるにいたるのである。渤海の協力もとりつけ、三年後の実行を目指し、船の建造や武具の製作だけでなく、新羅訳語の養成まで考えた万全の計画が推進された。そしていよいよ実行を目前に渤海に使者を派遣するに際しては自邸で送別の宴を開いている。しかし征討計画は実行されることはなかった。一つには渤海側に躊躇するところがあり、一つには仲麻呂の足元が道鏡の登場で危うくなってきたことである。いずれにしても仲麻呂は唐国内のできごとを対岸のできごととみない、国際感覚をもった政治家であることを示している。

そして征討計画に関連して注意しておきたいことは、この乱の最中に派遣された遣唐使高元度《こうげんど》一行の帰国報告である。高元度は七五一年（天平勝宝三）の遣唐大使として入唐したまま長安に在留している藤原清河を迎えるための特使で、七五九年（天平宝字三）来日した渤海使の帰国に同行し、渤海を経由して長安に到り、皇帝粛宗に謁見している。清河の帰国は道中危険との理由で許されなかったが、粛宗は謁見の際に、武器に用いる牛角が不足しているので、帰国したら送るようにと要請している。唐が武器の材料にすら不足しているという情報は、仲麻呂が唐には新羅を顧みるゆとりはないとする判断材料にもなったであろう。

このように、安史の乱情報とその対応は、唐・新羅・渤海・日本が有機的に結びついていることを端的に示す事例であり、興味深いものがある。

21　平城京を彩った人々

平城京には異国人の姿も多くみかけられ、そうした人々の存在がまた唐への憧憬をかりたてたことであろう。唐の百済・高句麗遠征に出兵し捕虜となって日本に送られてきた唐人、百済滅亡後の亡命百済人、遣唐使に伴われてきた唐人・波斯人等々、来日の事情は様々であるが多くの異国人がいた。朝廷では唐人を音博士に抜擢したり、また律令編纂メンバーに加えたり、彼らのもつ能力を最大限新しい国作りに利用している。中でも当時の最先端の知識人である僧侶の存在は大きい。七三六年（天平八）ともに来日した南天竺出身の僧菩提僊那《ぼだいせんな》、瞻波《チャンパ》（林《りん》邑《ゆう》）出身の僧仏哲《ぶってつ》、唐僧道璿《どうせん》、そして日本の要請に応えて数度の遭難に遭いながら、ついに日本に戒律を伝えた唐僧鑑真（七五三年来日）らがいる。菩提僊那は東大寺大仏開眼会の導師を務めており、鑑真に随行した弟子たちには唐僧だけでなく、胡国・崑崙・瞻波人らも含まれていた（石田実洋 二〇一一）。瓦葺き・粉壁作りの寺院に加えて、異国の僧侶も華やかな雰囲気を醸し出していたのである。これに新羅使・渤海使や唐使の来日はいっそうの花を添えたに違いない。

四　外交から経済へ

1　平安京遷都

桓武天皇は七八四年（延暦三）に平城京から山背国の長岡京に遷都した。ところが桓武の腹心藤原種継《たねつぐ》暗殺事件がおこり、皇太弟早良《さわら》親王を廃太子し、桓武の子（後の平城天皇）を皇太子として以後、河川の氾濫など自然災害があいついだ。早良親王の怨霊の祟りとも噂され、七九四（延暦十三）年には、さらに平安京に遷ることになった（吉田歓二〇一二）。

遷都は、平城京で展開された仏教政治の弊害を絶つことがもっとも大きな理由と思われるが、桓武天皇は中国の古典に造詣が深く、父以来の新王朝創始との認識を抱いており（東野治之一九九九）、新しい王朝にふさわしい宮都を求めたという事情も考えられる。七八七年（延暦六）には、中国の皇帝祭祀に準拠した天神祭祀を執り行い、祭文では自らを「孝子皇帝臣諱」と称している（『続日本紀』同年十一月甲寅条）。また桓武の母は渡来系氏族の出身で、桓武自身も百済滅亡後日本に亡命した百済王族の血を引く女性を後宮に入れている。中国の政治・文化に関心の高い桓武は唐の新知識の導入にも力を入れ、八〇四年（延暦二十三）遣唐使を派遣した。留学生には、特に旧仏教から分かれて新たな宗教を模索していた最澄・空海らを登用している。二人は帰国後、天台宗・真言宗を開き、現世利益を希求する人々の支持を得て普及していった。

2　格式・儀式の時代

桓武天皇は光仁天皇による行財政の簡素化や公民の負担軽減などの政策を受け継ぎ、地方政治の改革にも力を入れた。こうした政治改革は平城天皇にも受けつがれたが、平城は病弱のため志半ばで弟の嵯峨に譲位した。即位の直後、上皇の政治介入で混乱したが、嵯峨は蔵人を置くなどリーダーシップを発揮して難局を乗り切った。この時期には、蔵人のほか勘解由使・検非違使の設置にみられるように、律令組織の改編、法制の整備が進められた。八二〇年（弘仁十一）には「弘仁格式」が編纂されている。格式の編纂は、律令を日本の実情にみあった内容へと修正して行く過程とみることができる。この後、「貞観格式」（八六九年）、「延喜格式」（九二七年）がそれぞれ編纂され、律令政治は主に格式によって運営されるようになった。

嵯峨天皇は父桓武の文化的素養を強く受けており、中国文化に理解を示した。最初の勅撰漢詩集『凌雲集《りょううんしゅう》』を編纂し、また唐風儀礼を採用した宮廷儀式を整え、その次第は『内裏式』などにまとめられている。賓礼（外交儀礼）も儀式書や式の中に成文化され、主に来日渤海使を念頭に置いた蕃客の来着から、入京、国書奉呈、饗宴、帰国までの儀礼が詳しく規定された。

3　渤海使と文人

特に渤海使との間で行われる歓迎の宴は、中華日本を示す重要な舞台であり、接待役には菅原道真（『菅家文草』）ら当代を代表する文人が選ばれた。時に教養よりも容姿を優先したところから、思わぬ恥を後世に残すことになる人物もいた。八八三年（元慶七）渤海大使裴頲らに対する饗宴が催された際、まず「五位已上の容儀ある者三十人」を選び祗候させている。そして接待役に事前に指名されていた人物が故障を申し出たため、代わりに急遽藤原良積が選ばれた。その理由は「儀皃《ぎぼう》有るに依る」ということであった。いざ裴頲に対面となり、裴頲は恒例により挨拶代わりの漢詩を贈るために筆硯を傍らに所望したところ、それをみた良積は席を立ち、その場から去ってしまったという（『日本三代実録』元慶七年五月十日条）。「儀皃」すなわち容姿端麗ではあるけれど、文才はなかった故のできごとである。裴頲は菅原道真から文才を高く評価されるほどの人物であった。この逸話には様々な問題が凝縮されており、興味深いものがあるが、何と言っても日本が中華の体面を維持することに努めていた証しである。ちなみに渤海使の通訳にも「学生の容貌端正なる者」を選ぶとされている（延喜式部式）。今に名を残す藤原良積は、国家の体面維持のための気の毒な犠牲者というべきであろう。かつて大宝度の遣唐大使粟田真人が唐人から、立ち居振る舞いが立派で、漢文を能く理解すると称賛されている例が想起される（『旧唐書』日本伝）。

4　渤海使と日本の中華意識

渤海とは安定した友好的な関係が保たれたが、渤海滅亡（九二六年）直前の九一九年（延喜十九）に来日した使者が最後となった。渤海使は中華日本を維持する上で不可欠な存在であり、朝貢使の来日は貴族の中華意識を満足させ、その世界観を現実のものと認識させてくれた。したがって渤海使の来日がなくなったことは日本にとって大きな痛手であって、平安京のメインストリート朱雀大路に面して建てられていた鴻臚館もやがて廃絶することになる。その後は中華意識は観念の中で増幅され、その記憶を絶やすまいとするかのように、「遠客来朝之礼」と称する渤海使来日を回顧した催しが行われ（九四二年）、菅原道真の孫文時は鴻臚館の荒廃を嘆き、文人の腕の見せ所の復興を願う意見を述べている（九五七年）。

日本・渤海関係は七二七年以来およそ二〇〇年の長きにわたり続けられるが、日本から渤海への使者は八一一年（弘仁二）を最後としており、後半一〇〇年は専ら渤海使が往来することで交流が成り立っていたことに注意しなければならない（石井正敏 二〇〇一。酒寄雅志 二〇〇一。上田雄 二〇〇二）。渤海使は八二四年（天長元）に一二年に一度の来航と定められて以来、ほぼその年期を守って来日を続けているが、渤海側の日本通交継続の意図について、単に貿易だけであったのか、今後の検討が必要であろう。なお渤海及び北方世界との交流について、特に考古学の分野から新しい成果が示されている（蓑島栄紀 二〇一二）。

5　渡海した最後の遣唐使

平安時代に入り、遣唐使は八〇四年（延暦二十三）に続き、八三八年（承和五）にも派遣された。入唐した最後の遣唐使である（佐伯有清 一九七八）。この時の遣唐使は、出発の時からトラブルが続き、用船をめぐって大使と副使とが争うという中でようやく出発した。無事に唐に着いたものの、帰国に際しては日本から乗ってきた船が脆弱であるとして、楚《そ》州の在唐新羅人六〇人及び船九隻を雇い帰国した。新羅人は、八世紀後半以来、飢饉などの国内事情から、日本や唐に移住するものが多く、唐へ移住した新羅人は「新羅坊」と呼ばれる居留区を形成していた。それは、山東半島の登州、江南と洛陽・長安とを結ぶ大運河沿いの楚州など商業経済の要地にあり、対外貿易を業とするものが多かったとみられる。帰国に際して雇った新羅人は日唐間の海路を熟知していたといい、交易のため頻繁に日唐間を往来していたのである。

6　入唐僧と請来目録

最後の遣唐使に同行した留学僧の一人に円仁がいる（佐伯有清 一九八九）。唐到着後遣唐使一行と別れて苦難の求法を続けた足跡は『入唐求法巡礼行記』に知ることができる。在唐新羅人の協力を得たこと、在唐新羅人社会に影響力をもち日本・唐・新羅間貿易に活躍していた張宝高のこと、そして激しい仏教排斥（会昌の廃仏）の様子などが詳しく記されている。

円仁は困難な環境の中でも、留学僧としての使命を忘れず、求法に努めている。その努力の様子は日記以外に「請来《しょうらい》目録」にも知ることが出来る。「請来目録」とは留学僧の帰国報告書ともいうべきもので、その基本的な内容は、日本出発から帰国までの概要、特に唐では誰に就いて何を学んだかを記し、どれだけの典籍を蒐集したか、一点一点を目録に書き上げている。蒐集の対象は内典が中心ではあるが、外典も含まれ、また仏像・仏具などにも及んでいる。「請来目録」の代表的なものは、入唐八家《にっとうはっけ》と総称される最澄・空海・常暁《じょうぎょう》・円行・円仁・恵運・円珍・宗叡《しゅえい》らによるもので、彼らの行動を具体的に伝える史料としても貴重である（「大日本仏教全書」所収）。

7　中華世界観の破綻と貿易時代の幕開け

承和度遣唐使が入唐した最後の遣唐使となった。これまで遣唐使に期待していた役割のうち、すでに政治的な意義はなくなり、文物輸入の面では、在唐新羅人や唐の商人、さらに渤海使によって盛んにもたらされ、安全に海外の先進文物を手に入れることができるようになったのである。もはや莫大な経費や人的被害をもたらす危険を冒してまで派遣する必要はなかったのである。

そしてもう一つ承和度の遣唐使で重要なことは、日本の中華世界観の破綻を自覚する契機となったことである。延暦度の先例にしたがい、承和度遣唐使派遣に先立って遣唐使が新羅領内に漂着した場合に備えて使者を新羅に派遣し、保護を依頼した。ところが使者は日本が描いていた華夷秩序を逆転した、侮辱的な内容の牒状を得て帰国したのである。日本は自らを中華、新羅・渤海等を蕃国とする律令に規定した独善的な対外認識の破綻を覚らざるを得なかった（石井正敏二〇一二）。その結果、朝貢使として来日する渤海使を受け入れはするが、自ら唐・渤海・新羅への使者を派遣することはしなくなった。ただし対外関係を閉ざしたわけではなく、海商の来日は積極的に受け入れ、これまで平城京・平安京や大宰府周辺などにほぼ限られていた、陶磁器をはじめとする舶来の品々が列島の隅々にまで行きわたる、新しい時代を迎えるのである。

8　対外貿易の展開

唐・新羅・渤海等との貿易の歴史について見る時、まず注目されるのは、新羅の公使による貿易活動であり、その画期となったのが、七五二年（天平勝宝四）に来日した新羅使王子金泰廉一行の活動である。正倉院文書（「買新羅物解」）によると、一行は、西は遠くアラビア方面から東南アジアにかけて産する香料や薬品、唐の工芸品、そして新羅の特産品などを多量にもたらし貿易している。これらは当時の唐における貿易品をほぼ網羅しており、唐から新羅に伝えられた品物が、さらに日本にもたらされたのである（東野治之一九七七。李成市一九九七）。金泰廉一行の貿易は平城京だけでなく、恐らく七百余名の内の大多数が滞在した大宰府・鴻臚館でも行われたにちがいない。貿易は国家管理のもとに行われてはいるが、これまで手にすることのできる人が限られていた珍しい唐物を、多くの人々が入手する機会となり、日本人の間に舶来品ブームを招くことになる。金泰廉以後はしばらく新羅使が兼ねて貿易を行っているが、やがて商人が活躍する時代を迎えるのである。

9　海商の活躍

日本貿易には、新羅商人や唐商人、さらに「商旅（商人団）」と認識されていた渤海使らが活躍している。律令では官司先買の原則が規定されていたが、八二七年（天長四）に渤海使が但馬国に来着した時、太政官は国司に対して、使節がもたらした品物を勝手に貿易することの取り締まりを命じており、八三一年（天長八）に大宰府に下された太政官符には、人々が争って新羅商人のもたらす貨物を購入しようとした様子が記されている。舶来品欲求の前に、律令の規定が守られていなかったことを、上記の太政官符は示している。

新羅人商人では、唐内に拠点を置く在唐新羅人がその主流を担っていた。彼らの中心的人物が、張宝高《ちょうほうこう》であった（田中史生二〇一一）。半島南部の莞島《ワンド》に拠点を置き、新羅・日本・唐貿易に活躍した。日本側にも筑前守文屋《ふんやの》宮田麻呂のように、張宝高と契約を結び唐物輸入をはかる貿易業者も出現している。

唐商人では、九世紀半ばに日本貿易に活躍した徐公直・徐公祐の兄弟が注目される（石井正敏一九八八。山崎覚士二〇一〇）。兄は資本家、弟が貿易実務を担当し日唐間を往来している。兄の徐公直は「衙前散将《がぜんさんしょう》」という肩書きを持っていた。実際に軍隊を指揮しない名目だけの将校であるが、当時の唐各地で地方政権として半ば自立していた節度使は財源確保のため大商人に衙前将校の肩書きを与えて各地に派遣し、交易を盛んに行わせたという。

対日貿易に従事した「衙前散将」の肩書きをもつ商人の存在は、唐国内商業市場の延長上に日本市場が位置付けられていることを示している。徐公祐は八四九年（嘉祥二）に来日した際には、嵯峨天皇の皇后橘嘉智子《たちばなのかちこ》によって招聘されて日本にいる唐僧義空《ぎくう》に、当時はまだ貴重品であった陶磁器の茶碗などを送っている。なお徐公直は廃仏を避けて我が子を義空に預けている（高木訷元一九九〇）。

日本に来航した商人の中に渤海出身とみられる商人も存在するが、ほぼ一二年に一度来日して貿易を行っている一〇〇人前後の使節団一行の中には、貿易を担当する商人も加わっていたとみてよいであろう。なお道教教典の一つ『金液還丹百問訣』には次のような記述がある。「渤海の商人李光玄が唐における貿易活動を終えて渤海に帰るため山東半島あたりから渡海しようとした時に一人の道士と出会った。渡海の船中で道士は李光玄に、新羅・渤海・日本諸国巡歴の予定を語った。…その後、朝鮮半島西岸の新羅・渤海国境地帯に到り、そこで二人は別れた。」という。唐貿易に活躍する渤海商人に日本への巡歴予定も語る道士、どこまで信頼できる史料かは分からないが、このような説話からも日本・渤海・新羅・唐貿易交流圏が形成されていたことを知ることができる（石井正敏二〇〇八）。

10　最後の遣唐使計画

こうして日本の対外関係が政治（外交）から経済（貿易）へと大きく変化する中、宇多天皇の八九四年（寛平六）におよそ六〇年ぶりとなる遣唐使計画が立てられたのである。宇多は八八八年（仁和四）の即位に際し、時の権力者藤原基経を関白に任命した。ところが基経は関白任命の勅書に「阿衡《あこう》」に任ずるとあることを取り上げ、阿衡は実職が伴わない名誉職であるとして職務を放棄した。このため宇多は勅書を撤回し、あらためて基経を関白にした。基経が外戚関係にない天皇を牽制したものである。即位早々藤原氏に苦汁を飲まされた宇多は、基経の死後摂政・関白をおかず、菅原道真を登用した。こうした状況の中で遣唐使計画が立てられたのである。しかし大使菅原道真らが任命までされながら、結局実現しなかった。宇多天皇が脆弱な政治基盤を打開すべく、実行のめどもたたないままに計画が公表され、そして沙汰止みになってしまったというのが真相であろう（石井正敏二〇一二）。

遣唐使は、六三〇年に始まり八九四年に至るまで二〇回計画されたが、中止されたり目的地が半島に駐留する唐軍であったりするものを除くと、実際に都の長安まで到り、皇帝への謁見をはじめとする外交行事を果たした遣唐使は、一三回となる。最後に入唐した遣唐使は八三八年であるので、およそ二〇〇年間としても、その数としては少ないように思えるが、唐本国の土を踏み、皇帝への謁見をはじめ外交使節として待遇されたことの重みには計り知れないものがある。彼らが見聞し、持ち帰った知識と文物は全て新しい国作りに生かされたのである。

しかし日本がお手本とし憧憬した唐は、九〇七年に滅亡する。安史の乱以降、増置された節度使が地方政権と化して朝廷の威光は衰え、各地で反乱が起こり、特に黄巣の乱（八七五〜八八四年）によって全土が荒廃し、滅亡の時を迎えるのである。その後約七〇年にわたる五代十国の分裂の時代を経て宋が統一する（九七九年）。分裂時代の各国の富国強兵策を受けて宋代には飛躍的な産業・経済の発展を迎え、海外貿易の隆盛を招く。日本も有力市場として東アジア通商圏の一角を構成することになるが、これは第三巻（本書第Ⅰ部第4章）で扱うところである。

参考文献

飯田剛彦　二〇一一年「正倉院宝物の世界」『日本の対外関係』二　吉川弘文館
石井正敏　一九八七年「八・九世紀の日羅関係」　田中健夫編『日本前近代の国家と対外関係』吉川弘文館→本著作集第一巻4

石井正敏　一九八八年「九世紀の日本・唐・新羅三国間貿易について」『歴史と地理』三九四→本著作集第一巻5
石井正敏　二〇〇一年『日本渤海関係史の研究』吉川弘文館
石井正敏　二〇〇三年『東アジア世界と古代の日本』山川出版社
石井正敏　二〇〇八年「『金液還丹百問訣』にみえる渤海商人李光玄について」鈴木靖民編『古代日本の異文化交流』勉誠出版→本著作集第一巻11
石井正敏　二〇一一年「東アジアの変動と日本外交」『日本の対外関係』二　吉川弘文館→本著作集第一巻14
石田実洋　二〇一一年「留学生・留学僧と渡来した人々」『日本の対外関係』二　吉川弘文館
伊東照司　一九七九年「薬師寺のドヴァーラヴァティー人」『東方学』五七
石見清裕　二〇〇九年『唐代の国際関係』山川出版社
上田　雄　二〇〇二年『渤海使の研究』明石書店
榎本淳一　二〇〇八年『唐王朝と古代日本』吉川弘文館
榎本淳一　二〇一一年「比較儀礼論」『日本の対外関係』二　吉川弘文館
王　勇　二〇一〇年「海を渡った文物」『日本の対外関係』三　吉川弘文館
金子修一　二〇一〇年「東アジア世界論」『日本の対外関係』一　吉川弘文館
河辺隆宏　二〇一〇年「年期制と渡海制」『日本の対外関係』三　吉川弘文館
河添房江　二〇一〇年「平安文学と異国」『日本の対外関係』三　吉川弘文館
木本好信　二〇〇八年「仲麻呂と唐風政策」　甲子園短期大学文化情報科編『メディアと情報』
藏中　進　一九九五年『則天文字の研究』翰林社
倉本一宏　二〇〇七年『壬申の乱』吉川弘文館
佐伯有清　一九七八年『最後の遣唐使』〔講談社文庫〕講談社　二〇〇七年
佐伯有清　一九八九年『円仁』吉川弘文館
坂上康俊・森公章　二〇一〇年「古代東アジア国際秩序の再編と日韓関係――七〜九世紀――」日韓歴史共同研究委員会編『第二期日韓歴史共同研究報告書』第一分科会篇
酒寄雅志　二〇〇一年『渤海と古代の日本』校倉書房

高木訷元　一九九〇年『空海思想の書誌的研究』法蔵館
高梨　修　二〇一一年「南方世界への広がり――律令国家と琉球弧――」『日本の対外関係』二　吉川弘文館
田中俊明　二〇一一年「日本・朝鮮の軍事遺跡」『日本の対外関係』二　吉川弘文館
田中史生　二〇一一年「対外交流の進展と国際交易」『日本の対外関係』二　吉川弘文館
東野治之　一九七七年『正倉院文書と木簡の研究』塙書房
東野治之　一九九九年『遣唐使船　東アジアのなかで』朝日新聞社
遠山美都男　二〇一一年「「日本」「天皇」の成立」『日本の対外関係』二　吉川弘文館
濱田耕策　二〇一一年「日本と新羅・渤海」『日本の対外関係』二　吉川弘文館
古瀬奈津子　二〇一一年「隋唐と日本外交」『日本の対外関係』二　吉川弘文館
蓑島栄紀　二〇一一年「北方世界との交流」『日本の対外関係』二　吉川弘文館
森　公章　二〇一一年「朝鮮三国の動乱と倭国」『日本の対外関係』二　吉川弘文館
山内晋次　二〇一一年「国際情報と律令国家」『日本の対外関係』二　吉川弘文館
山崎覚士　二〇一〇年「九世紀における東アジア海域と海商――徐公直と徐公祐――」『中国五代国家論』思文閣出版
吉田　歓　二〇一一年「都城制の展開」『日本の対外関係』二　吉川弘文館
李　成市　一九九七年『東アジアの王権と交易』青木書店
盧　泰　敦　二〇一〇年「古代東アジア国際秩序の再編と韓日関係――七〜九世紀――」日韓歴史共同研究委員会編
『第二期日韓歴史共同研究報告書』第一分科会篇

※この他、最近の概説書に次のようなものがある。
森　公章編　二〇〇二年『倭国から日本へ』吉川弘文館
佐藤　信編　二〇〇二年『律令国家と天平文化』吉川弘文館
吉川真司編　二〇〇二年『平安京』吉川弘文館
森安孝夫　二〇〇七年『シルクロードと唐帝国』
気賀澤保規　二〇〇五年『絢爛たる世界帝国　隋唐時代』講談社

4　通交・通商圏の拡大

一　本巻の視点——日本と東アジアの一〇〜一二世紀——

本巻（『日本の対外関係』3）では、およそ一〇世紀から一二世紀の対外関係に関する諸問題を扱うことになる。東アジアの一〇世紀は、唐の滅亡とともに始まる。九〇七年、すでに崩壊に瀕していた唐が名実ともに滅び、五代十国の分裂時代に入ると、あたかもそれに連動するかのように、朝鮮半島では新羅から高麗へ、北方では渤海《ぼっかい》から契丹《きったん》へと、周辺の地域で勢力図を塗り替える動きがみられる。やがて中国は宋によって再び統一（九七九年）されるが、東アジアの様相は、唐代とは大きく異なって展開される。分裂して覇権を競った五代十国それぞれの富国強兵策による科学技術の進歩、商業経済の発達を受けた宋代には、さらに海運・水運を主とする交通網が整備され、流通経済に革命をもたらし、人々を国境を超えた活発な活動へと誘った。日本もこうした動向に無縁ではなく、経済中心に再編された東アジア世界で、重要な市場としての位置を占めながら歴史を歩むことになる。八三八年に入唐した事実上最後となった遣唐使は、翌年の帰国に際して日本との海路を諳んじているという在唐

4　通交・通商圏の拡大

関連年表

907	唐滅亡し、五代十国時代が始まる
911	海商来航の年紀を定める
926	渤海、契丹に滅ぼされる
936	高麗、朝鮮半島を統一、呉越商人、大臣等宛呉越王書状をもたらす
937	高麗使、初めて来日
939	高麗使来日。大宰府返牒を与え帰国させる
947	呉越商人、大臣等宛呉越王書状をもたらす
953	僧日延、呉越に経典を届ける
972	高麗金海府使ら、あいついで対馬に来着。大宰府返牒を与えて帰国させる
979	宋、中国を統一
983	僧奝然、入宋。986 大蔵経と釈迦像(現清涼寺本尊)を携えて帰国
988	僧源信、自著『往生要集』を宋海商に託し、宋における流布をはかる
997	高麗牒状について議し、無礼な内容だとして、返牒を与えずに使者を帰国させる。この頃、日本人、高麗を襲う。また大宰府周辺に高麗国来襲の風聞が流れる
1003	僧寂照、入宋(帰国せず)
1004	宋・遼の和議成る(澶淵の盟)
1008	藤原道長、在宋の寂照に書状を送る
1019	刀伊(女真)、高麗ついで対馬・壱岐・博多を襲う。帰途を待ち受けた高麗軍、刀伊を撃退し、捕虜日本人を救出して、日本に送り返す(刀伊の入寇)
1026	宋海商周良史、母が日本人であることを理由に、位階の授与を求めるが、許されず、良史、この後「大宰府進貢使」を称して明州市舶司に到る
1047	大宰府、「大宋国商客宿房」放火犯人を捕らえる
1060	朝廷、敦賀が来た宋商林養らを安置、のち林養、但馬に居住
1072	僧成尋、入宋。翌年弟子の帰国に託して、神宗の親書・贈り物等を日本に送る(自身は帰国せず)
1073	日本商人王則貞ら高麗に到り、方物を献ず
1076	日本の僧俗25人、高麗霊光郡に到り、上京して国王の長寿祝いの仏像を献上
1077	僧仲廻、大宰府牒を携えて明州に至る。翌年、宋、仲廻に「慕化懐徳大師」の号を賜い、「賜日本国大宰府令藤原経平」と題した明州牒状を託して帰国させる
1079	大宰府の商客王則貞、高麗から帰国し、医師の派遣を求める礼賓省牒状をもたらす。翌年、派遣要請を拒否する旨の大宰府返牒を送る
1082	僧戒覚、入宋(帰国せず)
1091	敦賀来航の宋商陳苛、滞在中の加賀守藤原為房に名籍を進める。大宰府権帥藤原伊房、使者を宋海商に同行させて契丹に派遣(後、露見して処罰される)
1093	高麗、開城に高い延平島付近で宋人・倭人乗り組みの海船1艘を拿捕する
1095	宋海商柳裕、高麗僧義天(大覚国師)より得た経典を日本僧のもとにもたらす
1097	太宰権帥源経信大宰府で没す。博多の宋人が多数弔問する
1098	宇治市三室戸寺の清涼寺式釈迦像が造立される

新羅人を雇って帰国している。東シナ海域を中心とした海商の活躍する舞台は、すでに九世紀には整っていたのである。

またこの時代の日本は、古代律令体制がしだいに崩れ、中世的な国家・社会のあり方が生まれてきた変動期であった。中央権力は特定の国家機能を「家業」としてになう権門（権勢ある家）の集合体に変質し、都鄙間の経済関係は荘園・公領の支配体系に即した構造をもつようになり、武力を握る人びとが縦には主従制、横には傍輩意識で結ばれて、各級の領主層を構成する。この武力集団はやがて国家の軍事・検断機能を担う「武家」に結集し、一三世紀初めには中世国家の主導権を握るに至る。

こうした変動は、従来自足的な「東国武士団の成長史」として描かれがちだったが、平安時代を「鎖国」と呼ぶかつての通説は根底から批判され、狭義の「国交」こそなけれ、国際交流の拡大の潮流に日本も投げこまれていたことが、多面的に解明されてきた。対外関係の主軸は、荘園公領制に特徴づけられた物流や長期居留の中国人商人による貿易、商客や巡礼僧に委託された外交、といったものへ移り、それと並行して、中国銭が社会に先導されるかたちで流入し、中世の通貨体系の中心にすわるようになる。

対外意識の面から見ると、自国を末法・辺土とみる視線が、仏教の源流である天竺・震旦・百済への憧憬を生み、また一二～一三世紀には、同時代の中国に規範を求めて自国のあり方を改革しようという運動が、仏教を中心にあらわれる。その一方で、夜郎自大な自尊意識がとりわけ朝鮮半島を対象として根づいていくことも見のがせない。武家政権の登場は、貴族層の自閉的対外姿勢をうち破って、国家支配の限界をきわめる指向性をもち、その結果外浜と鬼界島を典型とする中世的な境界認識を成立させた。

平氏政権が西国を基盤とする海洋国家構想をもっていたのに対して、鎌倉政権は京都の朝廷に対峙しつつ、平氏政権と奥州藤原政権から多くを受けついで国家的成長をとげる。京都のむこうには爛熟した文化をもつ江南地域があり、平泉のむこうには野性的武力にあふれた北東アジア諸地域があった。

それでは、九世紀に始まる日本・唐そして半島を結ぶ海商のネットワークがさらに人・物、そして地域を拡大し、それぞれの地域の歴史に深く関わって展開していく、ダイナミックな時代をながめることにしたい。〔石井正敏・村井章介〕

二　東アジアの変動

1　唐の滅亡と大陸情勢

中国大陸では、九〇七年の唐滅亡後、約七〇年にわたって分裂の時代が続いた。長安・洛陽を中心とする黄河流域（華北）では後梁・後唐・後晋・後漢・後周の五王朝（五代）が、各地には十余の地方政権（十国）が興亡して、互いに覇権を争ったが、九六〇年に後周を継いだ宋が十国を次々と併合し、九七九年に再び統一を成し遂げた。五代十国の支配者は、前述のように、それぞれ富国強兵のため、領内の経済・産業振興策をとった（日野開三郎 一九八〇）。これが宋代における飛躍的な産業・経済発展の基礎となり、海外貿易の隆盛を招く大きな要因となった。

2　宋の建国と統一

宋は都を汴州《べんしゅう》（開封）に定めた。これまでの歴代の都であった長安・洛陽が内陸に位置して防禦を主体とした立地であったのに対し、汴州は流通経済の大動脈というべき、南北両運河の結節点に位置している。宋朝の経済重視をみてとることができる。特に江南と結ぶ大運河の先は、さらに大きく二つに分かれ、南は東南アジア以西との貿易、いわゆる南海貿易の重要なルートであり、北は高麗・日本、時には契丹（遼）へと延びていた。

3　契丹（遼）の台頭と南北対立

宋による統一とは言うが、実際には南北対立の様相も呈していた。北方の契丹の存在である（臼杵勲二〇一〇）。契丹は現在の中国東北部から中央アジアにかけて活動していた遊牧民族で、一〇世紀初頭に耶律阿保機《やりつあぼき》が部族をまとめ、九一六年に皇帝を称し、契丹を国号とした（その後、遼と改称・復号を繰り返す）。九二六年には東隣の渤海を滅ぼし、勢力を広げた。九三六年には、中国の騒乱に介入して、後晋から中国領域北部の重要な農耕地帯である燕雲十六州の割譲を受け、さらに力を付けた契丹は南下策をとり、新興の宋と争うようになった。一〇〇四年には宋との間で盟約（澶淵《せんえん》の盟）を結び、宋から毎年莫大な財貨を得るようになった。半島の高麗にもしばしば侵攻し、女真族の金によって一一二五年に滅ぼされるまで、北方の強国として君臨した。契丹が強力な存在であったことは、その名称「キタイ」が中国の呼称として広く用いられていたことにも知ることができる。この間、宋は契丹への技術や文化の伝播を制限するため、海商の渡航を禁止しているが、海商は密かに渡航したり、あるいは日本からの中継貿易を営むなど、契丹貿易に大きな利益を見出している。

4　朝鮮半島情勢

朝鮮半島では、九世紀末以来新羅が弱体化して、後百済・高麗が興り、三国鼎立時代が続いたが、高麗が、九三五年に新羅、ついで翌年に後百済を降し、朝鮮半島を再統一した。首都開城は、半島西海岸中央部に位置し、山東半島・江南のいずれにも至る、宋との交通に至便な場所であった。しかし北方から侵攻を繰り返す契丹により、宋との通交もままならず、かえって宋の有識者から対契丹政策の観点から通交禁止の意見が出されるまでに至るが、高麗は宋と契丹と両属外交を進め、それぞれを結びつけるネットワークの上で重要な位置をしめることになる（石井正敏二〇一〇b）。

三　王朝国家と対外関係

1　日本と海外情報

日本でも唐の衰退は把握していた。八九四年（寛平六）に突如計画された遣唐使の派遣について再検討を求める大使菅原道真《すがわらのみちざね》らのいわゆる建議において、留学僧らの情報にもとづき、これまで遣唐使が往復の過程で命を落とすことはあっても、唐土にたどりつければ何の問題もなかった。それが今やたとえ無事に着いたにしても、命の保障はないという情勢にあると述べている。建議がたなざらしになっている間に、その情報通り、日本が憧れ、手本とし、目標とした輝かしい大唐帝国は崩壊した。そして日本が唯一正式な外交を続けていた渤海との関係――ただしもっぱら渤海使の往来によって維持されていた――も、九一九年（延喜十九）来日の使者が翌年に帰国すると、再びその使節が訪れることはなかった。まもなく渤海が契丹によって滅ぼされてしまうのである（九二六年）。なお契丹は渤海の故地を東丹国として支配をはかるが、抵抗が強く、まもなく放棄している。その後、この地域の人々は女真と呼ばれ、やがて金を建国（一一一五年）するが、日本海側を拠点とする集団が、一〇一九年に日本を襲った事件は刀伊《とい》の入寇として知られている（石井正敏二〇一〇b）。

2　外交の終焉と海商の活躍

こうして日本は、新羅・唐に続き、渤海との外交も終焉を迎えると、ついに国家間・王権間の国交を閉ざし、時に宋や高麗から外交をうながされることがあっても頑なに拒否した。しかし「鎖国」政策をとったわけではなく、東アジア世界再編の原動力となった中国商人（海商）の来航は大いに歓迎し、彼らのもたらす文物（唐物）は、貴族社会における必需品となり、やがて北は俘囚の地から南は貴賀之島（喜界島？）まで交易に旅する国内商人（『新猿楽記』八郎真人）によって各地に運ばれ、唐物受容は庶民層まで広がっていくのである。

3　延喜の政治改革と対外関係

日本の一〇世紀も衝撃的な事件で幕を開けている。九〇一年（延喜元）右大臣菅原道真が大宰権帥に左遷されたのである。政治権力の独占をめざす藤原氏による陰謀とも、道真に謀反の口実を与えるような動きがあったとも言われているが、それはいずれにせよ、道真追放後の藤原時平《ふじわらのときひら》政権のもと、延喜の政治改革と総称される政策が、翌年に相次いで発せられている。私的大土地所有を制限し（荘園整理令）、班田収授を一二年に一度（令制では六年に一度）とするなど、主に国庫収入に直結する政策である。これらの基本にある方針は、律令制への回帰、国家管理の徹底である。こうした方針は対外政策にもあらわれている。この翌年（九〇三年）、来日唐商人との取り引きに関連して大宰府に下された太政官符では、官司先買を規定した貿易に関わる律令条文の、わざわざ全文を引用して貿易の厳正な管理を命じているのである（『類聚三代格』延喜三年八月一日官符）。さらに九一一年（延喜一一）の唐海商に対する、一定の間隔をもって来航すべしとする、いわゆる年紀制もこの延長上に位置づけられる（河辺隆宏 二〇一〇）。つまり律令の基本原則に立ち帰り、華夷秩序遵守の観点から、来日海商とその貿易を国家管理のもとにおくという理念に発している。

4　王朝国家と受領

一〇世紀の前半は、こうした積極的な政策もあって、後世延喜・天暦の治と呼ばれる聖代観が形作られるが、実はそのような見方は、不遇をかこつ文人から懐古的に言われ出したものであることもよく知られている。地方の情勢は一片の法令で律令的支配を貫徹できる状況には、もはやなかった。延喜・天暦の間に東西で承平・天慶の乱（九三五〜九四一年）が起こっていることは象徴的である。地方の情勢は大きく変化していた。財源の確保をはかる国家は、人頭税から土地税へと転換し、国司（受領）に一定額の租税納入の義務を負わせるかわりに、国内の行政に関する権限をゆだねるという方針に転じた。これは一定額を納めれば、その余剰はみずからの収入とすることを法的にも保証することを意味した。藤原氏による摂関政治体制が進み、貴族層内部にも格差社会が現出し、中央政界で出世の道を絶たれた中・下級貴族は、利権と化していた国司に任じられることを望んだ。このため受領は巨富を蓄え私服を肥やすことに努め、郡司や有力農民から悪政を訴えられる事件がしばしば起こった。『今昔物語集』の「受領は倒るるところに土をもつかめ」という話は良く知られており、九八八年（永延二）に郡司百姓らに訴えられた尾張守藤原元命は、その代表的な例である。ただし負のイメージが強い受領ではあるが、藤原道長邸造営に際して建築から調度まで受領に負担させたというエピソードに知られるように、受領層が華やかな王朝文化を支えたこともまた見逃すことのできない事実である。すでに律令を基本とする体制は大きく変化を余儀なくされ、新しい体制をもって対処せざるを得なくなっていったのである。

私財の蓄積に努めた地方官は諸国の受領だけではない。一〇二九年（長元二）、大宰大弐の任を終えて帰京した藤原惟憲について、「随身せる珍宝その数を知らず。九国二島の物、底を掃いて奪い取る。唐物又同じ。已に恥を忘るるに似たり。近代富人をもって賢者となす。」（『小右記』）と記されている。海外貿易を管理する大宰府の責任者にしてこの実態であった。

5　国風文化と唐物

一方、一〇世紀の日本には文化にも新しい潮流が現れ、和風の文化が花開く。九〇五年（延喜五）には『古今和歌集』が撰進され、九三五年（承平五）には「男もすなる日記を女も……」と仮名による『土佐日記』が著されている。かつては、八九四年の遣唐使「廃止」をきっかけに唐風文化が衰え、国風文化が展開されるようになったと説明されていたが、さすがに今では中学・高校の教科書でも、このような叙述がみられなくなっている。いわゆる国風文化は、これまでに受容した中国や朝鮮文化の吸収・咀嚼のうえに成り立っているのであり、海商を通じて唐物や海外情報はこれまで以上に日本に伝えられた。相変わらず漢詩・漢文は貴族層にとって必須の教養であるばかりでなく、宮殿をはじめ、寝殿造りの邸内内部の調度にも唐物が不可欠であった。清涼殿南廂の粉壁には、小野道風の手になる、漢朝以来の賢君明臣の徳行が書かれており（『日本紀略』延長六年（九二八）六月二十一日条）、また同じく清涼殿鬼の間には白沢王（インドの王様で鬼を捕えたという伝承をもつ人物）の絵が描かれていた。天皇の身近な例に端的に示されているように、国風文化は中国風文化の環境の中で展開されたのである（木村茂光一九九七。榎本淳一二〇〇八）。国風文化を象徴する檜皮葺の豪華な寝殿造りに住んでいた貴族にとっても唐物はもはや贅沢品ではなく、日常にも欠かせない物となっていた。年紀違犯を承知で来航した海商に対しても、唐物が不足していることを理由に安置を認めているのである（一〇〇五年）。

6　異国への憧憬

公式の外交を持たなくなっても、人々の異国や唐物への憧れに変化はなかった（河添房江二〇一〇）。というよりも、外交を閉ざしたことにより、異国への憧憬の思いは一層募っていった、と表現するのが正しいであろう。九五七年（天暦十一）菅原道真の孫文時は意見封事三箇条を進め、「奢侈を禁ぜんを請う事」「売官を停めんことを請う事」とならび「鴻臚館《こうろかん》を廃失せずして遠人を懐け文士を励まさんと請う事」をあげている。鴻臚館の廃失を嘆き、文章経国の重要な事を説いているが、その実は「文士」の登用を求めるものである。かつて鴻臚館は来日渤海使との詩文交歓の舞台で、文士にとってはいわば腕のみせどころであり、そこで認められることは出世の道にもつながっていたのである。

7　儀式と国史のなかの中華

一方、来日渤海使を主たる対象とした、蕃客の来日から帰国まで、入朝の儀式に関する詳細な規程は『内裏式』をはじめとする儀式書や『延喜式』にまとめられ、中華日本の記憶は後世にまで伝えられることになる。そしてそれはまた国際関係の現実とは乖離した、記紀の三韓征伐説話が定着し、神国日本意識が凝縮され、独善的な対外認識が強化されていく過程である（石井正敏二〇一〇a）。対外意識形成の上で重要な典拠となる『日本書紀』の研究が摂関期で一区切りをつけていることも象徴的である。

『日本書紀』の研究（講書）は七二一年（養老五）から九六五年（康保二）まで、七回にわたって行われた。そのうち、九三六年（承平六）から九四三年（天慶六）まで行われた時のノート（『日本書紀私記　丁本』新訂増補国史大系所収。北川和秀二〇〇一）に注目したい。そこでは『日本書紀』の名にちなみ、「日本」国号が問題とされている。「日本」の国号は自称か、それとも隋・唐による他称かの質問に対し、講師は他称と説明している。『旧唐書』等には倭人が自ら倭の「雅ならざるを悪みて改めた」と明確に書かれているが、いまだにその書を手にしていない人々には、二〇〇年前の事情は分からなかったことも当然と言うべきであろうか。現在の研究では、日本の国号は天皇号とともに天武・持統朝から用いられるようになったと考えられており、七〇二年（大宝二）の遣唐使粟田真人ら一行によって唐に伝えられたことが知られている。「日本」という国号が他から与えられた名称とする考えに、中華日本の支配層に抵抗はなかったのであろうか。博士は「然れば則ち、唐朝、日出ずる之方に在るを以て、号して日本国と云う。東夷之極、因て此の号を得る歟」とも述べている。いわば本音の部分では「東夷」を自覚しているのである。ここに唐（中国）は別格とする意識が明確にあらわれており、その裏返しが日本を中華とする、華夷意識の先鋭化である。

四　東アジア世界の再編——海商と仏教——

1　宋海商の活躍

一〇世紀から一二世紀の東アジア世界は、グローバル化が一層進んだ時期と言えるであろう。この時期に日本が交流をもった国や地域は、渤海外交の終焉以降では、東丹《とうたん》、契丹（遼）、後百済、高麗、呉越、宋といったところになる。これらの国や地域を結びつける原動力となったのが中国（呉越・宋）の海商であり、そのネットワークの広がりには、仏教信仰が深く関わっていた（保立道久二〇〇四）。

唐代以来広範なネットワークを形成してきた海商の貿易活動を、宋は積極的に奨励するとともに、制度の整備を進め、重要な貿易都市には税関にあたる市舶司を設けて貿易を管理した（榎本渉二〇一〇）。海商の渡航に際しては、荷主・船主の本籍地、乗員、渡航先、積載品などの他、渡航禁止地域も明記し、記載内容に違犯した場合の罰則などまで、細々と記載した渡航証明書である公憑の携帯を義務づけた。日本や高麗に向かう海商を管理したのは主に明州と杭州の市舶司であった。このような管理のもとではあるが、海商は広範に活動を展開し、宋が情報や技術の流出をおそれて渡航禁止に指定した遼（契丹）へも、日本や高麗を利用して巧妙な方法でかけている。

2　宋と国家間外交

海商が主役となった宋代になっても、国家間外交に対する考えは、特に中華世界観を維持する宋側には強かった。かつて唐に対して朝貢使を派遣していた日本への関心は高く、日本からの入宋僧を朝貢使に準じて扱っているだけでなく、彼らを通じて朝貢を促すこともあった。例えば一〇七二年に入宋した成尋《じょうじん》に対し、皇帝自らが「日本は明州に近いのになぜ（朝貢の）使者を派遣して来ないのか？」と尋ねている。これに対し成尋は「日宋間は遠く、海路が困難である」と答えている（『参天台五臺山記』熙寧五年十月十五日条）。宋側ではこれにあきたらず、成尋の弟子の帰国に託して皇帝の親書と贈り物を天皇に宛てて送っている（原美和子 二〇〇六。渡邊誠 二〇〇七）。宋皇帝からの親書には、さすがの日本も無視するわけにはいかず、対応に苦慮して数年越しに検討を進め、ようやく海商に副えて使者を送っているが、それもあくまで返礼の使者であって、外交の再開を望むものではなかった。また宋側もそれ以上朝貢を強要することはなかった。

3　日宋定期航路の開発

東アジアの海域を中心とする舞台の主役となった。海商の広範な活動を可能にしたのは、宋代の造船や航海関連技術の進展である。大量の物資運搬を可能にした頑丈な隔壁をもつ大型船建造術、航海の目印にした明州近海の舟山群島、半島南海上に浮かぶ済州島、日本近海の五島列島などに関する海路知識、おもりを付けた綱を下ろして水深をはかり、海底の様子（石か泥土か）を探り船の位置を知るといった航海術等の発達は、季節風の利用とあいまって日宋間の定期通交を可能にした。例えば成尋を宋に送り届け、再び来日した宋人通訳は、「成尋が『来年秋には必ず日本に帰る』とおっしゃっているので、私は来年の春には日本を発って宋に向かい、秋には成尋を日本にお連れするようにしたい」（『成尋阿闍梨母集』）という言葉通り、来年の春にまさに相当する時期に日本を発って宋に帰着し、そしてその秋には成尋本人ではなかったが、成尋の入宋に随行した弟子頼縁らを乗せて日本に渡航してきている。日宋間航路の整備を良く伝えている（石井正敏二〇〇七）。

4　チャイナタウンの形成

このような日本・宋・高麗間の定期的な航海を可能にした状況は、貿易の形態にも大きな変化をもたらした。海商が宋あるいは高麗と日本との間を往来するだけでなく、博多周辺に居住して貿易を営む宋人があらわれてくることである（渡邊誠二〇一〇）。日本支店の開設であり、物を運ぶ者とそれを日本で売り捌く者という、海商の役割分担であり、これまでの人・物一体型の貿易から人・物分離型への方式の変化である（河辺隆宏二〇〇七）。定住は博多だけでなく、やがて京都に近い日本海側の要地但馬などにもみられるようになる。もっとも外国商人が日本に定住する形態はすでに新羅人にみることができる。八七〇年（貞観十二）に新羅海賊が博多津に停泊中の豊前国年貢船を襲うという事件が起きた際に、「久しく交関を事とし、此の他に僑寄」していた新羅人潤清らを陸奥に強制移住させている（『日本三代実録』）。交関とは貿易を意味している。宋海商はこうした定住方式をいっそう進め、博多に寺院を開くなど地域と密着しながら、盛んに貿易活動を展開していくのである。

5　仏教がつなぐ東アジア

海商の広範な活動をうながした要因の一つとして、この時期の東アジア世界を結ぶ紐帯としての仏教がある。特に北方の契丹仏教の重要性が注目されている（市川浩史二〇〇五。横内裕人二〇〇八）。契丹は契丹文字に知られるように、在来の文化に中国の文化を融合させた、独特の文化を展開しているが、仏教においても、宋で開板された「開宝蔵」（九七一～九八三年）とは別個に、契丹独自に大蔵経を版行している。「契丹大蔵経」と呼ばれ、燕雲十六州に属する、現在の北京郊外にある房山で隋代以来続けられている経典石刻事業を継続する一方、その石経をテキストに、九九〇年から一〇一〇年頃までに開版されている。宋の「開宝蔵」は九八三年に入宋した奝然《ちょうねん》が日本に持ち帰り、藤原道長が建立した法成寺に施入されたが、のち焼失した。成尋も奝然請来後に版行された経典を入手し、日本に送っている。契丹大蔵経については、日本への請来を直接示す史料はないが、高麗の義天（大覚国師）が編纂した続大蔵経には契丹（遼）僧の著述が収められており、続大蔵経は日本にも知られていた。義天は高麗文宗の王子で、宋に留学して帰国した後、大蔵経続編の編纂・刊行をめざし、日本にも書状を送って経典の送付を依頼している。やがて完成した義天版を日本の僧が宋海商に依頼して入手している事実も知られている（原美和子二〇〇六）。一〇九一年に大宰権帥藤原伊房《これふさ》が僧明範《みょうばん》を宋海商に同行させて契丹に派遣し、貿易して帰国後、密航と武器密売の罪で処罰されたという事件が起きている（臼杵勲二〇一〇）。その背景には貿易だけでなく、僧を派遣しているところをみると、契丹仏教への関心、あるいは仏教国契丹を意識しての僧派遣かも知れない。

6　浄土思想の広まりと渡航僧

一〇世紀以降の日本では浄土思想が広まり、貴族層は競って寺院を建立し、仏像を造り、極楽往生を願った。日本では一〇五二年に末法元年を迎えると信じられており、藤原頼通の平等院が完成するのは翌年のことである。こうした浄土思想の広がりは、中国に渡航する僧侶の性格にも変化を与えている。仏教界においても中国に対する憧憬に増すことはあっても衰えることはなく、事実上最後となった承和の遣唐使以降の渡航僧は、海商の船を利用して往来した。しかしその目的は留学から聖地巡礼へと大きく変わるのである（石井正敏一九九三。上川通夫二〇一〇）。一〇世紀以降の渡航僧には、五代十国時代の寛建《かんけん》（九二七年）、宋代に入って奝然（九八四年）、寂照《じゃくしょう》

（二〇〇三年）、成尋（一〇七二年）、戒覚《かいがく》（一〇八二年）らの名が知られているが、かつての留学僧とは大きな違いがある。奝然は帰国しているが、その他は当初から帰国を考えず、中国に骨を埋める覚悟で出かけていることである。寂照は費用の調達のために弟子を日本に送り、成尋は入宋の記録（『参天台五臺山記』）を与えられた課題を果たした証明の如く、帰国する弟子に託して日本に送っているが、いずれも自らは帰国していない。戒覚も帰郷の思いをいだかず、五台山を終焉の地と考えている旨を述べている（『渡宋記』）。入宋を支援する貴族たちは、かつての留学僧に期待していた、帰国後の活躍とは異なり、入宋僧に結縁し、彼らの巡礼に自分たちの身代わりとして罪障消滅、極楽往生を願ったのである。成尋は、別離を悲しむ母に対しては「唐の五台山という所にある文殊菩薩のご遺跡なりとも拝みにまいり、もし生きていたら帰ってまいりましょう。もし死んでしまったなら、かならず極楽で（お母さまに）おめにかかり、お姿を拝することにいたしたいと思います」（宮崎荘平 一九七九）と言うが、それはあくまでも慰めに過ぎない。帰国など考えない、堅い決意で臨んでいたことはその後の彼の行動に明らかである（石井正敏 二〇〇五）。

7　東アジアの再編に関する評価

以上に眺めてきたように、唐滅亡後の東アジア世界については、中国王朝を中心とする、冊封関係を基軸とした政治的な秩序にかわって、宋海商の広範な活動に象徴される経済的交易圏として再編されたとまとめることができるであろう（西嶋定生 二〇〇〇）。ただし、海商の行動は国家と無縁に展開されたのではなく、国家は海商の管理・統制を意図し、海商側も華夷秩序に組み込まれることで、円滑な貿易をはかった側面もあることに注意しなければならないという指摘もある（山内晋次 二〇〇三）。たしかに宋・日本・高麗それぞれに海商ならびに貿易管理をめざしており、また海商が時に政治的・外交的役割を託されている例もある（李鎮漢 二〇〇九。榎本渉 二〇一〇）。しかしながら、実際には海商の行動は管理し切れるものではなく、また政治的な役割を果たしている事例も限られている上、その場合にも海商はあくまでもメッセンジャーであって、「専対の人」（公使）ではない。したたかな海商は利害の一致するところでは積極的に国家の華夷秩序に参入し、国家も海商に交渉を望む相手に打診させ、脈があれば正式の使者を派遣しようといったところであろう。要するに国家と海商は、相互に利用し合う関係で推移していったのである。

参考文献

石井正敏　一九九三年「入宋巡礼僧」荒野泰典・石井正敏・村井章介編『アジアのなかの日本史』V　東京大学出版会→本著作集第二巻13
石井正敏　二〇〇五年「成尋——一見するための百聞に努めた入宋僧」元木泰雄編『古代の人物6　王朝の変容と武者』清文堂出版→本著作集第二巻15
石井正敏　二〇〇七年「『成尋阿闍梨母集』にみえる成尋ならびに従僧の書状について」『中央大学文学部紀要』史学五二号→本著作集第二巻18
石井正敏　二〇一〇年a「研究の歩み」『日本の対外関係』一　吉川弘文館→本書所収
石井正敏　二〇一〇年b「高麗との交流」『日本の対外関係』三　吉川弘文館→本著作集第三巻4
市川浩史　二〇〇五年『日本中世の歴史意識——三国・末法・日本——』法蔵館
臼杵　勲　二〇一〇年「契丹・女真との交流」『日本の対外関係』三　吉川弘文館
榎本淳一　二〇〇八年『唐王朝と日本』吉川弘文館
榎本　渉　二〇一〇年「東シナ海の宋海商」『日本の対外関係』三　吉川弘文館
上川通夫　二〇一〇年「入唐求法僧と入宋巡礼僧」『日本の対外関係』三　吉川弘文館
河添房江　二〇一〇年「平安文学と異国」『日本の対外関係』三　吉川弘文館

河辺隆宏　二〇〇七年「日宋貿易における年紀制管理と貿易形態の変化」佐藤信・藤田覚編『前近代の日本列島と朝鮮半島』山川出版社
河辺隆宏　二〇一〇年「年期制と渡海制」『日本の対外関係』三　吉川弘文館
北川和秀　二〇〇一年「日本書紀私記」皆川完一・山本信吉編『国史大系書目解題』吉川弘文館
木村茂光　一九九七年『「国風文化」の時代』青木書店
西嶋定生　二〇〇〇年　李成市編『古代東アジア世界と日本』岩波現代文庫
原美和子　二〇〇六年「宋代海商の活動に関する一試論——日本・高麗および日本・遼（契丹）通交をめぐって——」『中世の対外交流——場・ひと・技術』高志書院
日野開三郎　一九八〇年『五代史の基調　日野開三郎東洋史学論集2』三一書房
保立道久　二〇〇四年「院政期の国際関係と東アジア仏教史」『歴史学をみつめ直す』校倉書房
宮崎荘平　一九七九年『成尋阿闍梨母集　全訳注』講談社学術文庫
山内晋次　二〇〇三年『奈良平安期の日本と東アジア』吉川弘文館
横内裕人　二〇〇八年『日本中世の仏教と東アジア』塙書房
李　鎮漢　二〇〇九年「高麗時代における宋商の往来と麗宋外交」『年報　朝鮮学』一二
渡邊　誠　二〇〇七年「平安貴族の対外意識と異国牒状問題」『歴史学研究』八五六
渡邊　誠　二〇一〇年「鴻臚館の盛衰」『日本の対外関係』三　吉川弘文館

II　武家外交の成立

はじめに

私の中央大学における講義「日本古代史」では「東アジアの『今』を『昔』から考える」をサブテーマとして掲げている。歴史を単なる過去の出来事としてとらえるのではなく、常に現代を意識しながら過去を考えることの重要性・必要性を伝えることに基本をおいている。古代の対外関係を主たる考察の対象とはしながら、時代は中世・近世にも及び、地理的には東アジアからユーラシアまで視野に入れている。こうした授業の基本は「さかのぼり日本史」のコンセプトと一致しており、勉強しながら番組作りを進めることができた。

私が担当した鎌倉時代の対外関係というと、すぐに念頭に浮かぶのは蒙古襲来であり、『蒙古襲来絵詞』の躍動する武士の姿に何と言っても興味が集まるであろう。しかし今回は新たに政権を築いた鎌倉幕府が、対外関係にどのように関わり、実権を掌握していくかを大きなテーマとした。当初は武家に何ができるかとみくびっていた公家が、次第に力関係が逆転して、最終決定権を武家に掌握され、不満をいだきながらも、やがてはあきらめにも似た心境が吐露《とろ》するにいたる過程をたどり、朝幕関係の変化が対外関係にも如実に反映していることをあとづけようと意図した。そこで蒙古・高麗との外交折衝を主軸において記述を進めた。

ただし限られた時間であったので、番組では構想の一部を紹介するにとどまり、特に蒙古と日本のはざまに位置する高麗についてほとんど触れることができなかった。このことはもっとも残念であった。私の蒙古襲来への関心は学生時代に読んだ井上靖さんの『風濤《ふうとう》』（新潮文庫、一九六七年）に始まっている。小説とは言え原史料を駆使した内容は、論文より難しかった。今読み返しても難しい。でもそこに描かれた高麗の苦悩は印象に残った。そして東京大学史料編纂所に入ってまもなく一通の文書「高麗牒状不審条々」と出会い、さらに高麗と蒙古襲来について学ぶ機会を得た。そこで本書にまとめるに際しては、かねて関心をいだいている高麗についてやや詳しく取り上げることとした。

そしてもう一つのキーワードは情報においた。「彼を知り己を知れば百戦殆《あや》うからず」という有名な言葉を使って、情報の幅広い蒐集《しゅうしゅう》・綿密な分析・適切な対応の重要性に触れた。放送では、時間の関係でもっぱら日本（幕府・朝廷）側の情報蒐集体制の不十分さに言及するにとどまったが、日本の情勢を十分に把握することなく、服属か戦いかを迫る蒙古も同様の事情にあったことは言うまでもない。また時間の関係でカットせざるを得なかったのは、史料によく表れる「安《やす》くして危《あやう》きを忘れず」という言葉を用いて、平常からの危機管理が重要であることを述べた部分である。この二つの有名な言葉は、いつの時代、どのような場面にもあてはまると思う。

国際協調や相互理解がとりわけ強く求められている今日、あらためて蒙古襲来について考えてみることも意義あることではないかと思っている。本書がその一助となれば幸いである。

1　幕府滅亡　強硬路線の果てに

一　弘安の役の顛末

一二八一年（日本弘安四・元至元十八・高麗忠烈王七）五月初旬に朝鮮半島の東南端合浦《がっぽ》を出発した東路軍と、六月中旬に中国大陸慶元（寧波《ニンポー》）付近から出航した江南軍とが日本近海で合流し、総勢兵士十四万、船四千艘といわれる元の大軍が日本を襲ってきた。文永の役からおよそ七年、かねて石築地《いしついじ》（防塁）を設け、防衛体制（異国警固《いこくけいご》番役《ばんやく》）を整え、襲来に備えていた日本ではあるが、圧倒的な大軍を前に苦戦を強いられた。五月〜六月、対馬・壱岐、博多湾周辺で激しい戦いを展開してきた元軍は、長期戦に備えて全軍を鷹島・平戸島周辺に集結させ、次の作戦を立てていた。その最中の七月三十日の夜から翌日（閏《うるう》七月一日）にかけて暴風雨が吹き荒れたのである。元軍は壊滅的な打撃を受けた。多くの兵士や武器や船を失っただけでなく、生き残った兵士の士気も奪われ、もはや戦いを継続できる状況にはなかった。生存者はわれ先にと退却したが、逃げ遅れた者は台風一過の海上で掃討戦を展開する武士に捕らえられ、多くの者が首を刎《は》ねられ、わずかに蛮軍（旧南宋）の兵士は唐人であるとして死を免じられ、奴とされたという。日本が中華と認めるのは唯一「大宋」であることを示している。

これが弘安の役の顚末《てんまつ》である。「神風」によって撃退し、日本は神々によって護《まも》られているという神国思想が一気に高揚し、定着することになる。しかし戦いによって新たに土地を手に入れたわけではないため、このの ち幕府は合戦に参加した武士に対する恩賞対策に苦慮し、その一方では元軍の三度目の来襲に備えた防衛体制も維持させなければならず、問題を解消できないまま、滅亡への道を歩むことになる。文永の役に続く弘安の役は日本の歴史に大きな影響を与えた出来事である。いったい元（蒙古）軍再度の遠征はどのような経過をたどって実施されたのであろうか。

元の皇帝はクビライ・ハン（忽必烈汗、世祖）。チンギス・ハンの孫であるクビライは一二六〇年に蒙古帝国第五代皇帝となり、一二七一年（至元八）に国号を大元と定めた。一二七六年には南宋を滅ぼし（宋の将兵の一部が恭宗の兄を擁して福州へ逃れるが、一二七九年に平定される）、名実ともに中華の支配者となった皇帝クビライにとって、帝国の東方において未だ版図に入っていないのは、日本だけであった。

※　蒙古については、近年では原音のカタカナ表記であるモンゴルとすることが多いが、本書では漢文史料との整合性を考えて、漢字表記の蒙古を主として用いた。また蒙古は一二七一年に国号を大元と定めた。「大元」の大は単なる大小の「大」ではなく、蒙古民族の天思想が関わっていることが指摘されているが、これも一般に用いられている略称として「元」を用いた。ただし一二七一年を境にして蒙古と元を厳密に使い分けることは困難であるので、叙述の便宜上、蒙古と元の表記を混用していることをあらかじめご了解いただきたい。

二　クビライ再征への道

一二七四年（文永十一・至元十一・元宗十五）十一月、日本遠征軍（文永の役）の兵士が高麗の合浦に戻ってきた。出征の時の兵士・水夫合わせておよそ四万人であったが、戦いや風雨による遭難で失われた数は一万三千五百余人であったという（『高麗史』）。日本征討都元帥《とげんすい》（総司令官）忽敦《クドゥン》は拉致《らち》してきた日本人男女児二百人を高麗国王忠烈王と王妃に献じた。忠烈王はこの年五月、まだ世子（皇太子）であった時、クビライの娘を娶《めと》り、王妃としていた（翌月元宗が没し、王位を継承した）。元では皇帝の女婿《むすめむこ》を駙馬《ふば》といい、この政略結婚により元と高麗とは一家の理でさらに強く結ばれることになる。

翌年（一二七五）正月、忽敦らは元への帰途についた。忠烈王も高麗の司令官金方慶《きんほうけい》らを派遣し、クビライに、「高麗の人民は疲弊している。もしまた日本遠征を実行しようとしても、戦艦の建造や兵糧の供出は、もう我が国では負担できない」と訴えた。クビライは征討失敗を許さず、必ず再度の遠征を企図すると考えたからである。しかし高麗国王の悪い予感はやがて現実のものとなる。

忽敦らがクビライにどのように報告したのか、詳細は分からない。『元史』日本伝には〈其の国に入り、之《これ》を敗《やぶ》る。しかるに官軍整《ととの》わず、また矢尽《つ》き、ただ四境を虜掠《りょりゃく》して帰る〉と記されているだけである。遠征の顚末を聞いたクビライの言葉も記されていない。ただはっきりしているのは日本を降伏させ、服属させることはできなかったということである。

そこでクビライはすぐに行動に移り、まず使者を派遣する。『経世大典《けいせいたいてん》』（一三三一年に完成した元の典礼・制度に関する公文書集）には、外交の基本方針について、〈未だ来朝せざれば、使を遣わし喩《さと》して服せしむ。服せざれば則ち従《したが》いて征伐す〉（礼典総序・遣使の項）とある。またクビライが一二九一年（至元二十八）に瑠求《りゅうきゅう》（現在の台湾か）に送った詔書の中で、朕の祖宗が立てた法は、〈凡《およ》そ不庭の国、先ず使を遣わして招諭せしむ。来れば則ち按堵《あんど》故《もと》の如し。否《こば》めば則ち必ず征討を致す〉というものであると述べている（『元史』巻二一〇・瑠求伝）。不庭とは朝貢してこないこと、按堵は安堵で、故の如しとは今までと変わりないことを意味している。「蒙古皇帝のもとに朝貢してこない者については、まず使者を派遣して朝貢を促し、来れば歓迎し、今まで通りの支配を認める。しかし朝貢に応じなければ征討する」というのが祖宗つまりチンギス以来の基本方針であると述べている。日本の場合は「不庭」の典型的な例にあたるであろう。日本に一度は「征伐」を加えている。それでもクビライはまた使者派遣から始めるのである。

一二七五年（建治元・至元十二・忠烈王元）二月、礼部侍郎杜世忠《とせいちゅう》・何文著《かぶんちょ》らを宣諭《せんゆ》日本使に任命し国書を持たせて派遣した。杜世忠一行は三月に高麗の開京に到着し、高麗の使者とともに日本に向かった。クビライには、文永の役で蒙古の力を見せつけたので、日本は今度こそ使者を派遣してくるとの思惑があったであろう。しかし使者は戻って来なかった。この年九月、鎌倉で処刑されてしまうのである。ただし使者殺害の情報をクビライが耳にするのは、これから四年後のことである。

クビライは和平を模索して杜世忠らを派遣したようにみえるが、再度の日本遠征はすでに既定の方針となっていた。杜世忠を日本に派遣した同じ月（一二七五年二月）には、元から高麗に蛮子《ばんし》軍つまり南宋の捕虜兵士千四百人が到着し、高麗各地の屯田に分配されている（『高麗史』）。日本遠征を見据《す》えての措置であることは言うまでもない。クビライは和戦両様の対応をとっていたのである。クビライはまだ南宋攻略に全力を傾注している時期であるので、日本征討の準備は高麗王の要請にもかかわらず、もっぱら高麗の負担を前提に進められた。十月には再度の日本遠征のための戦艦の修造を命じ、さらに十一月には武器の作製が命じられている。

そして翌一二七六年（建治二・至元十三・忠烈王二）正月、ついに元軍は南宋の首都臨安を攻略し、宋皇帝恭宗は降伏した。念願を果たしたクビライであるが、新たに宋の傭兵《ようへい》四十万人以上をかかえることになる。彼らをいかに処遇するか、クビライの一つの解決策が服属を拒否する日本遠征への投入であった。再度の日本遠征は、中華世界の皇帝を目指していた時期とは異なり、中華世界に君臨する大元の皇帝として必然といえる状況にあったのである。ただし、ようやく宋攻略の戦いが終わったばかりなので、しばらく人民に休息を与えるべきであるとする意見により、一時高麗における戦艦及び武器の製作を中止させているが、日本遠征の準備は着々と進められている。

一二七七年(建治三・至元十四・忠烈王三)二月、高麗国王は元に、クビライの側近洪茶丘《こうちゃきゅう》の管理下に置かれている、日本征討のための屯田兵の維持が困難であることを訴えている。高麗は日本再征の基地として負担の限界を迎えていたが、翌年(一二七八)七月、忠烈王はクビライに、「日本は険を恃《たの》みて(海で隔てられているのをよいことに)朝貢せず、元軍に抵抗している。征討すべきである」(『高麗史』)と一転して征討に協力する姿勢を見せる。これに続く記事に、「ついては洪茶丘の高麗駐在は問題のみあって益無し。よって引き揚げさせて欲しい。クビライ、これを許す」とある。洪茶丘の父は高麗人であるが、高麗に深い恨みをいだき、蒙古に投じたという経歴を持つ。クビライの側近となり、高麗を管領《かんりょう》する責任者に任じられた洪茶丘も祖国には峻厳な態度で臨んだ。そのため高麗では洪茶丘に対する反感が募っていた。忠烈王は自らが率先して協力する姿勢をみせることが、洪茶丘に対抗し、高麗の国家の為になると判断しての苦渋の決断であった。

一二七九年(弘安二・至元十六・忠烈王五)二月、南宋の亡命政権を滅ぼすと、江南の揚州等主要都市に日本征討のための戦艦六百隻の造営を命じた。この後、江南において軍備が進められるが、その責任者の一人が、宋の泉州提挙市舶として貿易業務を担当し、海外貿易で財を成したムスリム商人蒲壽庚《ほじゅこう》であった。一二七六年の頃には元に仕えるようになっていた。一方高麗にも六月には、国産の材木で戦艦九百艘建造の命令が伝えられ、また耽《たん》羅《ら》（済州島）から三千隻分の船材供出が命じられている。いよいよ日本再征が具体的な日程に上せられたのである。ところが南宋の将校で元に降り、今はクビライに仕える夏貴《かき》と范文虎《はんぶんこ》が、五〜六月頃日本に使者を送るという行動に出ている。宋朝名義で日本に元への服属を促したのである。八月、范文虎はクビライに、「先に使者周福らを日本に遣わし元への来朝を諭しました。来年四月を帰国報告の期限としているので、その帰りをまって征討の可否を決定してはどうでしょうか」と進言し、クビライがこれに従っている。クビライが外交に関わる重要案件を事後承諾しているのもいささか不思議であるが、事実としては范文虎らの判断によるもののようである。しかしこの使者も戻ることはなかった。博多で斬られてしまったのである。

この年（一二七九）の七月か八月、一二七五年に杜世忠らを日本に送り届けた高麗の船員が、抑留されていた日本から高麗に逃げ帰り、杜世忠らが殺されたことを伝えた。高麗国王はただちにこれを元に報告した。これでクビライの日本再征は名目を得ることになり、決定した。なおこの年日本の商船四艘が慶元（寧波）にやってきた。現地の責任者は、諜報《ちょうほう》目的で来たのではないことを確認して貿易を認めている。元側も渡航日本人に警戒をしているが、問題がなければ貿易は認めるという方針で臨んでいた。それはただ貿易だけでなく、逆に日本に関する重要な情報源として利用する意味合いもあったのである。

一二八〇年（弘安三・至元十七・忠烈王六）二月、杜世忠ら殺害の報を受けて、征東元帥忻都《きんと》・洪茶丘等は再征を求めるが、すぐには実行せず、元・高麗における軍備を進める。慎重な姿勢はクビライが本気で日本征服を目指していることを示している。六月、クビライは范文虎と日本征討について議し、七月〜八月には旧南宋軍兵士を主とする日本遠征軍を整え、耽羅の監督官（ダルガチ）に命じて戦艦を修理させている。そして八月には総司令部ともいうべき征東行中書省《せいとうこうちゅうしょしょう》を置き、范文虎・忻都・洪茶丘らを高官に任じ、高麗国王を交えて日本遠征の作戦会議を開いた。忻都・洪茶丘は蒙古・高麗・漢軍（蒙古が一二三四年に滅ぼした金朝統治下の漢人）四万人を率いて合浦から、范文虎は蛮軍（旧南宋軍）を主力とする十万人を率いて江南を発し、日本の壱岐島で合流して、攻撃することとしたのである。

九月十八日、元の使者が高麗に到り、忻都・洪茶丘・范文虎・李庭《りてい》らに征収日本行中書事（征東行中書省）を委ねることを伝え、十月には高麗に征討軍の行動規範ならびに軍の編成を伝えている。なお同月、クビライはジャワ・交趾《コーチ》等に使者を遣わし、来朝を促《うなが》している。中華帝国の東西平定を併行して進めているのである。十一月十一日、高麗忠烈王は、元に兵船九百艘、梢工・水手一万五千、兵士一万、兵糧等の準備完了を告げている。十二月にはクビライが高麗忠烈王を行中書省の長官に、金方慶を管領高麗軍都元帥（高麗軍総司令官）に任命するなど、遠征に備えて元の官爵を授けている。東路軍の指揮を執るのは、元の忻都・洪茶丘に高麗の金方慶ら、江南軍の指揮官は范文虎・李庭らで、総司令官には阿刺罕《アラカン》を任じた。遠征軍の準備は整った。あとは出発を待つばかりである。

なおこの年の五月、倭賊が高麗の固城・合浦（慶尚南道）等に入寇し、漁民を捕らえて去るという事件が起き、高麗は慶尚・全羅道の防御態勢を強化している。さらに翌年正月には、元に日本人の入寇に備えて兵の派遣を求め、クビライは金州駐在の兵を振り向けている。高麗側も日本の逆襲を警戒しているのであり、対馬海峡をはさんだ地域では一段と緊張が高まっていた。

三　日本の対応——文永の役後の防衛体制——

文永の役で蒙古の強大な軍事力を思い知らされた幕府は、再度の襲来に備え、朝廷の権限にまで踏み込んで国防体制を固めていった。朝廷も文永の役で目の当たりにした圧倒的な蒙古軍を禦《ふせ》ぐためには武家の要求に従うしかなかった。ここに武家・公家は、それぞれの思惑を異にしながらも、共通の外敵を前にして一つにまとまった。武家は武器を持って、公家は祈禱をもって、それぞれ大敵の襲来に備えたのである。

武家がとった防衛対策の大きな柱は三つある。本所領家一円地《ほんじょりょうけいちえんち》の武士（非御家人）の動員、異国警固番役の制定、石築地（防塁）の建設である。

文永十一年（一二七四）十一月一日、まだ蒙古軍が退去したことが鎌倉まで恐らく伝わっていなかったであろう時期に、幕府は重要な指令を西国・九州の守護に宛てて出している。例えば安芸《あき》守護宛には、〈早く来る廿日以前、安芸に下向し、彼の凶徒寄せ来れば、国中の地頭御家人幷《ならび》に本所領家一円地の住人等を相催《あいもよお》し、禦《ふせ》ぎ戦わしむべし〉とある。関門海峡より中に蒙古が侵入した場合に備えて守護自身の現地下向を命じ、さらにいざ戦いとなった場合は、御家人だけでなく、本所領家一円地の住人まで動員して防戦に努めよ、というものである。「本所領家一円地の住人」とは公家や寺社の支配する荘園等の住人で、将軍と御恩・奉公の関係を結んでいない武士、すなわち非御家人を指している。非御家人を幕府の指揮下におくことは、公家の権限を奪うことになるが、文永の役を体験した公家には拒否はできず、非常事態を前にして武家は大きな力を手に入れた。

そしてその翌建治元年（一二七五）二月、幕府は九州沿岸を警戒させる異国警固番役を定め、鎮西九ヵ国の武士に三ヵ月交代で軍務につくべきことを命じた。春は筑前・肥後、夏は肥前・豊前、秋は豊後・筑後、冬は日向・薩摩・大隈と割り振りが決められ、それぞれの御家人が定められた場所の警固にあたった。担当者に故障ある時は代理を立てることなど、警備の最前線として重要な役割を担った。異国警固番役自体はこれより以前から行われていたが、この年制度として明確に定められたのである。

文永の役の余韻が残り、警戒を強める中、四月十五日に元使杜世忠・何文著らがやってきた。博多津ではなく、長門国室津《むろつ》（山口県下関市豊浦町）に来着したのである。漂着かそれとも大宰府の妨害を避けて敢えて室津を選んだのか、明らかでないが、幕府はすぐに長門だけでは警固の御家人の数が少ないので、周防《すおう》・安芸・備後《びんご》等の守護にも加勢を命じている。翌建治二年（一二七六）正月には執権北条時宗の異母弟宗頼《むねより》が長門・周防の守護として着任し、さらに八月には山陽道・南海道諸国の御家人、ならびに本所領家一円地の住人も対象として動員し、警戒に努めている。長門・周防の武士には蒙古軍襲来に際しては最前線に立ち、王都への入口である関門海峡を防衛する重要な任務が課せられていた。

室津に到着した杜世忠一行を幕府は鎌倉まで呼び寄せることとし、八月頃、一行は鎌倉に向けて出発した。元（蒙古）の使者が関門海峡の内側に入るのは初めてのことである。ただし洛中を通過させず、山崎の東から岡屋・醍醐を経て鎌倉に向かわせたという。聖なる地域、清浄な空間であるべき王都に穢れた夷狄《いてき》を入れるわけにはいかないという論理によるものである。こうして杜世忠らは、鎌倉に到るが、幕府が呼び寄せたのは交渉のためではなかった。九月七日、幕府は彼らを竜ノ口で処刑してしまう。この間、杜世忠との間でどのような問答が交わされたのか、史料はない。ただ〈永く窺覦《きゆ》（征服の意図）を絶ち、攻むべからざるの策也〉（『北条九代記』）、〈襲い来るの企てあるによりて返牒を遣はさず〉（『異国牒状記』）といった理由が伝えられている。この時の国書はあとで触れるように、これまでと同じく帰順・服属を求めたものであった。時宗からすると「懲《こ》りない」とみたのであろうか。交渉の余地無し、再度襲って来るなら迎え撃とう、との不退転の決意を示したのである。これはクビライへのメッセージであるとともに、執権自らが国内の武士に決意を示したものである。実は文永の役に際して、武士が全て率先して戦ったわけではなかった。現場にいても合戦に加わらず、また理由をつけて合戦の場に赴かないものもいたのである。時宗の措置は武士の引き締めの意味もあった。

使者を切り捨てることで日本の態度は決まった。あとは大軍の来襲を覚悟して、迎え撃つための体制作りに邁進するだけである。元使を処刑してまもなく、長門・周防・筑後・豊前・肥後など西国十一ヵ国の守護に「器用」の人、つまり指揮官として有能な人材をあてるという、人事異動が行われた。その結果、時宗をはじめとする北条一門が主要な守護を独占することになる。北条氏一門の中でも特に泰時以降の家督継承者を得宗《とくそう》と言い、次第に合議制に代わって、得宗と内管領などの側近少数による寄合によって政治の重要課題が決められていった。北条一門の西国守護独占は得宗専制体制をいっそう推し進めるものとなった。また西国武士の京都大番役を止めて鎮西の警固にあて、公家も武家も日常の倹約に努め、すべて軍事の経費に振り向けさせたという。

そしていつ現れるとも知れない元軍を待ち受けるだけでなく、十二月、幕府は元軍の日本遠征の基地となっている高麗征討を来年（建治二・一二七六）三月の実行を期して計画を立て、準備を進めた。少弐経資《しょうにつねすけ》を責任者に、実行に向けて必要な水夫（梶取・水手）を調達すること、もし鎮西で員数が不足する場合は山陰・山陽・南海諸道から徴発すべきことを命じている。各国守護にも経資に協力すべきことを伝え、例えば安芸守護に対しては、安芸国沿海に領地を持つ地頭御家人ならびに本所領家一円地の住人に、割り振られた人数を用意して博多に送るように指示している。瀬戸内海に点在する島々では早くから水軍とよばれる海上を舞台として活動する武士団があり、指示を受けた御家人も所領に応じた負担について、参加可能人数などの書き上げを提出している。

そしてもう一つ打ち出した防禦対策が石築地、いわゆる防塁の築造である。建治二年（一二七六）三月十日付けで少弐経資が地頭に宛てた文書には次のようにみえる。

異国警固の間、要害石築地の事、高麗に発向する輩《ともがら》の外、奉行に課し、国中平均に沙汰《さた》致し候《そうろう》所也、今月廿日以前、人夫を相具《あいぐ》して博多津に相向《あいむか》い、役所を請《う》け取り、沙汰致さるべく候、恐々謹言

御家人の所領一段あたり築地の幅一寸の割合で課せられ、高麗遠征参加予定者を除き、それぞれ担当場所（役

所）の指示を受けて築いたのである。同年八月頃を完成のめどとしていた。現在までに発掘されている防塁は博多湾を中心に東は香椎《かしい》から西は今津まで沿岸およそ二〇キロに及んでいる。発掘された防塁をよくみると石の積み方にそれぞれ特徴があり、分担の範囲が分かる。防塁は当時の海岸線波打ち際に築造され、『蒙古襲来絵詞』には甲冑《かっちゅう》姿の武士が防塁の上で敵を待ち受ける様子が描かれている。

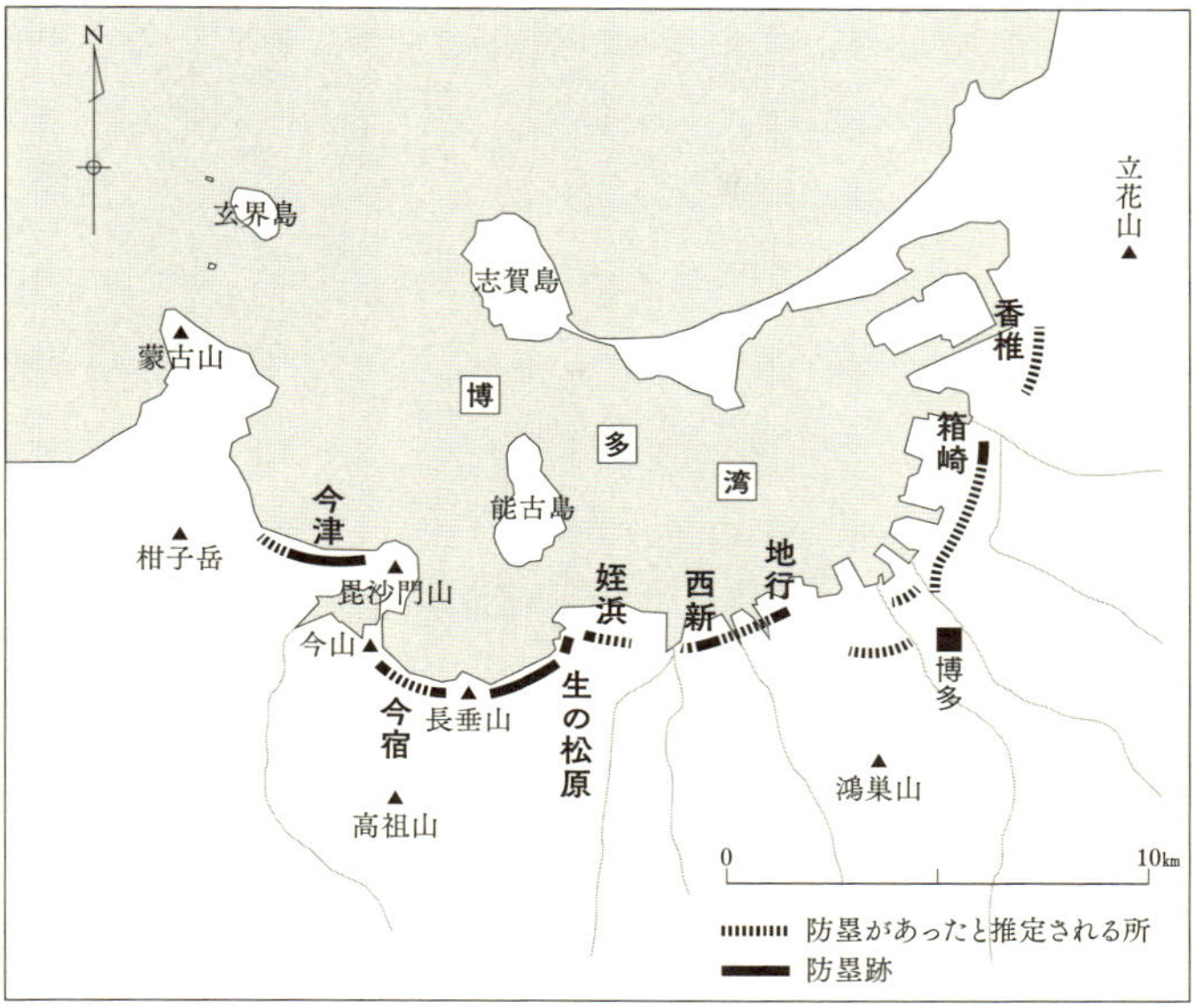

図1　元寇防塁（石築地）

けっきょく高麗遠征は実現しなかったが、武士に緊張感を持たせ、軍役の編成・整備の上では大きな効果があった。こうして臨戦態勢を固める中、建治三年（一二七七）六月、大宰府から鎌倉に宋滅亡の情報が伝えられた。今春、海商が宋に渡航したところ、宋が蒙古によって滅ぼされたことを知り、貿易を行わずして帰国したというのである。前年正月に元が南宋の首都臨安府を攻略したことをさしている。この宋滅亡情報に幕府は再来襲を覚悟したに違いなく、いっそう防備に力を入れることになる。

異国襲来に備えて警戒態勢をとる中、弘安二年（一二七九）六月、元の使者が対馬に到着したとの報が伝えられた。事実はクビライの使者ではなく、宋の降将夏貴・范文虎の使者周福らが日本僧霊果《れいか》とともに到り、牒状を進めたのである。牒状が鎌倉から京都に伝えられると院において評定を行い、今回も書状が無礼であるとして返事を送らず（一二三頁参照）、幕府は博多において使者を斬首したという。

杜世忠らに続く使者も切り捨てた。幕府に交渉の余地はなく、関東の武士を鎮西に下向させ、いよいよ防備に努め、朝廷も亀山上皇を先頭に寺社への祈禱を盛んに行っている。

再度の来襲必至という非常事態に備え、非御家人をも動員し得る防衛体制を固め、時宗を中心とする得宗専制とよばれる大きな権力を掌握した幕府であるが、一方やっかいな問題にも対応しなければならなかった。文永の役における恩賞問題である。合戦に参加した武士が、その軍功に見合うだけの恩賞（勧賞《げんしょう》）を求めて幕府に訴え出るのである。しかし蒙古軍を撃退したとは言え、武士が恩賞として求める少しの土地も手に入れることは、もちろんなかった。幕府はその対応に苦慮することになる。『蒙古襲来絵詞』は肥後国の御家人竹崎季長《たけざきすえなが》が鎌倉まで出かけて自らの功績を直接訴え、ようやく地頭職《しき》を手にいれるまでの過程を絵と文で著したものである。建治元年（一二七五）六月三日に郷里を出発し、八月十二日に鎌倉に到り、恩賞奉行の安達泰盛《あだちやすもり》に直訴し、十一月一日、念願の恩賞地給与の下文《くだしぶみ》を泰盛から手渡されている。しかし警固の地を離れて訴えるという季長のような行動は本来鎮西武士に許されることではなかった。しかし彼らは「一所懸命」の文字通り、命を懸《か》けて守るべき土地を求めて戦いに参加したのであり、軍功を認めてもらえないことは、出陣していないことと同じであった。

四　元の外交使節と日本の対応・外交権

こうして元・日本ともに戦闘準備を整え、開戦必至の情勢となった。この間、元の使者が二度来日したが、時宗は二度の使節とも切り捨てた。春秋戦国の昔から使者の不可侵権は尊重され、使者を捕らえたり、殺したりすることは非礼、すなわち不法行為として非難された。時宗は二度も非礼を犯したことになる。

『元史』日本伝の杜世忠派遣記事に、〈復《ま》た書を致すも亦《ま》た報ぜず〉とある。クビライは国書をもたせたが、また返事はなかったというが、その書の本文は記されていない。ただし『元文類《げんぶんるい》』巻四一・政典部・征伐条日本に注目すべき記述がある。同書は元の蘇天爵《そてんしゃく》によって編纂され、一三三四年（元元統二）に刊行された元代の詩文選集で、この部分は元の公文書集『経世大典』（一三三一年成立）の序録を収めたものである。したがって、『元文類』の日本関係記事は、文永・弘安の役から五十年ほどしか離れていない時期の記述として貴重である。そこにはまず本文に、

> 国書の始めは「大蒙古皇帝奉二書日本国王一」と書き、継いで「大元皇帝致二書日本国王一」と称す。末には並びに「不宣白」と云う。

とあり、注の部分には、

> 至元二（三）年、兵部侍郎黒迪（的）……に命じて国書を持ち、日本に往使せしむ。書に「大蒙古皇帝奉二書日本国王一」云々と称し、末に「不宣白」と云う。……
> 十二年、礼部侍郎杜世忠……往使せしむ。書の前に「大元皇帝致二書于日本国王一」と言い、後に「不宣白」と言う。亦た来観せず。

とある。つまり杜世忠に託した国書には、「大元皇帝書を日本国王に致す……不宣白」と記されていたという。

この書式は致書形式と言われるもので、元来同格の者の間で交わされる書式である。あの有名な「日出処天子致二書日没処天子一、无レ恙」云々と同じで、煬帝《ようだい》が激怒したのは東夷の倭国が天子を称し、「致書」などという同格の無礼な書式を用いてきたからだという説もある。宋と対立する金や契丹《きったん》との間で交わされた文書も致書形式で、たとえば「大宋皇帝謹致二書大金皇帝一」といったものである（『宋大詔令集』）。そして一二六〇年にクビライが南宋皇帝に送った国書の冒頭と末尾には「皇天眷命、大蒙古国皇帝致二書于南宋皇帝一……不宣白」（『秋澗先生大全文集』巻九六）とあり、致書形式が用いられている。

したがって杜世忠のもたらした国書が『元文類』のいう通り致書形式であるとすると、クビライは日本国王を対等とみなし、丁重に扱う文書を送ってきたことになる。皇帝が国王に致書形式の文書を出すことは異例のように思えるが、管見では他に一例見出すことができる。一一一七年に華北の大金皇帝（完顔阿骨打《ワンヤンアクダ》）から高麗国王に送った国書である。『高麗史』睿宗三年十二月十九日条に、「兄大女真金国皇帝致二書于弟高麗国王一」と始まる国書が掲載されている。内容は契丹を共通の敵として金と高麗は兄弟の契約を結び、和親に努めようというものである。阿骨打は一一一五年に金を建国したばかりでまだ基盤が弱く、高麗国王に共同戦線を持ちかけているので、阿骨打としては丁寧な書式を用いたのであろう。それではクビライは本当に日本国王を同格の相手とみなして国書を送ってきたのであろうか。クビライはほぼ同時に日本再征を準備しているのである。日本を懐柔するためとは言え、果たして対等の致書形式の文書を出すような状況にあったのか、疑問がいだかれる。

一二九九年（大徳三）、クビライをついだテムル（成宗）が僧一山一寧《いっさんいちねい》を日本に派遣した。この時持たせた国書の本文は『元史』成宗本紀に掲載されているが、その全文の写しが金沢文庫に伝わっている（一三三頁参照）。それによればテムルの国書の冒頭と末尾は「上天眷命、大元皇帝致二書日本国王一……不宣」となっており、『元文類』が杜世忠に持たせたとする国書と一致する。ただし『元文類』では大徳三年一山一寧の奉使には触れているものの国書は引用されていない。こうしてみると『元文類』は杜世忠らの国書と一山一寧の国書を混同している可能性が高い。したがってクビライが杜世忠に託した国書の書式は明らかにできないとすべきであろう。

　杜世忠のもたらした国書の本文は伝わらないが、日本側の記録である『関東評定伝《かんとうひょうじょうでん》』には、〈今の度の貢し来たる所の牒状、前の如く順《したが》い伏《ふく》すべきの趣也〉とあるので、帰順・服属を求める内容は少しも変わっていない。文永の役では突然の襲来で多くの命を奪われた。時宗が、〈永く窺覦《きゆ》を絶ち、攻むべからざるの策〉（『北条九代記』）により、使者杜世忠らを切り捨てるのもやむを得なかったのかも知れない。杜世忠らの墓は常立寺《じょうりゅうじ》（藤沢市）にある。

　次に弘安二年（一二七九）に周福らがやってきた。クビライの使者ではなく、南宋の将校で元に降った夏貴・范文虎が送ってきたのである。前述のようにクビライには事後承諾を得ている。周福らがもたらした牒状は七月に鎌倉を経て京都に伝えられ、院において評定が行われた。牒状の本文は伝えられていないが、元の名義ではなく、「大宋国牒」で、その内容は、「宋朝は蒙古によって打ち取られた。日本も（打ち取られる可能性があり）危ない（から早く服属するように）と宋朝が告知する」というものであった。そこで審議を重ねた評定の結論は、〈書状の体、先例に違い無礼なり。亡宋の旧臣、直《じか》に日本帝王に奉るの条、誠に過分か〉（『勘仲記』）、〈（元に）通好すべきの趣なり。其儀無《な》くば日本を責めしむるか云々〉（『師守記』）ともあり、けっきょく〈襲い来るの企てあるにより て返牒を遣はさず〉（『異国牒状記』）と返事は送らなかった。そして周福らを博多に於いて斬首してしまうのである。

　すでに文永の役の前にも、朝廷が作成した返書を幕府が握りつぶすという出来事があり（本書第二部第2章）、最終決定権が幕府にあることが明確になっていた。蒙古襲来の恐怖を前にして朝廷はなし崩し的に武家側に権限譲渡を余儀なくされるが、天皇大権であり朝廷の専権事項とする外交においてもついに最終の決定権を委ねることとなる。杜世忠を切り捨てたことももちろん時宗の決断であろう。そして范文虎の牒状についても、勘解由小路《かでのこうじ》兼仲（のち権中納言に至る）は、日記に議論の内容を紹介した後に、〈但し落居《らっきょ》の分、関東定めて計《はか》らい申すか〉（『勘仲記』七月二十九日条）と記している。「（朝廷でいろいろと議論しているが）結論は幕府が出すであろう」というのである。最終決定権が幕府にあることを公家側も認めざるを得ない、やや諦めにも似た心境が伝わってくる。今や外交に関しては朝廷は幕府の諮問機関と化したといってよいであろう。

　こうして鎌倉幕府が外交にも深く関与し、決定権を握るにいたったことは、今後の日本の歴史の上でも大きな意味をもっている。幕府の外交相談役は無学祖元ら渡来僧が務めた。室町・江戸幕府と続く武家政権における外交ブレインとして僧侶の活躍がみられるが、その素地は鎌倉幕府によって作られた。朝廷にあって幕府にないものの一つは外交のノウハウであった。朝廷の文章博士等に匹敵する儒学の教養を有する知識人——禅僧を得て、将軍と僧侶という組み合わせで自前の外交を展開できるようになったのであり、それまで朝廷が専権事項としてきた分野にも武家の力が及ぶことになるのである。

五　合戦の経過

　幕府はクビライの使者を二度にわたって切り捨てた。一方のクビライは文永の役の後も招諭に応じない日本に対し、「服せざれば征伐」を実行すべく、再征の準備を着々と進めていた。

　いよいよ一二八一年（弘安四・至元十八・忠烈王七）正月四日、クビライは阿剌罕・范文虎らに再度の日本遠征を命じた。二月、出発にあたりクビライは范文虎ら征討軍諸将を集め、日本征討の理由と遠征にあたっての軍律（留意事項）を伝えている。「はじめ日本から使者（正式の使者ではなく、一二七一年に来日した蒙古使趙良弼《ちょうりょうひつ》が連れ帰った日本人）がやってきたので、我が朝廷も使者を派遣した。ところが日本はその使者を抑留して還さない。だから軍を派遣するのである。朕は漢人の次のような言葉を聞いている。『人の家国を取るは百姓と土地を得んと欲すればなり』と。土地を得ても尽《ことごと》く人を殺しては利用の仕様がない（無用な殺生を行うな）」。そして「朕が憂えているのはただ一つ、諸軍司令官の不和である。もし日本人と交渉するようなことがあれば一致した回答をするように」と諭している。ここに今回の遠征にかけるクビライの意欲がよく表れている。特に土地を得ようとしたのは事実で、今回の兵士は鋤《すき》や鍬《くわ》を携行していた（『八幡愚童訓』）。まさに屯田を日本に設置しようとの意図であろう。また指揮官に一致団結を求めているところに、前回文永の役の失敗の原因、〈官軍整わず〉の事情の一端がみえているが、特にクビライが言及しているのは、東路軍の指揮官である高麗人金方慶と元高麗人洪茶丘との間に根深い対立が存在していたからである。

二月二十日、江南軍と東路軍は六月十五日をめどに壱岐島で合流することとし、指揮官たちは大都をそれぞれ出発した。三月には高麗軍司令官金方慶が合浦に向けて出発し、ついで忻都らも開京に到り、合浦に向かった。東路軍には耽羅の新造船も加わり、順調に予定を進めたが、一方の江南軍は予定通りには進まず、大船二百隻の建造を予定していた蒲壽庚からは五十隻しか完成できなかったという報告が届いた。さらに五月になって、大きな計画変更が生じた。漂着した日本船の船員に日本の地図を描かせたところ、大宰府の西の平壺島（平戸島）が軍船を停泊させるに良い場所で、また防備も手薄であること、またそこから壱岐島まで近いとの情報を得たので、平戸島を目指し、そこに東路軍を呼び寄せ、合流するように計画を変更したのである。さらに六月には司令官阿刺罕が病気になり、阿塔海《アタハイ》に代えるということもあって、江南軍の出発は予定を大幅に遅れてしまった。

四月、高麗国王は自ら合浦に赴き、遠征軍を激励している。五月三日、東路軍四万人が九百艘の船で高麗の合浦を出航し、しばらく巨済島に滞留した。この間に斥候を派遣したのか、拉致した対馬島民から日本の防御態勢について情報を得ている。大宰府の西六〇里に位置する防衛拠点は、今、武士が出払って手薄になっているというのである。直ちにこの情報をクビライに報告し、虚に乗じて攻撃したいと許可を求めたところ、クビライは軍事については現場で適宜判断するように指示している。江南軍を待たずに作戦を変更しようとしたのであるが、前に見た江南軍による合流地点の変更といい、この東路軍の攻撃地点の変更といい、たまたま漂着したり、拉致したものからの情報である。果たして元軍に作戦というものがあったのか、疑わしい。

そして五月二十一日、ついに対馬へ侵攻を開始した。弘安の役の始まりである。二十六日には壱岐島を攻め、一部は長門国にも向かっている。六月五日、元軍は博多湾口に押し寄せ、能古島《のこ》・志賀島等で待ち受けた日本の武士団と激戦が展開され、双方に多数の死傷者を出している。いきなり博多湾侵入を目指して突撃しなかったのは防塁の存在によるものであろう。このあと再び壱岐で戦いが繰り広げられているのは、江南軍の合流を待っての行動であろう。しかし約束の十五日を過ぎても江南軍はやってこない。日本の武士の激しい抵抗を受けて、多数の死傷者を出している東路軍内では、船が腐り損傷が激しく、兵糧も途絶えてきたため、帰還すべしとの意見も出始めた。

東路軍が到着を待ちわびる江南軍が出発したのは、合流予定期日を越えた六月中旬のことであった。七月初旬、ようやく江南軍十万が平戸島付近に到り、まもなく東路軍と合流した。この間六月二十九日から七月二日には壱岐において激戦を展開している。

今回の元軍は三ヵ月の兵糧を用意していた。東路軍の史料ではあるが、江南軍も同様であったとみてよいであろう。兵士は鋤や鍬も持ってきており、第一次襲来の時と比べると、はじめから長期戦を考えていた。そこで慌てて攻めることをせず、七月下旬、全軍を鷹島・平戸島に集結させて次の作戦に備えていた。そこに三十日の夜から翌閏七月一日にかけて激しい風雨が襲ったのである。海が荒れ、元軍四千艘あまりの船の多くが沈没・漂流し、多くの兵士・武器が失われた。台風一過の閏七月五日から、武士による元軍掃討戦が展開された。大風雨に見舞われた元軍であるが、必ずしも戦いが継続できないほどではなかったようである。いくつか紹介する。

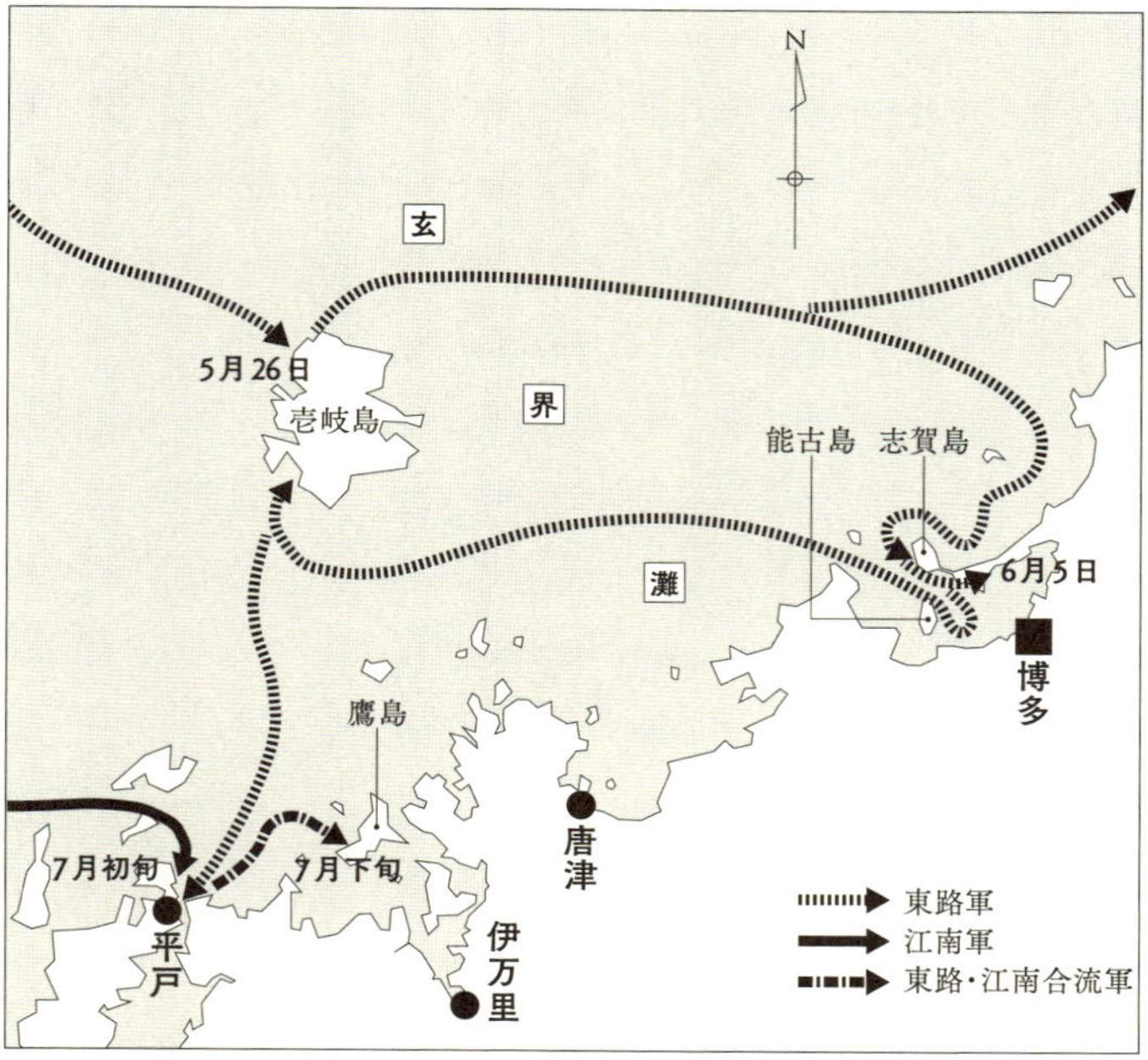

図2　弘安の役（1281年）

元軍指揮官の一人である張禧《ちょうき》は、自らが率いる部隊を平戸島に上陸させ、土塁を築いて戦いに備えた。上陸に際しては戦艦どうしを一定の距離をおいてロープでつなぎ、相互にぶつからないよう工夫して繋留《けいりゅう》した。大風雨により司令官范文虎らの戦艦はことごとく破壊されたが、張禧の部隊の船だけは無傷であった。戦艦を失った范文虎らは撤退を指示したが、張禧は、「士卒の溺れ死んだ者は半分で、生き残った者は皆な壮士である。このまま帰ろうなどという気持はなく、戦闘意欲に満ちている」と主張したが、范文虎らは従わず、このまま帰還して、もし罪を問われたなら私が責任を取り、貴殿までは及ばないようにしようと語った。これを聞いて張禧は部隊の船を范文虎らに分かち与えることにした。

史』張禧伝)。

その時、平戸島には四千の兵士がいた。張禧は「彼らを見捨てるわけにはいかない」として、船に載せていた馬七十頭を下ろし、兵を乗せて帰還した。帰国後、范文虎らは罪を問われたが、張禧は一人処罰から免れた(『元史』張禧伝)。

また『元史』日本伝には、帰還した指揮官の話として、「暴風雨に襲われた後も戦闘継続をはかったが、下士官らが指揮を聞かずに逃げ帰ってしまった。そこでやむを得ず撤退を決め、生き残った兵士を集めて合浦まで帰還した」と伝えている。しかしこれは事実ではなかった。それからまもなく帰還した兵士の一人が次のように報告している。大風雨に襲われた後、「范文虎等の諸将は各おの自ら堅好の船を択《えら》んで乗り込み、士卒十余万を平戸島に置き去りにして逃げ帰ってしまった。そこで残留兵の中から指揮官を選び、船を造って帰還しようとしたところに日本軍が襲ってきた。そのため多数が殺され、二、三万人は捕虜として博多に連行された。蒙古・高麗・漢人は皆殺しにされ、新附軍(南宋兵)は唐人であるとして殺さずに奴とした」という。

これらの記事に知られるように、士気が低いのは指揮官であった。すでにこうした兆候は、東路軍に見ることができる。東路軍は予定通りに出陣して対馬・壱岐、さらに志賀島等で激しい戦いを続けてきた。その上、兵士の間に疫病が発生して三千人以上が死亡し、江南軍は期日を過ぎてもこない。船は腐り、兵糧も尽きようとしている。そこで忻都・洪茶丘らは帰還を主張するようになったが、高麗人将校金方慶は「兵糧は三ヵ月分用意しており、まだ一ヵ月分ある。江南軍を待ち、合同して攻めれば必ず勝てる」といって、戦いは継続された。しかしこれが裏目に出て、〈大風に値《あ》い、蛮軍皆な溺死《できし》す。屍《しかばね》は潮汐に随《したが》いて浦に入り、浦は之が為めに塞《ふさ》がりて、践《ふ》みて行くべし。遂に軍を還す〉(『高麗史』金方慶伝)という惨状を呈してしまった。

つまり大風雨で遠征軍にとって一番大きかったことは、風雨に士気を奪われてしまったことであろう。そもそも当時の船で外洋航海に耐える船は少なかった。たとえば文永八年(一二七一)の蒙古使節趙良弼は三隻で日本に向かったが風で散り散りになり、ようやく二十日後に合流できたが、「わずかな使者の船でも遭難する。まして大軍で洋上を移動する戦いにあっては、遭難の危険はきわめて高い」と報告している。決して台風でなくとも、少しの風雨でも遭難することは十分に考えられるのである。また「船が腐る」という記述もある。日本遠征に用いられた船には旧造船もあれば、突貫工事による新造船もあり、相当の無理があったであろう。最近鷹島沖で見付かった蒙古船の引き揚げと調査の成果が待たれるところである。

八月十六日、東路軍敗れて合浦に帰還したとの報が高麗国王のもとに届いた。この後、高麗は日本の逆襲に備えて合浦に守備軍を配備し、十一月には金州等に万戸府を置き、日本遠征から帰国した兵士に守備させるという緊張を味わうことになる。

六　弘安の役以後の元・高麗の使者

クビライはそれでも諦めず、さらに三度目の遠征を考えて軍備を進める。征東行中書省も設置するが、その後廃止と設置を繰り返し、けっきょく実現までにはいたらなかった。その間一二八三年（至元二十）には、王君治《おうくんち》と寧波にある補陀禅寺僧愚渓如智《ぐけいじょち》を派遣した。しかし順風を得ず、日本にたどり着くことができなかった。そこで翌年（一二八四）王積翁《おうせきおう》と愚渓を再び派遣したが、対馬島まできたところで、王積翁が殺されるという事件が起こり、結局引き返してしまった。そのためこの時の使者が託されていた国書は日本に伝わらなかったが、室町時代の外交文書集『善隣国宝記』（一四七〇年成立）に掲載されており、派遣の趣旨を知ることができる。「上天眷命、皇帝聖旨、日本国王に諭す」に始まり、日本が使者を殺したことを咎め、本来であれば使者を送る必要はないが、愚渓らが「今また軍隊を派遣したならば多くの命が失われるでしょう。日本には仏教や文学が普及しており、必ずや大小・強弱の理を知っています。だから私たちが行って宣諭すれば日本も自省し、帰附するでしょう」というので、その言葉にしたがい、派遣する。いったい和好の外に余善なく、戦争の外に余悪無し。これをわきまえて使者を送るように。このように諭すのは、朕は禍福の変は天命によるものと知っているからだ。王はよくよく考えよ、というものである。相変わらず朝貢を求めているが、これまでのような直截的な文言ではない。トーンが数段落ちている。僧愚渓らの意見によるものだろうか。

日本征服に執念を燃やしたクビライであるが、結局実現をみないまま一二九四年（至元三十一）に没し（八十歳）、孫のテムルがあとを継いだ。一二九九年（大徳三）三月、テムルは愚渓を継いだ補陀禅寺僧一山一寧を国信使に任じ、詔書を託して日本に派遣した。これまでの官僚ではなく僧を国信使に任じて派遣しているのは、前回の愚渓の進言にもとづき、仏教を重んじる日本事情を考慮してのことであろう。一山は博多を経て、十月、鎌倉に到り、国書を進めた。しかし時宗の死（一二八四）後執権となっていた北条貞時は、元に対する警戒感から一山を伊豆修善寺に幽閉してしまう。やがて十二月には疑いも解けて鎌倉に入り、人々の帰依を受け、建長寺住持に迎えられている。一山は結局帰国せず、文保元年（一三一七）に入寂した。そのもたらした国書の全文の写しが金沢文庫に伝えられている。その内容は王積翁ら派遣の事に触れ、諸国が朝貢しているので日本も通好すべき事を述べ、最後に〈惇好息民の事〉つまり好みを敦《あつ》くし、民の平和をよくよく考えよ、と結んでいる。やや威嚇的な雰囲気を感じるが、かつてのクビライ国書の面影はない。この他、正応五年（一二九二）七月に元の慶元路より帰国した海商が江浙行中書省参知政事燕公楠《えんこうなん》の牒状を齎《もた》らしたことが知られるが、その内容は明らかでない。

一方、逆襲を恐れる高麗との間では緊張が続いていたが、正応五年（一二九二・至元二十九・忠烈王十八）十月に使節が来日した。是より先、五月に日本の商船が耽羅（済州島）に漂着し、現地で戦いとなって二名が捕らえられた。高麗はこの二人をまず元に送ったところ、クビライは日本に送還すべきことを命じたのである。そこで高

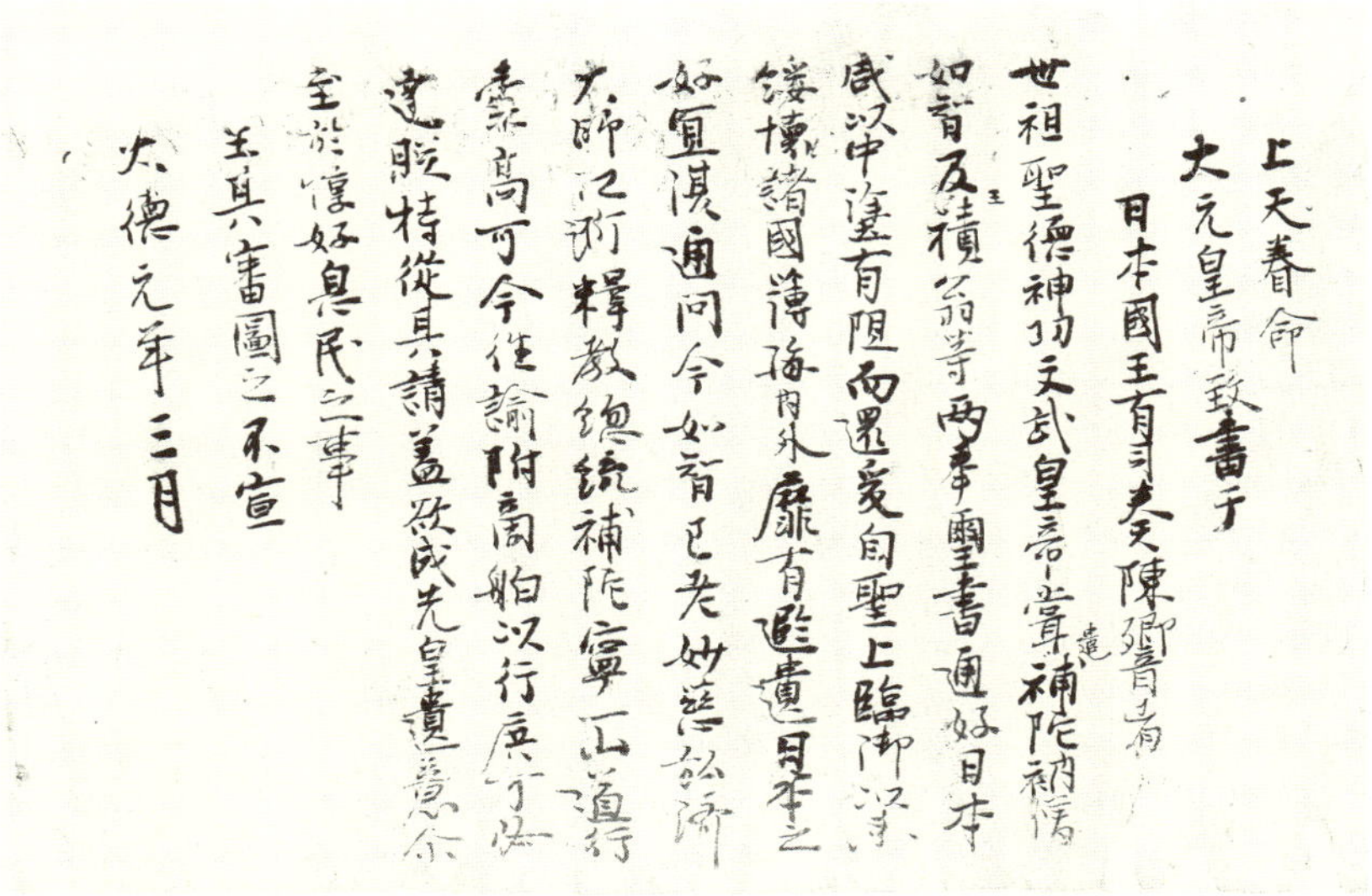
上天眷命
大元皇帝致書于
日本國王有司奏陳向者
世祖聖德神功文武皇帝嘗遣補陀禪僧
如智及王積翁等兩奉璽書通好日本
咸以中途有阻而還爰自朕臨御以來
綏懷諸國薄海內外靡有遐遺日本之
好宜復通問今如智已老妙慈弘濟
大師江浙釋教總統補陀寧一山道行
素高可令往諭附商舶以行庶可必
達朕特從其請蓋欲成先皇遺意爾
至於惇好息民之事
王其審圖之不宣
大德元年三月

図3　一山一寧が持参した「元朝寄日本書」の写し。元年は三年の誤り（称名寺・金沢文庫蔵、『特別展 唐物――中世鎌倉文化を彩る海の恩恵――』神奈川県立金沢文庫、2017年より引用）

麗は金有成らを使者として、国王の書を託して派遣した。金有成らは大宰府に到り、国王の書を提出した。当初は蒙古の牒状と思われたようで、幕府は警戒して北条兼時・名越時家らを異国打手大将軍に任じている。その国書は至元二十九年十月付けで「皇帝福蔭裏、特進・上柱国・開府儀同三司・駙馬高麗国王王昛（忠烈王）謹奉二書于日本国王殿下一……不宣。再拝」とあり、奉書形式で最後に再拝とするなど丁寧な書式である。内容は、元によって宋が滅ぼされ、我が高麗が存続していることを考え、徳の高い皇帝のもとに早く使者を派遣し、上表を提出するように勧めるものである。ただし、もし大海を阻《へだ》てているからといって、この忠告を無視するようであれば、「臍《ほぞ》を噬《か》む」ことになるだろうといった表現も用いられている。この国書を見た後深草法皇は牒状の体裁無礼と評している。

弘安の役後に届いた元・高麗の国書に日本が応えた形跡はない。

七　弘安の役と神国思想

二度目の蒙古襲来の第一報が京都に届いたのは弘安四年六月二日のことであった。大宰府からの飛脚が鎌倉に向かう途中六波羅に到り、去る五月二十二日（二十一日ともいう）に異国船が襲来し、壱岐・対馬に討ち入ったとの情報が伝えられたのである。この後、鎮西の飛脚が相次ぎ、朝廷では祈禱に一層の力を入れた。都に不安と恐怖が広がっていた閏七月九日頃、鎮西より異国の賊徒撃退の情報が伝わったのである。公家はその喜びを次のように記している。〈閏七月十一日、……異国の賊船、去る一日夜、大風に逢い、大略漂没し、破損の船済々《さいさい》打ち寄せらるの由、鎮西の飛脚一昨日か到来の間、上下大慶の由、謳歌《おうか》する者也。誠に以て左右能《そうあた》わず〉（『壬生官務家日記』）、〈去る朔日、大風波を動《ゆる》がせ、賊船多く漂没すと云々。……今の度の事、神鑒炳焉《しんかんへいえん》（明白）の至り也。天下の大慶、何事か之に過ぐべけんや。直《ただ》なる事に非ざる也。末代と雖も、猶お止《や》ん事無き也。いよいよ神明・仏陀を尊崇すべき者歟〉（『勘仲記』閏七月十四日条）。大風が敵船を漂没させたと聞き、神仏への祈りが通じたことを素直に喜んでいる。しかし武士の奮戦については書かれていない。「神風」がクローズアップされることになるのである。

『古事記』『日本書紀』にまとめられた、神によって創造され、神の子孫によって統治され、神によって護られているとする神国思想は、律令制定による中華意識とあいまって、車の両輪のごとく、日本は他国よりも優れた国とする考えを増幅させる。対外関係において折に触れて表れるが、貞観十一年（八六九）に起きた、新羅の海賊が博多湾に停泊中の船を襲って年貢を奪い逃走したという出来事に際して一つの画期を迎える。朝廷は大きな衝撃を受け、大宰府の防衛網を強化すると共に、すぐに伊勢神宮等に使者を派遣して、新羅が再び日本を侵すようなことがあれば、神の力をもって防いで欲しいと頼んでいる。〈然れども我が日本の朝は、所謂《いわゆる》神明の国なり。

神明の助け護《まも》り賜はば、何の兵寇《あだ》か近《ちかづ》き来るべき。……若し賊の謀《はかりごと》已《すで》に熟《な》りて、兵船必ず来《く》べく在らば、境内に入れ賜はずして、逐《お》ひ還し漂ひ没《おぼ》れしめ賜ひて、我が朝の神国と畏《おそ》れ憚《はば》かられ来《きた》れる故実を澆《み》だし失ひ賜ふな〉云々と神前で奉告している（『日本三代実録』同年十二月十四日条）。

文永七年（一二七〇）幕府によって握りつぶされた蒙古への牒状にも我が国は神国であり、知力・武力で争う相手ではないと書いている（本書第Ⅱ部第2章参照）。また「神風」の語は文永の役の翌年にすでに見えているが、弘安の役では明らかに「神風」が吹いた。日本を守っている神々が大風を吹かせ大敵を撃退した。観念の上で増幅されてきた神国が現実であることを人々は認識し、確信したのである。

こののち、秀吉は日本が神国であることを強調してキリシタンを禁圧し、江戸時代には儒教に対抗する国学の中で神国思想は重要な役割を果たしている。そして明治以降の軍国主義を支え、やがて太平洋戦争末期の特攻隊に「神風」の名が冠せられたことは記憶に新しいところである。

弘安の役で日本を襲ってきた元軍は、元軍といっても蒙古人は少数で、主力は東路軍は高麗人と漢人（旧金朝人）、江南軍は旧南宋の兵士で、中には犯罪者も含まれていた。彼らの中には帰る場所もなく、戦いで新天地を獲得する以外は道はないという者も多かったはずである。実際居住のための道具や鋤・鍬を携行してきたという。長期戦の中で、元軍が防塁のない、例えば平戸・鷹島付近から上陸をはかった場合はどうだっただろうか。上陸に適した砂浜がなかったわけではない。日本は江南方面からの襲来は想定外であったのではなかろうか。また馬も相当に連れてきたことが知られるので、上陸して陸戦となった場合、日本の武士は相当に苦しんだに違いない。そして『蒙古襲来絵詞』には、〈てつはう〉が炸裂して馬が驚く有名な場面がある。〈てつはう〉は言うまでもなく読みは「てつほう」で、漢字に直せば「鉄砲」である。もちろん現代の鉄砲とは異なり飛び道具ではなく、人力で放り投げる。この「てつほう」には内部に鉄片などが詰め込まれ、相当の殺傷能力があったことが最近のC

Tスキャンを利用した内部調査で明らかになった。

一方『蒙古襲来絵詞』や『八幡愚童訓』の描写を見ていると、とうてい武士側に戦略というのはみえない。『蒙古襲来絵詞』の主人公竹崎季長に至っては従者が味方を待ってから突撃してはという意見にも耳を貸さず、先駆けの功名に走り、ひたすら突進する。文永の役で季長は少弐景資の命令に従って博多沖の浜で合戦すべく待機していたが、蒙古軍が沖の浜まで押しかけて来るのを待っていたのでは軍功を挙げることはできないとして、先駆けの功をねらって打ち出ている。これを指揮官少弐景資がとがめた様子はない。また弘安の役では防塁で待ちかまえるのではなく、小さな舟に重い鎧甲を身に着けて乗り込み、敵船めがけて突き進む。海に落ちたら助からないだろう。敵船を目指して進む季長は、「生け捕りになって異国へ連れていかれるようなことは戦死よりも劣ることだ」と語っている。武士の勇気には感心するが、そこに戦略をみることはできない。

元軍が大宰府攻略にこだわり、長期戦を覚悟して鷹島・平戸島で休養を取り、作戦会議を開いていたことが日本側には幸いしたのである。何とも想像の世界になってしまうが、「神風」が吹かなければ局面は相当日本の不利に展開したのではなかろうか。

むすび――弘安の役後の日本――

外交では緊張の続く元との関係であるが、貿易は盛んに行われ、貿易船を利用して入元僧・渡来僧の往来も盛んであった。永仁六年（一二九八）には得宗家の派遣した貿易船が大量の荷物を積んだまま五島列島近海で遭難している。また寺社造営・修理の費用調達を目的とする寺社造営料唐船とよばれる貿易船が派遣されるようになる。徳治元年（一三〇六）頃に帰国した称名寺船が早い例で、その後、極楽寺や建長寺による同趣旨の貿易船が相次いで派遣されている。元徳元年（一三二九）の金沢貞顕《さだあき》の書状では「進物には薫物（香料）がよいでしょう。唐船が帰国して入手しやすくなったでしょうから」と述べ、さらに別の書状では関東大仏造営料唐船が明春渡海する予定であることを伝えている。弘安の役後、盛んに往来するようになった日元貿易船の具体的な姿は韓国・新安沈没船に知ることができる。一三二三年（元亨三・至治三）に明州（寧波）を出帆して朝鮮半島の西海岸で荷物を満載したまま沈没した。引き揚げられた木簡などから東福寺―博多承天寺釣寂庵が貿易商人と契約して仕立てた船とみられている。船の構造や大量の銅銭・陶磁器・木材などの貿易品は当時の貿易船の実態を知ることのできる貴重な遺物である。

幕府は二回目の蒙古襲来も凌《しの》ぐことができた。しかしいつ三度目がくるかも知れず、警戒態勢を解くことはできなかった。事実何度か襲来の噂が立ち、そのつど警戒を厳重にしている。一方恩賞問題も文永の役に加えて弘安の役では、非御家人や「神風」に功績のあった寺社も加わり、対応に苦慮した。戦後処理に追われる中、弘安七年（一二八四）四月、幕府を支えてきた時宗が没した。三十四歳であった。十八歳で執権となって以来、蒙古（元）に対峙する人生に終始したと評してよいであろう。弘安九年（一二八六）の時宗三回忌にあたり、師無学祖元は、法語で、〈弘安四年、虜兵百万、博多に在るも、略《ほ》ぼ経意せず。ただ毎月〔日カ〕老僧を請《しょう》じて、諸僧とともに下《あ》語《ご》《ぎょ》し、法喜禅悦を以て自ら楽しむ。後果たして仏天響応して家国貼然《ちょうぜん》（無事）たり。奇なる哉、此の力量有ること。此れ亦た仏法中再来の人也〉（『仏光国師語録』巻三）と述べている。時宗の死は朝廷でも驚きをもって受け止められた。

幕府は恩賞問題の対応にも追われ、弘安七年（一二八四）に神領興行法（神社保護法）を出したり、鎮西特殊合議訴訟機関を設けて鎮西における訴訟にあたらせ、さらに御家人が訴訟のために警固の地を離れて鎌倉や六波羅へ赴くことを禁止し、かわりに鎮西の有力守護を奉行人とする合議裁決機関の鎮西談義所を設けている（一二八六年）。

図4　大仏造営料唐船が派遣されることを伝える金沢貞顕の書状
（称名寺・金沢文庫蔵、『特別展 唐物――中世鎌倉文化を彩る海の恩恵――』神奈川県立金沢文庫、2017年より引用）

図5　新安沈没船で見つかった中国製の陶磁器（韓国・国立海洋遺物展示館蔵、『「武家外交」の誕生』さかのぼり日本史外交篇8　鎌倉、NHK出版、2013年より引用）

一方、幕府内部での権力闘争も激化した。弘安八年（一二八五）には恩賞を担当していた安達泰盛が執権北条貞時・内管領平頼綱《よりつな》によって討たれるという事件が起こり（霜月騒動）、全国に動揺が広がった。さらに永仁元年（一二九三）には、その貞時が頼綱を殺すという事件が起きている（平禅門《へいぜんもん》の乱）。けっきょく二度にわたる蒙古襲来を通じて非御家人まで支配下に収め、得宗専制体制と言われる権力を築いたが、それはまた大きな負担と課題を抱えることになり、十分な対応をできないままに、内部から崩壊の道を歩み始めた。鎮西に限るわけではないが、永仁五年（一二九七）には御家人の窮乏を救うため、所領の無償取り戻しと売買を禁止する法令（永仁の徳政令）を出したが、かえって社会の混乱を招く結果となった。こうした幕府の専制体制が揺らぐ一方、公家社会では大覚寺統と持明院統との両統迭立《てつりつ》という事態の中で後醍醐天皇が現れ、幕府に不満を持つ武士と連携して、倒幕に立ち上がる。そして鎌倉幕府はついに源氏の一族新田氏・足利氏らによって倒される。一三三三年のことであった。

異国警固番役は、この後、南北朝の頃まで継続される。「安くして危きを忘れず」（『易経』）という言葉がある。安全な時にこそ万一に備えた対応策を講じておくのが大事だという、日常の危機管理を説いた言葉であるが、いつ現われると知れない異国襲来への備えを続けなければならなかった鎌倉幕府は、これに押しつぶされてしまったといえるかも知れない。

2　握りつぶした協調の道

一　文永蒙古合戦の経過

文永十一年（一二七四）十月五日、対馬の西海岸佐須浦にとつぜん数多《あまた》の異国船が現れた。国府（厳原）にいた地頭宗助国《そうすけくに》は八十余騎と通事を率いて現地に駆けつけた。夜が明けるのを待って、通事に一体何事かと尋ねさせようとしたところ、異国船から矢が雨霰《あめあられ》と放たれ、また千人ばかりが上陸してきた。そこで蒙古軍の襲来と知ったのである。激しい戦いとなり、助国ら多数が討ち死にした。蒙古軍はひとしきり荒らし回ると民家に火を放って海上に戻った。この間、急の知らせが大宰府に届き、十三日、少弐資能（武藤資頼の子。武藤氏は資頼以来大宰少弐の職を世襲したので少弐を名乗るようになる）は鎌倉に向けて飛脚を立てた。蒙古軍は対馬から壱岐に移動し、守護代らが迎え撃ったが、多勢に無勢、城内に引き揚げて自刃《じじん》し果てた。その後蒙古軍は平戸・能古・鷹島等を荒らし、十九日には今津、そして翌二十日には博多を襲った。少弐資能・大友頼泰らが指揮を執り迎え撃つが、筥崎宮《はこざきぐう》も焼失し、蒙古軍に圧倒されて大宰府近くの水城《みずき》まで退却を余儀なくされた。そして不安な一夜を明かした翌二十一日、海上を見渡すと、何と蒙古軍船が全て博多湾から姿を消していた（『八幡愚童訓』）。

博多での戦いは実際には数日間続いたようであるが、いずれにしても蒙古軍は有利に思える戦況のなか、突然いなくなってしまったことは間違いないらしい。その事情については、大風による被害にあったとも、作戦通り撤退したなど、いろいろな見方がある。十月十七日に京都に異国襲来の第一報が届いて以来、〈我が朝は神国也。定めて宗廟の御冥助あるか〉と神仏に祈りながら不安に過ごしていた公家は十一月六日の日記に、「ある人から聞いたところによると、数万艘の凶賊の船が、俄《にわか》に逆風によって本国に吹き返されたという。数隻の船が座礁していたが、賊徒五十人あまりを捕らえたとのことである。逆風は神明の御加被によるものか。有り難いことだ」（『勘仲記』）と書いている。一方、『高麗史』には、〈会《たま》たま、夜、大いに風ふき、雨ふる。船艦、巌崖に触れて多く散る〉（元宗十五年十月乙巳条）とあり、『元史』日本伝には、〈其の国に入りて、これを敗る。しかるに官軍整わず、また矢尽き、ただ四境を虜掠して帰る〉と記されている。そして『高麗史』金方慶伝によると、背水の陣で戦うべしとする高麗の将校に対し、蒙古司令官は、我が軍は少数でなおかつすでに連戦により兵士は疲弊しているので戦いの継続はむりとする判断を下し、撤退が決まったという。

このような日本及び『高麗史』『元史』の記事から考えると、①蒙古軍は自主的に撤退を決めた、②ちょうどその頃大風が吹いた、③たまたま夜間であったため船が岩礁にぶつかり砕け散る被害にあった、ことは間違いないであろう。そして博多湾付近で大風にあって遭難したにしては九百艘（『高麗史』）と言われる船の残骸について目撃情報がなく、わずかに数隻逃げ遅れた船があったとあるだけである。これらを総合して考えると、日本に打撃を与えた一方、武器・兵糧も尽きてきたので撤退を開始し、高麗への帰還途中の夜間に大風に襲われ、船が岩礁に打ち付けられて、多くの被害を出したものと推測される。『勘仲記』の記事も「吹き返された」とあり、次の弘安の役に際しての大風によって「漂没した」という記述とは違う。東征軍が合浦に帰還した時、未帰還者は一万三千五百余人にのぼったという（『高麗史』）。今回の襲来は日本に蒙古軍の威力を見せつけることに主たる目的があった。占領を目的とした弘安の役とはちがうところである。なお翌年十二月の文書に〈神風荒れ吹き、異賊命を失う〉（『鎌倉遺文』一二一六三号）とはじめて「神風」という語が見えることに注意しておきたい。

二　蒙古と日本の外交交渉

こうして最初の蒙古襲来、文永の役は日本に大きな被害をもたらし、遠征軍にも大きな損失を出して終わった。それではそもそも蒙古皇帝クビライが日本遠征を実行するに至るまで、どのような経緯をたどったのであろうか。

クビライが日本に関心をもったのは、高麗人趙彝《ちょうい》の話を聞いたことに始まる。趙彝は、「日本は我が国の隣国で典章（法律・制度）がととのい、良い政治が行われている立派な国です。漢以来、使者を中国に遣わしています。高麗に先導させて日本に使者を派遣し、通好すべきです」と。これを受けてクビライは一二六六年（至元三）八月、黒的・殷弘を使者に選び、国書（至元三年八月付け）を託して派遣した。黒的らは高麗の都（蒙古の圧力を避けて開京から江華島に都を遷していた）に到り、クビライの命令を高麗国王に伝えた。「責任をもって使者を日本に送り届けるように。日本に渡る海が逆巻く波で危険である（風濤険阻）とか、これまで高麗は日本と通好がないとか、日本が命令に従わず使者を拒絶することなどを理由や言い訳にして、拒否してはならない。卿（国王）の忠誠心を示すように」との厳命である。この時クビライの国書を読んだ高麗の宰相李蔵用《りぞうよう》は、ただちに日本に国書を伝えることの不可を悟り、その旨を黒的に伝えるが、十一月末、黒的らは高麗使宋君斐《そうくんひ》らとともに日本に向かった。

一行は巨済島（慶尚南道巨済市）まで至った。対馬をすぐそこに望むことができる地である。翌一二六七年正月まで滞在したが、「風濤が天を蹴る」様子に渡航を断念して引き返し、高麗の都に戻った。李蔵用の意見を受け入れた黒的の判断とみられている。そこで高麗国王は黒的・宋君斐らをクビライのもとに遣わし、この間の経緯を報告させた。巨済島から先は荒海で皇帝の使者を危険にさらすわけにはいかないこと、たとえ対馬島に至ったところで、日本人は頑《かたく》なで礼儀を知らず、何が起きるか分からないこと、そもそも我が国は日本と公式の外交はなく、ただ対馬島民が時々貿易のために金州（慶尚南道金海市）にやってくる程度であること、などを説明したが、クビライは高麗国王の言い訳を許さず、再び黒的らを派遣するのである。

黒的らはこの年の八月一日、高麗に至り、「日本との交渉の一切を委ねる。日本に国書を伝え、必ず返事をもらってくるように」とのクビライの厳命を伝えた。そこで高麗国王は潘阜《はんぷ》にクビライの国書と国王の書簡（至元四年九月付け）を持たせて派遣した。

翌文永五年（至元五・玄宗九、一二六八）正月、潘阜らは大宰府に到り、牒状二通に潘阜の書状を添えて大宰府に提出した。ここに初めて日本にクビライの国書が伝わったのである。閏正月、潘阜から国書を受け取った少弐資能は、ただちに幕府に送った。途中飛脚が京都の六波羅を経由する際に情報を聞いたらしく、関白近衛基平《もとひら》は十日の日記に異国の賊徒襲来の風聞を記している（『深心院関白記』）。二月七日、鎌倉から牒状が京都に届き、翌日から後嵯峨上皇のもと評定が続けられた。関白基平は初めて見た蒙古の国書について、〈和親を請うの儀、委しく牒状に見ゆ。此の事、国家の珍事・大事なり。万人驚歎《きょうたん》の外、他無し〉と記している。国書にははじめは通好を求める言葉が記されていたが、末尾には〈以て兵を用うるに至りては、夫れ孰《たれ》か好む所ならん。王其れ之を図《はか》れ〉とあった。朝廷ではどのように対処すべきか、審議を重ねる一方、寺社に異国降伏の祈禱を命じている。末尾の一節に異国の襲来を感じ取ったからに他ならない。そして三月二十七日の会議で、けっきょく返牒は送らずと決した。無視を決めたのであり、「兵を用うるに至る」可能性を残したのである。とうぜん不安があり、寺社における祈禱、山陵への奉告などに一層の力を入れることになる。

幕府は国書を受け取ったはじめから蒙古の襲来を想定し、その反応は早かった。二月二十七日、執権政村・連署時宗の連名で御教書《みぎょうしょ》を下し、蒙古襲来に用心すべきことを西国・九州の守護に命じている。例えば讃岐守護にあてた文書では、〈蒙古人凶心を挿《はさ》み、本朝を伺《うかが》うべきの由、近日牒使を進める所也。早く用心せしむべきの旨、讃岐国御家人等に相触れらるべきの状、仰《おお》せに依り執達件《しったつくだん》の如し〉と指示している。そして三月五日、これまで連署であった北条時宗を執権とし、執権であった政村を連署とするという人事を断行する。十八歳と若い時宗を執権に据えたのは、この非常事態にあたり、経験よりも何と言っても武士をまとめるには北条家嫡流（得宗）という血統が必要とされたのである。そうは言っても若い。当然ブレインが必要であった。北条（金沢）実時《さねとき》・安達泰盛《あだちやすもり》・得宗被官平頼綱らに加えて、渡来宋僧蘭渓道隆《らんけいどうりゅう》の存在も精神的な支えとして大きかった。そしてこの頃には幕府の合議制は形式だけとなり、重要な議題も、寄合《よりあい》と呼ばれる、執権とその側近だけの会議で決定されるようになっていた。国書に対する時宗らの対応は不明であるが、返牒を送らずとする朝廷の結論を支持したに違いない。

五月、潘阜はおよそ半年滞在して返事を待ったが、けっきょく返書をもらえないまま帰国した。日本が自分の親書を受け取りながら返事をすることなく、使者が要領を得ずして帰国したとの報告を受けたクビライは、しかし日本招諭をあきらめはしなかった。潘阜の報告を聞いてすぐの一二六八年九月十七日、黒的・殷弘を国信使に任じ、国書（内容不詳）を託し、日本に派遣するのである。十一月、黒的らは高麗に到り、クビライの詔命を伝えた。「最初の使いは風濤険阻を理由に中途で引き返したが、潘阜は日本まで到達したではないか。言い訳は無用である。また潘阜は追い返されたというが、これも信用できない。黒的らを必ず日本に送り届けよ」というものであった。

そしてクビライは、黒的らを派遣する一方、無視した日本に兵を用いる準備を進める。十月、蒙古の将軍が高麗に到り、兵士一万の徴発、船千隻の建造命令を伝えた。その軍勢の向かう先は南宋あるいは日本で、状況に応じて矛先を定めるといい、日本へのルートとなる黒山島（全羅南道新安郡）を視察するため、案内も命じている。

こうした和戦両様の作戦が進行する中、十二月、黒的らは高麗の使者申思佺《しんしせん》・潘阜らとともに日本に向かった。ところが翌一二六九年（文永六・至元六・元宗十）二月、対馬島に至ったところでトラブルとなり、黒的らは島民二人を捕らえて帰途についてしまうのである。しかしクビライは倭人の到来を喜び、「爾《なんじ》の国は昔から中国に朝貢している。今、朕が爾の国に朝貢使の派遣を求めるのは、服属させるためではない。ただ中華の天子としての名声を後世に伝えたいがためである」といい、宮殿・仏寺を見学させた。

なお黒的らは対馬から引き揚げてしまうのであるが、三月七日、大宰府から、蒙古・高麗の使節八十余人が対馬島に来着したとの知らせが京都の六波羅に届き、異国使について院評定が行われている。

クビライは対馬島民二人を日本に送還するため、六月、使者于婁大《うるだい》らに「至元六年六月付け日本国王宛中書省牒状」（中書省牒状）を託して派遣した。中書省は蒙古の中央行政機関で、クビライの命令を日本に伝える形式の文書を持たせたのである。于婁大らは七月に高麗に到った。高麗は于婁大らを高麗にとどめ、金有成《きんゆうせい》・高柔《こうじゅう》らを使者とし、蒙古の中書省牒状と「至元六年八月付け日本国大宰府守護所宛高麗国慶尚晋安東道按察使《あんさつし》牒状」（按察使牒状）を持たせて日本に派遣した。九月十七日には対馬に到り、ついで大宰府に牒状二通を提出した。

九月二十四日、大宰府は中書省牒状と按察使牒状を幕府に送り、幕府から朝廷に伝えられた。十月十七日、返牒の有無について院において評定が行われた。中書省牒状には、前回と同じく皇帝が通好を求める趣旨の言葉が連ねられていたが、最後には「もし回答がなければ兵を出し王城を制圧する」と書かれていた。評定の結果、今度は返牒を送ること、通好を求めてくるのは良いが、用兵の条は甚だ不義であることを伝える内容にすることを決め、菅原長成《ながしげ》に起草させた。

翌文永七年（一二七〇）正月から二月にかけて、朝廷は中書省宛太政官返牒（正月付け）、按察使宛大宰府守護所返牒（二月付け）を作成し、幕府に送った。ところが幕府は評定の結果、前回来朝した使者の時と同じく、返牒を遣わすべからず、すなわち交付せずと決したのである。朝廷が作成した返書を幕府は握りつぶしてしまった。朝廷は和平を模索したのか、あるいは単に事態の先延ばしをはかっただけとも思えるが、幕府は戦いの道を決断したのである。金有成らはけっきょく返牒を得られないまま帰国の途についた。

この頃、高麗は都を江華島から開京に戻すべきことを蒙古から強く迫られており、ついに五月、開京に戻すこととした。これに反対する国軍の主力である三別抄は反蒙古を標榜《ひょうぼう》して蜂起し、江華島を離れ、南下して珍島に拠点を設けた。三別抄はこのあと三年にわたって抵抗を続け、その活動は結果として蒙古の日本遠征を妨害し、遅らせることになった。

またもや回答を得られなかったクビライは、その年（一二七〇）十二月、自ら奉使を志願した趙良弼を国信使に任じ、国書を持たせて派遣した。国書の末尾には〈以て兵を用うるに至りては、夫《そ》れ誰か楽《ねが》いと為《な》す所ならん也〉と、今回も回答が無ければ武力行使も厭《いと》わずとする文言を記している。一二七一年（文永八・至元八・元宗十二）正月、趙良弼らは開京に到着した。三月には蒙古の使者忻都らが高麗に到り、クビライの詔を伝えた。〈朕、嘗《かつ》て信使を遣わし、日本に通諭せしに、謂《おも》わざりき、執迷固閉《しつめいこへい》にして、善言を以て開諭し難《がた》しとは〉といい、日本経略のための屯田兵を置くことを伝えた。クビライは日本がこれほどまで強硬な姿勢を示すとは思っていなかったというのである。四～五月にかけて蒙古・高麗軍は珍島の三別抄に総攻撃をかけ、壊滅させたが、三別抄の余党は耽羅（済州島）に逃れ、さらに抵抗を続けた。三別抄は珍島没落に先立ち、牒状を日本に送って共闘を模索するが、結局日本側の理解は得られなかった（一七一頁以下参照）。三別抄を平定した後の九月、趙良弼は高麗使張鐸《ちょうたく》を伴って出発した。

趙良弼一行は文永八年九月十九日に筑前今津に到着し、ついで大宰府に案内された。趙良弼は、自ら上京して直接国王に国書を手渡すことを主張したが、少弐氏と問答を重ねた末、ようやく副本（写し）を提出した。副本は鎌倉を経て十月二十三日、京都に届き、院において評定が行われた。そこで出た結論は、前回菅原長成が作成

図1　高麗と三別抄の乱

した返牒案に若干手直ししたものを渡すことにしようというものであった。(『吉続記』)。しかしけっきょく交付されることはなかった。趙良弼は返牒を待つ間、同行した高麗使張鐸に、日本の使者(少弐氏が仕立てた使者)を引率して帰国させている。

この年十一月、クビライは国号を大元と定めた。

翌一二七二年(文永九・至元九・元宗十三)、張鐸が日本使を率いて元に送るにあたり、高麗国王は、日本の使者がようやく訪れたことを喜び、日本の帰順を祝う上表を持たせている。二月一日、張鐸は元の都に到り、クビライに昨年九月に大宰府に到着して以来の交渉経過を報告した。「守護所の責任者は、「高麗使がしばしば蒙古が日本を征討すると言っていたため、皇帝のことを疑っていた。今、皇帝が生を好み殺を悪む方であることを知った。ここから日本の都までは遠いので、取りあえず回答の使者を派遣することにしたい」と希望したので、使者二十六人を元の都に伴った」と述べた。しかしクビライならびに側近は、その日本使とは実は大宰府守護所の使者で、日本が元の襲来を恐れて軍備の強弱を探るためにやってきたのであろうとして、引見せず、三月には帰国させた。四月、張鐸が日本使を率いて元から高麗開京に帰着すると、一旦高麗に戻り開京に滞在していた趙良弼及び張鐸らに日本使を送らせることとし、高麗国王は蒙古との通好を勧める内容の日本国王宛書状を持たせて派遣した。五月、一行は日本に到り、高麗国書を伝えた。大宰府に滞在し、趙良弼が前年九月に伝えたクビライ国書に対する返事を待つが、結局回答は無く、趙良弼らはむなしく帰途についた。

一二七三年(文永十・至元十・元宗十四)六月、趙良弼は大都に戻るとクビライに奉使の顚末と日本事情を報告した。さらに日本遠征の可否を問われ、日本人は礼がなく、人・地を得ても益はないと答えている。しかしクビライは日本遠征を止めようとはしなかった。そして一二七四年(文永十一・至元十一・元宗十五)正月、元の総監が高麗に到り、日本遠征のための大船三百隻の建造を命じた。正月十五日に作業を開始し、三万五百余名を徴集して半年後の完成をめどとせよというのである。高麗にとっては重い負担であるため、高麗国王は造船・食料等の支弁の困難を元に告げるが、命令に変更はなかった。五月には元の征東兵一万五千人が高麗に到着した。六月、それでも高麗は造船を完了し、金州に集結させることを元に伝えている。最終的に半年間で大小九百隻を造り終えたというのであるから、まさに突貫事業と言えるであろう。弘安の役に際してのことであるが、「船が腐る」という表現がみられるのは（『高麗史』金方慶伝）、こうした突貫作業の結果であろう。こうして高麗における軍備が完了しようという六月、これまで過重な負担を強いられた高麗を率いてきた元宗が没し（五十六歳）、世子諶（忠烈王）が即位した。

そして七月十二日、金方慶がまず征討先鋒別抄を率いて出陣した。ついで八月六日、元の日本征討都元帥忽敦らが高麗に到着した。いよいよ十月三日、蒙古・漢（旧金朝統治下の華北の住民）混成軍二万五千人、高麗軍八千人、梢工・引海・水手等六千七百人、戦艦九百余艘が合浦を発し、日本に向けて出陣したのである。元軍司令官は忽敦、副司令官は洪茶丘・劉復亨《りゅうふくこう》ら、高麗軍の司令官は金方慶であった。

三　蒙古・高麗の国書

これまでみてきたように、文永五年（一二六八）にはじめて蒙古の使者が来日して以来、襲来までに日本は少なくとも蒙古国書三通、高麗国書三通、他に蒙古・高麗使節の書状も受け取っている。しかし日本から一通も返事を送ることはなかった。一度は返書を送ることを決めて朝廷が作成もしたが、幕府が握りつぶしてしまった。クビライからすれば何度も無視されたことになり、〈謂《おも》わざりき、執迷固閉にして、善言を以て開諭し難し〉と述懐するほどである。このような蒙古・日本双方の動きをみてくると、通好を求める蒙古に対し、日本は頑なに交渉を拒み続けているという印象がいだかれる。それでは蒙古皇帝クビライの国書とはいったいどのようなものであったのだろうか。そもそも外交交渉の余地はあったのだろうか。

クビライや高麗国王の国書の本文は『元史』日本伝や『高麗史』に収載されているが、それらは後世の編纂物で、国書の冒頭や末尾が省略されたりしている。文書においては――今日も同じであるが――書式が重要である。特に冒頭（書出し文言）と末尾（書止め文言）にどのような表現を使うかによって、差出（人・機関）が宛先（人・機関）を、上下関係とみなしているのか、対等関係としているのか、一目で分かる。また文章の途中で改行したり（平出）、改行するだけでなく一字以上ふつうの行より飛び出させたり（台頭）、あるいは相手に関わる言葉の前の一字分を空白にしたり（欠字）、さまざまな形で敬意を示すこともある。これは例えば面会する場合、相手に南面して座るのか、北面して迎えるのかといった問題と同じで、名分関係という、礼式の基本に関わる重要な事柄である。特に国家間で交わされる外交文書、いわゆる国書において書式は重要な意味をもっており、力関係が如実に反映される。この肝心の部分が『元史』や『高麗史』では省略されており、分からない。ところが幸いなことに、最初の三通については、鎌倉を経て京都に届いてまもなく書き写された写本が現在に伝えられているのである。冒頭・末尾だけでなく、台頭・平出・欠字まで忠実に写し取られている。これをもとに、クビライ国書と高麗元宗国書を読み下し文にあらためるとつぎのようになる。

至元三年八月日付け大蒙古国皇帝国書（ただし写本の城は域の誤字、「至用兵」は『元史』日本伝・『高麗史』ともに「以至用兵」とするので「以」字を補った）

上天眷命、大蒙古国皇帝、書を日本国王に奉つる。

①朕惟《おも》うに古より小国の君、境土相接すれば、講信修睦を尚《たっと》び務む。況《いわ》んや我が祖宗、天の明命を受け、区夏《くか》

（天下）を奄有《えんゆう》（領有）し、遐方（遠方）異域の威を畏《おそ》れて徳に懐《なつ》く者、悉くに数うべからず。
②朕即位の初め、高麗の無辜《むこ》の民、久しく鋒鏑《ほうてき》（戦い）に瘁《つか》るるを以て、即ち兵を罷《や》め、其の疆域を還し、其の旄倪《ぼうげい》（老人・子供）を反《かえ》らしむ。高麗の君臣、感戴《かんたい》して来朝す。義は君臣と雖も、歓は父子の若《ごと》し。計《はか》るに王の君臣も亦た已《すで》に之《これ》を知るならん。
③高麗は朕の東藩也。日本は高麗に密邇《みつじ》（密接）し、開国以来亦た時に中国と通ず。朕が躬《み》に至りては一乗の使の以て和好を通ずること無し。尚《な》お恐る、王の国これを知ること未だ審《つまび》らかならざるを。
④故に特に使を遣わし、書を持して、朕が志を布告せしむ。冀《ねがわ》くは今より以往、問を通じて好を結び、以て相親睦せんことを。且《か》つ聖人は四海（天下）を以て家と為す。相通好せざるは、豈《あ》に一家の理ならん哉。
⑤以て兵を用うるに至りては、夫れ孰《たれ》か好む所ならん。王其れ之《これ》を図れ。不宣。

至元三年八月日

【要旨】

①朕思うに、境土が相接する小国の君主は講信修睦（善隣友好）に務めることが肝要である。我が祖宗（チンギス）は天の明命を受けて天下を領有し、その徳を慕って遠方・異域の者が悉く集まってきている。
②朕が即位した当初、高麗は戦乱により疲弊していたため、無用な戦いを停止した。そのため高麗の君臣は感激して来朝した。朕と高麗国王とは、義は君臣であるが、歓びは父子のごとくである。このことは日本の君臣もすでに承知しているであろう。
③高麗は朕の東藩である。日本は高麗に近く、開国以来中国に使者を派遣して交流があるではないか。ところが朕の代になって一度も使者を派遣してこない。推察するに、朕が即位したことを知らないのではないか。
④そこで使者を派遣して告げることにした。願わくはこれから親しい交流を持ちたいと思う。聖人は四海を以

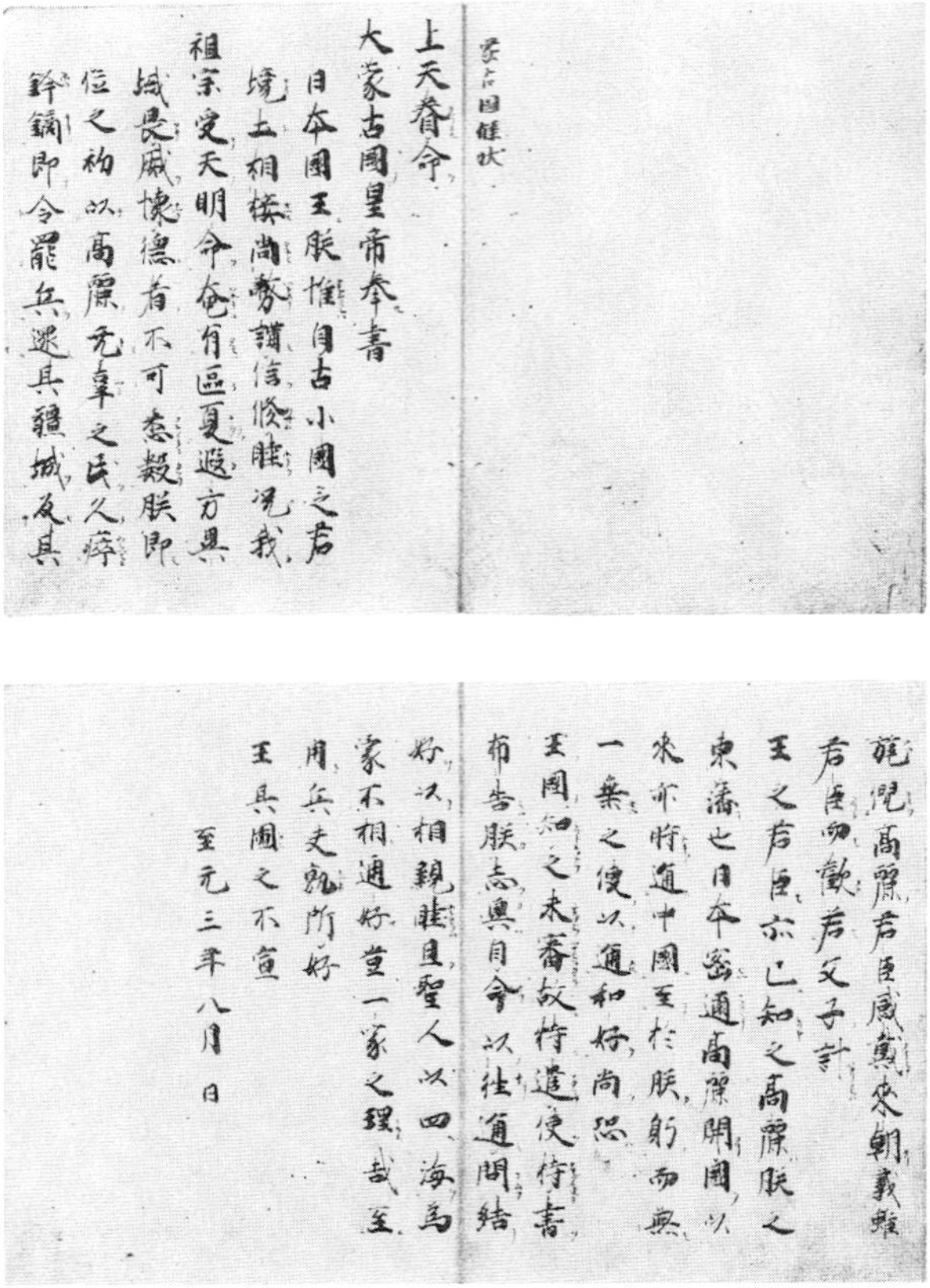
蒙古國牒狀

上天眷命
大蒙古國皇帝奉書
日本國王朕惟自古小國之君
境土相接尚務講信修睦況我
祖宗受天明命奄有區夏遐方異
域畏威懐德者不可悉數朕即
位之初以高麗無辜之民久瘁
鋒鏑即令罷兵還其疆域反其
旄倪高麗君臣感戴來朝義雖
君臣而歡若父子計
王之君臣亦已知之高麗朕之
東藩也日本密邇高麗開國以
來亦時通中國至於朕躬而無
一乘之使以通和好尚恐
王國知之未審故特遣使持書
布告朕志冀自今以往通問結
好以相親睦且聖人以四海為
家不相通好豈一家之理哉至
用兵夫孰所好
王其圖之不宣
至元三年八月　日

図2　高麗の使者潘阜がもたらしたクビライの国書「至元三年八月日付け大蒙古国皇帝国書」の写し（東大寺蔵、『「武家外交」の誕生』さかのぼり日本史外交篇8　鎌倉、NHK出版、2013年より引用）

て一家とする。通好しないことは一家の理にもとるであろう。

⑤誰が好きこのんで兵を用いるだろうか。王はよくよく考えよ。

冒頭の「上天眷命」とは、モンゴル語の聖旨（詔書）の冒頭句に対応し、「とこしえの天の力に」といった意味で、「皇天眷命」とも表現される。

至元四年九月付け高麗国王国書

高麗国王　王　禃、

右　啓す。季秋闌《たけなわ》に向かう。伏して惟《おも》うに大王殿下、起居万福、瞻企瞻企《せんきせんき》。

①我国蒙古の大朝に臣事し、正朔《せいさく》を稟《う》くること、茲《ここ》に年あり。皇帝仁明にして、天下を以て一家と為し、遠きを視ること邇《ちか》きが如く、日月の照らす所、咸《み》な其の徳化を仰ぐ。

②今、好みを貴国に通ぜんと欲し、而して寡《か》人（私）に詔して云く、「海東の諸国にて、日本と高麗とは近隣たり。典章・政理、嘉《よみ》するに足る者あり。漢唐より而下《じか》、亦或は使を中国に通ず。故に書を遣わして以て往《ゆ》かしむ。風濤《ふうとう》の険阻《けんそ》なるを以て辞と為す勿れ」と。其の旨厳切なり。茲《ここ》に已《や》むを獲ず、朝散大夫尚書礼部侍郎潘阜等を遣わし、皇帝の書を奉じて前去せしむ。

③且つ貴国の中国に通好するは、代々之無きは無し。況んや今、皇帝の貴国に通好せんと欲するは、其の貢献を利とするに非ず。但だ無外の名を以て、天下に高めんとするのみ。若し貴国の報音を得れば、則ち必ず厚くこれを待たん。其の実と否と、既に通じて後、まさに知るべし矣。其れ一介の使を遣わし、以て往きてこれを観《み》るは何如《いかん》也。惟うに貴国商酌《しょうしゃく》せられんことを焉。

拝覆。日本国王。左右。

至元四年九月　日　啓

【要旨】

①我が国は蒙古に臣属して久しい（正朔とは暦のことで、蒙古の暦を用いることは服属の証）。皇帝は仁明にして天下を一家の如く慈しんでいる。

②皇帝は今、貴国に通好しようと、私に命じた。日本は漢・唐以来、中国に通じているので、風濤険阻を理由

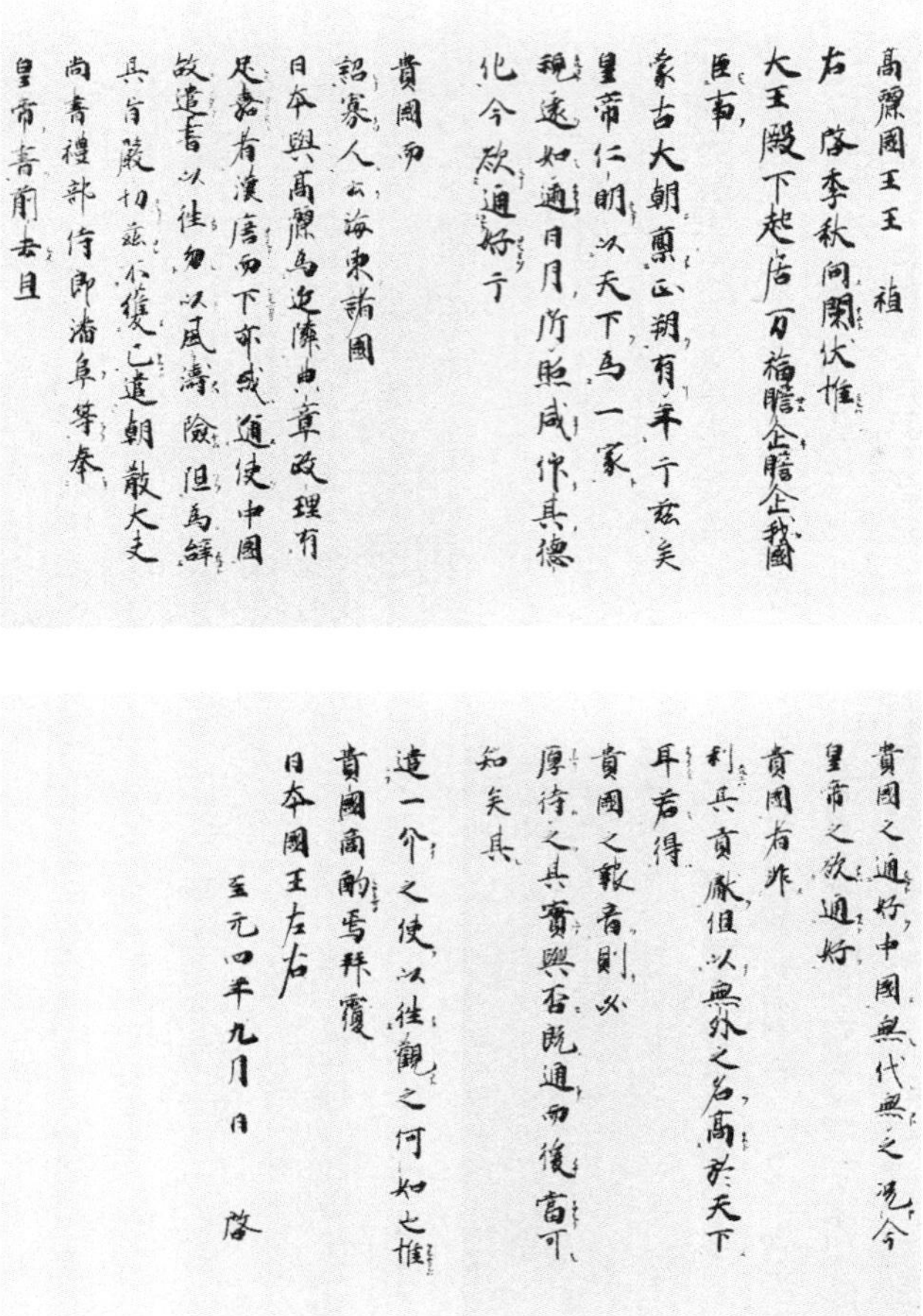
高麗國王王 禃
右啓季秋向闌伏惟
大王殿下起居万福瞻企瞻企我國
臣事
蒙古大朝稟正朔有年于玆矣
皇帝仁明以天下爲一家
視遠如邇日月所照咸仰其德
化今欲通好于
貴國而
詔寡人云海東諸國
日本與高麗爲近隣典章政理有
足嘉者漢唐而下亦或通使中國
故遣書以往勿以風濤險阻爲辭
其旨嚴切茲不獲已遣朝散大夫
尙書禮部侍郎潘阜等奉
皇帝書前去且
貴國之通好中國無代無之况今
皇帝之欲通好
貴國者非
利其貢獻但以無外之名高於天下
耳若得
貴國之報音則必
厚待之其實與否既通而後當可
知矣其
遣一介之使以往觀之何如也惟
貴國商酌焉拜覆
日本國王左右
至元四年九月 日 啓

図3　「至元四年九月付け高麗国王国書」の写し（東大寺蔵、『「武家外交」の誕生』さかのぼり日本史外交篇8　鎌倉、NHK出版、2013年より引用）

にしてはならないとの皇帝の厳命であるので、潘阜らを遣わす。

③貴国は代々中国と通好している。皇帝は貴国と通好することを望むだけで、貢献の利を得ようとしているのではない。ただ天下に無外の名を高からしめたいだけだ。日本の使者が到れば皇帝は必ず厚遇するであろう。一度使者を派遣してみてはいかがか。

正月付け高麗国信使潘阜書状（長文にわたるので、読み下しは省略し、要旨のみを示す）
①貴国に到着して以来、手厚くもてなされている。
②蒙古は強大な国で諸国が服属している。我が国も戦乱に見舞われていたが、皇帝の仁徳と威力によって収まり、その恩によって平穏に暮らしている。こうしたことは我が国に往来する貴国の人々は良く知っているであろう。
③ところで、一二六六年に蒙古の使者（黒的ら）がやってきて、隣国日本と通好したいので先導するようにとの皇帝の詔を伝えた。拒みがたい厳命である。
④我が国と貴国とは親しい交流がある。そこにいきなり殊形・異服の人（蒙古の使者）が突然現れたら貴国は疑うことであろう。このため判断を保留し、（日本との交流がないことを示すため）我が国が金州において貴国の人を接待する館舎を毀《こわ》すことまでして防いだが、命令を拒むことはできず、蒙古の使者とともに海路日本に向かった。しかし強風に阻まれ引き返すことを勧めた。これは我が国が貴国を思ってのことである。
⑤又昨年秋、前回と同じ蒙古の使者がやってきて、貴国大王宛国書をもたらし、速やかに使者を派遣して伝えるようにとの厳命を伝えた。高麗としてもやむを得ず、私が蒙古皇帝の国書ならびに我が国の国書と土産を持って訪ねることになった次第である。
⑥皇帝の意向は貴国と通好を求めているだけであって、それ以上の理由はない。私たちは必ず都まで赴き、直接国書を伝えたい。ご案内をお願いする。

この三通を比べると、高麗国王も高麗の使者も日本に気を遣っていることがよく分かる。

写本をみると、まずクビライ国書では、上天・大蒙古国皇帝・祖宗が台頭、日本国王・王が平出とされてい

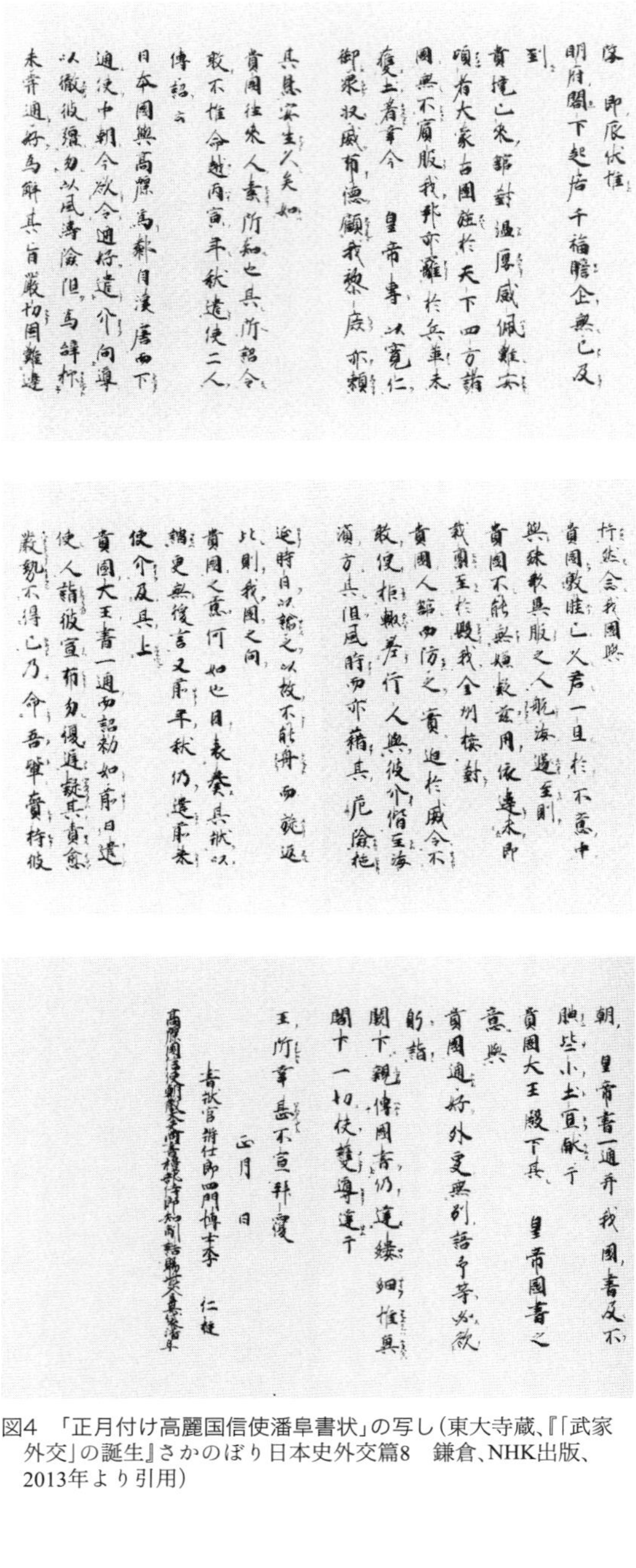

図4　「正月付け高麗国信使潘阜書状」の写し（東大寺蔵、『「武家外交」の誕生』さかのぼり日本史外交篇8　鎌倉、NHK出版、2013年より引用）

る。上位の皇帝から下位の国王へ与える書式である。次に高麗国王国書は大王殿下・蒙古大朝・貴国・詔・日本・皇帝・日本国等、日本・蒙古関係用語いずれも平出で、蒙古・日本を同格に扱っている。そして潘阜書状では、明府・貴境・貴国・日本国・貴国大王・貴国大王殿下・闕下・王等、日本関係用語は平出であるのに、皇帝（三ヵ所）は欠字となっており、日本に対する敬意の度合いが蒙古よりも強いのである。そして国王も使者もともに、やむを得ず蒙古の厳命に従っていると述べている。真に友好的な交流の仲介であれば高麗も悩むことはないし、言い訳もいらない。それを敢えてあれこれ説明しているのは、クビライが和親を標榜しながらも実は服属を求めるものであり、中華を自任する日本がその要求にとうてい従わないことを高麗は知っているからである。

最初に黒的らが高麗にやってきた時、クビライの国書を見た宰相李蔵用は、これを日本に伝えることの不可を悟り、すぐに黒的に手紙を書いて渡した。李蔵用は次のように述べている。「日本にこの国書を伝えることはよくない。日本はかつて隋の時に「日出る処の天子」云々という（無礼な）国書を進めたことがある。その驕り傲慢で名分関係（国家間の上下関係）の知識もない国である。そうした風潮は今でも残っているであろう。今回皇帝の国書を日本に伝えて、もしその返事が傲慢であったり不敬であったりすれば、これを放っておいても蒙古の累《わざわい》になるし、これを討ち取ろう（征討）と思っても風濤艱険で海路遠征軍を派遣するのは容易ではない。国書を日本に伝えないことが蒙古にとって得策でしょう」云々と述べている。『高麗史』では李蔵用のこの行動について、「日本がクビライの要求を拒絶して戦争となるだろう。そうすると、けっきょく我が国が（兵站基地として）被害を受けることになる。それを避けるための方策を講じたのである」と評している。

しかしクビライの厳命が下ったからには伝えざるを得ない。高麗としては何とか日本がおとなしく蒙古に使者を派遣して欲しい。そんな願望が国王の書と使者の書によく表れている。いわば蒙古と日本の間で苦悩する高麗の現実が、この二通に余すところ無く表現されていると言ってよいであろう。潘阜書状によれば、金州に設けられていた日本人接待のための館舎を毀してまで日本と交流があることを元に知られないように注意していた。一二七二年七月、日本の船が金州にやってくると、現地責任者は日本と交流していることが元に知られることを恐れ、密かに帰国させた。ところがまもなく事が発覚し、クビライの耳に入り、現地責任者は殺されてしまう（『高麗史』元宗十三年七月条）。こうなると高麗は日本事情を伝えることもはばかられたであろう。元は日本情報蒐集の道を自ら閉ざしているのである。

高麗の配慮にもかかわらず、けっきょく日本はクビライに正式の使者を送ることはおろか、返事を送ることさえもなかった。

四　最初のクビライ国書

これまで最初のクビライ国書については、末尾の用兵云々の一節に注目し、脅迫して服属を求める内容であるため、これに日本が反発して返事を送らず、無視したとの理解がとられてきた。ところが近年モンゴル語原文による皇帝の命令文書などの研究が進展すると、文書の最後に命令内容の実行を念押しするような文言（威嚇文言）が記されるのは一般的なことであって、問題とする用兵云々の一節も特別視するにはあたらない、これまでの理解は過剰反応であるとする指摘がなされている。書式においても、冒頭に「書を奉る」とし、末尾を「不宣」で結んでいるのは敬意を表し、臣下として扱っていないことを示しているとする。こうしたクビライ国書に対する近年の解釈は、クビライはおだやかに通好を求めてきているのに、過剰に反応して返事を出さず無視した日本の態度が悪く、二度の襲来を招いたのもやむを得ないという理解につながってくる。つまり蒙古襲来は日本側の姿勢が問題で招いたという、これまでとは全く異なった評価も行われているのである。

モンゴル語文書における「威嚇文言」とは、いわば命令・指示の遵守を求め、もしそむいた場合は罰が与えられるといった内容の言葉で、「命令にそむく理不尽な事ごとを行わないように」といった穏やかなものから、「命令に従わなければ手足を奪う」といった実力行使をほのめかせるものまで、さまざまな表現が用いられている。一二四六年にグユク（定宗）がローマ教皇インノセント四世に送った書状には「朕の命令にそむくならば、お前たちを朕は敵とみなそう」といった表現がみられる。これはインノセント四世が蒙古の征服行為を非難する内容の手紙に対する返書であり、敵意に満ちた文言で溢れている。

しかしながら威嚇文言とは程度の差はあれ、脅迫文言と変わりはない。要するに「朝貢の使者を送り服属の意志を示せ、さもなければ兵を送る」という意味には変わりなく、決して穏やかに通好を求めているとは言えないであろう。まして日本に初めて送る国書である。モンゴル語の通じるモンゴル及び周辺の遊牧社会では普通であっても、漢字・漢文を公用語とする中華世界では異様に映り、通用するとは限らない。中華の国際ルールを早くから学んでいる日本の支配層が、違例・無礼とみなし、返事を出すには及ばないと判断するのもまた当然のように思われる。まさに文化摩擦の典型であろう。

一二七三年（至元十）の緬《めん》国王（現在のミャンマー）宛クビライ詔書では、「よく事大の礼を尽くし、子弟もしくは重臣を派遣してくれれば、我が国は永く好みを敦くするであろう」と述べ、最後に〈兵を用うるが若《ごと》きに至りては、夫れ誰か好む所ならん。王其れ之を思え〉（『元史』巻二一〇・緬伝）とある。末尾の文言を原文で比べると、

「以至用兵、夫孰所好。王其図之」（日本国）
「至若用兵、夫誰所好。王其思之」（緬国）

となり、ほとんど同じである。緬国王はクビライの要求に従わなかった。そのためついに一二八七年に滅ぼされてしまう。日本に対しても返事を得られないと知るや、クビライは直ちに高麗に日本遠征の準備を始めさせている。用兵云々はけっして形式的な文言ではなく、実質がともなっていたと考えなければならない。

日本では早くから漢字を公用語とする中華世界のさまざまな文化を学んでいる。文書・書簡の書き方もその一つである。五七年に奴《な》国王が漢の皇帝から「漢委奴国王」の金印を授与されたのは、中国とは漢字・漢文を用いた文書による通交が基本原則であることを通告されたもので、先進の文物を手に入れるため、漢字・漢文を学ん

だ。礼式にのっとった公私文書を作成することは、中国の官人にとって必須の教養であり、技術であった。そのため早くから、今日で言えば「手紙の書き方」にあたる「書儀《しょぎ》」とよばれる、公私文書の模範例文集が編纂されている。日本はそれらの著作の輸入に努め、学んでいる。大宝律令制定に際し、公式令《くしきりょう》には公文書の書式を詳しく定め、書式にのっとった文書行政が行われた。また新羅や渤海との外交においても唐の皇帝の書式に学び、「皇帝」を「天皇」と置き換えるだけの慰労詔書とよばれる書式で対応したり、太政官と新羅の執事省《しつじしょう》、渤海の中台省《ちゅうだいしょう》などと牒とよばれる書式で国家間の意思を疎通させている。日本の社会において書式は守るべき礼式として重視され、「書札礼」とよばれて社会に定着し、多くの書物が著されて、今日にいたっている。書式は文書の本文とともに、日本の社会が重視する礼式であった。最初に届いたクビライ国書等三通を忠実に書写しているのも、日本人の書式に対する関心の高さを示している。

こうした当時の中華世界に通用する文書のルールからすると、クビライ国書には不可解な点がある。

まず皇帝が国王に「書を奉る」という書き方が、そもそも異例である。いくら敬意を表するにしても、皇帝(天子)が国王(諸侯)に「書を奉る」とはしないであろう。本文をみると、自らを台頭、日本国王を平出としている。明らかに上下の関係である。どのような経緯で蒙古側がこのような表現をしたのか、何とも不可解であるが、漢文書式に慣れていない者、あるいは「奉書」の意味をわきまえない者が書いたとしか思えない。ちなみに大徳三年(一二九九)三月付けテムル国書は「上天眷命大元皇帝致㆓書日本国王㆒」と致書形式を用いている(一二四頁参照)。これは例えば、「大宋皇帝謹致㆓書大金皇帝㆒」(『宋大詔令集』)といったように対等の書式である。皇帝から国王へ「致㆑書」というのも異例であろうが、少なくとも「奉㆑書」はあり得ないのではなかろうか。正応五年(一二九二)に来日した高麗使がもたらした至元二十九年十月付け高麗国王の国書は日本国王殿下宛に奉書形式を用いている(一三三頁参照)。最初の高麗国書の「啓」式よりも丁寧な書式で、高麗が何とか日本に元服属を促したいとする気持の表れであろう。国王同士で用いる分には問題はない。しかし皇帝が国王に〈書を奉つる〉とは異例であろう。

また「大蒙古国皇帝」の名称も中華世界の常識からみた場合、違和感を覚えるのではなかろうか。「大蒙古国」とは、「イェケ（大いなる）・モンゴル（蒙古）・ウルス（集団・国）」を漢語に翻訳したものとされている。ところが漢語の「国」はふつう諸侯の領地、つまり天子（皇帝）から封じられた領地を指す。したがって「大蒙古国皇帝」というのは諸侯が皇帝号を名乗っていることになる。こうした某国皇帝は契丹が金の完顔阿骨打を「東懐国皇帝」に冊封しようとしたり、阿骨打自身が「大女真金国皇帝」を名乗ったりする例があり、「大蒙古国皇帝」も華北で通用する称号としては理解できるが、本来の中華の皇帝は「大唐皇帝」「大宋皇帝」であり、「大唐国皇帝」「大宋国皇帝」と称することはない。「イェケ・モンゴル・ウルス」皇帝の翻訳漢語としてクビライ側には何ら違和感がないであろうが、中華の制度からすれば異例な表現である。いわゆる澶淵《せんえん》の盟（一〇〇四年）における契丹・宋間の文書も「大契丹皇帝謹致二書於大宋皇帝闕下一……不宣。謹白」といったものである。

実は元人自身も「大蒙古国皇帝」という表記を異例とみなしていた節がある。元の蘇天爵編『元文類』巻四一・政典部・征伐条日本の本文と注それぞれに最初のクビライ国書を引用しているが、それには「大蒙古皇帝奉書日本国王……不宣白」とあり、「国」字がなく、「白」字がある。本文では「不宣白」のあとに、臣下扱いせず、懇切丁寧で自己抑制した内容であると評価している。それはともかく「大蒙古国皇帝」は異例との判断により、意図的に「国」字を取り、「白」字を加えたものではなかろうか。『高麗史』元宗八年八月丁丑条にも本国書が引用されているが、それにも「大蒙古皇帝奉書日本国王」となっている。これも編纂に際し、同じ理由で改訂しているものと思われる。

このように最初のクビライ国書（至元三年八月付け）は中華世界の書式からすると異例である。このあたりはモンゴル語を漢文に翻訳する際の問題であるとか、あるいは国書発給の二ヵ月後に〈勅牒の旧式を改訂する〉（『元史』世祖本紀）という記事があり、文書様式がまだ確定していないといった事情があるのかも知れない。

それでは最初にクビライの国書を見た日本の人々は「蒙古」をどのような存在と認識したのであろうか。文永八年（一二七一）九月の仁王会咒願文では〈西蕃の使介（高麗の使者）あり、北狄《ほくてき》の陰謀を告ぐ〉（『吉続記』）と記し、蒙古を北狄と表現している。蒙古を夷狄とする初見であるが、当初からの認識と考えてよいであろう。この時の議論では〈蒙古国のことは経史（古典）に見えず〉という意見も出ている。どんな国なのか分からずとまどっているのである。

日本は中華を自任してはいるが、中国王朝が本物の中華であることは十分にわきまえている。日本にとっての中華は「宋」以外にはなく、皇帝は「大宋皇帝」以外にはいない。クビライ国書をみた公家の本音を忖度《そんたく》すると、本当の中華の皇帝が我が国に「書を奉る」などという表現を使うはずはない。「大蒙古国」という今まで聞いたことがない王が皇帝を名乗り、異例な書式の文書を送ってきた。さらに中味を読むと、はじめは穏やかに過去の経緯を述べて通好を求めているが、末尾は脅し文句で締めくくられている。これまでみたことがない書式と内容、それが近衛基平のいう「驚歎」の意味するところではなかろうか。返牒せずと決するのも当然のなりゆきであった。しかし素性がよく分からない相手であるだけに恐怖感はつのったであろう。

なおクビライ国書を服属か戦争か二者択一を求める内容と受け止めたのは日本の為政者だけではない。高麗の宰相李蔵用も同じ思いでこの国書を読んでいたことについては、すでに述べたとおりである。

五　二度目の蒙古・高麗国書とその対応

クビライから二度目の国書が届いたのは、文永六年（一二六九）九月のことであった。高麗使金有成らがもたらした牒状は二通で、「日本国王宛中書省牒状」と「日本国大宰府守護所宛高麗国慶尚晋安東道按察使牒状」であった。中書省は日本でいえば太政官に相当する。したがって同じ蒙古の国書とはいっても、中書省がクビライの命令を伝える文書となり、最初のクビライ親書とは性格が異なっている。高麗の牒状も国王からの文書ではなく出先機関の発行する文書で、宛先の大宰府守護所とは、幕府が大宰府機構を掌握し、鎮西統治を担当した幕府の機関である。両者を読み比べると、蒙古・高麗両国の日本に対する姿勢の温度差が際だっている。

中書省牒状は、「大蒙古国皇帝洪福裏　中書省牒す日本国王殿下」に始まり、「謹《つつし》みて牒す。右、日本国王殿下に牒す」でむすばれている。牒という書式は元来所管・被管関係にない官庁間で交わされる文書であるが、隋唐以来異国間の行政機関同士で交わされる外交文書として用いられており、日本でも新羅・渤海・高麗等との間で取り交わしている。中書省牒状の内容は、まず皇帝の仁徳、これまでの蒙古の使者派遣の経緯を述べたあと、来春までに重臣を遣わし、事大の礼を尽くすべきこと、そして最後に、〈若し猶《な》お固を負《お》い険を恃《たの》み、我を何《いかん》する莫《な》しと謂《い》い、杳《はる》かにして来る無くば則ち、天威赫怒《かくど》し、将に命じて師を出し、戦舸萬艘にて、径《ただ》ちに王城を圧せん。則ち将に臍《ほぞ》を噬《か》むも及ぶ無きの悔《くい》あらん矣。利害明甚なれば、敢えて之を殿下に布《つ》ぐ。唯だ殿下、寔《まこと》に重ねてこれを図《はか》れ〉とあり、「それでももし堅固なる地形を頼みにして使者を送って来ないようなことがあれば、皇帝は怒りを発し、一万艘の船で襲い、たちまち王城を制圧するであろう。臍を噛み、後悔しても遅いぞ。王はよくよく考えよ」と締めくくっている。重臣による朝貢の期限を来春と指定するなど、最初の国書よりも具体的で激しく、書面からクビライの怒りが伝わってくるようである。こうした激しい文言を並べながら「謹みて牒す」

と結んでいる。牒式でも上意下達の場合は「故牒（ことさらに牒す）」と結ぶのがふつうである。ここでも中華の文書様式や礼式には十分に通じていないことを示しているようである。

なお前に触れた一二九一年（至元二十八）の瑠求国王宛クビライ詔書の最後には、〈果して能《よ》く義を慕いて来朝すれば、爾《なんじ》の国祀を存し、爾の黎庶《れいしょ》（人民）を保てん。若し効順せず、自ら険阻を恃《たの》めば、舟師奄《たちま》ち及び、恐くは後悔を貽《のこ》さん。爾其れ慎みて之を択《えら》べ〉（『元史』瑠求伝）と、ほぼ同趣旨の文言が用いられている。この瑠求は台湾とみられている。海をはさんでいるためか、けっきょくクビライの遠征は実行されなかった。

一方、高麗按察使牒状の要旨は、次の如くである。「高麗と日本とは昔から親しい交流がある。近年、北朝皇帝が貴国と通好しようと考え、我が国に使者を送り届けるよう、しきりに求めている。そこでやむを得ず使者を貴国に案内することにした。ところが前回の使者が対馬で（紛争となり）島民を連れ帰り、皇帝に謁見させた。その二人を帰国させるため、今、船を用意し、送り届けるものである。事情を良く理解していただきたい」。およそこういった内容で、蒙古皇帝の指示を受けて気の進まない役目を務めている、そんな感じが伝わってくるようである。前にみた最初の国書や使者の書状と同じく、高麗の配慮がにじみ出ている。

さて、二通の牒状を前にして朝廷は協議を重ねた結果、返書を送ることを決めたのである。蒙古の脅迫の度合いは増し、一層無礼のように思えるが、返書を作成するという。その基本方針は〈通好の義、唐漢の例に准じて子細に及ぶべからず。但し彼の国と我が国と昔より宿意《しゅくい》なし。用兵の条、甚だもって不義の旨、返牒を遣わさるべき也〉というもので、通好を求めてきたのは理解できるが、兵を用いるとははなはだ不義であることを指摘することとし、草案を菅原長成に起草させることとした。長成は文豪道真の子孫である。そして翌年正月に完成した。

中書省牒状は日本国王宛であったが、作成した返書は〈日本国太政官牒㆓蒙古国中書省㆒……故牒〉というもので、太政官から中書省に宛てる形式である。ちなみに「大蒙古国中書省」と書かず、ただの「蒙古国中書省」としている。その内容は次のようなものである。

①大宰府からの報告に基づいて検討したところ、蒙古という名称は今まで聞いたことがなく、突然文書が届き、文面から僅かに事情を察することしかできない。

②漢・唐をはじめ、中国とは使者の往来があり、友好的な交流を続けていた。しかしその後、外交は途絶している。

③そうしたところに隣好・親睦を求める国書が届いたが、(蒙古については情報がないので)その真意を図りかねている。

④そもそも貴国とは使者の往来も無いので、どうして好悪を判断できるのか。そうしたいきさつを考慮せず、武力を用いようとしている。春の風が再度訪れても、堅い氷はなお厚いままだ(疑念は晴れない)。

⑤儒教でも仏教でも殺生は悪業としている。皇帝の徳をもって治める、仁義の国を称しながら、庶民を殺生しようとは何事か。

⑥およそ我が国は天照皇大神より以来、今の皇帝に至るまで皇統が受け継がれている。その聖明はあらゆる所に及び、絶対唯一の存在である。百王に鎮護され、四方の夷狄を治めている。故に我が国を神国と号するのである。(神聖なる我が国とは)知をもって競うべきものではなく、ましてや武をもって争うものではない。詳しくは省略するが、よく考慮せられたし。

返書は大きく二つの部分に分けることができる。前半は蒙古について知識はなく、どのように判断して良いか分からないが、皇帝が徳をもって四方を治めているとは言いながら、兵を用いるとは何事か、と武力を用いることをたしなめている。そして後半は、我が国は神国である。神によって造られ、神の子孫が代々続いて現在の皇帝に至っている。知力・武力で争う存在ではない、と不可侵の存在であることを強調している。要するに服属を求める蒙古に対し、そのことには正面から答えず、通好を求める以前に問題があるとして、武力に頼るクビライの姿勢を非難し、貴殿の考えは根本から間違っていると諭すような内容になっている。最初の親書の書式等にみられる問題点、そして今回の中書省牒状にもまた記されている「威嚇文言」に嫌悪感を示していることは間違いない。

また菅原長成は、太政官牒状とともに大宰府守護所返牒（二月付け）も作成した。「日本国大宰府守護所牒　高麗国慶尚晋安東道按察使来牒事」と題された文書の要旨は次の如くである。

①先月付けで中書省宛て太政官返牒を作成したので、伝えてもらいたい。
②先年拉致された対馬島民を送還してくれたことに感謝する。故郷を思う気持を共有し、両国の仁義に基づく長い交流にあらためて感じ入っている。
③さき頃使者がやってきた時、警固の兵士がいないため、漁師と紛争を生じ、煩わせたと聞いている。これまでの好みに背く行動を恥じ入る次第であり、今後このようなことがないようにしたい。些少ではあるが、旅糧を差し上げる。

中書省宛牒状とはずいぶん異なり、島民を送還してくれたことに対する感謝状とも言えるような内容である。高麗と蒙古とに対する温度差を見事に表現している。

中書省牒状には使者を送ってこなければ王城を制圧するとまで記され、最初のクビライ国書より、さらに威圧的な内容である。それでも朝廷はなぜ返事をしようと考えたのだろうか。最初のクビライ国書は、蒙古の状況もよく分からない上に、これまで外交関係をもった国々との間で交わされてきた文書とは全く様相が違い、服属か戦いか二者択一を迫っている。その上、皇帝からの親書であるから親書で応えなければならない。中華意識にもとづく名分関係を貫徹する上から日本国王号を使うわけにはいかないし、果たして天皇号が通じるかなど、なかなか結論がでないまま、結局無視することになったのであろう。

ところが今回は中書省名義であるから太政官から返事を出せる。名分関係においても対等の条件を充足することができる。つまり太政官と中書省は同格で、天皇と皇帝とは対等となる。実際完成した太政官牒では天皇を「皇帝」と称しており、〈左大臣宣す、勅を奉《うけたま》わるに、……此の丹青の信（まごころ）、宜しく高麗国より伝うべし〉と勅命によることもしっかりと伝えているのである。さらに書き止め（文末）を「故牒」としており、上意下達の意志を示している。

朝廷はこの二通を幕府に送り、確認したら大宰府から交付するようにと伝えたのである。時宗は寄合とよばれる幹部だけの会議を開き、検討を加えた。そして出した結論は、「前回、使者が来た時の例に準じ、返書は送らず」であった。時宗は、朝廷が作成した返書を握りつぶし、再びクビライの要求を無視するのである。

蘭渓道隆の後継者を中国から招く時も、わざわざ「宋朝の名勝」を招聘すると文書にしたためた時宗である（二九一頁参照）。時宗にとっても中華は宋であり、中華を脅かす夷狄蒙古という認識をいだいていた。「征夷」大将軍を戴く武家政権が夷狄に屈するわけにはいかない。戦闘を職能とする集団として武力を委任されている幕府からすれば、返書を送ることは脅迫に屈することにつながるとの思いがあったであろう。こうして朝廷が作成した返書を幕府が握りつぶす結果となった。

そしてこれにより、対蒙古外交の最終決定権が幕府の掌中にあることが明確になったのである。武家政権発足当初は朝廷と幕府は相互不干渉を不文律としていたが、承久の乱を経て幕府優位が確立し、さらに今朝廷をリードしている後嵯峨上皇の天皇即位に際しては幕府が強力にバックアップして実現した。朝廷は幕府に表立って反対することは出来なかったのである。

なお、菅原長成は太政官牒とともに、大宰府守護所牒も作成した。幕府管轄下にある大宰府守護所名義であるので、幕府の依頼や了解がなければ起草しないはずである。ということは幕府も当初は返牒を考え、朝廷に依頼したことになる。そして守護所牒の日付は太政官牒より一ヵ月遅い二月日付けとなっている。わざわざ日付をずらす理由も考えられない。当初は太政官返牒だけであったのを幕府からの依頼により追加して守護所牒を作成したのであろう。しかし幕府は最後にはいずれも送らずと決断した。強硬策を貫いているようにみえる幕府にも、実は迷いがあったことを示している。

六　三度目の蒙古・高麗国書と外交使節趙良弼

文永八年（一二七二）九月に趙良弼がもたらした三度目の国書は、最初と同じクビライの親書であった。『元史』日本伝に本文が掲載されているが、例の如く冒頭と末尾は略されている。この頃、高麗では国王廃立事件や江華島から開京への還都をめぐって三別抄の乱が起こるなど、混乱していた。クビライは「朕と高麗とはすでに一家となっている。日本はその隣国である。先年対馬島民二名を送還したが、何も言ってこない。日本から使者がこないのは高麗の政情混乱によるのではないか。ついては混乱を平定したので、ここに趙良弼を遣わす。良弼ともに日本の使者を同行させるように」と述べ、最後には〈其れ或いは猶予《ゆうよ》して、以て兵を用うるに至りては、夫れ誰か楽《ねが》いて為すところならん也。王其れ審《つまび》らかに之を図れ〉とあり、「（使者派遣を）先送りして、（その結果）兵を用いるようになることは誰が望むだろうか。王、よくよく考えよ」といつもの文言が記されていた。

趙良弼一行は今津に文永八年九月十九日に到着した。ところがその携帯した国書（副本）が鎌倉を経て京都に伝わったのは十月二十三日のことであった。趙良弼が国書を自ら国王もしくは大将軍に手渡すことを強く主張し、少弐氏の提出要求にも頑として応じず、激しいやりとりの末、ようやく写し（副本）を渡したのである。『元史』趙良弼伝によれば、例えば、大宰府官が日本ではこれまで外国の使節を大宰府から先に行かせたことはないと言ったのに対して趙良弼は、「隋文帝（煬帝）の使者裴世清は都の郊外で迎えられているし、唐の太宗・高宗の使者も、みな王に会っている。今の国王は何で大朝の使者に会おうとしないのか」と主張している。趙良弼はもともと女真人で、科挙に合格して金朝の官人となっていたが、金滅亡後クビライにその才能をかわれて登用されたという経歴の持ち主である。『資治通鑑』に通じ、歴代の典章制度、兵馬（軍事）や地理に詳しく、国家の興亡についてもよく記憶していたという。大宰府官との問答で隋や唐の故事に触れていることも納得できる。

けっきょく趙良弼はクビライの親書原本を渡さなかった。写しを渡す際に記した趙良弼の書状が日本に残っている（東福寺文書）。それによれば、皇帝から直接国王に渡すように厳命を受けているため、死んでも渡すわけにはいかない、やむえず録本（写し）を与えるが、一字一句間違いはない。もし親書を強奪しようとするならば自ら首を刎ねる、とその決意を記している。なお趙良弼は写しを渡す際、回答の期限を十一月とし、もし期限までに回答がなければ兵船を艤すことになるだろうと伝え、返牒を迫ったようである。身命を賭して交渉にあたる使者の姿がうかんでくる。

こうしてようやく手に入れた国書の写しが、鎌倉を経て届いた翌日、朝廷は評定を開いて審議した。その結果、返牒を送ることとしたが、それは〈先度長成卿の草、少々引き直して遣わさるべし〉（『吉続記』）というものであった。つまり前回幕府が握りつぶした中書省宛文書草案に若干文言を変えて渡せば良いだろうというのである。何とも安直な結論である。もはや議論はしても最終の決定権は幕府にあり、自分たちにはどうしようもできないことを悟っているかのような結論である。結論がわずか一日で出されていることも、これまでとは違うところである。

なお趙良弼は返事を得る間、一旦高麗に戻り、一二七二年五月に再来日した。この時同行した高麗使張鐸は高麗国王の国書を進めたが、その本文は伝わっていない。ただ〈必ず大朝に通好せしむ〉（『元史』日本伝）、〈天朝に通好せしむ〉（『元高麗紀事』）とあり、これまでのように元との通好を勧める内容であったとみてよいであろう。

朝廷は返書を作成するとはしたが、その形跡はなく、趙良弼は一年余滞在の後、帰国の途についている。クビライにすればまたもや無視されたのである。

なお趙良弼が大宰府に滞在中、南宋の意を受けた日本僧が大宰府に到り、居合わせた趙良弼と議論になったという。大宰府で、南宋と蒙古というまさに今、中国大陸で雌雄を決する戦いを行っている両者の使いが鉢合わせしたのである。具体的な内容は不明であるが、趙良弼が相手を論破したと伝えている。また日本滞在中、早良興徳寺（現在の福岡市西区姪浜）の住持を務めていた、臨済僧南浦紹明と交流のあったことが知られている（『大応録』巻下）。南浦紹明は臨済宗の僧で、建長寺で蘭渓道隆に参禅し、その後入宋し、文永五年（一二六八）に帰国した。

趙良弼は一二七三年（至元十）三月高麗に帰り、六月、クビライに復命した。クビライは、〈卿、君命を辱しめずと言うべし〉と労をねぎらった。その後クビライから日本征討について尋ねられた趙良弼は、「日本に一年余滞在してその民俗をみてきましたが、狼勇にして殺を嗜《たしな》み、父子の親・上下の礼もない。その土地は山水が多く、耕地は少ない。その人を使うことは出来ず、土地も役に立たない。まして水軍で渡海しても海の風は計りがたく、禍害の大きさも測りがたい。有用な民の力をもって果てしない谷間を埋めるようなもので無益である。征討は止が、クビライは実際には征討の動きを止めることはなかった。

める べきです」と述べている。〈臣謂《おも》えらく、撃《う》つ勿《なか》れ。便《すなわ》ち帝これに従う〉（『元史』巻一五九　趙良弼伝）とある

が、クビライは実際には征討の動きを止めることはなかった。

七　高麗三別抄からの牒状

趙良弼が今津に到着する少し前の文永八年（一二七一）九月二日、幕府から朝廷に高麗の牒状が伝えられ、後嵯峨上皇のもと、連日評定が行われた。評定に参加した公家の日記によれば、その牒状には「蒙古兵が日本に攻めてくる」とか「米を送って欲しい」とか「援軍を乞う」とか書かれている。これまでの高麗の国書に言ってい
ることとはずいぶん違う。いったいどういうことなのか分からず、会議出席者の意見は一致しなかったという（『吉続記』）。そこで前回文永五年（一二六八）の牒状と比べて不可解な箇所や注意される文言を書き出した会議資料が作成された。それが「高麗牒状不審条々」と題され、今日に伝わっている。全十二条から成る文書の第一〜三条を示すと次の如くである。

一、以前の状（文永五年）は蒙古の徳を揚《あ》ぐ。今度の状（文永八年）は韋毳《いぜい》は遠慮無しと云々、如何
一、文永五年の状は年号を書く、今度は年号を書かざる事
一、以前の状、蒙古の徳に帰し、君臣の礼を成すと云々。今状、江華に遷宅して四十年に近し。被髪《ひはつ》・左衽《さじん》は
　　聖賢の悪《にく》むところなり。仍《よっ》て又珍島に遷都する事

この文書の第三条を、今『高麗史』を手にすることができ、当時の情勢を知っている我々が読めば一目瞭然、

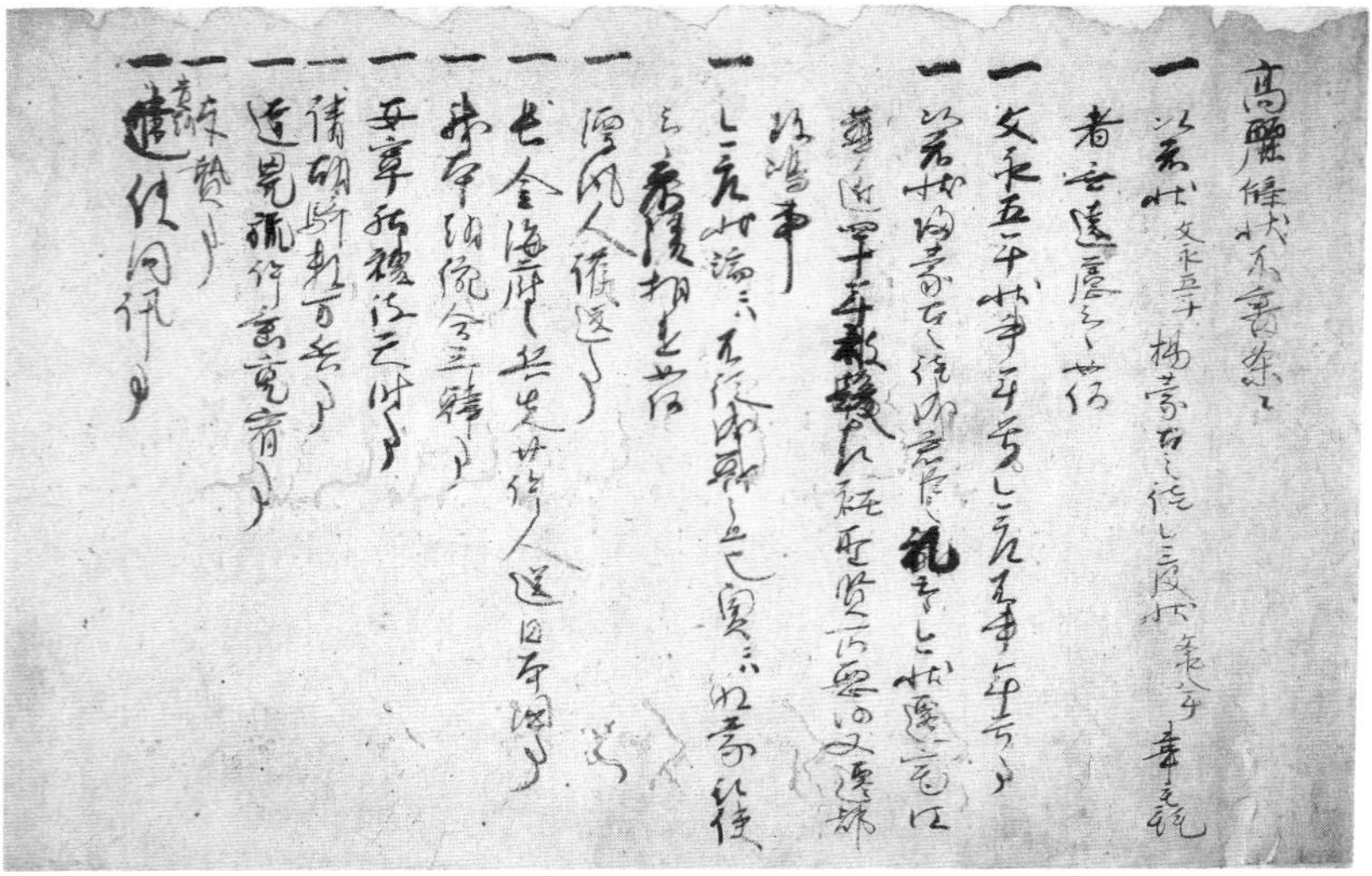

図5　「高麗牒状不審条々」（東京大学史料編纂所蔵）

問題としている牒状は「高麗」からの牒状とは言え、実際は珍島に拠点を持つもう一つの高麗、三別抄政府からの牒状であったことが分かる。三別抄とはもともと高麗の首都防衛の主力軍隊であったが、一二七〇年五月末に蒙古の要求に屈して江華島から開京に遷都することを決めた高麗朝廷に反旗を翻し、反蒙古を掲げて遷都の命令に従わず、王族を新しい王に擁立し、重臣や多くの人々を引き連れて江華島を逃れ、南下して珍島に拠点を構えた、もう一つの高麗朝廷であった。ところがそんな情報のない当時の日本の人々にとっては「不審」だらけの牒状で、理解できなかったのもやむを得ないことであった。

本文書における「以前の状」とは文永五年の牒状、「今度の状」が文永八年の牒状である。第一条は、前回は蒙古の徳を盛んにほめていたのに、今回は「韋毳（毛皮の意味で蒙古を指している）」には遠慮というものがない、野蛮だといっている。第二条では前回は国書の最後に蒙古の年号（至元）を書いているが、今回は書かれていない。書式がおかしい。他国の年号を使用する（受け入れる）ことは、両国の関係を示すバロメータとなる。蒙古の年号を書くのは蒙古に服属している証しであり、それが書かれていないのは自立の表れである。そして第三条に、前回は蒙古の徳に帰し、君臣の礼を成すと言っていながら、今回は江華島に遷都してほぼ四十年たつが、被髪（ざんばら髪）・左衽（左まえ）は聖人・賢者が嫌悪するところで、さらに珍島に遷都したとある。被髪・左衽は夷狄の風俗で蒙古を指すことは言うまでもない。

このように前回は蒙古は徳のある皇帝によって治められている立派な国であると述べ、早く日本も帰順するようにと盛んに勧めていたが、一転して蒙古を野蛮な夷狄と表現し、悪《あ》し様に非難しているのである。牒状では他にも三別抄ならびに本来の高麗は三韓を統合した正統の王朝であると誇らかに宣言している。そして金海府の兵二十人ばかりが日本に向かうというのは、趙良弼らの日本派遣情報を伝えたものであり、胡騎数万を請うというのは、蒙古の日本遠征計画についての情報であろう。そして最後には、ぜひ日本から我々のところに使者を派遣して実情を見て欲しいと要請している。

『吉続記』と「高麗牒状不審条々」をみると、三別抄は日本が蒙古の服属要求を拒否し続けているとの情報を得て、共闘を呼びかけたものと思われる。しかし公家も武家も隣国で起こっている情勢について知らず、したがって三別抄からの牒状も全く理解できなかった。すぐ隣の、それこそクビライが「密邇（密接）する」と表現する高麗で起こっている情勢を知らなかったとは、何とも不可解であるが、情報は少なくとも京都までは全く入ってきていなかったのである。幕府も同じで、けっきょく三別抄が意図した国際共闘はもちろん実現しなかった。

三別抄は半島の西南部に出かけては食料等を調達したが、できるだけ人民に害を与えないように配慮しながら反蒙古活動を展開したので人々の支持を集めた。また南海上に浮かぶ海上交通の要衝耽羅（済州島）も支配下に置き、蒙古軍を標的に、抵抗活動を続けた。こうした三別抄の行動は高麗を基地に進める蒙古の日本遠征計画にも大きな障害となるため、一二七一年五月、蒙古・高麗連合軍は珍島に総攻撃を加えた。三別抄は壊滅的な打撃を受けたが、一部はさらに耽羅に逃れ、蒙古軍の船を焼き兵士を殺すという反蒙古活動を続けた。しかし一二七三年四月ついに平定された。これにより日本遠征の障害は取り除かれた。日本遠征軍が出発するのは七月のことである。三別抄の二年に及ぶ反乱は、蒙古の日本遠征を遅らせ、逆に言えば日本に二年の準備期間を与えることになった。蒙古襲来を考える上で重要な意味をもっている。

　朝廷も幕府も高麗事情を知らないまま、幕府は九月十三日付けでいち早く御教書を下して鎮西に所領をもつ御家人の下向をうながし、蒙古襲来に備えさせている。薩摩の地頭宛の文書には、〈蒙古人襲来すべきの由、其の聞こえ有るの間、御家人等を鎮西に下し遣わす所也。早速器用の代官を薩摩阿多北方に差し下し、守護人を相伴い、且つうは異国の防禦を致さしめ、且つうは領内の悪党を鎮めるべし者《てえれ》ば、仰せに依り執達件の如し〉とある。「器用」の人とは担当能力のある武士のことである。そして十五日には、山城国正伝寺僧東巌《とうがん》慧安《えあん》は石清水八幡宮に異国降伏を祈り、その願文に〈高麗半《なか》ば蒙古に違背し、本朝に随順《ずいじゅん》す〉云々と記している。高麗が半分は蒙古に背いているというのは、三別抄牒状を参考にしてのことであろう。まだ日本からすれば高麗の行動は半信半疑といったところである。三別抄牒状本文（写し）を実際に見てのことかどうかは不明であるが、すぐに文書や噂が流布しているところに、都に広がる蒙古・高麗への不安、関心の高さをうかがうことができる。ちなみに東巌慧安は「末の世の末の末まで我が国はよろづの国にすぐれたる国」と詠んだことでも知られている。

　一方朝廷では審議を進めながら、九月二十四日に催される仁王会では、咒願文に西蕃の使介が北狄の陰謀を告げてきた由を記載することとしたが、蒙古の名前は古典に見えず、それを北狄と書くのは如何かといった意見に対し、作者がかつての高麗の牒状（至元六年八月付け按察使牒状）に「北朝皇帝」とあることによると答えるなど、公家たちのいつもながらの議論の風景を伝えている。

こうして議論は行われたが、結局三別抄に返事を出すことはなかった。少し遅れてやってきたクビライの使者趙良弼に比べると、使者の重みが違った。幕府・朝廷は趙良弼の応対に追われ、三別抄の使者は忘れ去られてしまったのであろう。

むすび

蒙古軍が襲来した文永十一年の十月二十七日というから、まだ退散情報が京都に届く前、賊徒優勢が伝えられている頃、ある公家は日記に、〈九国（九州）の殞滅《いんめつ》、憐《あわ》れむべし。是れ関東政道の緩怠《かんたい》也。衆口囂々《しゅうこうごうごう》。ただし秘すべし秘すべし〉（異本『吉続記』）と記している。表だっては言えないものの、蒙古襲来を招いた責任は幕府にあると非難している。関東の政道の誤りとは何をさしているのであろうか。一つ考えられるのは、朝廷がせっかく返牒を作成して渡そうとしたのに、幕府が握りつぶしてしまった。これによって交渉の道が閉ざされ、今国家存亡の危機を招いているのだ、こんな気持が込められているのではなかろうか。しかし朝廷が作成した返牒を送ってもどれほどの効果があったかは疑わしい。自己中心の主張はかえってクビライの怒りをかったのではなかろうか。

クビライの要求に応じて朝貢の使者を送り、服属の姿勢を示したとすれば、その後はどのような展開になっていたであろうか。仮定の話になるが高麗や安南（ベトナム）の例が参考になる。高麗は、「朕と一家」と称しながら、苦しい立場に置かれ、特に日本遠征のための基地となり、過重な負担を強いられたことはすでに触れたとおりである。また安南もついに屈して朝貢を始めたところ、一二六七年には次のような要求が突きつけられてきた。国王自身の入朝・子弟の入質・編戸口数の提出・軍役の負担・納税・ダルガチ（監督官）の設置という六項目である（『元史』安南伝）。高麗もほぼ同じ内容の要求に従わざるを得なかった。蒙古（元）と陸続きの高麗・安南と、海上離れた日本を果たして同じように考えていたかは憶測するしかないが、様々な要求が出されたことは間違いない。

　一方、「高麗牒状不審条々」に知られるように、隣国で起きている大きな政変も日本は知らなかった。本当か？　と疑いたくなるが、それが現実であった。蒙古の圧力を感じながら、自ら情報を集めようとはしなかった。これは蒙古も同様で、高麗を通じて日本事情を調べている様子もない。使者の復命に頼っているようである。クビライは日本がこれほどまで強硬な姿勢を示すとは思っていなかったという。南宋包囲網の一環とクビライの中華意識、両者が一体となって日本服属を求めているのであるが、クビライにも戦略があったとは思われない。戦いの鉄則である〈彼を知り己を知れば百戦して殆からず。彼を知らずして己を知れば一勝一負す。彼を知らず己を知らざれば、戦うごとに必ず殆し〉（『孫子』）は情報の蒐集と分析の大切さを説いている。攻める側も守る側も情報を蒐集して分析し、戦略を立てることもないまま不毛の争いに突入してしまったのである。

【史料余論】

　文永の役・弘安の役について今日に伝わる日本側の一次史料は文書や日記となるが、それらはどうしても断片的な記事となる。また貴重な絵画資料として『蒙古襲来絵詞』があるが、それも竹崎季長個人の行動については詳細であるが、全体の動きは見えない。そうした中にあって経過を分かりやすく、かつ具体的に伝えている史料が『八幡愚童訓《はちまんぐどうくん》』である。著者は石清水《いわしみず》八幡宮神官で、遅くとも花園天皇治世中（一三〇八～一三一八）には成立したとみられている。ただし書名に知られるように、八幡の神威を説き、喧伝する目的があるだけに、文飾も多く、記述をそのまま史実と受け取ることは出来ないが、しかるべき史料に基づいているとみられるので、慎重な検討を前提として大いに利用されている。神国の由来を分かりやすく説いている書物であるので、神国思想の普及とともに多くの写本が作られ、その過程でさまざまな異本が作られている。内容が異なっている例をあげるとつぎのような記事がある。『八幡愚童訓』の中には有名な場面が多いが、ハイライトの一つに文永の役に際して敵の大将を日本の武士が射落とす場面がある。『高麗史』にも対応する記事があり、『八幡愚童訓』の史料としての信憑性を裏付けている有名な記事である。『高麗史』金方慶伝に〈(劉)復亨、流れ矢に中《あた》る。先に舟に登り、遂に兵を引きて還る〉とある。蒙古軍の副官劉復亨が射られて負傷し、そのために引き揚げたという記事である。『八幡愚童訓』にはこれに対応する記事がある。活字本として流布している「日本思想大系」(岩波書店)本には、次のように記されている。

少弐入道ガ子三郎右衛門景資《かげすけ》……等を始トシテ、寄セ合テ戦。景資ヲ蒙古ノ大将軍ト覚敷長者七尺計ノ大男、鬚ハ臍ノ辺ニ生下、鎧ニ葦毛ナル馬ニ乗リ、十四五騎打連、陸走七八十人ガ程具テ呼テ懸タリ、其時景資ガ旗ノ上ニ、鳩翔リ舞シカバ、八幡大菩薩ノ御影向トゾ憑敷覚ケリ。究竟ノ馬乗、弓ノ上手也シカバ、逸物ノ馬ニハ乗タリ、一鞭打テ馳延ビ見帰テ放ツ矢ニ、一番ニ懸ケタル大男ガ真中射テ、馬ヨリ逆様ニ落シケリ。党類共是ヲ抱テ周章ケル紛ニ、景資此方へ引帰ル。葦毛ノ馬ニ金覆輪ノ鞍置タルガ走廻リシヲ捕テ後ニ尋ヌレバ、蒙古一方ノ大将軍流将公之馬也ト、生捕共申ケリ。

流将公は音通から劉復亨のこととみて間違いない。少弐景資は日本の大将で、追いかけてくる劉復亨を景資が討ち取ったという記事である。各種の少弐氏系図等でも景資の功績として必ず記されている。ところが『八幡愚童訓』の別本(『大宰府太宰府天満宮』文永十一年十月十九日条所引。『伏敵編』文永十一年十月十七日条参照)には次のようにみえる(傍線部分の前後を示す)。

八幡大菩薩の御影向とたのもしく思ひ、究竟の馬廻に弓の上手ありしかは、それに下知して、逸物の上馬にのせ、一鞭うちてはせ出させたり、かの奴原を見かへりて、よくひきはなつ矢、一はんにかけたる大男の真中を射つらぬき、逆にこそおちたりけれ、これによれば大将景資を護衛する馬廻りの武士の中に弓の名人がおり、景資がそれに命じて名馬を与え、追いかけてくる敵に向かって馬を走らせ、突っ込むと見せかけて、頃合いを見計らい、Uターンして振り向きざまに矢を放ち、流将公を射落としたとある。いわゆるパルティアンショットと呼ばれる、馬上から後ろ向きで矢を放ち敵の大将を射落としたのは景資ではなく、馬廻りの者だというのである。景資は大将であり、大将自ら追いかけてくる敵に向かっていくような危険なまねはしないであろう。流布本と別本では主役が違っている。景資自身の手柄を馬廻りの功績にするはずはない。元来馬廻りの手柄であったのを景資の功績の如くに書き直されているのである。説話が潤色されていく過程をよく示している。『八幡愚童訓』は貴重な史料であるからこそ写本レベルからの検討が必要と思われる。

3　幕府が信じた外交ルート

一　クビライの即位と大元の成立――モンゴル情勢――

一二〇六年、日本列島から遙か遠く離れたユーラシア中央、モンゴル高原に起こり、周囲の遊牧部族を統合したテムジンが成吉思皇帝と号した。チンギス・ハンである。チンギスとその子孫の率いる大蒙古帝国（モンゴル帝国）はまたたくまに東へ西へ南へと広がり、やがて大陸に中華として君臨していた宋までも滅ぼし（一二七六年）、ユーラシアの東西にまたがる史上最大規模の帝国を築き上げる。古くから大陸や半島と交流のあった日本にもその影響は及び、二度の侵略を受けることになる。文永の役・弘安の役である。そこにいたるまで、蒙古の急激な勢力拡大、ユーラシア大陸規模で広がる新しい情勢を日本は把握していたのであろうか。島国日本は海外とどのようにつながっていたのであろうか。

チンギスの孫クビライ（世祖）は、兄モンケ（憲宗）を補佐して主に南宋攻略に従事していた。一二六〇年、急死した兄を継いで大蒙古帝国第五代皇帝即位（在位一二六〇～九四）を宣言するが、継承に反対する勢力とのおよそ四年にわたる対立を経て、ようやくその地位を確立した。即位以来、従来の遊牧社会を基盤とする国家組織に加えて、やがて手に入れるであろう中華世界の支配を視野に入れた施策を打ち出している。即位と同時に中統という年号を建て、一二六四年には至元《しげん》と改元し、万里の長城の内側に新しい都（大都。現在の北京）の建設を始め、一二七一年には国号を大元と定めた。年号も国号も出典を中国の古典『易経《えききょう》』に求めているが、蒙古民族独自の「天」信仰をベースに中華を加味した年号であり、これまでの隋・唐や宋という地名や爵号にもとづく王朝名とは異なる国号であった。それまで蒙古に年号はなく、モンゴル語の文書では虎の年とか牛の年とか十二種の動物名（十二支）で表現していた。年号は制定した者が時間をも支配する象徴であり、中華としての体裁を名実ともに備えたこととなる。

クビライは一二七六年には南宋を事実上滅ぼし（一二七九年最期）、久しく分裂していた中国大陸の北（遼・金・蒙古）と南（宋）との統一を果たしたのである。すでに東の高麗、西のチベット・大理・安南等を服属させており、大元の版図は史上最大規模となった。南宋の領域を接収したことにより、蒙古は初めて海を手に入れた。杭州・明州・福州・泉州といった、唐代から南海貿易や日本・高麗との貿易の中心地を掌握したことにより、おのずから海洋国家の性格もあわせ持つことになった。クビライは、この陸海にわたる広大な帝国を維持するため、通信網（駅伝制ジャムチ）や運河網（大都にいたる新運河を建設）を整備し、陸と海を結ぶユーラシア大陸全土にわたるネットワークをつくりだした。

大元は中華王朝ならびにその周辺で興亡を繰り返した諸国、諸民族を包含する多民族国家となり、それらを蒙古人・色目《しきもく》人・漢人・南人の大きく四種に区分して、身分上の差別を行っていた。「色目人」とは諸色目人（諸種族の人）のことで、主に中央アジア・西アジア出身の諸民族を指し、「漢人」とは一二三四年に蒙古が滅ぼした金朝の支配下にあった華北住民の総称で、漢人をはじめ契丹人・女真人などからなる。「南人」とは旧南宋支配下の江南住民の総称である。したがって日本に襲来した大軍も、蒙古（元）軍とは称するものの、蒙古人指揮官のもと、色目人・漢人・高麗人、そして弘安の役では旧南宋の人々から構成される、多国籍・多民族軍であった。

クビライが即位した年は高麗がクビライに服属した年でもあり、クビライが日本に関心を持ち、日本遠征のための基地ができた年ともなる。本書第Ⅱ部第1章で触れたように、クビライが祖宗以来の対外政策とするのは、〈未だ来朝せざれば、使を遣わし喩して服せしむ。服せざれば則ち従て征伐す〉（『元史』巻二一〇・瑠求伝）という、服属か戦いか二者択一を迫るものであった。服属した相手国に対してもただの使者ではなく、高麗や安南の事例をみると、君長自身の来朝もしくは重臣の派遣を命じている。まさに『礼記《らいき》』等に記されている、天子が諸侯に求める朝聘の実現を求めていると言って良いであろう。クビライが中華の天子という意識を強く持っていたことは間違いない。『元史』世祖本紀のまとめには〈儒術を信用し、用《もっ》て能く夏を以て夷を変ず〉とある。天下の支配にあたり儒教を重んじ、夷狄から華夏へと変貌を遂げたことが特筆されている。

クビライは即位の翌年（中統二）七月、唐の弘文館、宋の内外学士院にならって、翰林国史院を置き人材の養成に務めた。中国の王朝が前代の歴史を編纂することの意義を説き、金が遼史を編纂しなかったのは大いに遺憾とする臣下の意見をいれて、遼・金史の編纂を命じている（『秋澗先生大全文集』巻八二・「中堂事記」下）。クビライの歴史に学ぶ姿勢がよく表れており、まさに高度に発達した中華二千年の歴史に学ぶと言うことであろう。過去の国家制度・統治技術を学び、遊牧社会と農耕社会を包括する、新たな国家建設に向けて歩みを始めるのである。

こうして拡大路線を続けるクビライの視野に日本が入ってくる。そのきっかけになったのは、高麗人から高麗の隣国日本情報を聞いたことによる。そして一二六六年に日本への最初の使者が派遣されるが、その先導を命じられたのが高麗である。高麗の苦悩の始まりでもある。今も昔ももっとも近い隣国、高麗情勢についてながめておこう。

二　蒙古と高麗

高麗では国王のもと、官僚は文臣（文官）と武臣（武官）の両班に組織され、文官が政治を主導する文治主義の方針がとられたが、一一七〇年（庚寅の乱）・一一七三年（癸巳の乱）の二度の武臣によるクーデタをきっかけに、武臣が権力の中枢を握るようになる。そして一一九六年に崔忠献《さいちゅうけん》が武臣の頂点に立ち、権力を掌握すると、武臣政権と呼ばれる政治が展開される。蒙古と関わるのは、まさにこうした武臣政権時代のことである。

一二一八年、蒙古配下の契丹人集団が高麗に逃れてきた。これを追って蒙古軍がはじめて高麗に現れ、高麗と蒙古との交渉が始まったが、蒙古の高麗に対する姿勢は高圧的で、ついに一二三一年、高麗への侵攻を開始した。以後、一二五九～六〇年に高麗が服属を表明するまで、蒙古の大規模な侵攻は五回に及んだ。最初に侵攻を受けた翌一二三二年、高麗は都を本土の開京から南方すぐ目の前の海上に浮かぶ江華島に遷し、地方には山城にたてこもり、島に逃れるよう指示した。蒙古は再三にわたって遷都を要求し、本土各地への侵攻・掠奪を繰り返した。一二五四年の記録には、「蒙古兵が捕らえた男女はおよそ二十万六千八百余人、殺戮した者は数え切れない」（『高麗史』高宗四十一年是歳条）と記されている。こうして大きな被害を出し続ける状況に、崔氏政権に対する批判が強まり、ついに一二五八年にクーデタによって倒されると、高麗国王高宗は蒙古との和平に向けた交渉を開始し、太子の倎《てん》を蒙古皇帝モンケのもとに派遣した。ところがたまたまモンケは南宋攻略の途上で病没してしまい、倎は目標を失ってしまったが、モンケ死去の情報を得て、次期皇帝を目指すクビライが急いで北上する途中で出会うことができた。クビライはこれまで抵抗していた高麗の服属を、自らの皇帝即位を後押しするものとして歓迎し、倎をしばらくクビライのもとに留めていたが、そこに高麗の高宗死去の報が伝えられた。一二六〇年（中統元）三月、皇帝即位を宣言してまもないクビライは、「高麗の国王が死去したとのことです。若し世子倎を国王にして帰国させれば、必ず高麗は蒙古を徳あるものと慕うことでしょう。そうすれば兵も煩わさずに一国を得ることになります」という臣下の意見を採用して、倎（元宗）を高麗国王に冊封し、多数の護衛をつけて帰国させた。

クビライは当初は、帝位につくと同時に服属してきた高麗に友好的な姿勢で臨むが、次第に貢物等の要求が強くなり、しばしば国王は負担の軽減を訴えるが、ほとんど聞き入れられることはなかった。一二六六年にはじまるクビライの日本招諭は、高麗の過重な負担をさらに増すことになる。その一方、江華島から開京への遷都要求も強まり、ついに一二七〇年に元宗は遷都を決意したのである。

なお、韓国慶尚南道の海印寺には大蔵経の版木八万枚が所属されている。もともと一〇一一年（顕宗二）に契丹の侵入を受けた際、防衛を祈願して作成されたが、一二三六年（高宗二〇）に蒙古が侵入した際に戦火にあって焼失してしまった。そこで再び彫造が始められ、十五年の歳月をかけて完成した。蒙古との戦いの象徴として現在にいたるまで、大切に保管されている。この版木を用いて印刷された大蔵経は、特に室町時代になると日本の有力者がこぞって入手に務めたことはよく知られている。

武臣政権下の軍隊の主力三別抄は、反蒙古の中心となって戦っていた。蒙古との和議を決断した元宗は、一二七〇年五月末、江華島から開京への遷都と三別抄の廃止を指令した。これを聞いた三別抄の将軍裴仲孫らは元宗の命令にしたがわず、王族の一人を王に擁立し、「蒙古が攻めてくるぞ。国を救おうとする者はみな集まれ」と言って、重臣をはじめ多くの人々を引き連れて江華島を離れて南下し、半島南端の珍島（全羅南道珍島郡）に拠点を構えたのである。そこに新たに宮殿を構え、亡命政権をうち立てた。三別抄は民衆の支援も受けて蒙古に対する抵抗活動を続け、日本遠征の障害ともなった。そこで蒙古はついに一二七一年に総攻撃をかけ、ほぼ壊滅させ、残った勢力が耽羅に逃れたが、そこも結局一二七三年に平定した。その結果、日本遠征の障害がなくなり、翌年第一次の侵略が実行されるのである。この間、三別抄が珍島陥落直前に日本に使者を送ったことについては、本書第II部第2章で見た通りである。

三　海外情勢と日本

それではこうしたユーラシア規模で起こり、隣国高麗にまで及んでいる激動の海外情勢について、日本はどの程度把握していたのであろうか。この大きな渦の中に巻き込まれ、否応なく対応を迫られた朝廷・幕府は対蒙古外交を進めるにあたってどのような情報を頼りにしていたのであろうか。日本が先進の中国・朝鮮の文物を受け入れるルートには、朝鮮半島ルート、中国江南ルートの他、南島や日本海、さらに北方サハリン経由北海道ルートもあった。日本を取り囲む海は、異国と適度に繋ぎ、結び、隔て、防いでくれる。島国日本は半島・大陸と絶妙の位置関係にあったといえよう。

いくつかあるルートの中で海外情報伝達の中心は何と言っても朝鮮・江南ルートにあり、その窓口が博多津であり、一括管理していたのが大宰府である。律令制定以来大宰府には「遠の朝廷」として西海道諸国の統治と外交という二大業務が課せられていた。源頼朝により武家政権が誕生すると、大宰府は武家の管理下に置かれ、やがて大宰府守護所と呼ばれるようになると、その性格にも変化が生じてきた。これまで内と外に目を配っていたが、幕府は鎮西つまり九州管内の統治機関としての役割を何よりも重視し、平氏時代のように貿易や外交という海外業務についてはあまり関心を向けなくなった。鎮西は平氏の強固な地盤であり、頼朝の政権が発足してから、必ずしも従順な勢力ばかりではなかったため、いかに武家の力を及ぼすか、そこにもっとも力を注いだのである。その結果、対外関係業務については現地の裁量範囲が広がり、曖昧となってしまった。例えば一二二六～二七年にかけて高麗との交渉を大宰少弐武藤資頼が独断で対処し、後から聞いた公家が「我が朝の恥なり」と憤慨するような事態も起きている（後述）。これまでは半島で何か不穏な動きがあると、大宰府はすぐに朝廷に報告していたが、武家が管理するようになってからは、そうしたシステムも機能しなくなっていったのである。

鎌倉幕府の誕生は、大宰府をはじめとする海外情報伝達ルートにも大きな変化を与えることになる。これまでの大宰府・諸国―朝廷（太政官）という単純であった流れに、武家の鎌倉（幕府）・京都（六波羅）が加わり、複雑化した。例えば大宰府からの報告も京都（六波羅）は経由するだけで、まず鎌倉の幕府に伝えられ、そこで確認して必要に応じて京都の朝廷に伝えられというようになる。また諸国の情報も朝廷ではなく、鎌倉に届くようになる。承久の乱を経て武家の優位が確立して以後の象徴的な出来事が『吾妻鏡』貞応三年（一二二四）二月二十九日条にみえる。

去年（貞応二年）冬比、高麗人の乗る船、越後国寺泊《てらどまり》浦に流れ寄す。仍《よっ》て式部大夫（北条朝時）、其の弓箭以下の具足を若君の御方（藤原頼経）に執《と》り進む。則ちこれを覧ず。奥州（北条義時）以下群参す。その品々は、弓二張（仮如《たとえ》ば常の弓の如し。但し頗《すこぶ》る短く、夷弓《えびすゆみ》に似たり。皮を以て弦と為す）・羽壺《うつぼ》一・太刀一（常の刀。聊《いささ》か細長き体なり）・刀一（大略常の刀の如し）、帯一筋（緒《ひも》を以てこれを組む）、彼の帯の中央に銀の簡《ふだ》（長さ七寸、広さ三寸也）を付す。其の中に銘四字を注《しる》す。又銀の匙《さじ》一、鋸一、箸《はし》一双（動物の骨也）、櫛（皮を以てこれを作る。櫛袋にこれを入れる）。具足等は吾国の類に似たり。皆形を見て名を知る。四字に於いては文士数輩参候せしむと雖《いえど》も、読めるの人無しと云々。

※この後に簡の四文字の形を記している。

図1　シャイガ城跡から出土した銀牌（ロシア科学アカデミー極東支部歴史考古民俗学研究所蔵、『「武家外交」の誕生』さかのぼり日本史外交篇8　鎌倉、NHK出版、2013年より引用）

越後国寺泊に漂着した船の乗員の持っていた武具などが、現地から越後国司と守護を兼ねる北条朝時（義時の息）のもとに届き、それを藤原頼経（一二二六年に第四代将軍となる）にご覧に入れたというのである。その場には執権北条義時をはじめ多くの人が集まった。武士らしく弓や刀に関心が集まり、自分たちのものと比べた感想を記している。その中でも興味をひいたのが、身に着ける帯に付けられていた銀製の札で、そこには四文字が刻まれていた。有識者に見せても誰も読めなかったということで、その文字の形を写し取ったというのである。一九七七年にいたり、『吾妻鏡』の写本に記す大きさ・形状と書き写されている文字と全く一致する銀の札がロシア沿海州のシャイガ城跡から出土した。シャイガ城は、女真人によって建国された金から一二一六年に自立した蒲鮮万奴《ほせんばんど》が建国した東夏（一二三三年、蒙古によって滅ぼされる）時代の遺跡である。『吾妻鏡』では四文字とされているが、一番上は花押で、次の三文字は女真文字の「国之誠」と解読され、金や東夏の武官が用いた「パイザ」（馬や船を利用するための許可証）であることが判明した。越後に漂着したのは高麗人ではなく東夏の人で、パイザを携帯していたところから、官人が乗った船であったことが知られたのである。

これまでこうした異国人が到着した場合、まず国司から太政官に報告し、審議して対応を現地に指示するというのがこれまでの指示系統であった。これが現地の守護ないし守護代から直接鎌倉に送られている。旧来の指示系統から、武家政権下の新しい方式に代わったことを示している。またこれに関連する記録が『百練抄』にあり、漂着した船の生存者四人が、どのような経緯によるかは不明であるが、上京した。人々は群がって見物したが、朝廷は武家に命じて洛中から追い払わせたという。この後、建治元年（一二七五）長門国に来着した元使杜世忠らを鎌倉まで呼び寄せる際、洛中を通過させなかったのと同じで、聖なる地、清浄な空間を夷狄によって穢されるのを忌避したのであるが、異国人の上京を容易に許しているところにも時代の変化を感じさせる。

東夏は女真人の国であり、かつて寛仁三年（一〇一九）に対馬・壱岐から北九州を襲った刀伊《とい》の子孫にあたる。藤原頼経のもとに集まった幕府の要人たちは、漂着した異国人が女真人であり、かつて刀伊の入寇として都の人々を震撼させた海賊の後裔とはもちろん知らなかったであろうが、高麗のさらにその向こうに広がっている世界について興味をいだくことはなかったのであろうか。ちなみに建保五年（一二一七）、大宰府の人七十二名の乗る船が金の領域である山東省に漂着し、尋問の結果、特に問題はないので食料を支給して帰国を許すという記事がある（『金史』巻一五・宣宗本紀・興定元年十二月条）。

こうした激動するアジア情勢について、果たして朝廷や幕府はどこまで把握していたのだろうか。日宋貿易はあいかわらず続けられ、高麗とも交流がある。常識的に考えれば、リアルタイムとまではいかなくても相当の情報が入ってきているはずである。しかし実際には、そうした史料はほとんどない。日宋貿易・高麗貿易に活躍する商人にとって、生きた情報は有力な商品であるはずである。博多・大宰府までは確実に入ってきている。しかしそこから先はどうであったのか。公家も武士も個別には情報を得てもこれを組織、すなわち朝廷あるいは幕府として共有し、対応しようとする意識は低かったように思える。これは平安末以来、家ごとに専門とする職業分野を世襲し、その内容を秘伝として限られたものに伝えるという、家職の進展による閉鎖的な風潮も影響しているように思われる。

一方、情報が入ってくるこないではなく、そもそもこの頃の人々が海外の情勢にどれほど関心があったかどうかも問わなければならないであろう。海外情勢如何に関わらず、相変わらず求める唐物は手に入り、時折起こる外交案件もその時々で対応できる。日常的に関心を持たなくても、何の問題もなかったということである。かつて平治の乱（一一五九年）で敗死した信西《しんぜい》（藤原通憲）は、宋人とも通訳なしに会話ができた。その理由を聞くと、いつ遣唐使に任命されても良いように準備している、と答えたという。院政・鎌倉時代の公家社会においては、信西のような人物は特殊な人物であったろう。また平氏の時代とは異なり、海外へのまなざしを向ける人も少なくなってきている。しかし新しい潮流が現れてきた。日宋間を往来する貿易船が物だけでなく、人と情報を運び、日本に新しい文化を根付かせるようになる。禅宗の僧侶の活躍が始まるのである。

四　江南ルートの人と情報

東京国立博物館に「板渡《いたわたし》の墨蹟《ぼくせき》」として伝わる一通の書状がある。墨蹟とは純漢文で書かれた禅僧の書を言い、特に日本では茶室の掛け軸として珍重された。「板渡の墨蹟」は墨蹟の中でも特に有名で、宋の名僧無準《ぶじゅん》師範《しばん》が日本の禅宗普及に功績のあった弟子円爾《えんに》に送った手紙である。

一二四二年、無準が住持を務める、南宋の首都臨安府にある径山《きんざん》万寿禅寺で火災が起こった。無準はかつて自分のもとで修行し、法を嗣《つ》いで日本に帰国した円爾（聖一国師）に書状を送り、径山の罹災を告げた。博多承天《じょうてん》寺《じ》の住持となっていた円爾は無準の手紙を受け取ると、博多在住の宋海商（貿易商人）謝国明《しゃこくめい》の協力を求め、復興の資材として板千枚を送った。その木材が届いた御礼状が「板渡の墨蹟」である。宋では乱伐がたたって木材が不足しており、日本からの輸出品としては火薬の原料である硫黄と並んで木材が重視されていた。無準は復興支援に対する感謝を込め、〈山門興復重大のとき、特に千板を化して助を為す〉と記している。一見すると材木は寄進されたように理解されるが、これに関連する他の墨蹟を参考にすると、実際には木材は売却で、売値は三万貫と高額であったことが知られる。

ここに登場する謝国明とは臨安府の出身で博多に在住し、財を成した貿易商人であった。禅宗を信仰し、承天寺を建立して住持に円爾を招いたのも謝国明であった。謝国明のように博多綱首《ごうしゅ》とよばれる、船を所有して日宋貿易に従事する商人は多く、博多津周辺に唐房《とうぼう》というチャイナタウンを形成していた。一二六〇年前後には、日本から宋に渡航する貿易船は四十～五十艘にも及んだという。誇張が含まれているようであるが、相当に頻繁な往来があったとみてよいであろう。彼らはすでに季節風を熟知し、定期航路を開設し、宋の本社、日本の支社ともいうべき日宋貿易システムを構築していた。

「板渡の墨蹟」から、宋の禅僧（無準師範）・禅宗寺院（万寿禅寺）、日本の禅僧（円爾）・禅宗寺院（承天寺）と、その間を取り持つ博多在住宋海商（謝国明）という、この時期の対外関係に大きな役割を果たしたネットワークを形成する人脈を読み取ることができる。

このネットワークを通じて、無準の弟子である無学祖元《むがくそげん》や兀庵普寧《ごったんふねい》をはじめとする宋の高名な禅僧が相次いで来日した。また日本僧もこうした縁をたよりに中国へ渡り、修行を重ねて帰国し、禅宗の普及に努めた。渡来僧・渡航僧が東シナ海を貿易商人の船に便乗して盛んに往復するようになるが、それらの史料をみていると、危険な航海に身命を賭けるというような、かつての入唐・入宋僧にみられる悲壮感はあまり感じられない。商船も大型化し、より安全な航海が可能になってきたのである――それでももちろん遭難の危険がともなうようなことは新安沈没船が示している――。

「板渡の墨蹟」は海商にとって罹災復興も商機であったことを示している。径山という宋の禅宗界を代表する寺院が罹災し、日本から大型木材を調達するのであるから、周辺の状況も情報として当然入ってきているであろう。宋僧の日本渡来には、宋の皇室をはじめとする檀越《だんおつ》（支援者）が蒙古による圧迫を受けて次第に経済的な支援が困難になっており、その代わりを日本に求めるという事情もあったという。したがって、宋を取り巻く国際環境についての情報はさまざまな機会を通じて海商や禅僧により、博多・大宰府までは間違いなく伝えられていた。幕府は禅宗の教えとともに禅僧のもつ知識に期待し、鎌倉に招いている。

鎮西で普及し始めた宋の禅宗に、まず公家が関心を持ち、摂関家の九条道家が京都に東福寺を開き、開山に円爾を迎えた。円爾とその弟子は東福寺を拠点として禅宗の普及に尽くした。そして執権北条時頼《ときより》が禅宗に注目し、自らも深く帰依した。東国から発足して今や全国政権となり、戦闘を職能とし、粗野になりがちな武士の精神強化、撫民政策を推し進めるためにも、厳しい修行を旨とする禅宗は有効と考えたのであろう。建長五年（一二五三）北条時頼は鎌倉に建長寺を建立し、寛元四年（一二四六）に来日していた渡来僧蘭渓道隆《らんけいどうりゅう》を住持に招いたのである。その後弘長二年（一二六二）には兀庵普寧を招聘して建長寺二世とし、その導きで自ら開悟し出家している。その翌年時頼は没するが、最初の蒙古国書到来の翌年（一二六九）に来日し、時宗に大きな影響を与えた大休《だい》正念《きゅうしょうねん》も、かねての時頼の招聘に応じたものといわれる。

時頼の子時宗も、父の影響を受けて禅宗に深く帰依し、蘭渓道隆・兀庵普寧・大休正念らに師事した。しかし兀庵普寧は文永二年（一二六五）に帰国してしまい、さらに深く帰依していた蘭渓道隆が弘安元年（一二七八）七月に示寂《じじゃく》すると、時宗はすぐに後継者を宋から招聘するため日本から使僧を派遣した。その時の書状が円覚寺に残っている。

時宗、意を宗乗《しゅうじょう》（禅宗）に留むること積《つ》もりて年序あり、梵苑《ぼんおん》（禅寺）を建営し、緇流《しりゅう》（禅僧）を安止す。ただ時宗毎《つね》に憶《おも》う、樹にはその根あり、水にはその源あり。是を以て、宋朝の名勝を請《しょう》じて、この道を助行せんと欲し、詮・英二兄《にひん》を煩わす。鯨波《げいは》の険阻（航海の危険）を憚《はばか》ることなく、俊傑の禅伯を誘引して本国に帰来せんことを望みとなすのみ。不宣。

弘安元年戊寅十二月廿三日　時宗　和南

詮蔵主《ぞうす》禅師

英典座《てんぞ》禅師

時宗が使者の詮蔵主（無及徳詮）・英典座（傑翁宗英）に宛てた書状で、「宋朝の名勝」をお連れいただきたいと記している。「詮・英」二人の禅僧の上を欠字にし、年号に干支を記入していることなどを見ると、宛先は使者の二人になっているが、宋に携行して招聘を希望する相手に見せて、檀越時宗の熱意と良識を伝えることが意図されていたとみてよい。特に文永の役で蒙古の侵略を体験している時宗が、宋を根・源とみなし、わざわざ「宋朝の名勝」を招きたいと記しているところに、宋を中華と認める意識が表れている。その裏側には中華宋を脅かす蒙古に対する憎悪が存在していたことは言うまでもない。

この招聘に応じて、翌年六月に来日したのが無学祖元である。時宗は無学を建長寺住持とし、さらに無学を開山として円覚寺を創建した。この後、建長寺や円覚寺には多くの渡来僧や入宋・入元を果たした渡海僧が入寺し、両寺は大陸文化を受け入れる国際交流センターとしての機能も果たし、鎌倉のなかに中華世界を現出した。時宗は弘安七年（一二八四）四月四日、無学祖元について出家し、その日に逝去した。葬儀に際して無学祖元と大休正念は時宗との深い交流に触れている。

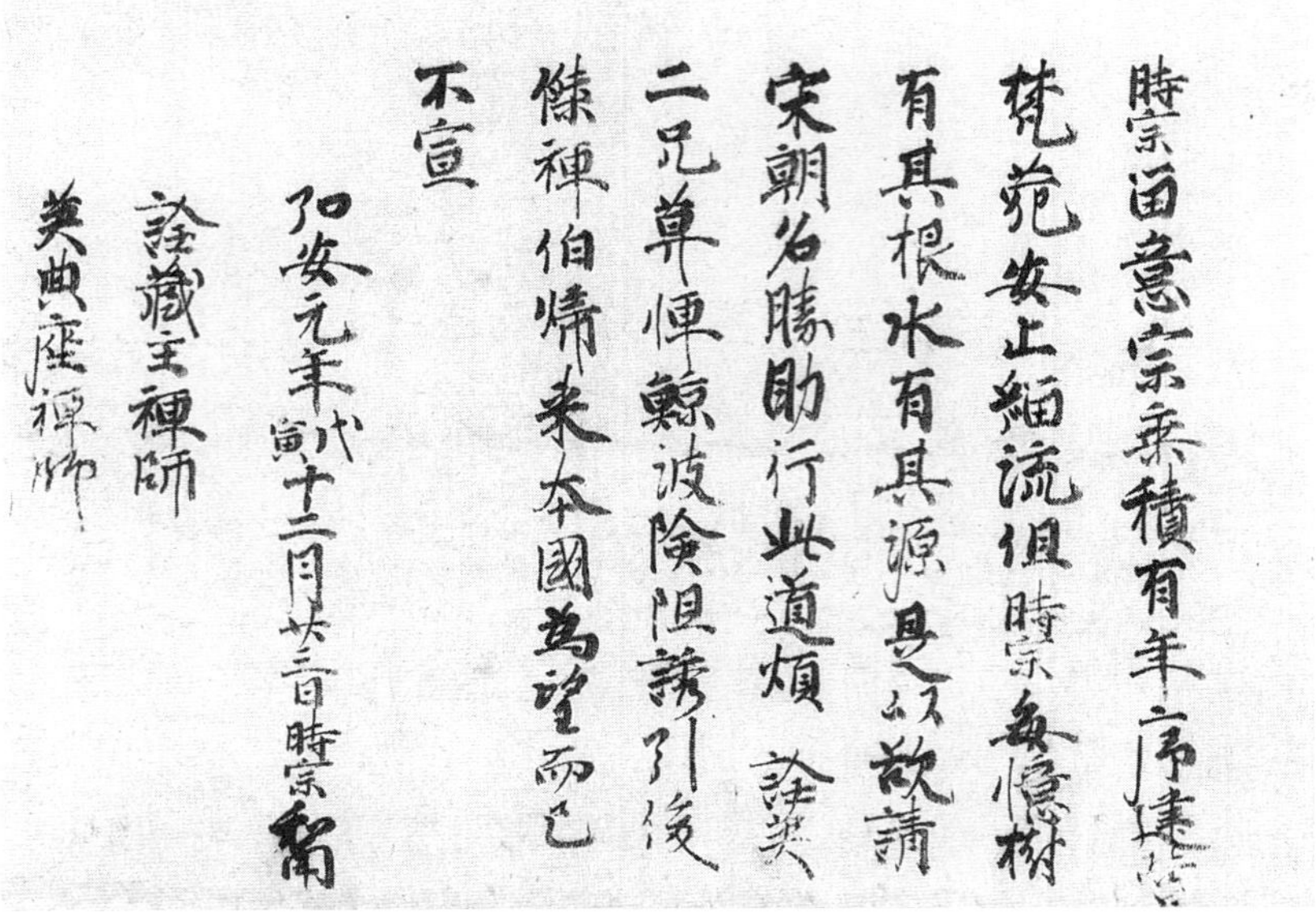
時宗留意宗乗積有年序建営
梵苑安止緇流但時宗毎憶樹
有其根水有其源是以欲請
宋朝名勝助行此道煩　詮英
二兄莫憚鯨波険阻誘引俊
傑禅伯帰来本国為望而已
不宣
弘安元年戊寅十二月廿三日時宗（花押）
詮蔵主禅師
英典座禅師

図2　北条時宗の書状（円覚寺蔵、『瑞鹿山円覚寺』大本山円覚寺、1985年より引用）

こうして蘭渓道隆をはじめ、兀庵普寧・大休正念・西澗《せいかん》子曇《しどん》（一二七一年来日）・無学祖元ら宋の高僧が相次いで来日し、幕府の要人に大きな影響を与えただけでなく、幕府の勧めもあって地方の武士の間にも禅宗が普及していった。

対蒙古外交に直接関与するようになった幕府に決定的に不足していたのは大陸情報であった。時宗らにとって渡来僧は禅宗の師であると共に、日常政務の良き相談役でもあった。とりわけ蒙古との外交が行き詰まり、襲来が必至という情勢の中、渡来僧の存在は大きかったに違いない。時宗が信頼する無学祖元は来日する前、修行中の寺に乱入した蒙古兵に白刃を突きつけられて、まさに斬られようとしたその時、一喝して蒙古兵を退散させたという経歴をもっている。こうした南宋の渡来僧から得る情報は、決して蒙古をよく言うとは思えない。そもそも渡来僧の修行する宋朝の禅宗が国家・権力と結びつきやすく、儒教の精神を共有している。いわば中華意識が非常に強く、蒙古を蛮夷とみなすのも当然である。

最初のクビライ国書にみられる異様な文言に接している時宗らが、全幅の信頼を寄せる渡来僧の蒙古観を素直に受け入れたこともよく理解できる。

渡来僧に対する信頼の根源には中華に対する敬意があった。例えば弘安の役における神風後の掃討作戦で、日本の武士は捕らえた元軍兵士の大半を殺したが、宋人は唐人と称して殺さなかったと伝えられている。本当の中華に対する憧憬は強く、最高の知識層である上、自己を律する厳しい修行を目の当たりにして、渡来僧に対してなおいっそう畏敬の念をいだいたことであろう。

『元亨釈書』巻八・宋国祖元には次のような逸話が記されている。弘安四年（一二八一）正月、無学祖元のもとを訪れた時宗に対し、無学は〈煩悩《ぼんのう》する莫《なか》れ〉と書き示した。その意味を問う時宗に無学はさらに〈春夏の間、博多擾騒《じようそう》す。而して一風纔《わず》かに起こり、万艦掃蕩せん。願わくは公（時宗）、慮《おそ》れを為さざれ〉と書いた。〈果たして海虜（元軍）百万鎮西に寇し、風浪俄《にわか》に来りて一時に破没す〉云々という記述がある。無学が蒙古の襲来と大風を予言し、的中したということであるが、『元亨釈書』は鎌倉末の編纂物であり、果たしてどこまで事実かは疑わしい。しかし蒙古の再度の襲来が必至とみられる情勢の中で、時宗が無学に自らの為すべきことを尋ねることがあったのは事実とみてよいであろう。また時宗が異賊降伏を祈って仏典を血書した際、無学は求められて、〈朝臣勇猛を発し、血を出して大経を書す。……一句と一偈《げ》、一字と一画、悉《ことごと》く化して神兵と為《な》り、猶お天帝釈《たいしやく》の彼の修羅と戦うが如し〉と述べている（『仏光国師語録』三）。さらに無学は時宗の元軍撃退の功を〈一風に蛮煙《ばんえん》を掃蕩《そうとう》〉したと評している（『仏光国師語録』巻四）。「蛮煙」とは蛮夷の兵馬が行き交うために起こる塵や煙を言い、蒙古の軍勢を表現している。

無学の外にも大休正念は時宗に、〈巨敵を攘《はら》い、社稷《しやしよく》（国家）を安んじて万世不抜の基いを立つるは、皆仏性（仏となる資質）を妙悟（本当に悟る）するの霊験なり〉（『念大休禅師語録』法語）と述べている。「蛮煙」（無学）、「巨敵」（大休）といった言葉を用いる渡来僧が蒙古のことを決してよく言うはずはなく、彼らの蒙古夷狄観は、時宗ら幕府の要人に影響を与えたに違いない。無学は、「弘安の役に際して時宗は、虜兵百万が博多を襲っても意に介することなく、毎日私を招いて、諸僧と禅の修行に励んだ」（『仏光国師語録』巻三）というが、実際にはどうであったろうか。

五　高麗ルート——高麗と大宰少弐武藤氏——

一方、もっとも近い隣国高麗からの情報はどうであったろうか。高麗（九一八～一三九二）とは、建国当初から交流があるが、公式の外交が開かれることはなく、主に日本人が高麗に出かける形で貿易が行われていた。しかし必ずしも平和的な貿易だけではなく、略奪行為もみられ、高麗からしばしば抗議を受けている。特に十三世紀に入ると倭寇の活動が活発化するようになり、やがて高麗が日本遠征の基地となり、直接戦火を交えることになるのである。

中国の文化を学んでいる高麗には日本と同じように中華意識があり、高麗国王は国内では皇帝を称し、「海東の天子」と自任していた。十一世紀には、高麗にやってきた宋や日本の商人を朝貢使に準じて取り扱い、国家行事に参加させることもあった。そしていつからかは不明であるが、日本人による貿易を進奉つまり朝貢と位置づけ、一定の礼式を備えて来航したものにのみ貿易を許すという約束が日本との間で成立していた。進奉船と呼ばれ、年間に二隻と定められていたことは知られるが、それ以上の内容は分からない。そして日本との約束とは言っても京都の公家はその存在を知らず、恐らく対馬・壱岐ないし大宰府との間で交わされていたものと思われる。高麗との貿易にはこうした制約があったところから、その枠に外れたものは、海賊行為に出ることになる。

十四世紀に本格化する倭寇のさきがけである。その背景には武家政権による鎮西支配の進展がある。『高麗史』には一二二三年（貞応二・高宗十）五月の〈倭・金州（金海）に寇す〉という記事にはじまり、一二二七年まで倭人の慶尚道入寇記事が相次ぎ、その禁止を日本に求める使者の派遣が記されている。歌人として有名な藤原定家は、その日記『明月記』嘉禄二年（一二二六）十月十六日条に、この頃京都に対馬と高麗とが争うとの風聞があり、〈末世の極みに依り、敵国来伐か。恐るべし、悲しむべし〉と記し、また翌日、「鎮西凶党ら（松浦党と号す）が数十艘の兵船に乗り込み、高麗に入寇して合戦となり、銀器等を奪い取ってきた。このため高麗は国をあげて兵を起こすのではないか。我が国の中国との貿易船は帰国の際には風向きの影響で高麗に漂着する場合が多い。高麗が怨敵となれば、宋との往来も難しくなる。実際高麗に流れ着いた唐船が放火され、一人残らず焼死したという。末世の狂乱至極、滅亡の時か。甚だ奇怪の事なり」と記している。倭寇の正体とされる松浦党とは五島列島を中心として形成された武士団で、島嶼を舞台に海上で活動し、時に海賊となる集団として知られていた。さらに十二月には、壱岐島等の日本人が高麗に入寇して合戦となったとの情報が幕府を通じて朝廷に寄せられた。その時〈関東驚きて、沙汰すべきの由、公家に申す〉とのことであった。幕府としても対応を朝廷に委ねざるを得なかったのである。

そして翌年高麗から倭寇の取り締まりを求める文書が届いた。丁亥つまり安貞元年（一二二七）二月付け高麗国全羅州道按察使から日本国惣官大宰府宛の牒状である。その要旨は次の如くである。

①日本国の対馬島民は古くから土地の産物を貢ぎ物として我が国に献上し、毎年和好を修めている。一方我が国も彼らの便宜を考えて館舎を建て、恩義と信義の気持をもって、丁寧に対応している。

②これにより高麗の沿海地方や島嶼の人々は、古くからの友好関係を疑わずにいたところ、対馬島民が（館舎

の設けられた）金海府は古くから自分たちの住むところと告げた上、去年の六月には夜陰に乗じて金州城内に押し入り、掠奪行為をはたらいた。対馬島の役人も島民が勝手に（高麗との間を）往来することを許し（黙認し）、彼らと一緒になって高麗の罪もない百姓を侵略して苦しめている。

③そこで、高麗朝廷は上記の事件の真相を解明するため、全羅州道按察使の役人承存ら二十人を使者に任じ、牒状を託して派遣する次第である。

④そもそも元来（高麗との間で）定められている進奉の制度が守られていない。高麗にやってくる商船の数は多く、またしじゅうやってきては、悪事を働いている。これは一体どういう事情によるのか。

⑤以上のような出来事が起こる理由（事情）について、速やかに調査して回答していただきたい。

この時対応したのは武藤資頼である。資頼は、大宰少弐に任じられて旧来の大宰府機構を掌握し、あわせて守護としての権限を行使していた。これまでこのような異国牒状を受け取った場合、大宰府では開封せず、使者の来着と牒状の到来をすみやかに朝廷に伝え、その指示を仰いで対応するのが通例であった。ところが今回は違った。大宰府の現地責任者である資頼は、上奏を経ることなく、高麗の牒状を開封した上、悪徒九十人を捕らえ、高麗使の面前で斬首するという行動に出ているのである。さらにまた独断で返牒を作り高麗使に渡したという。こうした経緯をあとから知った朝廷は驚き、公家は日記に〈もっとも奇怪の事なり〉〈我が朝の恥なり〉と記している。これに対応する記事が『高麗史』にみえる。高宗十四年（一二二七）五月乙丑条に、〈日本国、書を寄せて賊船寇辺の罪を謝し、仍《よつ》て修好・互市《ごし》を請う〉とある。日本国が寄せた書とは資頼が独断で送ったという返牒で、その内容は「日本人が高麗に入寇して掠奪を働いたことを謝罪し、かつ友好的な交流と貿易を求める」というものであったという。

高麗側としては思いがけない日本側の対応であった。陳謝と友好を求める返事をもたらしたこの時とばかりに、あらためて使者を派遣した。修好・互市の内容を確認し、約定を結ぶためである。そしてこれまた首尾良く「和親の牒」を持ち帰ったのである。この和親の牒状も武藤資頼が独断で出したものとみてまちがいない。そして和親の内容とは、「進奉は年に一度、船は二艘に限る。もしこれ以上の船でやってきて高麗の沿海村里で悪事を働いた場合は厳罰に処する」(『高麗史』巻二五・元宗四年四月条)というものであった。

いわゆる進奉船については以上のような経緯で約定にいたったものと思われる。したがって進奉船とは日本の朝廷ないし幕府が公式に高麗と交わした約定ではなく、当初は対馬島が、後には武藤資頼が個人的に関与して結ばれたものと推測される。延応二年(一二四〇)に高麗牒状について朝廷で審議された際に出席した公家は、「進奉船のことは昔からその名前は聞いているが、対馬島民の約定であるので、詳しいことは分からない」(『平戸記』同年四月十七日条)と述べている。

このように高麗は対馬島民が約束を破って悪事を働いているので大宰府に取り締まりを要求したところ、責任者武藤資頼は即座に対応して陳謝し、修好・互市を求めてきたのである。高麗とすれば期待以上の行動をとってくれた資頼を信頼したことであろう。資頼はこのあとまもなく安貞二年(一二二八)八月に没するが、その子の資能は少弐と守護の地位を受け継いだだけでなく、父が築いた高麗との信頼関係も引き継いだ。貞永元年(一二三二)には次のような事件が起きている。肥前国の鏡社の住人が高麗に渡り、夜襲をかけて数多の珍宝を奪い取って帰国したという。そこで守護少弐資能が詳細を尋問するため犯人を召し取ろうとしたところ、鏡社の預所は守護の沙汰には及ばないと主張しているとの注進があった。そこで沙汰(評定)が行われ、預所が犯人をかくまってはならない、犯罪人の名簿にしたがって、犯人の身柄を守護所に引き渡すようにとの決定がなされた。あわせて船及び略奪品に対しても同様の措置が命じられたという(『吾妻鏡』閏九月十七日条)。鏡社住人の犯行を武藤資能はどのようにして知ったのであろうか。おそらく高麗からの通報によるものであり、追捕《ついぶ》した結果を高麗に報告したであろう。資能は高麗からとうぜん優先貿易などの権益を受けていたと推測される。

　こうして鎮西の特に半島との境界領域では京都や鎌倉では把握しきれない新しい動きが始まっていたのである。少弐氏の締め付けでも倭寇が続くので、高麗は弘長三年（一二六三）に禁止を求める牒状をもった使者を送ってきた（『高麗史』巻二五・元宗四年四月条）。牒状では、「今年の二月、日本の船一艘が、熊神県（鎮海市）界勿島に現れ、そこに停泊していた年貢船を襲い、積んでいた「米幷《あわ》せて一百二十石、紬布幷せて四十三匹」を奪い去った。元来の進奉の約定に背く行為であるので、取り締まって欲しい。犯人を厳罰に処することがすなわち両国和親の道である」と述べている。これに関する史料が松浦《まつら》党関係史料として有名な『青方文書』にみえる。それには〈高麗国牒使牒状を帯し、去年九月之比到着せしむるの間、彼の状を披見せしむるの処、去年二月廿三日日本国船壱艘、故無く彼の国に襲い渡り、年貢米百二十三石・紬布四十三反捜し取らしむ〉云々とある（『鎌倉遺文』一九七二五号）。断簡であるので、全体の文意は定かでないが、奪われた年貢の内容と数量が一致しているので、この時の事件に関連した史料とみてまちがいない。つまり松浦党に何らかの調査が及んでいるのであり、この事例も恐らく少弐資能が高麗からの訴えを受けて倭寇の追捕に乗り出しているものと推測される。

　少弐氏は高麗貿易だけではなく、日宋貿易にも関与している。上に触れたのと同じ年（一二六三年）の六月から八月にかけて、日本から宋に向かう船、帰国する船が相次いで高麗に漂着している（『高麗史』巻二五・元宗四年六月〜八月条）。その中の一隻について、『高麗史』には、「大宰府少卿殿の商船が宋からの帰途、遭難し、宣州加次島（平安北道宣川郡）に漂着したという。全羅道按察使に命じて食料と船を用意し、本国に護送させた」という記述がある。詳細は分からないが、少弐氏が経営する日宋貿易船が高麗に漂着したということであろう。また文面からは、少弐氏の船ということで高麗から丁寧な取り扱いを受けている様子が読み取れる。少弐氏は高麗だけでなく宋とも貿易を行っていた。

この翌年（文永元年）四月、幕府は御分唐船《ごぶんとうせん》の停止を大宰府に指示する。『追加法』四二一〜四二五（『鎌倉遺文』九〇八八号）に、〈一、御分唐船の事　御教書《みぎょうしょ》を宰府に成さるべし。自今已後、停止せらるべし〉とある。「御分」と付くからには将軍ないし幕府公認の貿易船であろう。それを停止するというのである。北条氏一門が貿易に関わる史料は、まだこの段階では見ることはできない。おそらく御分唐船は大宰府が管理し、少弐氏に運営が任されていたのであるが、次第に少弐氏が独自の行動をとるため、制限を加えたのではなかろうか。少弐氏は大宰府現地の最高責任者の地位を私的にも利用して、独自の対外貿易活動を活発に展開していたのである。唐船というとただちに対中国貿易船を想起するかも知れないが、高麗貿易も含めて考えるべきであろう。

むすび

武家政権の誕生により、大宰府は旧来の内政と外交という二つの機能のうち、鎮西統治が重要課題になり、対外関係はおろそかになったように思える。こうした事情をついて、少弐氏は高麗との倭寇問題をチャンスとして独占的な貿易を行っていた。御分唐船の停止はこれが放置できない事情になっていったことを示しているのではなかろうか。なお、こうした交流の事例からみて、大宰府までは相当量の情報が入っていたとみて間違いない。ここから先、少弐氏が鎌倉や京都にどの程度伝えたかどうかが問題となろう。御分唐船停止からまもなく対蒙古外交が始まるのである。

海外情勢を入手するためのルートはいくつもあった。それにも関わらず、そのパイプを利用して情報を蒐集した形跡は幕府にも朝廷にもない。対蒙古外交の前線に立つことになった幕府が頼りとしたのは南宋の渡来僧であった。彼らは蒙古によって母国が侵略されていく現実を見ており、決して蒙古に屈してはならないとの思いを時宗らに伝えたであろう。渡来僧に頼る海外情報は確かに偏ったものである。しかし渡来僧と幕府を率いる時宗との間には深い信頼関係があった。建長寺等に所蔵される蘭渓道隆筆時宗諷誦文（願文）は時宗と蘭渓との交流を示す代表的な史料であるが、その中で、〈専ら祈る、弟子時宗、永く帝祚を扶《たす》け、久しく宗乗（禅宗）を護り、一箭を施さずして四海安和し、一鋒を露わさずして群魔頓息〉と記している。同じことは無学も〈一箭を発さずして煙塵やみ、一刃に血ぬらずして天地清し〉（『仏光国師語録』巻三）と述べている。武器を用いず平穏な日々をもたらすことは時宗の理想とするところであったが、現実には多くの命が失われてしまうのである。

4　源頼朝〝敗訴〟からのスタート

一　源頼朝と質素・倹約

最近、鎌倉の大倉幕府周辺の遺跡に対する発掘調査が行われた。源頼朝が鎌倉入りした後、最初に拠点とし、多くの御家人が生活を営んでいた場所で、鎌倉ではもっとも早く開発された地域とされている。調査によって、武家政権誕生の頃つまり十三世紀初頭から中頃にかけての層からは、多数の手づくねかわらけ皿、常滑窯・渥美窯の甕などに混じって、京都の公家が入手を競った中国製陶磁器も出土しているが、数は少ないとのことである。武家の質素な生活を彷彿させる。

『吾妻鏡』元暦元年（一一八四）十一月二十一日条には次のような逸話が記されている。

源頼朝が所用で右筆《ゆうひつ》（書記・秘書）の藤原俊兼を召したところ、華美な小袖《こそで》を身に着けていた。俊兼は日ごろから派手で知られていたが、頼朝はその姿を見て、俊兼の刀を差し出させ、受け取るといきなり小袖を掴み、切ってしまったのである。そして俊兼に言った。「お前は豊かな才能を持っている。しかし倹約の心はどうか。千葉常胤や土肥實平らは広大な所領を持っているが、衣服などは粗品（質素）で、美麗を好むことはない。だからその家は富裕の聞こえがあり、多くの郎従を抱え、勲功に励もうとしているのだ。お前は財産の使い方を知らない。身の程知らずだ」。厳しい言葉に俊兼はうつむいて黙っていた。さらに頼朝は「今後華美な服装は止めるか、どうだ」と続けた。俊兼は「止めます」と答えた。たまたまそばで一部始終を見ていた頼朝側近の大江広元と藤原邦通は凍り付いたという。

いよいよ平氏との最後の決着を迎えようとしている源頼朝の気迫が伝わってくる。質素・倹約を諭す源頼朝に華麗な唐物は似合わない。それから一年後、文治元年（一一八五）十月、平氏を滅ぼした弟範頼が九州から鎌倉に戻り、頼朝・政子に平氏から奪った唐錦・唐綾・唐絹等を進上した。しかしこれに頼朝が興味を持った様子は記されていない。頼朝は、伊豆の流人時代にも京都からの情報は得ていた。伝え聞く平氏の栄華と横暴をどのようにみていたのだろうか。

二　平清盛と日宋貿易

平氏は清盛の祖父正盛・父忠盛の時代から、海賊の追捕などを通じて瀬戸内から九州にいたる武士を配下に収め、西国・九州を重要な政治的・経済的な基盤としていた。平清盛が特に瀬戸内海に浮かぶ宮島の厳島神社を篤く信仰し、対外貿易を積極的に進めたのも、そうした父祖の影響によるものである。

この時期の東アジアでは、宋が中華の地位を維持していたが、北方の女真族が建てた金（一一一五～一二三四）

によって一一二六年に都開封を占領されてしまう。ここで宋は一旦滅ぶが、南の杭州（臨安府）に都を遷して再興した。これより以前を北宋、以後を南宋という。宋は華北を失ったが、それでも東シナ海・南シナ海に面する海外貿易の拠点は健在で、東方の有力市場である日本との貿易は盛んに行われた。明州（寧波）に置かれた市舶司が主として対日貿易を管理し、一方日本の博多津には宋海商の居住する唐房が形成され、あたかも宋の本社、日本の支社のような形で、海商が経営する貿易が展開された。現在の博多駅前に広がる博多遺跡群からは夥しい数の中国産陶磁器が出土し、当時の活気に溢れた博多津の様子を伝えている。

平清盛は保元の乱（一一五六）、平治の乱（一一五九）を経て権力を掌握するが、この間保元三年（一一五八）には外交・貿易の窓口である大宰府の実質的責任者である大宰大弐となり、ついで仁安元年（一一六六）には弟の頼盛が大宰大弐に任じられている。この頃は大宰府の帥《そち》（長官）・大弐《だいに》（次官）は現地に赴任しないのが通例であったが、頼盛は大宰府現地に赴任している。清盛は弟に九州経営の陣頭指揮にあたらせたのである。一方、清盛は武士の身分でありながら、公家社会の一員としても出世を続け、仁安二年（一一六七）には従一位・太政大臣と頂点を極めている（五月、辞任）。翌年二月、病により出家したが、平癒後はそれまでと変わらず権力者としてふるまっている。嘉応元年（一一六九）春頃、京都の六波羅から福原（現在の神戸市）に居を移した。近くに大輪田《おおわだ》泊（神戸港）があり、宋船を間近で迎えるためである。これまで関門海峡を入ることのなかった宋船を通航させるため、音戸《おんど》ノ瀬戸（広島県呉市）を開削したという伝承も残されている。

そしてこの頃から公家を驚かせる清盛の行動が続く。まず嘉応二年（一一七〇）九月、後白河法皇を福原山荘に招き、宋人に面会させたのである。これを聞いた右大臣九条兼実は、〈我が朝、延喜以来未曾有の事なり、天魔の所為か〉と嘆いている（『玉葉』）。「延喜以来」というのは、宇多天皇が子の醍醐天皇（延喜を元号とする）に書き残した『寛平御遺誡《かんぴょうのごゆいかい》』の中で、上京した唐人と直《じか》に面会した事を後悔し、〈新君慎しめ〉と述べたことを指している。

さらに日本の権力者が積極的に貿易を求めていることを知ったのであろう、承安二年（一一七二）九月には、宋の対日貿易の拠点である明州（寧波）の刺史（地方長官）から日本国王と太政大臣つまり清盛に宛てた牒状と贈り物が届いた。通常は公家の会議にはかり対応を協議するのであるが、清盛は独断専行して返牒と返礼の品を送ったのである。清盛の返礼品には剱が含まれていた。武器は律令で海外への持ち出しが禁止されていた。この先例を無視したやり方にはさすがに大方の公家が驚きと不満を抱き、当時の有識者は九条兼実に、〈今度の所為、言うに足らず。……尤《もっと》も悲しむべき事なり〉と語り、兼実はこれに同意するとともに、近頃宋が我が国に親しくしてくるのはどうも感心できないとも漏らしている（『玉葉』承安三年三月二十二日条）。

こうした公家の不満も所詮は陰口で、清盛は積極的に貿易を進め、『太平御覧《たいへいぎょらん》』という宋の四大書籍の一つに数えられる書物を入手している。宋が国外への持ち出しを制限していた貴重書で、南宋以降制限がゆるくなったとは言え、これを入手しているということは、清盛が宋との間に相当太いパイプ、おそらく明州刺史のような官人との人脈をもっていたことを示している。そしてその貴重な『太平御覧』を治承三年（一一七九）高倉天皇の皇太子（のちの安徳天皇）に献上している。貴重な唐物を独占的に入手し、それを公家に分配する平清盛の威光と権威はいやが上にも増したことであろう。

こうして数多くの知行国と日宋貿易で得た平氏の栄華ぶりは『平家物語』に描かれており、清盛をはじめ平氏の公達《きんだち》が書写し、豪華に装飾されて厳島神社に奉納された平家納経は、今にその栄華を伝えている。しかし公家の間では次第に不満がつのり、平氏排斥の動きが現れ始める。その最初が治承元年（一一七七）六月の鹿ケ谷《ししがたに》陰謀事件である。さらに治承三年（一一七九）には清盛の意に沿わない人事が行われ、清盛が福原から上洛して後白河の院政を停止し、高倉天皇の親政とするというできごとも起こっている。そして治承四年（一一八〇）二月、娘徳子の子安徳天皇が即位し、清盛は念願の外祖父の地位を得たが、四月には平氏打倒を掲げる以仁王《もちひとおう》の令旨《りょうじ》が発せられたのである。八月には伊豆の源頼朝が挙兵し、源平争乱の中、養和元年（一一八一）閏二月、平清盛は病死する（六十四歳）。敗走を続ける平氏が壇ノ浦で最期を迎えるのは文治元年（一一八五）三月のことであった。

三　公家の海外認識

後白河法皇が宋人と面会したと聞いた九条兼実らは〈未曾有〉〈天魔の所為〉と嘆いているが、『寛平御遺誡』の原文では、「外蕃（外国）の人と対面する場合は必ず御簾《みす》ごしにせよ。直に会ってはならない」、というもので、会うこと自体を禁止しているわけではない。これを兼実らは、天皇（上皇・法皇）は異国人とは会ってはならないと拡大解釈をしているのである。ここにすでに開明的な清盛と内向的な公家との感覚の違いが表れている。

兼実は、平氏によって焼き払われた東大寺の再建にあたっていた僧重源《ちょうげん》を招き、話を聞いた時のことを日記に記している（『玉葉』寿永二年（一一八三）正月条）。兼実が特に興味をもったのは、重源の「渡唐三カ度」、つまり三回にわたる宋への渡航体験談であった。まず①巡礼の目的地とした五台山は大金国に討ち取られてしまっていて、参詣できなかったが、宋人の勧めで天台山・阿育王山《あいくおうざん》に参詣した。②天台山では五百羅漢の住むという石橋があり、たいていの人は渡ることができないが、重源は渡ることができた。③阿育王山では阿育王（アショカ王）が造ったという八万四千塔があり、種々の奇瑞を現すことで知られているが、重源も神変を体験した。④大金国が宋を討伐しようとしたのは、三つの宝を手に入れるためである。一つは秘書『難定真本』（金銀・布絹・米穀等何でも手に入れることのできる秘説（秘伝）が書かれている）、二つは金の帯、三つは玉印である。

およそこういった重源の入宋体験談が書かれている。この数年後の文治元年に重源自身による敬白文には五台山に参詣したと書いてあり、石橋も容易に渡れるものではない。したがって真偽とりまぜた話であるが、兼実は〈此の聖人の体、実に飾詞無し。尤も貴敬すべきに足る者なり〉と賞賛の言葉を記している。海外情勢に触れる機会が少ない兼実は素直に受け取っているが、当の重源もどれほど渡航先の情報を入手していたのか、いささか不審に思われる。前述のように、金が宋の都開封を陥したのは一一二六年のことであるので、開封よりも北方に位置する五台山が金の領域に入るのは、少なくとも重源入宋の五〇年も前のことである。重源はそうした情報も知らずに入宋したのであろうか。五台山と言えば、天台山とともに、極楽往生を願う日本人の聖地であり、公家は入宋巡礼僧に託して縁を求めた。延久四年（一〇七二）に入宋した成尋《じょうじん》は両方に参詣することができ、夢が実現した喜びを巡礼日記である、その名も『参天台五臺山記』に記している。

唐が滅亡した時、あたかもそれに連動するかのように、周辺では大きな変動が起きている。東方を見ても、朝鮮半島では新羅から高麗へ、東北では渤海から契丹（遼）へ、さらに金、やがて蒙古へと勢力の興亡が繰り広げられる。しかし日本列島は大きな変化とは無縁であった。新羅との公式外交は八世紀後半で終わり、最後の遣唐使の入唐は八三八年、最後の渤海使の来日は九一九年で、公式外交が途絶えて久しく、都で外交や海外情勢について話題になることも稀になる。しかしその一方では憧れの中華世界の文物は唐・宋の貿易商人（海商）が運んでくれる。海外情勢について特に関心を寄せなくとも、欲しい唐物は海商が届けてくれるのである。出て行く外交を放棄し、日本を中華と認めるもののみを受け入れ、対応に困った時は、違例・無礼を口実にして大宰府で門前払いにするといったことが、いつしか先例となり、常識として定着していった。この常識を打ち破ろうとした平清盛とそれを非難する九条兼実、二人はまことに対照的な国際認識をいだいていた。京都からほとんど出たことのない公家の社会では、「中華の名分を維持しながら、先進の文物を享受する」、これが基本認識となっていった。

四 源頼朝と公家

それでは源頼朝には、日宋貿易を積極的に進め、華麗な唐物で周辺を飾っていた清盛をはじめとする平氏の姿はどのように映っていたのであろうか。伊豆の頃から、流人とは言え、源氏の嫡流に心を寄せ、ひそかに支える人々も多く、頼朝のもとに都の情報も届けられていた。そうした協力者の一人に三善康信《みよしやすのぶ》がいる。康信は下級官人として朝廷に仕える身であるが、頼朝の乳母の妹を母とする縁により、月に三度も使いを出して京都の情勢を知らせていた。治承四年（一一八〇）四月に出された以仁王の平家追討の令旨が露見し、五月二十六日に源頼政が討たれ、以仁王が自害すると、すぐに康信は弟を使者として送った。六月十九日には北条館に着き、諸国に源氏追討の命令が出されていること、特に頼朝は源氏の「正統」であるので身が危険であるから、早く奥州へ逃げるようにと伝えている。頼朝は深く感謝したという（『吾妻鏡』）。この後、元暦元年（一一八四）四月、頼朝は康信を鎌倉に招き、初代の問注所執事に任じている。

康信がいつから「洛中の子細」を伝えるようになったのかは明らかでないが、その情報には清盛をはじめとする平氏一門の横暴とともに日宋貿易や栄華の様子も含まれていたであろう。これを聞いた頼朝は、清盛の二の舞は避ける、あるいは平氏の轍を踏まない、公家社会と調整を進めながら、武士の政権を築いていく、こういうことをおそらく学び、考えていたことであろう。

治承四年（一一八〇）の旗揚げにこそ敗れたものの、鎌倉に拠点を構えて平氏を次第に追い詰めていった頼朝は、寿永二年（一一八三）十月、大きな力を朝廷からかちとった。東海・東山両道諸国で武士に押領されている荘園・国衙《こくが》領を本来の領主に返付すべきこと、もしこの命令に従わない者は源頼朝に追討させるとの宣旨が下された。東国に限定されているとは言え、頼朝に大きな支配権が認められたのである。翌元暦元年（一一八四）十月には公文所《くもんじょ》（別当大江広元）・問注所（執事三善康信）を設け、政権の基盤となる組織を立ち上げた（なお侍所（別当和田義盛）がこれより以前に設けられている）。そして文治元年（一一八五）三月、源義経らが壇ノ浦で平氏軍を破り、滅亡させる。まもなく兄と確執を生じて反旗を翻した義経らの追捕を名目に、朝廷に迫って諸国に守護・地頭を置き、さらに十二月には朝廷の人事にも介入し、かねて親しい九条兼実を内覧として自分と近い公卿を議奏とするなど、兼実と連携しながら朝廷対策をとり、全国政権へと成長していく。公家と妥協しながらも自らの主張を貫き、着実に政権の基盤をきずいていくのである。

頼朝は、文治五年（一一八九）奥州藤原氏征討の後、建久元年（一一九〇）十月に上洛する。朝廷から権大納言兼右大将に任命されるが、すぐに辞任した。ただし「前右大将」という肩書きは有効に利用している。この上洛に際して九条兼実に面会し、相互の信頼関係を確かめている。そしてその二年後建久三年（一一九二）、兼実の推挙もあって征夷大将軍に任命されるのである。武官の名誉ある職に任じられ、頼朝は宿願を果たしたとみられていたが、最近発見された史料（『山槐記』逸文）によれば、頼朝が自ら望んでいたのは、「大将軍」で、朝廷が最終的に坂上田村麻呂の吉例（佳き先例）がある征夷大将軍に決めたという。頼朝は征夷大将軍や鎮守府将軍など、任務が限定されている将軍ではなく、それらを超越した大将軍号を求めたのであろうが、この後、「北狄」蒙古との外交、戦いに際して、「征夷」大将軍の名称が大きな意味をもつことになる。

五　貿易訴訟の裁定

源頼朝が上洛し、征夷大将軍に任命され、いよいよ東国から全国的な政権へと成長する上で、公家との調整をはかりながら、基盤をかためていく時期、鎮西統治に送り込んだ側近の天野遠景《あまののとおかげ》が摂関家領島津荘官と紛争を起こし、領主近衛家から苦情が持ち込まれたのである。『島津家文書』に「年未詳五月十四日付源頼朝袖判《そではん》御教書《みぎょうしょ》案」（頼朝御教書）とよばれる文書がある。読み下し文はつぎのようになる。

　　在御判

近衛殿より仰せ下さる、『嶋津庄官訴え申す、宰府のため先例に背《そむ》き、今年始めて以て唐船着岸物を押し取らる事、解状《げじょう》これを遣わす』と。「早く新儀を停止し、元の如く庄家に付せしむべき也。適《たま》たま仰せ下されたる事の上、状の如くんば、道理限り有る事也」と。仰せの旨、此の如し。仍て以て執達《しったつ》件の如し。

　　五月十四日　　　　　盛時奉

伊豆藤内（天野遠景）殿

島津荘官が唐船の積み荷を大宰府によって押し取られたとして、領主近衛家を通じて訴え出た。これに対して頼朝が大宰府の行為を新儀とみなし、押し取った物を荘家に返付すべきことを、天野遠景に命じたものである。日付は「五月十四日」とだけだり、何年のものか定かでないが、宛先である遠景の肩書き等からおよそ文治二年（一一八六）から建久二年（一一九一）までのものと考えられている。源頼朝の対外関係に関わる唯一の史料であるので、やや詳しく考察を加え、本文書の検討から鎌倉幕府草創期の日宋貿易について考えてみたい。

まず簡単な注釈を記しておこう。①在御判《ありごはん》とは、本文書は写し（控え）で、原本ではここに源頼朝の花押《かおう》があったことを示している。②近衛殿とは藤原基通《もとみち》（一一六〇～一二三三）のことで、摂政・関白基実《もとざね》の男《むすこ》。義母が平清盛の女《むすめ》盛子。治承三年（一一七九）関白ついで摂政となり、その後停止・再任を繰り返している。③島津荘は日向・大隅・薩摩三国にまたがる広大な摂関家領荘園。この頃は近衛基通が所領としていた。④解状とは下位から上位へ差し出す文書。⑤新儀とは新しいやり方ないし先例に背く行為をいう。⑥宰府は大宰府。⑦盛時は頼朝の右筆の平盛時。本文書は盛時が頼朝の命を奉じて発給した奉書の一種で御教書という。⑧伊豆藤内とは天野遠景のことで、伊豆出身の御家人。藤内は藤原内舎人の略。

島津荘は日向・大隅・薩摩三国にまたがる広大な摂関家領荘園として知られている。万寿年中（一〇二四～一〇二八）に在地の豪族が日向国島津（現在の宮崎県都城市付近）を開発して、関白藤原頼通に寄進したのがはじまりと言われる。その後、摂関家の重要な所領として相伝されたが、仁安元年（一一六六）、摂政藤原基実が二十四歳の若さで急死すると、その子基通が幼少であったため、基実の弟基房《もとふさ》が摂政・氏長者を継ぐことになる。時の権力者で、娘（盛子）を基実に嫁がせ、将来を夢見ていた平清盛は、基実の早世を嘆いたが、摂政基房には摂関家領の一部だけを相続させ、島津荘をはじめとする摂関家の主要な財産は全て故基実の北政所盛子の領有とした。ところが治承三年（一一七九）に盛子が亡くなると、後白河法皇と基房は盛子が管領していた基実の遺領を収公してしまった。そのため、政局の不満もあいまって、清盛は武力によって基房らを解官し、基通を内大臣・関白とし、盛子の遺領も再び受け継がせたのである。こうして平氏滅亡に至るまで、島津荘をはじめとする主要な摂関家領は、基通名義ではあるものの、実質的に平氏の管領下に置かれた。平氏滅亡後、源頼朝が基通に代えて九条兼実を摂政とした際に家領も移譲させようとしたが、基通は後白河法皇のバックアップもあってこれを拒否している。問題としている島津荘と大宰府間の紛争が起こった時期は近衛基通が領有していたが、頼朝・兼実側と摂関の地位や摂関家領をめぐって争っていた時期でもあったのである。

事件は、唐船の積み荷について、島津荘官が「先例」にしたがって取り扱おうとしたところ、大宰府が押し取ったといい、頼朝は大宰府の行為を「新儀」として退けたのである。それでは島津荘の「先例」、大宰府の「新儀」とは、それぞれどのような内容を指しているのであろうか。

そもそもこの事件がどこで起きたのかがまず問題となる。島津荘と大宰府・博多津とでは九州の北と南に大きく離れており、島津荘域で発生したのか、大宰府管理下の博多津で起こったのか、どちらとみるかによって事件の具体像についての理解が大きく異なってくる。貿易船の来着地は必ずしも博多津とは限らない。『平家物語』巻三・有王に、有王が鹿ヶ谷事件で鬼界島に流された俊寛《しゅんかん》を訪ねて再会する場面に、薩摩から「唐船」が出ていたこと、俊寛が硫黄を採取して九州からやってくる商人に売り、生活の糧を得ていたことなどが記されている。硫黄は火薬の需要が増えた宋への重要な輸出品であった。こうした記事をみると、島津荘内に入港した唐船の取り扱いをめぐって紛争が起きているように思えるが、大宰府が現物を差し押さえる現場としては島津荘は遠すぎる。事件現場は博多津とみなければならない。その状況を考える上では次の例が参考になる。

「頼朝御教書」発給の直前まで島津荘は平氏の管理下にあった。その主張する「先例」が平氏時代の貿易のあり方に関わるものであったことはあきらかである。平氏政権時代の日宋貿易をめぐる荘官と大宰府とのトラブルと言えば、著名な例がある。長承二年（一一三三）に起きた肥前神崎荘《かんざきのしょう》官と大宰府の例である。神崎荘は有明海に面して所在する（現在の佐賀県神埼郡）皇室領荘園で、長承二年の頃は鳥羽院領となっており、平清盛の父忠盛が荘司を務めていた。その事件とは、来着した宋船に対して大宰府がいつものように貿易を行ったところ、平忠盛が「宋商人との取引の権利は神崎荘にあり、大宰府の管轄外にある」と主張して、府官と紛争になったという内容である（『長秋記』）。この宋船は神崎荘現地ではなく大宰府管理下の博多津に来着したもので、忠盛の主張の根拠は、唐物入手のために神崎荘が宋商人との間である種の契約を結んでいたことにあると考えられる。これに対して大宰府は一括管理を主張して紛争となったのである。

島津荘官の主張する「先例」とは恐らくこうした事例を指しているとみられる。従って長承二年の紛争にどのような結論が出されたかは分からないが、神崎荘側つまり忠盛の主張が通ったものと思われる。そうした先例をもとに、島津荘が取引契約を交わしていた宋船が博多津に入港したので、契約した唐物（積載品）を引き取ろうとしたところ、大宰府が押し取ったものと推測される。

博多津からは遠く離れた島津荘であるが、同荘園はすでに平氏政権時代から博多津貿易に加わっていた。久安三年（一一四七）～四年頃に「西海荘」が孔雀《くじゃく》や鸚鵡《おうむ》を摂関家に献上しているが、「西海荘」とは島津荘のことで、関連する史料を検討すると、島津荘は孔雀などを博多津に来航した商人から入手していることが知られる。島津荘のように、博多津から離れた場所に位置する荘園では、あらかじめ海商に希望する唐物を注文したり、博多津在住の宋商人と契約を結んだりして、唐物を入手するルートを構築していたものと思われる。承久元年（一二一九）に博多津唐房在住の宋商人が殺された事件では、博多から離れた神崎荘が何らかの形で事件に関わっており、博多津周辺で活躍する宋商人と関係を持っていたことが知られる。島津荘もおそらく同じようなネットワークを有していたのであろう。

六　大宰府の「新儀」――鎮西奉行天野遠景の活動――

それでは、一方大宰府の「新儀」とはどのような行為を指しているのだろうか。文治元年（一一八五）源頼朝は壇ノ浦で平氏を滅ぼした後、着々と政権の基盤を固めていくが、もっとも意を用いたのが鎮西（九州）の統治であった。鎮西はかねて平氏の強固な地盤であり、新しく誕生した頼朝政権に必ずしも従う勢力ばかりではなかった。また混乱に乗じて武士が狼藉をはたらくため、後白河院をはじめとする公家の抗議も頼朝のもとに寄せられていた。このため頼朝が現地に送り込んだのが、挙兵以来側近として活躍した天野遠景である。『吾妻鏡』文治二年（一一八六）十二月十日条に〈遠景を鎮西九国奉行人と為す〉と記されているが、すでに同年二月には遠景が現地で指示を出していることが知られるので（『吾妻鏡』同年二月二十二日条）、現地に赴任したのは文治元年末から同二年初の頃とみられている。遠景は赴任すると、鎮西武士の関東御家人化に成果をあげる一方では、律令機構の九州統治機関である大宰府の実権を掌握し、管内に幕府の力を及ぼしていく。

遠景は嘉禄元年（一二二五）十二月二日付関東御教書（『鎌倉遺文』三四三七号）に、〈遠景朝臣宰府奉行の時、新儀を以て管内の庄園・神社・仏事平均に支配せしむると雖も、……〉とあるように、鎮西全域に幕府の力を及ぼすことに努めている。しかしそのやり方はしばしば強引で性急であったため、在地における紛争を生じている。こうした行為を新儀非法とする抗議が相次ぎ、頼朝もついに建久六年（一一九五）頃には遠景を解任せざるを得なかった。「頼朝御教書」の島津荘をめぐる問題も天野遠景の先例を無視したやり方が「新儀」とみなされ、紛争となった一例である。島津荘の現地を預かる荘官から領主近衛基通のもとに訴えがなされ、これを受けて基通は荘官からの解状を添えて源頼朝に抗議し、善処を求めたのである。

七　源頼朝裁定の背景――島津荘と摂関家――

源頼朝はけっきょく近衛基通・島津荘の主張を認めた。その背景として、この頃の政治情勢、特に摂関の地位をめぐる後白河法皇・基通と源頼朝・兼実の対立という、摂関家の内紛について考えておく必要がある。文治二年（一一八六）三月、頼朝の強い要請により、基通に代えて兼実を摂政・氏長者とするが、頼朝は、さらに基通が相続している摂関家領を兼実に管領させることを図った。しかし後白河法皇・基通の拒否にあい、けっきょく基通の摂関家領管理を認めることになるが、摂政を兼実にとって代わられた基通は、門戸を閉ざして出仕しなかったという（『玉葉』文治二年閏七月十五日条）。後白河法皇も心配して兼実に相談するほどであった。頼朝も基通の抵抗の強さ、反響の大きさに驚いたことであろう。

文治二年閏七月頃までは摂関家領の移譲をめぐり基通（後白河）と兼実（頼朝）との間では駆け引きが続いており、当然島津荘の帰属も対象となっていた。そのことは「頼朝御教書」の文面にも反映している。源頼朝の裁定文にあらためて注目したい。〈適《たま》たま仰せ下されたる事の上、状の如くんば、道理限り有る事也〉とある。状つまり資料として添えられていた島津荘官の解状の内容に道理（正当な理由）ありとするだけでよいものを、わざわざ〈適たま仰せ下されたる事の上〉としている。「適」字は「たまたま」と訓み、ふつうには「時おり、たまたま、偶然に」といった意味であるが、当該の文書においてはぴったりとはこない。文脈から判断すると、「特に」「とりわけ」といった意味に解釈するのがもっともふさわしい。つまり「特に近衛殿からの仰せである上、荘官の解状には道理がある」となり、近衛殿に対する配慮が表れているように思う。荘官の解状だけで良いものを、わざわざ〈近衛殿より……〉と述べていることに注目したい。またこのことから、「頼朝御教書」は摂関家領問題も一段落した後とみるのが妥当で、これ以上京都の朝廷と事態をこじらせたくないという頼朝の思いが伝わってくるようである。

あらためて「頼朝御教書」を現代語に訳すと次のようになる。

近衛殿（藤原基通）から仰せ下されることがあった。「我が所領である島津荘々官から、『（本来島津荘に権利のある）唐船の積み荷を大宰府が押し取った。先例に背く行為であり、初めてのことである』という訴えがあった。荘官の解状を添えるので参照（し善処）されたい」とのことである。（そこで審議を加えたところ、荘園側の主張が妥当であるので）「早く大宰府の新儀を停止し、押し取った積み荷を荘園側に返すようにせよ。特に近衛殿の仰せ下されたことである上、解状の如くであればその荘官の主張はもっともである」。（頼朝の）裁定の趣旨は以上のごとくである。この旨を伝える（ので現地で命令を実行するように）。

八　源頼朝と外交――宋商人の狼藉一件――

一方、ほぼ同じ時期に宋との外交案件が持ち上がっている。『玉葉』建久二年（一一九一）二月十九日条に次のような記述がある。蔵人頭藤原宗頼が兼実のもとにやってきて、大宰府の解状について沙汰すべしとする天皇の仰せを伝えた。その問答の内容は、次のようなものである。大宰府から「入宋した（日本在住の）商人楊栄《ようえい》及び陳七太《ちんしちた》が現地で狼藉を働いて帰国した。このことで宋の朝廷は、『今後日本からの商人がやってきたならば、その身柄を（都まで）伝え召すように』と下知したという。これは大変なことである。楊栄らを重科に処し、（その旨を）宋朝に報告する必要があります」との報告があった。これはたしかに大事なことである。早く二人を召して処分すべきである。ところが楊栄は我が国で生まれた者だから（我が国の法に基づいて）処分して問題はないが、陳七太は、宋朝生まれである（ので、勝手に処罰してよいか問題がある）。このようなケースについて先例では自由に科断することはできないのではないか。詳細について不明な部分があるので、まず先例を調べるように命じた。その調査結果を参考に沙汰（判断）すべきであろう。その後、六月十二日に楊栄らのことが議題とされているが、最終的にどのような措置がとられたかは明らかでない。

この頃、日宋貿易に従事する商人は、博多津周辺の唐房に居住し、日本人女性と結婚して子供をもうけることも少なくなかった。日本生まれという楊栄もその一人であろう。日本側が犯罪者をきちんと処分するという司法措置をとらなければ、貿易に制限を加えるというのが宋側の意図である。この情報を入手した大宰府は日宋貿易に大きな支障を来すと考え、二人を処分し、その結果を宋に伝えることが、日本が法治国家であることを示す上で必要との意見を寄せてきたのである。宋側の対応についての情報は海商がもたらしたものであろう。大宰府までは相当に海外情報が入ってきていることを示している。

この重要な外交案件に源頼朝（武家）が関与している形跡はなく、もっぱら朝廷で審議が進められている。外交は天皇大権であり、朝廷の専権事項とする考えが、当然のことながら、この時期には存在したのである。しかしこうした朝廷の専権事項とみなす外交においても、やがて蒙古との外交に際しては、最終判断を武家に委ねざるを得なくなる。

九　源頼朝と宋人陳和卿

華美を誡《いまし》め、唐物に興味を示さない頼朝であるが、全く海外に関心がなかったわけではない。建久六年（一一九五）三月、頼朝は平氏によって焼かれた東大寺大仏再建供養のために上洛した。再建なった大仏に拝礼して感動し、造営にあたった宋人陳和卿《ちんなけい》との会見を望んだ。陳和卿は宋の商人で鋳造の技術をもっており、重源に請われて大仏の造営に協力したのである。再建に尽力した勧進僧重源に仲介役を依頼したが、陳和卿は頼朝が平氏との争乱で多くの人を殺傷した罪業深い人間であり、会えないと言って、再三固辞し、けっきょく会うことはできなかった。頼朝はしかし怒ることなく、その態度に感心し、甲冑・鞍馬三疋・金銀等を贈った。陳和卿は、甲冑は東大寺造営の釘の材料として、鞍は東大寺の法会に際して使用するため留めたが、その他は返却したという。勢威絶頂にありながら、会見を断られても怒ることなく、逆にその態度に感心する所など、頼朝が並の人間ではない、度量の広いことを思わせる話である。陳和卿との会見を望んだ理由は、大仏を見て、その素晴らしさに感動し、その作者はどのような人物か一度会ってみたい、ということにあったとあるが、多少は宋及び宋人に対する関心、あるいは畏敬の念というものがあったであろう。しかしそれ以上に、宋に関心を示すことはない。

同じ陳和卿に会って宋への憧れを強めるのが、頼朝の子で三代将軍となった実朝である。建保四年（一二一六）、陳和卿が鎌倉にやってきた。実朝が阿育王山の長老の権化（生まれ変わり）であるので、拝謁のため訪れたという。実朝と会いその話をすると、実朝も驚いた。実は建暦元年（一二一一）に夢の中で高僧に告げられたことと一致したのである。この奇跡に感じた実朝は陳和卿の勧めに従い、阿育王山に渡るため、唐船を造り、由比ヶ浜に浮かべようとしたが、けっきょく浮かべることができず、船は放置され、やがて朽ちてしまったという。

むすび

長く源頼朝像とされてきた神護寺蔵肖像画の風貌は、右筆の小袖を切って質素・倹約を勧め、弟を義絶して最後まで追い詰める、冷徹な頼朝の姿にふさわしい。しかし別人との説が有力である。一方甲斐善光寺に木造源頼朝像がある。頼朝の忌日が記され、文保三年（一三一九）の年紀もあり、頼朝の風貌を今に伝えている可能性が高いという。眉が下がり、どこか老獪な感じに見える容貌は、島津荘裁定にみられる公家に配慮し、調整しながら政権を築いていく、深謀遠慮の人物にはふさわしい姿に思える。島津荘と大宰府のような争いをもし平清盛が裁いたとすれば、恐らく自らの側近を擁護したであろう。しかしそこが平氏の轍を踏まない頼朝である。草創期の政権の基盤が脆弱な時、公家とは無用な対立を避けるという基本方針が貫かれている。一通の文書から唐物で周辺を飾るような考えはなかった武家の棟梁源頼朝の風貌が浮かんでくるようである。

図1　伝源頼朝像（神護寺蔵、『特別展 頼朝と重源——東大寺再興を支えた鎌倉と奈良の絆』奈良国立博物館・朝日新聞社、2012年より引用）

図2　源頼朝木像（甲斐善光寺蔵、『「武家外交」の誕生』さかのぼり日本史外交篇8　鎌倉、NHK出版、2013年より引用）

参考文献

第1・2章

相田二郎『蒙古襲来の研究』（吉川弘文館、一九五八年）
網野善彦『蒙古襲来』（小学館、一九七四年）
新井孝重『蒙古襲来』（吉川弘文館、二〇〇七年）
荒木和憲「文永七年二月日付大宰府守護所牒の復元――日本・高麗外交文書論の一齣」（『年報　太宰府学』二号、二〇〇八年）
荒野泰典・石井正敏・村井章介『通交・通商圏の拡大』（吉川弘文館、二〇一〇年）
荒野泰典・石井正敏・村井章介『倭寇と「日本国王」』（吉川弘文館、二〇一〇年）
伊藤幸司「外交と禅僧――東アジア通交圏における禅僧の役割」（『中国――社会と文化』二四号、二〇〇九年）
伊藤幸司「東アジアをまたぐ禅宗世界」（荒野泰典・石井正敏・村井章介『倭寇と「日本国王」』吉川弘文館、二〇一〇年）
池内　宏『元寇の新研究』（東洋文庫、一九三一年）
石井正敏「文永八年来日の高麗使について」（『東京大学史料編纂所報』一二号、一九七八年）→本著作集第三巻8
石井正敏『『異国牒状記』の基礎的研究』（『(中央大学文学部）紀要』史学科五四号、二〇〇九年）→本著作集第三巻10
石井正敏「文永八年の三別抄牒状について」（『(中央大学文学部）紀要』史学科五六号、二〇一一年）→本著作集第三巻9
植松　正「モンゴル国国書の周辺」（『史窗』六四号、二〇〇七年）
榎本　渉「日宋・日元貿易」（大庭康時・佐伯弘次・菅波正人・田上勇一郎編『中世都市・博多を掘る』（海鳥社、二〇〇八年）
太田弘毅『蒙古襲来――その軍事史的研究』（錦正社、一九九七年）
太田彌一郎「石刻史料「賛皇復県記」にみえる南宋密使瓊林について――元使趙良弼との邂逅」（『東北大学東洋史論集』六輯、一九九五年）
奥富敬之『北条時宗　史上最強の帝国に挑んだ男』（角川選書、二〇〇〇年）
小野尚志『八幡愚童訓諸本研究　論考と資料』（三弥井書店、二〇〇一年）

海津一郎『蒙古襲来――対外戦争の社会史』（吉川弘文館、一九九八年）
筧　雅博『蒙古襲来と徳政令』（講談社、二〇〇一年）
川添昭二『注解　元寇防塁編年史料』（福岡市教育委員会、一九七一年）
川添昭二『九州中世史の研究』（吉川弘文館、一九八三年）
川添昭二『日蓮とその時代』（山喜房仏書林、一九九九年）
川添昭二『北条時宗』（吉川弘文館、二〇〇一年）
黒田日出男『龍の棲む日本』（岩波新書、二〇〇三年）
小松茂美編『蒙古襲来絵詞』日本絵巻大成一四（中央公論社、一九八八年）
近藤成一編『モンゴルの襲来』（吉川弘文館、二〇〇三年）
佐伯弘次『モンゴル襲来の衝撃』（中央公論社、二〇〇三年）
佐藤鉄太郎『蒙古襲来絵詞と竹崎季長の研究』（錦正社、二〇〇五年）
朱雀信城「至元八年九月二十五日付趙良弼書状について」（『年報　太宰府学』二号、二〇〇八年）
関　周一「鎌倉時代の外交と朝幕関係」（阿部猛編『中世政治史の研究』日本史史料研究会、二〇一〇年）
関　幸彦『神風の武士像　蒙古合戦の真実』（吉川弘文館、二〇〇一年）
竹内理三『大宰府・太宰府天満宮史料』巻八（太宰府天満宮、一九七二年）
武田幸男編著『高麗史日本伝』上下（岩波文庫、二〇〇五年）
張　東翼「一二六九年「大蒙古国」中書省の牒と日本側の対応」（『史学雑誌』一一四編八号、二〇〇五年）
中村栄孝『日鮮関係史の研究』上（吉川弘文館、一九六五年）
南　基鶴『蒙古襲来と鎌倉幕府』（臨川書店、一九九六年）
橋本　雄『〝日本国王〟と勘合貿易』（NHK出版、二〇一三年）
旗田　巍『元寇』（中央新書、一九六五年）
服部英雄『歴史を読み解く――さまざまな史料と視角』（青史出版、二〇〇三年）
福島金治『北条時宗と安達泰盛』（山川出版社、二〇一〇年）
舩田善之「日本宛外交文書からみた大モンゴル国の文書形式の展開」（『史淵』一四六、二〇〇九年）

村井章介『アジアのなかの中世日本』(校倉書房、一九八八年)
村井章介『中世日本の内と外』(筑摩書房、一九九九年)
村井章介『北条時宗と蒙古襲来』(NHK出版、二〇〇一年)
森　克己『新訂　日宋貿易の研究』(国書刊行会、一九七五年　勉誠出版、新編二〇〇八年)
森　茂暁『鎌倉時代の朝幕関係』(思文閣出版、一九九一年)
森平雅彦『モンゴル帝国の覇権と朝鮮半島』(山川出版社、二〇一一年)
山口　修『蒙古襲来　元寇の真実の記録』(桃源社、一九六四年)
山田安栄『伏敵編』(吉川半七、一八九一年)
山本光朗「元使趙良弼について」(『史流』四〇号、二〇〇一年)
李　領「元寇と日本高麗関係」(『倭寇と日麗関係史』東京大学出版会、一九九九年)
龍　粛「蒙古襲来」(至文堂、一九五九年)

第3章
臼杵　勲「契丹・女真との交流」(荒野泰典・石井正敏・村井章介『通交・通商圏の拡大』吉川弘文館、二〇一〇年)
榎本　渉「「板渡の墨蹟」と日宋貿易」(四日市康博編著『モノから見た海域アジア史』九州大学出版会、二〇〇八年)
榎本　渉『僧侶と海商たちの東シナ海』(講談社、二〇一〇年)
大塚紀弘「唐船貿易の変質と鎌倉幕府――博多綱首の請負から貿易使の派遣へ」(『史学雑誌』一二一編二号、二〇一二年)
勝藤　猛『忽必烈汗』(人物往来社、一九六六年)
近藤　剛「嘉禄・安貞期(高麗高宗代)の日本・高麗交渉について」(『朝鮮学報』二〇七輯、二〇〇八年)
近藤　剛「『平戸記』所載「泰和六年二月付高麗国金州防禦使牒状について」(『古文書研究』七〇号、二〇一〇年)
杉山正明『クビライの挑戦――モンゴル海上帝国への道』(朝日新聞社、一九九五年)
杉山正明『モンゴル帝国の興亡』上下(講談社現代新書、一九九六年)

杉山正明『疾駆する草原の征服者』（講談社、二〇〇五年）
杉山正明『モンゴルが世界史を覆す』（日経ビジネス人文庫、二〇〇六年）
藤田明良「文献資料から見た日本海交流と女真」（『北東アジア交流史研究――古代と中世――』塙書房、二〇〇七年）
西尾賢隆『中世の日中交流と禅宗』（吉川弘文館、一九九九年）
西尾賢隆『中世禅僧の墨蹟と日中交流』（吉川弘文館、二〇一一年）

第４章

石井　進『日本中世国家史の研究』（岩波書店、一九七〇年）
石井正敏「肥前国神崎荘と日宋貿易――『長秋記』長承二年八月十三日条をめぐって」（皆川完一編『古代中世史料学研究』下、吉川弘文館、一九九八年）→本著作集第三巻2
川添昭二『対外関係の史的展開』（文献出版、一九九六年）
河内祥輔『頼朝の時代　一一八〇年内乱史』（平凡社、一九九〇年）
五味文彦『平清盛』（吉川弘文館、一九九九年）
瀬野精一郎『鎮西御家人の研究』（吉川弘文館、一九七五年）
瀬野精一郎『鎌倉幕府と鎮西』（吉川弘文館、二〇一一年）
高橋典幸『源頼朝』（山川出版社、二〇一〇年）
日高重孝『月ノ輪関白　九条兼実』（一九六五年）
本多美穂「鎌倉時代の大宰府と武藤氏」（九州大学国史学研究室編『古代中世史論集』吉川弘文館、一九九〇年）
山内晋次『日宋貿易と「硫黄の道」』（山川出版社、二〇〇九年）
山本博也「文治二年五月の兼実宛頼朝折紙について」（『日本古文書学論集5　中世1』吉川弘文館、一九八六年）
『武家の古都・鎌倉』展覧会図録（鎌倉国宝館、二〇一二年）

III

虚心に史料を読む

1　崇親院に関する二・三の問題点

——昌泰四年四月五日官符の検討——

はじめに

わが国古代の窮民収養施設として、公的機関では施薬院・悲田院[1]が著名であり、一方私的なものでは、貞観初年藤原良相によって建立された崇親院・延命院がよく知られている。小稿では、このうちの崇親院をめぐる二・三の問題について考えてみたい。

一

『日本三代実録』（新訂増補国史大系本、以下同ジ）貞観元年二月十一日丁酉条に、

右大臣従二位兼行左近衛大将藤原朝臣良相奏請。以私第一区。建崇親院。安置藤原氏[女]（○日本紀略ヲ以テ補フ）無居宅者。

便隷施薬院。凡厥所須付物。令施薬院司掌之。又建延命院。々便隷勧学院。安置藤原氏有病患者。詔従之。

とあり、右大臣藤原良相が、延命院とともに〈藤原氏女ノ居宅ナキ者ヲ安置〉するための施設として、崇親院を建立することを奏請し、勅許されたことが知られる。

この崇親院の所在地について、前引の記事にには〈私第ノ一区〉というのみであるが、『日本三代実録』貞観九年十月十日乙亥条の良相の薨伝には、

右大臣正二位藤原朝臣良相薨。……以東京六条宅。名崇親院。引氏中子女不能自存者以収養。……

と、〈東京六条ノ宅〉と記されている。(2) そして『西宮記』巻八には、

崇親院 養藤氏窮女所・在(也イアリ) 東「五」条京極。

と、〈東五条京極ニ在リ〉(3)とみえている。

この他、『拾芥抄』にも位置についての記述があるが、『西宮記』の記事以上に出るものではない。(4)

そして、平安末~鎌倉初の成立と考えられている、東京国立博物館所蔵の九条家本『延喜式』巻四十二附載左京図をはじめとする数本の左京図（東京図）(5)では、五条大路の南・樋口小路の北・東京極大路の西・富小路の東、の方一町の位置に記載されている。

一方、『類聚三代格』（新訂増補国史大系本、以下同ジ）巻八所収昌泰四年（九〇一）四月五日太政官符には、崇親院所領地について

次のようにみえている。

太政官符

応聴耕作崇親院所領地五町事

在山城国愛宕郡

右得彼院解偁。(イ)件地在四條大路南。六條坊門小路北。鴨河堤西。京極大路東。皆是依省符幷公験売買人居之処也。(ロ)去貞観二年創建件院之日。遷立彼屋舎。以為収養氏女之房室也。(ハ)其中有大泉。宜於漑灌。仍加墾闢聊殖粳稲充院中用。而太政官同十三年閏八月十四日下山城国符偁。鴨河堤東西除公田之外。諸家所耕作水陸田皆尽禁遏無復令営。縦雖公田為堤可成害者。猶復莫令耕作者。由是頃年不耕。既成荒地。今検太政官去寛平八年四月十三日下同国符偁。可聴耕作三條大路以北北辺以南水陸田廿二町百九十五歩者。凡所以制堤東西水陸田者。為完堤防避水害也。而件院田在堤西。去堤五六段。池水饒多。地脈卑湿。不可成堤防之害也。望請。殊給公使先被実検。若無堤害。准諸家幷百姓等。復旧被聴耕作。謹請処分者。左大臣(藤原時平)宣。奉　勅。依請。

昌泰四年四月五日

以上の諸史料に記された崇親院ならびにその所領地の位置関係の略図を示すと、第1図のごとくである。(6)

まず、崇親院の所在地を示す二つの史料、すなわち『日本三代実録』の〈東京六条ノ宅〉と『西宮記』の〈東五条京極ニ在リ〉という両者の条件を満たすところを求めれば、九条家本『延喜式』附載左京図などに記された位置が最も相応しいこととなる。つまり、図の甲の位置で、五条大路と京極大路の接するところの西南の一角に当たる。

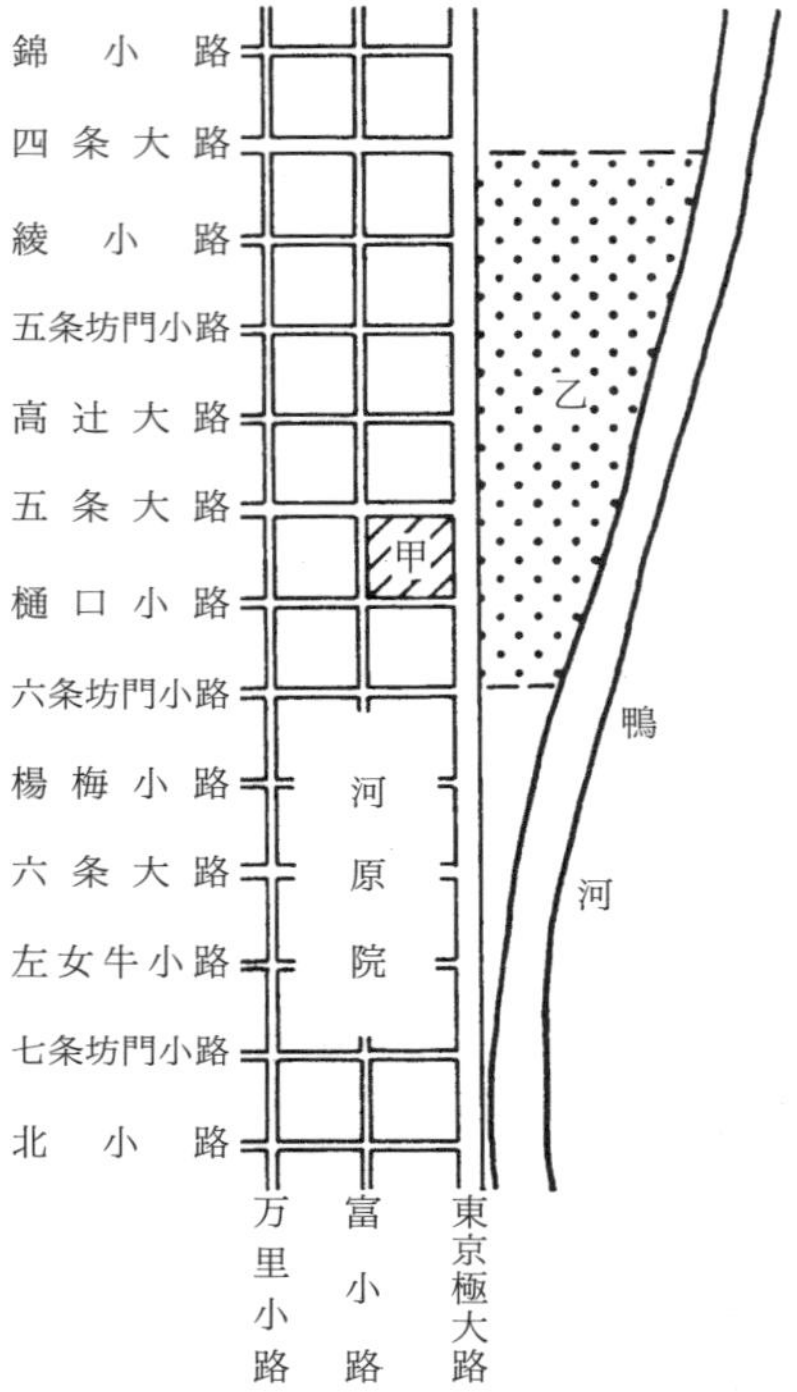

第1図　崇親院ならびに所領地の位置

一方、昌泰四年官符の『崇親院所領地五町』の所在は、崇親院解状に、〈件ノ地、四条大路ノ南、六条坊門小路ノ北、鴨河堤ノ西、京極大路ノ東ニ在リ〉と極めて明確に示されていて、これによって地図上にその位置を求めれば、図の乙の範囲内——鴨河の堤の幅、およびそこからさらに五・六段離れているということ、また横断する道路の幅などを考慮しなければならないが——に含まれることが判る。甲・乙の両者、近接はするが、それぞれ別の地としなければならない。

ところで、甲・乙の両地について、崇親院そのものの位置を乙に当てる説がある。たとえば、現在流布している辞典類の二・三には、

八五九（貞観一）右大臣藤原良相が勅許を得て、翌年京都四条大路の南、六条坊門小路の北、賀茂川堤の西、京極大路の東にある私邸内に設置。(7)

といった記述がみられるのである。

また、甲・乙を本院・別第の関係とみる説がある。それは、崇親院の建立について、『日本三代実録』に貞観

元年とあり、太政官符には貞観二年創建と記されていることから、まず、『貞観元年が崇親院の出来た年、貞観二年が川原に別第をつくったことにな』る、とし、さらにこの間の事情を、

だが太政官符は『遷立』とあるのだから、ことは明白である。もと京内にあった建物を一部河原の領地へ出して巾を広げたのであった。

したがって崇親院本院に対して別第の河原の広い所に建てたもので、おそらく一年間で相当人数を集め、本院内には入りきれないだけの女がいたからだろう。

と説明されている。[8][9]

しかし、これらは、昌泰四年四月五日官符の誤解にもとづく誤った見方であると思う。そこで以下、この官符に検討を加えてみたい。なお、叙述の便宜上、官符の問題となる箇所に㋑〜㋩の記号を附しておいた。

二

まず、崇親院そのものの位置を、乙つまり〈四条大路ノ南、六条坊門小路ノ北、鴨河堤ノ西、京極大路ノ東〉とみる説については、官符を注意してみれば、〈件ノ地、四条大路ノ南……ニ在リ〉とあって、そこにいう〈件ノ地〉とは事書にみえる〈崇親院所領地五町〉をうけて、その位置を示したものであり、京外『山城国愛宕郡』に属し、これを藤原良相の『東京六条宅』と混同することはできまい。

つぎに、本院・別第に擬する見解について検討しよう。いま官符所引崇親院解に即して〈所領地〉をめぐる前

後の経緯を跡づけてみれば、次のごとくなろう。

まず、㋑には、鴨河原の地は〈皆ナ是レ省符幷ビニ公験ニ依リ、売買セル人居ノ処ナリ〉とある。ここにみえる〈人居〉の用例を、便宜上『類聚三代格』に収められた他の官符に求めると、次の三例を得る。括弧内に、その〈人居〉に関わる部分の意訳を示しておく。

1、『類聚三代格』巻五
太政官符
　応加置下野国掾一員事
右、右大臣《藤原良相》宣。奉　勅。如聞。此国地勢曠遠。人居疎闊。至于巡検。官員数少。宜加置件員為大少掾。
　天安二年四月十四日
（……下野国は、土地が広く、『人居』はまばらである。巡検にあたって官人の数が足りない。……）

2、『類聚三代格』巻十六
太政官符
　応毎坊門置兵十二人令守朱雀道幷夜行兵衛巡検兵士直否事
右得左京職解偁。朱雀者両京之通道也。左右帯垣。人居相隔。東西分坊。門衛无置。因玆昼為馬牛之闌闠。夜為盗賊之淵府。……
　貞観四年三月八日
（……朱雀大路は左右両京の中央を通っている道路である。左右に垣根があって『人居』が相隔っており、東西に坊が分かれていて門衛が置かれていない。……）

3、『類聚三代格』巻十八

太政官符

応大野城衛卒粮米依旧納城庫事条々内

右、……但至干（マヽ）件城。々辺人居。或屋舎頽毀。或人跡断絶。…

貞観十八年三月十三日

（……大野城周辺の『人居』は、あるいは屋舎が倒壊し、あるいは住人が跡を絶っている……）

これらの例を参照すると、〈人居〉とは『人の住むところ・人家』の意に解することができよう。[10] したがって、〈省符幷ニ公験ニ依〉って買得したのは、『住居を伴う土地』あるいは『土地を伴う住居』であったということになるであろう。そして五町と広大な土地であること、また〈皆ナ是レ〉とあることから、何筆かに分かれていた〈人居〉を買得したものとみなされる。

次に、㋺には〈去ル貞観二年、創メテ件ノ院ヲ建ツルノ日、彼ノ屋舎ヲ遷立シ、以テ氏女ヲ収養スルノ房室ト為ス〉とある。すなわち、崇親院建立の時に〈彼ノ屋舎ヲ遷立シ〉て藤原氏女（の居宅のない者）を収養する房室に充てたという。㋑の記述から、鴨河原の地には住居があったとみなされるから、㋺の〈彼ノ屋舎〉とは鴨河原にあった建物を指し、これを東京六条の地へ移建[11]して崇親院の房室としたと解すべきで、東京六条の屋舎を鴨河原の乙の地に移したとするのは、全くの誤解といわなければなるまい。

そして㋩によれば、〈其ノ中〉つまり建物を移した後の鴨河原の土地には、灌漑に利用し得る大きな泉があったので、これを利用して開墾を加え、粳稲を殖えて崇親院の資用に供したというのである。

ところが、貞観十三年（八七一）に鴨河堤の東西にある公田以外の水陸田はすべて耕作を禁止されてしまっため、件の崇親院田も耕作できず、荒地となってしまった。[12]

しかし、寛平八年（八九六）の官符によれば、三条大路以北・北辺以南の水陸田二二町一九五歩については耕作が許可されている。

一体、鴨河堤東西にある水陸田の耕作を制限するのは、堤防を完全に保ち、水害を避けるためである。ところが、件の崇親院田は堤の西側にあり、堤からは五・六段離れている。そして池水が豊富で土地が卑湿であるから（鴨河から直接引水する必要がないので）堤防に損害を与えるようなことはない。そこで特に公使を派遣して実情を調査し、もし堤防に害のないことが明らかになれば、（他の耕作を認められている）諸家および百姓らに准じて、もとのように耕作することを許していただきたい、と申請し、これが認められたわけである。

以上、昌泰四年四月五日官符所引崇親院解によって明らかになった点は、

㈠鴨河原の『所領地』には、かつて住居があったこと。
㈡その建物は、藤原良相の私第のあった東京六条の地へ移建され、崇親院の房室となったこと。
㈢建物の移された後の鴨河原の『所領地』は、領内の大泉を利用して開墾されたこと。
㈣その土地は、池水が豊富で、かつ卑湿であるので、鴨河から直接に引水する必要がなく、したがって堤防の害にはならないこと。

等であり、崇親院側の主張の眼目は、㈣を根拠とする耕作再開の要請であり、それがこの官符で認められたのである。

三

さて、崇親院がいわゆる〈東京六条〉と鴨河原との二カ所に併存したとする説の論拠は、前引官符の㋺の部分の〈彼ノ屋舎〉を『崇親院の建物』とみなし、これを鴨河原に〈遷立〉したという点にあるが、これは上述したように、鴨河原の買得地にあった建物を東京六条の地へ移建して崇親院の房室に充てたと解すべきであり、また崇親院が鴨河原に建立されたとする説が成り立たないことも明らかであろう。すなわち、崇親院は古絵図に記載されているように、いわゆる〈東京六条〉の地に設けられたもので、鴨河原の土地は文字通り〈所領地〉にすぎなかったのである。

ところで、『日本三代実録』によれば、藤原良相が崇親院建立を奏請し、勅許されたのは、天安三年（貞観元）二月である。一方、官符には〈貞観二年、創メテ件ノ院ヲ建ツルノ日〉とある。ここに本院・別第併存説の理由の一斑が存在するのであるが、『日本三代実録』元慶六年四月十七日己丑条に、

常陸国司言。太政官去元慶三年九月十四日下国符偁。折年料調布直端別十束。加例進商布直段別三束。交易進上者。而今得崇親院牒偁。去天長元年六月廿日下民部省符偁。諸司主典已上卒死之日給賻物。事有恒例。而物実避忌経日。喪家之費卒難支給。今被右大臣（藤原冬嗣）宣偁。奉　勅。宜件料特令交易充殯斂者。須仰所出国。始自今年。交易附貢調使。進施薬院。其直幷運賃料同用正税者。自尓以来。院司専掌出納。後更被附左京職。建崇親院之日。自貞観二年。以件用途之内。交易調布百五十端。毎年送納院家。支補欠乏。自斯之後。既及廿年。而今折取彼料。通用納官幷勅旨料商布直。既忘先格。事不穏便者。国司覆審。所陳不虚。望請賻物之直依旧充用。但納官之内。猶得通用。然則凶事之忌自避。院家之愁永絶。太政官処分。依請焉。

とあり、崇親院の建立ないし機能の開始を貞観二年と伝えている。これらによってみると、崇親院は貞観元年に建立を勅許され、翌年に開設されたと解するのが最も妥当であろう。

四

さて、藤原良相が鴨河原の五町の土地を取得したのが何時のことか不明であるが、貞観二年以前であることは明らかである。[13] この買得の動機・目的については、次のように推測される。まず第一に、貞観十三年に、〈諸家耕作スルトコロノ水陸田、皆ナ尽ク禁遏〉するという官符が下されていることからみて、貞観初年には鴨河原の地が相当に開発されていたとみなされる。しかしながら、良相の買得地は、〈其ノ中ニ大泉アリ、漑潅ニ宜シ、仍テ墾闢ヲ加ヘ、聊カ粳稲ヲ殖ヘ〉たとあるので、未開墾地であったと理解せざるを得ない。したがって、良相が五町にわたる未開墾地を購入したのは、それを墾田化するという目的によるものと考えられる。恐らくこれが第一の理由であろうが、一方、〈人居〉を買得し、その建物を移建して崇親院の房室に充てた、と特筆されている点に注目すると、崇親院に利用するための建物取得を主たる買得の目的としたとみなすこともできるであろう。ただし、この場合五町という広大な土地を伴うことを考慮すると、建物利用のみを目的としたとは考え難い。しかし、前者を含めた理解、つまり住居は崇親院の房室に利用し、跡地を開墾するという、いわば一石二鳥の考えによるものとすることはできるであろう。

いずれにせよ、鴨河原の〈人居〉の取得と崇親院建立の企図とが密接な関連をもつことは否定できないように思われる。すなわち、良相は買得した鴨河原の地にあった建物を、すぐ近くの〈東京六条〉の地へ移建して、氏女を収養する施設を建立しようと考えた。言い換えれば、買得した鴨河原の地にあった建物が、すぐ近くの〈東京六条〉の私地に崇親院を建立させる一つの動機となった、と言えるのではあるまいか。そして、奏請・勅許から開設まで約一年を経ているのは、この建物の移建・整備等に費されたのではないかと思われるのである。

五

さて、藤原良相が貞観二年（八六〇）以前に買得し、その後開墾された鴨河原の地は、官符に〈人居〉と表現されているように、単なる土地ではなく、住居を伴う土地であった。これは当時の用語にいわゆる『家地』と理解することができるであろう。もしこの理解が許されれば、我々に今一つの問題を提供している。

戸田芳実氏は、『家地』の耕地化を論じられた中で、『家地』として買得されたものが屋倉を解体して耕地化される問題について触れられている。そして、その地目が畠か水田か不明な単なる『熟地』という表現ではなく、『家地』が水田化されたことを示す最も早い史料として、寛平八年（八九六）五月十九日付某郷長解写（『平安遺文』第一八二号）を挙げておられる。[14] ところが、上述してきた藤原良相の買得地の例は、屋舎を解体・移建し、その跡地を開墾して水田化したこととなり、京外の地に属する例ではあるが、戸田氏の挙例よりも、さらに三十余年さかのぼる『家地』の水田化を示す史料とすることができるのではあるまいか。

また『この時期〇寛平八年頃に、おのづから用水の便があれば、家地を水田に転用することが法的にも可能とみなされ』ていた、と指摘されている。[15] 良相の買得地の場合、鴨河の水を使用せず、堤に害を与えないことを論点としているのでやや事情は異なるが、所領地内の大泉による開墾を主張していることも見逃せないであろう。

むすび

以上、崇親院の所在地ならびに鴨河原の崇親院所領地の由来について、先学の説に混乱がみられるので、根本史料である昌泰四年四月五日官符に検討を加えた次第である。(16)

注

（1）施薬・悲田両院については、新村拓『古代における施薬悲田院について』（『日本歴史』第三四三号、東京、昭和五十一年）参照。

（2）藤原良相の邸宅については、『拾芥抄』中末・諸名所部および『大鏡』にみえる『西三条』の邸が知られているが、『東京六条宅』については、他に所見がないようである。

（3）『新訂増補故実叢書』本第二冊、七四頁。なお、同書の底本である前田育徳会尊経閣文庫所蔵巻子本など数本には『在東。条京極』となっていて、肝心の部分が欠けているが、『改定史籍集覧』本（底本は宮内庁書陵部所蔵松岡本）を以て補っている。次の注（4）に述べるように、『西宮記』の本文を引用したと思われる『拾芥抄』の諸本には、『在東五条京極』と記されているので、『五』字を補うことは妥当と考える。また、『也』字は『改定史籍集覧』本所引抄本にみえるところで、のちに『拾芥抄』と比較する上で見逃せない点であるので注記した。

（4）川瀬一馬『古辞書の研究』（東京、昭和三十年）、第二篇第三章第一節拾芥抄の項（五一〇頁以下）によれば、『拾芥抄』の諸本には、古写本として、川瀬氏所蔵本（室町中期書写）・国立国会図書館所蔵本（北野神社旧蔵、天文二十三年書写）・前田育徳会尊経閣文庫所蔵本（天正十七年書写）等があり、刊本には、慶長古活字版をはじめ数種類あるという。中でも、現在最も流布しているのは、『新訂増補故実叢書』本であろう。同書は、明治三十九年に『故実叢書』第三輯に収められた時に付された山田安栄氏の凡例によれば、版本を底本に、前田家本および萩野由之氏所蔵北野神社所蔵本（国立国会図書館現蔵）の影写本を以て校訂したものであるといい、その体裁は全て版本によっている。しかし、版本と古写本と比べると、すでに岡田正之氏が指摘されているように、版本は〈夫ノ○古写本の上層ノ文、行側ノ字ヲ本文ニ錯入分注シ……大ニ旧観ヲ失〉しているのである（『新訂増補故実叢書』本附載『拾芥抄考』。なお、川瀬前掲書、参照）。

いま問題とする崇親院の項目についてみると、『新訂増補故実叢書』本（中末宮城部・諸院、三九八頁）には（㋑〜㊁の記号は便宜上私に付した）、

崇親院㋑左大臣良相公貞観六年立也。㋺養藤氏窮女一門（所）也。在東五条京極。㋩往年有勾当。㊁樋口北。京極隅西。

とあるが、古写本、たとえば現在『古辞書叢刊』（東京、昭和五十一年）に収められて容易にみることのできる前田育徳会尊経閣文庫所蔵本には、

左大臣良相公貞観六年立也
崇親院養藤氏窮女一門也。在東五条京極。往年有勾当。樋口北。京極西隅。

となっているのであって、版本は古写本の首書を本注に入れていることが知られるのである。すなわち、本来の崇親院に関する説明は、㋺から始まっているのであって、㋑は、何時のことかは不明であるが、本文成立後に書き加えられたものとみなすべきであろう。

さて、㋺は、一見して明らかなように、前引『西宮記』の記事と殆んど同文であり、わずかに『也』字の有無が相違するのみである。しかし、これとても注（3）に述べたように『改定史籍集覧』本『西宮記』所引の抄本には『也』字があるといい、これにしたがえば両者は全く一致するのである。

このように、㋺は『西宮記』から直接引用されたと考えて間違いないと思われるのであるが、㋑㋩についても同様に『西宮記』を参考に記したものではないかと推測される。

まず、㋩に関しては、『西宮記』巻十五（『新訂増補故実叢書』本、二七九頁）に、

施薬院、崇親院、等別当、勾当事、
藤原氏第一上卿宣、

という記事がみえる。また㋑についても、同書巻八裏書（同、七五頁）に、

　　或抄云〇中略貞観元年、右大臣藤原良相卿、奏以私第一区、建崇親院、置藤氏女無居宅者云々、

とある記事を参考に付記したのではなかろうか。勿論、㋑・㋩については、『西宮記』以外の他書からの引用を考える余地も十分にあるが、すでに、『拾芥抄』の「『所々』の条から諸院の条までは西宮記がもとになっている』ことが指摘されており（福山敏男『平安京とその宮城の指図』〔『日本建築史研究』続編所収、東京、昭和四十六年〕、四〇一頁、参照）、㋺の引用を考えれば、㋑㋩についてもそれぞれ『西宮記』の前引記事を参考にしたと推測してもよいであろう。特に㋑については、〈良相公〉、或は〈藤原良相卿〉とある部分に注目すると、㋑が『日本三代実録』を参考にして書かれたと考えるよりも、両者が近い関係にあることを推測させる。そして、右大臣であれば、原則としては、㋑のように〈良相公〉と書かれるであろう。勿論、〈卿〉とあっても誤りではなかろうが、『改定史籍集覧』本『西宮記』所引の抄本には㋑と同じく〈藤原良相公〉とあること、また草書体では、両字は極めて近似していること、そして『拾芥抄』は『西宮記』を参考にしていると推測されること、等を勘案して憶測を加えれば、逆に『西宮記』裏書の前引記事にも本来は〈藤原良相公〉と記されていたのではなかろうかと思われるのである。

　そこで残る問題は㊁である。もしこれが往古よりの説を受けたものとすれば、その位置を明らかにする上で最も重視すべきであろう。しかしそうではあるまい。恐らく、参照した『西宮記』には単に〈東五条京極ニ在リ〉とのみあって今一つ正確さに欠けるので、『拾芥抄』の著者（不明）もしくは抄出者（洞院公賢カ）がみることのできた京図（例えば九条家本『延喜式』附載左京図）の記載から、より具体的にするために〈樋口ノ北、京極ノ西隅〉と補足したのであろう。というのは、一は『拾芥抄』の注記において『在東五条京極』のつぎに『往年有勾当』と記したのちに、再び所在を書いているという書法により、明らかに㊁は補足とみなされること、そして、これまでのところ、出典とみなされるような所在地を明確にした文献記事を見出すことができない、という消極的な理由からでもある。

　以上、『拾芥抄』の注記について検討してきたが、その結果、㋑・㋺・㋩は『西宮記』を引用もしくは参考に

して文を作したものであり、㊁は京図に基づいて補足したものではないかという結論に達した。したがって、以上の考察に大過なしとすれば、『拾芥抄』の記事にオリジナリティを認めることはできない。本文で『西宮記』の記事以上に出るものではないとした所以である。

(5) この他、国立国会図書館蔵『拾芥抄』附載『又東京図』、版本『拾芥抄』附載『東京図』等。以上、何れも『京都市史』地図編（京都、昭和二十二年）に収められている。なお、福山前掲論文、田中稔『京図について——九条家本延喜式巻第四十二所収を中心として——』（『田山方南華甲記念論文集』所収、東京、昭和三十八年）等を参照。

(6) 『京都の歴史』第一巻（東京、昭和四十五年）附図を参照して作成した。ただし、九世紀当時の鴨河堤、或は河流等の正確な復原は不可能であり、また〈六条坊門小路ノ北〉がどのようにして区分されていたのか、といった問題をはじめ不明な点が多いが、ここでは大体の位置関係を知るための略図としてみて頂きたい。なお、いわゆる〈東京六条〉の地（甲）を古図に従って方一町としたが、例えば、広さ八町と伝えられる河原院の場合、九条家本『延喜式』附載左京図等では方一町となっているのである。したがって、崇親院についても古図の記載により方一町であったと即断することには問題があり、甲の位置を起点に、西あるいは南に数町に亘った可能性もなくはないが、他にこれを考える資料をもたないので、今は古図に従っておく。

(7) 『角川日本史辞典』（東京、昭和四十一年）『すうしんいん』の項。この他、『日本歴史大辞典』巻一（東京、昭和三十三年）、『日本古代史事典』（東京、昭和四十九年）等もほぼ同様の説明が記されている（ともに『すうしんいん』の項）。なお、鴨河原におかれたとする見解は、つとに『平安通志』巻四八（京都、明治二十八年）にみえている（第四丁ウ）、けだし、これらは昌泰四年官符のみに基づいたからであろう。

(8) 岸元史明『平安京地誌』（東京、昭和四十九年）、一四一頁。

(9) 岸元前掲書、三四一頁。また、小山田和夫『藤原良相と仏教——崇親院を中心として——』（『政治経済史学』第一四一号、神奈川、昭和五十三年）も岸元氏の見解を支持し、敷衍されている（四六～四八頁）。

(10) 因みに、『大漢和辞典』巻一（東京、昭和三十年）、『人居』の項（五五八頁）には『人の住む所。人家。民居。』とある。なお、ここでは便宜上『類聚三代格』所収の太政官符に例を求めたが他にも例えば『日本後紀』延暦十八年五月丙辰条に、『前遣渤海使外従五位下内蔵宿祢賀茂麻呂等言。帰郷之日。海中夜暗。東西掣曳。不識所着、于時遠有火光。尋逐其光。忽到嶋浜。訪之。是隠岐国智夫郡。其処無有人居。……』とみえる。これも、上述の例と同様に『人家』等の意に解してよいであろう。

(11) 鴨河原の買得地にあった建物がどの程度の規模のものであったか不明であり、あるいは単なる用材として利用されたにすぎなかった可能性もある。しかし、官符に〈遷立〉とあるので、移建と理解してよいと思われ、さらに崇親院の房室に充てられたことを考慮すると、それほど粗末な建物ではなかったであろうと思われる。

(12) この貞観十三年閏八月十四日の太政官符は、『類聚三代格』巻八に収められている。

(13) なお、『〇崇親院は、右大臣藤原良相が貞観元年勅許を得、翌年私邸内に建てたもので、その後買得した土地、鴨川堤西……六条坊門小路北の地五町が付属され、その経費にあてている』(『京都の歴史』第一巻〈東京、昭和四十五年〉、三〇八頁)とする理解もあるが、誤解であろう。

(14) 戸田芳実『日本領主制成立史の研究』(東京、昭和四十二年)、第三章、律令制下の『宅』の変動、八一～八六頁。

(15) 戸田前掲書、八四頁。

(16) なお、『百錬抄』平治元年十一月二十六日条に『六条院・因幡堂・河原院・崇親院・祇園旅所焼亡。』とあり、崇親院が平治元年(一一五九)に焼亡したことを伝えている。しかし、その後再建されたか否かについては明証がない。また、鴨河原の所領地、およびそこにあった大泉については、宮内庁書陵部所蔵『都応仁前図』などの絵図類に記載されており、『山城名勝志』巻五には、『大泉。……今按。京極五条北有浄国寺。元此地有池。因寺曰蓮池堂。門前町称蓮池町。按此池崇親院領大泉歟。』とあり、『京都坊目誌』下京之部にも、『大泉の址。崇親院の領地にして。京極の東鴨川の西六条坊門今の五条通の北。四条の南にあり。延喜格に昌泰四年四月五日官符に載らる。後世池水残りて蓮池となる。天正年中池辺に浄国寺を移す。世に蓮池寺と云ふ。』と記されている。そして、この浄国寺は今も同所に現存しているのである。

附記　本稿脱稿後、新刊の平凡社版『京都市の地名』(『日本歴史地名大系』第二十七巻、東京、昭和五十四年)に接した。同書下京区の部に『崇親院跡』の項目があり、所在地の問題を中心に解説されている(八九〇～八九一頁)。本稿に関連する部分を引用すると——やや長文に亘るが——、次のごとくである(傍点引用者)。

その所在地は、『拾芥抄』に『在東五条京極、往年有勾当、樋口北、京極西隅云々』とあり、現植松町辺に中心の建物や政所があったことになる。また同東京図は五条大路南、樋口小路、東京極大路西、富小路東の方一町を崇親院にあてる。これによれば現須浜町と植松町・石不動之町・上鱗形町の各一部が入る。しかし昌泰四年（九〇一）四月五日の太政官符には次のようにある。〇中略、官符ヲ引用ス『在四条大路南、六条坊門小路北、鴨河堤西、京極大路東』と記されるから、五条京極を中心とした一帯に広大な買得地があり、現在の四条以南、五条以北、寺町通と鴨川の間の地域はほとんど崇親院領地内に含まれていたことになる。

と述べられている。現在地名の比定など教えられる点が多いが、この記述では、施設の設けられた〈東京六条〉の一区と、所領地である鴨河原の土地とを混同させているように筆者には受け取れる。両者は明確に区別すべきであろう。

2 陽明文庫本『中右記』管見

筆者が、東京大学史料編纂所に在職し、編纂にあたっていた『大日本史料』第三編の基幹となる記録は『中右記』であった。『中右記』の重要な古写本には陽明文庫本と九条家本とがあり、陽明文庫本の残存する巻は、すでに編纂済みの年紀であったが、伝記資料の作成などにおいて、折りにふれ参照していた。そして同本の、流布本になく、『大日本史料』や「史料大成」本に未収の寛治六年冬巻・寛治七年秋巻を、『大日本史料』第三編の二十・二十一に補遺として収めることとなり、数度にわたって陽明文庫本の原本を調査する機会を与えられた。そこで、その時に気付いたことについて述べてみたい。

まず、本書を開くと、一見して数筆から成る写本であることがわかる。優雅な筆、整った筆、右下がりの癖のある字、等々誠に個性ある筆が入り混じっている。そして一巻を数筆で担当している場合、文章のキリのよいところ、あるいは紙継ぎ目でかわっているわけでもない。そうした筆の中でも、特に第一巻寛治六年秋巻の冒頭に見えるのびやかな筆にひかれる。その筆は、同年冬巻・同七年春巻（後半）～嘉保二年冬巻・永長二年春巻等に見えるが、特徴的なことには、それぞれの冒頭数字もしくは数行にすぎず、あたかも見本とするかの如く記されていることである。たとえば寛治六年秋巻の場合、「□□天晴、於南殿有百座仁王会、其儀南殿母屋幷」と、続く「南北庇」云々とでは、はっきりと筆跡が異なる。どのような事情のもと、またどのようにして筆写されたのかきわめて興味がひかれた。

ところで、陽明文庫本の書写について考える時、見逃せないのが、近衛家実の日記『猪隈関白記』の記事である。その正治二年（一二〇〇）十月十九日条に、「晴、此間殿下召中御門右大臣宗忠、日記於左近中将藤原宗国朝臣、被書写也。祗候者等書之。」とあり、ついで翌建仁元年七月二十日条に、「晴、日来殿下召中御門右大臣入道宗忠、日記於左中将宗国朝臣、令恪勤者等被書写。此間書写了。」とみえる。つまり、摂政近衛基通が『中右記』の記主中御門宗忠の直系の曾孫にあたる宗国から借りて写したという。陽明文庫本には、永長二年春巻などに宝治三年（建長元・一二四九）に近衛兼経が本書を閲覧して抄出したことが奥書に記されているので、時期的にみて、この時写された『中右記』が現在の陽明文庫本である可能性は極めて高い。そしてこの後松殿基房が家実（基通の子）に近衛家で写した『中右記』の借用を申し入れている（『猪隈関白記』建仁二年十一月二十五日条）ことからみると、宗国の蔵本は仲々他見を許さないような大事なものであったことが推測されるので、恐らく宗忠自筆原本であったとみてよいであろう。もしそうであるとすれば、冒頭の筆は、たとえば基通などが、見本として原本の体裁を臨模したものではないかとの憶測も生まれてくる。周知のごとく、宮内庁書陵部所蔵の柳原家本『中右記』が著者自筆本とされていたが、その後の研究によって自筆本であることは否定されており、その原本の存在は今のところ知られていない。あるいは本書の精査によって原本の体裁などを考える手がかりになるかもしれない。ともあれ、本書は当時の日記の書写のありかたを考える上で重要な意味をもっていると思われる。

なお、前掲の『猪隈関白記』の記事に、書写に携わったと見える「祗候者」「恪勤者」とは誰か、具体的に知ることができるであろうか。「祗候者」「恪勤者」とは、基通の近習・家司達と考えてよいと思われるが、『猪隈関白記』を参考に、この頃の基通の家司にして文書の起草・清書に関与していたものを捜すと、葉室光親と散位信成（姓不詳）の二名があげられる。このうち信成は「文殿衆」ということで、『中右記』書写への関与をうかがわせるが、建久八年十月の春日など三社への告文の清書を担当したことが知られるのみで、出自なども不詳である。これに対し、光親は著名な人物で、官は権中納言まで至り、後鳥羽上皇の〈無双ノ寵臣〉と称され、承久の乱においては上皇の討幕計画を強く諫めたが聞き入れられず、ついに北条義時追討の院宣を書いた。その責めを受け、乱後関東に送られる途中、駿河で斬首されたが、その後、院の御所に残されていた光親の諷諫状数十通を見て、義時は後悔したという。建久から建仁にかけての光親は、蔵人兵部権大輔から同左衛門権佐となり、右少弁についで権左少弁、左少弁を兼ねる一方後鳥羽院の院司であり、また基通の家司としても中心的な役割を果たしていた。そして基通の関白・摂政の上表文などの重要な文書の清書や定文の執筆に関わっていた。このような行動からみると、光親が『中右記』の書写に参加した可能性はかなり高いように思われる。ちなみに光親の伝は、『大日本史料』第五編之一　承久三年七月十二日の第二条にあり、その筆跡の写真版が収められている。書状という性格上、筆跡の比較は困難であるが、陽明文庫本『中右記』寛治六年冬巻所収同年十月一日条の後半以降の筆は、その特徴がよく似ているように思われるが、如何であろうか。

この他、陽明文庫本で注目されるのは、寛治六年冬巻の裏に書かれた、『類聚三代格』の抄録である。「巻一神社事」の初めの部分に過ぎないが、内容は、神社が損害を受けた場合の修理に関する官符である。恐らく十月五日条の伊勢大神宮の風損のことに関連した注記とみられ、後人が付加したものではなく、宗忠の自筆本にすでに存在したものとみてよい。そして裏書の官符の順序は現在の『類聚三代格』と同じであり、この裏書は少なくとも現在の『類聚三代格』の体裁をもつ本からの抄録とみてよいであろう。ところで『類聚三代格』の成立の下限は、『後二条師通記』寛治三年四月五日条に、「類聚三代格第二云、」とみえることにおかれている。それに比べると、この陽明文庫本の裏書は、寛治六年十月五日の頃に記されたものとみられ（後年の追記の可能性も否定できないが）、一部とはいえ、その編成が現在のものと同じであることを知ることができるのが貴重である。『類聚三代格』の成立を考える上で、『後二条師通記』に劣らず重要な記事ということができるであろう。なお、「国史大系」本によって諸本との関係をみると、前田家本に近い特徴をもっているように思われるが、この点についてはさらに詳しく調べる必要がある。

このように、陽明文庫本『中右記』は、内容は勿論、書誌的にも興味をひくことがあり、今後さらに研究すべきところが多いといえよう。

3　徳川光圀と『高麗史』

はじめに

朝鮮の高麗朝一代（九一八〜一三九二）の歴史編纂は、高麗を継いだ李氏朝鮮の太祖初年に初めて企てられ、以来数次の改修を経て、文宗元年（一四五一）八月に金宗瑞らの名によって撰進された。これが現在我々が利用している『高麗史』で、世家四十六巻・志三十九巻・表二巻・列伝五十巻・目録二巻の計百三十九巻から成る。そしてこの時、紀伝体の本書に対して、更に編年体史書の編纂を継続することが命じられ、翌年二月に完成した。これが『高麗史節要』で、全三十五巻より成る。そして言うまでもなく、この両書が高麗時代を研究する上での基本資料である。(1)

一

さてこの内、『高麗史』の流布の様子について眺めてみると、朝鮮では早くから印刷術が発達し、朝鮮歴代の主要文献や中国の書籍などは活字印刷や木版などによって流布が計られており、『高麗史』についても同様である。しかし、付印流布に慎重な立場もあり、当初から広範な流布が計られたわけではない。(2)まず、『高麗史』撰進の後、直ちに付印されたか否か明らかでないが、翌年の『高麗史節要』撰進の時に、同書と共に『高麗史』の速やかな印刷頒布が提言されており、(3)その年十一月には、春秋館が印刷を請い、許可されている。(4)しかしそれが少部数であったことは、その翌端宗二年（一四五四）十月の検詳李克堪の上奏に、(5)

検詳李克堪、将堂上議啓曰、高麗全史、人之是非得失、歴歴倶載。皇甫仁・金宗瑞、懼全史出則人人皆知是非。故但印節要頒賜、而全史則少印、只蔵内府。吾東方万世、可法可戒之書、莫如高麗史。請印全史広布。従之。

とあることによって知られる。当時書籍は、まず活字印刷に付され、流布させる場合には、活字本を版下に木版に覆刻するという方法が一般的であった。活字本の場合、少ない時は数部、多くて二〜三百部といい、普通百部前後とされている。(6)それらは数部を国王や官庁に留め置かれる他は、朝臣に頒賜された。『高麗史』の場合、どの位の部数が刷られたのか不明であるが、二年後の世祖二年（一四五六）十一月に、司諫院が乱臣家籍没の書籍の下暢を請う書目の中に『高麗史』が入っていることから、(7)同院の蔵書になかったことが推測され、更に睿宗元年（一四六九）の梁誠之の奏議に、本書の頒布を請う条があり、(8)また同人の成宗十三年（一四八二）の奏議一二事においても、(9)その第六条では、重ねてその刊行を促し、万世に伝えんことを要請しているが、それが広範な流布を意図したものでないことは、その第九条に、

> 一、臣伏閲、唐開元時、吐蕃求毛詩・尚書、唐不与之。近日永安道観察使、請高麗史、以教境内之人。臣意以謂、高麗史備記戦攻勝敗、固不軽示於人。況本道山川懸遠、境連野人。前有卓青・趙輝〔暉〕之事、後有逆賊施愛之変。凡事不可不預防而曲図之也。乞　命還収麗史、蔵之史館。仍加賜四書五経各一件、幸甚。(10)

とあることによって知られる。つまり、永安道（咸鏡道）観察使が、管内の教化のため『高麗史』の下暢を要請して許されたことに対し、本書には戦術などについての記述が多く、野人（女真人）に知られては困る個所も少なくないので、彼等と境界を接する永安道に頒賜すべきではない、と『高麗史』の流布に慎重な意見を述べているのである。

さて、それから約一〇〇年後の豊臣秀吉の朝鮮侵略によって多くの貴重な文化財が失われたが、その時、『高麗史』も疎開が計られ、日本軍の撤退後、保存の意味もあってか、光海君二年(11)（一六一〇）、同四年(12)と相次いで印刷されている。

このようにして付印された『高麗史』は、現在活字本（乙亥字）・木版本の両方伝わっているが、その数は多くはない。(13)もともと印刷部数が少ない上、戦乱による散佚など外的な状況と共に、本書より遅れて成宗十五年（一四八四）に撰進された三国（新羅・高句麗・百済）時代及び高麗時代の編年体の史書『東国通鑑』や『高麗史』の略本といえる『麗史提綱』などが閲読に便利なところから、もっぱら利用され、「本書は、多く高閣に束ねられ、伝本漸次に稀少となり、容易に見ること難かりき」(14)という状況になっていったという。

本書が流布し、一般に利用されるようになるのは、明治四十一年〜四十二年（一九〇八〜九）に日本の国書刊行会によって、三冊に収めて鉛印刊行されてからのことと言ってよいであろう。その後、朝鮮の国際新聞社が一九四八年に、延世大学校東方学研究所が一九五五年に、それぞれ木版本を影印刊行し、ついで一九七二年に韓国学文献研究所が活字本（一部木版で補う）を影印刊行して、善本の利用が容易になったのである。[15]

二

言うまでもなく、『高麗史』には日本関係記事が豊富に含まれており、当時の日本と高麗との関係を知る上で不可欠の書であるが、本国の朝鮮ですら前述のような状況にあったから、ましてや日本での伝本が稀であったろうことは、容易に想像される。

『高麗史』流布の契機となった国書刊行会本の序文及び例言には、次のように記されている。

活版高麗史序

（中略）

高麗史之成、先通鑑《東国通鑑》三十五年、而大日本史三韓伝所引、止通鑑及史記《三国史記》・遺事《三国遺事》等三両種。可知当時未見其書。蓋高麗史、雖事偏乎一代、比之通鑑、体制該備、而罕伝本、洵為可惜也。近者国書刊行会、偶得一本、将活字印刷、以広其伝、徴言於余。

（中略）

明治四十一年八月

文学博士重野安繹書

刊高麗史例言
（中略）
一、此書印本、於韓国、既已罕覯矣。我邦蔵書家僅有二三部耳。本会幸而購獲山口県人近藤清石氏所蔵。[16]此係毛利侯旧物、所謂大内本之一云。
明治四十一年十一月　　国書刊行会

本書の日本における伝本が稀で、水戸藩の『大日本史』にも引用されていないこと、同書の底本が毛利氏の旧蔵にかかる、いわゆる大内本[17]の一つであること等が述べられている。[18]

ここでは『大日本史』が引き合いに出されているが、江戸時代に編纂された歴史書として同書と双璧を成す林家の『本朝通鑑』（一六七〇年成立）、また中国・朝鮮書籍の日本関係記事の豊富な引用をもって知られる松下見林の『異称日本伝』（一六八八年成立）等にも引用されていない。

『高麗史』に代わって高麗時代の叙述に利用されているのは、前述の『東国通鑑』である。同書は、先行の『高麗史節要』『三国史節要』等の編年史料集をほぼそのまま利用したもので、独自の史料的価値は余りないが、閲読に便利なところから流布した。本書は我が国にも将来され、それを入手した徳川光圀によって、寛文七年（一六六七）に上梓されて流布した。[19]従って、もともと伝本の少ない『高麗史』に代わって、高麗時代の叙述は専ら『東国通鑑』に依拠するという傾向は、江戸時代を通じて言えることと思われる。[20]

このように、『高麗史』は、我国で伝本が稀であったが、江戸時代の蔵書家として名高い前田綱紀はこれを入手していた。綱紀の蔵書等に関する手記である『桑華書志』第六九冊には、次のように記されている。[21]

高麗史一百三十九巻。朝鮮鄭麟趾等奉教修。進高麗史箋云、高麗史世家四十六巻・志　三十九巻・表　二巻・伝五十巻・目録二巻、通計一百三十九巻。

右、高麗史七十二冊、元禄辛未閏八月下旬感得之。能勢友進媒之。[22] アタイ金一百両。[23]

すなわち、綱紀は『高麗史』全巻七十二冊を元禄四年（一六九一）閏八月に金百両で購入したというのである。しかし、現在綱紀の収集品を中心とする前田家の蔵書等を収める尊経閣文庫には、『高麗史』が現蔵されていないため、『桑華書志』著録本が写本か刊本か明らかでないことは遺憾に思われる。

三

ところで、刊行会本序文の言うごとく、確かに『大日本史』に『高麗史』は引用されていない。しかし徳川光圀が『高麗史』の存在を知っており、「奇書」として、その入手に努めたことを示す史料が残されている。

光圀が『大日本史』編纂をめざして史料蒐集に尽力した状況を具体的に示す史料の一つに、各種の『往復書案』がある。その中の大部のものに京都大学附属図書館所蔵『大日本史編纂記録』全二四九冊がある。[24] その第十六冊に収められた彰考館総裁中村新八[25]から京都の水戸屋敷に常駐して史料蒐集に従事していた小野沢助之進[26]にあてた書状案の中に、『高麗史』のことが散見している。次に示す六通の書状である。

①（上略）

一、高麗史之書付幷さきゟ参候手紙被遣、具致承知、相伺候処、価高直ニ急御用ニ無之物ニ候間、先々求候事無用ニ可仕候。但奇書之事ニ候間、元本ヲ根こぎにして金子百両ニうり切可申候ハヽ、承合候而今一度相伺可申候。百両ゟ上ニ候ハヽ、堅ク無用ニ可仕由被　仰候間、若元本ヲ根こぎ金百両ニうり可申と申候ハヽ、今一往御伺可被成候。其上御了簡にて相極り可申候。左様御心得可被成候。

（中略）

二月十五日　新八

小野沢助之進様

□〔追カ〕啓、高麗聞書さきの書付此方ニ留置申候。

②（上略）

一、高麗史之事、さきゟいまた返事無之由、申来次第可被仰越候。

（中略）

三月七日　新八

小野沢介之進様

③（上略）

一、高麗史之事、御状水戸へ遣し相窺申候所、被　仰出候ハ、本ノ主写留不仕候、類本無之物堅キ手形仕候ハヽ、銀弥百両可被召上候。若写留仕候ハヽ、銀子百枚か五拾枚かニも売申候ハヽ、御取可被成候。早竟写留有之候而も不苦候。価賤ク候へハ、此方能御座候。百両ゟ内ニ成候へハ、能御座候。右両段被　仰出候間、何レニ而売可申段申候ハヽ、ケ様ニ相極可申候哉と、今一応御伺可被成候。新写仕置候と相見へ申候ハヽ、其上ハ価ヲ随分減少仕候様ニ被成御尤ニ存候。

（中略）

四月廿七日　　新八

小野沢助之進様

④（上略）

一、先頃高麗史之事、御報申入候相達候哉。

（中略）

五月朔日　　新八

小野沢介之進様

⑤（上略）

一、高麗史之事、本主大坂居住ニ候間、上京次第御聞合可被仰上候由、得其意候。

（中略）

六月四日　　新八

助之進様

⑥（上略）

一、高麗史之事、持主近々大坂ゟ上京候間、御聞合御窺可被成由、得其意候。

（中略）

七月三日　　新八

小野沢助之進様

このように、『高麗史』の購入をめぐって、小野沢助之進（京都）・中村新八（江戸）・徳川光圀（水戸）[27]三者の間におけるやりとりが記されている。つまり、京都の助之進が、大阪在住の『高麗史』所蔵者の同本売立の情報を江戸に伝え、新八がそれを更に光圀に取り次いで、その意向を再び京都へ報じているのである。

ところで、これらの書状に年次は記されていないが、元禄四年（一六九一）のものとみて間違いない。『大日本史編纂記録』第一六冊には、二月から十二月までの書状が収められているが、その中の一通（十月十九日付加治ト元宛中村新八書状）に、「閏八月十日之御状相達致拝見候」という文言が見える。元禄四年には閏八月がある。また小野沢助之進は元禄四年八月に死去し、その子の内記が跡を嗣いで、京都常駐を命じられている。[28]本冊には助之進宛が八月以降見当らず、十一月頃から内記宛の書状が見られるようになる。特に十一月二十七日付小野沢内記宛中村新八書状には、「介之進儀在生之時」云々という文言がある。これらの状況から、本冊に収められている書状案は、元禄四年のものとみなしてよい。

これらの書状では、特に③に、写しがなければその旨の証文（手形）を書いた上で金一〇〇両、もし写しがあれば銀一〇〇枚か五〇枚に値切るようにといった光圀の指示がみえ、当時の書物に対する価値判断が知られて興味深いものがあり、また写本を中心とした蒐書方針の光圀にあっても、「奇書」とあれば高価格にもかかわらず、揃いで（「根こぎにして」）購入しようという意志があったことを示している。

しかし、このように購入の意志を明確にしている（③に「早竟写留有之候而も不苦候。」）のであるが、⑥の七月三日付の書状に見える記事を最後に、以後関連史料を見いだすことができず、光圀が本書を購入したかどうか明らかでない。そして、現在知られている彰考館関係蔵書目録をみても、その中に『高麗史』を見いだすことはできず、またこれまで指摘されているように、『大日本史』にも利用されていないことから考えて、結局入手しなかったとみるのが妥当であろう。

四

ここで想起されるのは、前述の前田綱紀が『高麗史』を入手したのが、元禄四年閏八月下旬と、光圀の購入交渉時期（同年二月〜七月頃）と近接していることである。その上、綱紀の購入価格が光圀の希望購入価格の金百両と一致することである。

すでに見てきたように伝本が稀であった『高麗史』が、ほぼ同時期に二部以上売り立てに出されたとは考えがたいので、光圀側で購入をはかった『高麗史』と綱紀の入手したそれとは、同一のものであったとみて先ず間違いないであろう。

但し、光圀ではなく綱紀に渡った経緯は明らかでない。金百両もする書物を購入し得るものは、当時数えるほどであったであろうから、売り立てを決意した所蔵者は光圀・綱紀の両者を対象に働きかけ、結局綱紀に売却したのであろうか。あるいは、光圀・綱紀は親戚でもあり、また書物愛好ということでも相通じているので、ここは光圀が綱紀に譲ったものでもあろうか。その時、光圀がこれより先、自らの手で『東国通鑑』を上梓しているので、今一つ入手に積極的になれなかったという事情もあるのではあるまいか。①にいう「価高直ニ急御用ニ無之物ニ候間」云々とはこの間の消息を物語っているように思われる。

ともあれ、本家朝鮮でも余り流布していない『高麗史』を、江戸時代の二大書物蒐集家が共に入手に努めた様子がうかがえる。(29) そして、『大日本史』には利用されていないが、これらの史料によって、徳川光圀が『高麗史』の存在を知らなかったわけでなく、更には入手の機会もあったことが知られるのである。光圀は当然前田家に架蔵されたことは承知したであろうし、また借覧も可能であったと思われるが、そのような形跡はない。やはり「君喜得希世之書」（新刊東国通鑑序）と評されている『東国通鑑』を利用すれば十分と考えたのであろうか。

むすび

以上、徳川光圀が『高麗史』の入手をはかったこと、そしてそれが前田綱紀に購入されるに至ったとみられることを伝える史料を紹介してきた。しかしこの二大書物蒐集家に求められた『高麗史』は、いつの頃か前田家を離れたようで、現在行方を知ることができないのは、誠に残念なことである。(30)

注

（1）『高麗史』及び『高麗史節要』の編纂経過については、今西龍「朝鮮史の栞」第一章第四節　高麗史の項（『朝鮮史の栞』〈覆刻版、国書刊行会・一九七〇年〉）、同「朝鮮書籍解題」高麗史の項（『高麗及李朝史の研究』〈国書刊行会・一九七四年〉）、中村栄孝「『高麗史節要』の印刷と伝存」（『日鮮関係史の研究』下巻〈吉川弘文館・一九六九年〉）、韓国学文献研究所編『高麗史』（亜細亜文化社・一九七二年）所収「高麗史解題」、申奭鎬「学問の発展と編纂事業」（国史編纂委員会『韓国史』第一一巻〈ソウル、一九七四年〉）、等参照。

（2）『高麗史』の付印については、前注（1）所掲諸論文参照。

（3）『文宗実録』二年二月甲申（二十日）条

（4）『端宗実録』即位年十一月丙戌（二十八日）条

（5）『端宗実録』二年十月辛卯（十三日）条。なお、前年十月に、皇甫仁・金宗瑞等は首陽大君によって殺されている。従って、現在の『高麗史』の修史官歴名から金宗瑞は除かれており、鄭麟趾が筆頭に記されている。

（6）中村栄孝「『高麗史節要』の印刷と伝存」（前掲）、藤本幸夫「校書館推治の件——内訓を中心として——」（『汲古』四号・一九八三年）等、参照。なお朝鮮における印刷の歴史については、韓国図書館学研究会『韓国古印刷文化史』（日本語版、同朋社・一九七八年）参照。

（7）『世祖実録』二年十一月庚午（四日）条

（8）『睿宗実録』元年六月辛巳（二十九日）条。そこには、

一、頒麗史。臣竊惟高麗史、記前朝之治乱。為後世之勧懲、不可一日而無者也。是以為（一）有逆乱之事。則所為逆乱者、歴代史皆有之。豈独前朝史而有之哉。若以為有（二）僭称之事。則前朝太祖一統三韓、改元・称宗、金人推之為皇帝、高皇使自為声教。是何嫌於僭称哉。所謂蕃国也。非畿内諸侯比也。若以為（三）近代之事、不可流伝。則今大明亦行元史。何計其耳目所及乎。若以為（四）有可諱之事。則削而行可也。非徒行之境内。使如史略、伝之中国、伝之日本、亦可也。此非為一時計也。為万世無窮計也。乞東国所撰諸書内、不得已秘密文書外、如高麗全史、依旧伝之幸甚。

とあり（傍線等引用者）、『高麗史』の流布に反対する意見を四つにまとめている。

（9）『成宗実録』十三年二月壬子（十三日）条

（10）文中の吐蕃が毛詩等を唐に請求したという一件は、開元十九年（七三一）正月に吐蕃に毛詩等を下賜したという史実を指している。下賜に際して賛否両論あり、反対派の于休烈は、吐蕃は「国之寇讎、今資之以書、使知用兵権略、愈生変詐、非中国之利也。」と述べて反対した。しかし、これらの諸書に忠信節義が説かれていることを無視しているとして退けられ、請求通り、吐蕃に毛詩などを下賜している。従って、梁誠之が、「唐不与之」と述べているのは、誤解であろう。なお、吐蕃の書籍請求については、『唐会要』巻三六蕃夷請経史・『旧唐書』吐蕃伝（上）・『資治通鑑』開元十九年正月辛未条等及び拙稿「日本通交初期における渤海の情勢について」（『法政史学』二五号・一九七三年）五八～五九頁、参照。

また卓青・趙暉は、高麗高宗四十五年（一二五八）に共謀して蒙古軍に内応し、和州以北を蒙古に占領される原因を作った人物。『高麗史』高宗四十五年十二月己丑条・同書巻一三〇趙暉伝、等参照。

李施愛については、未考。

（11）『光海君日記』（鼎足山本）二年十二月壬午（十一日）条に、

伝曰、高麗史、即為下送、使之急速精印訖。与元〔原イ〕本冊、並為上送事、令校書館、各別分付。○太白山本ヲ以テ校ス
とある。

(12)『光海君日記』（鼎足山本）四年六月丙寅（三日）条に、

校印都監啓曰、我国書籍、先為印出事、曾有伝教。経済六典、亦在其中。而閭閻間、絶無有処。弘文館亦無完帙。姑先以高麗史・龍飛御天歌・輿地勝覧等書、分刊於京外。故未及此書。今当更為聞見、得其完本、然後印出何如。伝曰允。

とある。

(13)朝鮮史編修会編『朝鮮史料集真解説』上篇一輯・高麗史の項（朝鮮総督府・一九三五年）、韓国学文献研究所「高麗史解題」（前掲）等参照。また伝存本の状況については、前間恭作『古鮮冊譜』第一冊・高麗史の項（東洋文庫・一九四四年）参照。

(14)今西龍「朝鮮史の栞」（前掲）二〇頁。また同「朝鮮書籍解題」高麗史の項（前掲）参照。なお今西春秋「MANJU雑記5　39、天理図書館の高麗史」（『朝鮮学報』六三輯・一九七二年）に、明治三十六年（一九〇三年）に朝鮮に購書に赴いた古書肆（其中堂）三浦在六著『朝鮮紀行』の一節が紹介されている。その中に、『高麗史』は、「現今は内閣にも、他の大臣豪家にも曾て無き韓国無二の珍本なる由。仲立人は切に吹聴すると雖も売人の功能ムザと信用も出来難ければ、人を以って同国の学者2～3人に聴かするに、いずれも高麗史の世に稀なるは保証する処にて、今更に望人有りとて金銀尽くにては手に入り難き品なり。と其の云う処同一なり」云々とみえる。この時購入された『高麗史』（木版本・七三冊）は、昭和三～四年頃六〇〇〇円の値が付けられて京都寺町の其中堂の店頭を飾っており、その後、天理図書館に架蔵されるに至ったという。

(15)この他、朝鮮民主主義人民共和国でも、一九五七～五八年に「国書刊行会本を底本にして旧版本と対校し」た活字本が出版されているという（旗田巍「高麗史」〈『国史大辞典』第五巻、吉川弘文館・一九八五年〉）。

(16)旧蔵者の近藤清石は、『大内氏実録』などの編著者で知られる幕末・明治の歴史家である。なお、国書刊行会本の底本となった『高麗史』は、八〇冊本で（『国書刊行会出版図書目録』〈同会・一九〇九年〉）、現在早稲田大学図書館に架蔵されている（架号＝り六―二八〇九）。

(17)大内氏は、歴代中国・朝鮮との貿易を積極的に進め、特に朝鮮に対しては、大蔵経を始め、多数の書籍の頒

賜・購入を求めている。この『高麗史』も大内本とすれば、このような過程で将来されたのであろうか。

(18)『国史文献解説』（朝倉書店・一九五七年）高麗史の項（黒田省三執筆）にもほぼ同様の記述がみられる。なお、『大日本史』の完成は、最終的には明治三十九年（一九〇六）であるが、本紀・列伝については、正徳五年（一七一五）の光圀の忌日に一応の脱稿をみている。

(19) 徳川光圀による『東国通鑑』梓行の経過については、刊行に際して付された序文（新刊東国通鑑序）の筆者である林春斎の『国史館日録』によって詳しく知ることができる。なお、序文には、

（上略）彼国《（朝鮮）》亦世修其国史。然其詳而可見者、無若東国通鑑。上自檀君下至王氏之末、総計五十六巻。其治乱興廃、可一覧而知焉。余少時曾聞此書伝存于我国、而未触目。故癸未之歳《（寛永二十年）》、問諸朝鮮朴進士《（安期）》。答曰、今亡矣。蓋滅於壬辰之乱乎。余為之悵然。頃歳水戸三品参議君、偶求得東国通鑑。想夫壬辰之後所載来之遺編偶存乎。君喜得希世之書。

云々、と記されている。

※朴進士とは、寛永二十年（一六四三）来日の朝鮮通信使に製述官（読祝官）として随行した朴安期（号螺山）をいう。春斎は父羅山等と共に、江戸滞在中通信使の接待の任にあたり、安期とも親しく筆談を交わしている。春斎と安期との交流・問答の一端は、春斎の文集である『鵞峰文集』を始め、『羅山先生文集』『異国日記』『通航一覧』等に見えるが、『東国通鑑』についての問答は見当らない。

(20) 日本で『高麗史』が流布するのは、国書刊行本の公刊によること前述のごとくであるが、それ以前に本書を利用したものとしては、管見では山田安栄編『伏敵編』（吉川半七・一八九一年）や『古事類苑』外交部（一九〇三年）等が早い時期に属すものと思われる。なお、伊藤東涯『三韓紀略』文籍略の末尾近くに「高麗史」の名が見えるが（東京大学総合図書館本〈架号＝G二三―二三一〉による）、何の注記もなく筆者が実見しているようには思われない。また例えば、文政頃著された松沢老泉『経籍答問』には、

○問ふ、東国通鑑は何等の書に御座候や、
答曰、往昔馬韓・辰韓・弁韓と云頃よりの朝鮮の国史なり、又問ふ、朝鮮の歴史は此外に無之候や、答て曰、
東国史略と云物あり、

云々と見えるが（『解題叢書』〈国書刊行会・一九一六年〉五〇二頁）、『高麗史』についての論及はない。

(21) このことは、今西龍「朝鮮史の栞」（前掲）によって知った。なお、『桑華書志』の原本は尊経閣文庫所蔵であるが、本稿では、東京大学史料編纂所架蔵写真帳（架号＝六一〇五―七）を利用した。

(22) 能勢友進なる人物について、今のところよくわからないが、摂津能勢郡の名族に能勢氏がいる。⑤に、「本主大坂居住」と見えるので、あるいは友進も摂津能勢氏の一族で、大坂居住の所蔵者との接触にあたっていたものかとも憶測される。

(23) 購入の価格一〇〇両といえば、当時米一石の価格が大体銀五〇匁（小野武雄『江戸物価辞典』〈展望社・一九八〇年〉等による）とみられるので、これを換算すると、約一二〇石に相当する。

(24) 本文二四八冊・目録一冊。本稿では、東京大学史料編纂所架蔵写真帳による（架号＝六一四〇、一一―三）。なお読解について史料編纂所の高木昭作氏の御教示を得た。

(25) 中村新八は、篁渓と号し、林春斎の門人で、のち光圀に仕官し、元禄四年正月十一日に彰考館総裁に就任した。正徳二年（一七一二）没。雨谷毅編『彰考館総裁略伝』（箒文社・一九一五年）参照。

(26) 小野沢助之進については、彰考館文庫所蔵『水府系纂』巻五七下・元禄年中奉仕切符之輩略系に、

△小野沢助之進某

●某　小野沢助之進

└某　助之進

小野沢助之進某、元禄元年戊辰六月二十三日　義公ニ奉仕切符ヲ賜テ、進物番トナリ、常ニ京師ニ住シ、元禄四年辛未八月死ス。一男アリ、助之進某ト云。

助之進某、初名内記。父死シテ切符ヲ賜テ小十人組トナリ、常ニ京師ニ住ス。元禄六年癸酉正月馬廻組トナル。正徳元年辛卯四月京師ニ死ス。子ナク嗣絶。

と見える。なお、『水戸市史』中巻（一）（同市役所・一九六八年）七二九頁参照。

（27）光圀は、これらの書状の書かれた元禄四年（後述）五月に水戸から久慈郡大田郷西山に移居している。『義公行実』（『水戸義公全集』上巻〈角川書店、一九七〇年〉四六八頁）参照。

（28）前注（26）参照。

（29）徳川光圀と前田綱紀の史料蒐集の概要については、川瀬一馬「わが国における書籍蒐集の歴史（前篇）」（『かがみ』特別号・一九八七年）参照。

（30）『高麗史』の活字本・木版本・写本の伝存状況についての一端は、前間恭作『古鮮冊譜』第一冊・高麗史の項（前掲）に知られるが、筆者も日本における伝存について、各種の図書館・文庫の目録を手がかりに調査を進めている。しかし今のところ文中で触れた、早稲田大学図書館（一部）・天理図書館（一部）の他、国立国会図書館（一部）・国立公文書館内閣文庫（一部）・東京大学総合図書館（二部）等を把握しているにすぎないので、後日改めて報告したいと考えている。

江戸時代、朝鮮通信使の来日の際など、盛んに両国の文人が筆談問答を交わしているが、その中で朝鮮の歴史に論及されることが多い。かねて両国の歴史についての相互認識は一体どのような素材で形成されていたのかということに関心をもち、両国間における書籍の往来に注意を払ってきた。本稿では、その一環として朝鮮の歴史書の基本の一つ『高麗史』を取り上げ、その流布について考えてみた。限られた史料を利用したにすぎないので、さらに調査が必要であるが、大方の御批正・御教示を得られれば幸いである。

4　朝鮮通信使との交流と『東国通鑑』

江戸時代を通じて、日本と朝鮮との善隣友好の担い手となったのが、将軍の代替わりなどに来日した朝鮮の通信使であったことは、よく知られている。一九八五年には日韓両国で両国の協力のもとに通信使をテーマとする展覧会が開催され、多くの人々の関心をよんだことも記憶に新しい。本稿では、日本人と通信使との交流に関連して、両国人士の交流に寄与すべく徳川光圀によって出版された朝鮮の歴史書『東国通鑑』刊行の経緯について述べてみたい。

通信使は、正使・副使・従事官の幹部に、製述官（文書の起草を担当）・訳官（通訳）ら総勢五百人近くに及ぶものであった。彼等は国を代表する外交使節として重責をになっていたので、幹部をはじめいずれも一流の人物が任じられているが、中でも日本人との応対の中心となる製述官には、当代を代表する文人が任命されている。

来日の通信使と日本人との交流では、通信使に日本人が揮毫を求めたり、筆談を交わしたりするという形をとることが多かった。その様子は日本・朝鮮両国のさまざまな史料に伝えられているが、享保四年（一七一九）度の

製述官申維翰の日本紀行『海游録』（姜在彦訳による）の一節に、

近ごろ倭人の文字の癖はますます盛艶となり、学士大人と呼びながら群をなして慕い、詩を乞い求める者は街に満ち門を塞ぐのである。だから、彼らの言語に応接し、我が国の文華を宣耀するのが、必ず製述官の責任とされるのである。

とあり、日本人が競って詩文を求める様子とその応対に当たる製述官には祖国の文化を代表するという重責が課されていたことを述べている。

通信使を迎える日本人の熱狂ぶりは、幕府が禁令を出さなければならなかったことでもうかがうことができる。すなわち明和元年（一七六四）の御触書には、筆談の盛行にともない無用に朝鮮をなじったり、逆に相手に迎合して我が国を嘲けるなど、真の交流の妨げになるような状況が出ていること、そのため天和二年（一六八二、通信使来日）以来幕府の儒官で接待の中心となる林家にあっても、弟子を通信使接待の役に出す場合には詩の贈答のみを許し、筆談は認めないことになっており、これに准ぜよとしている。単に文化交流の盛行として喜んではいられない弊害が現れていたことを物語るものであろう。しかしこの禁止令もあまり効果がなかったようで、現在でも各地に通信使の揮毫した額や筆跡がたくさん残されている。

このような日本人の熱狂的な反応は、いわゆる鎖国という海外文化に接触する機会が制限されているという状況下において、異文化への憧れや崇拝の傾向があらゆる面において強かったためであり、オランダ人のもたらす海外情報を渇望したことにもあらわれている。特に朝鮮については、長期にわたる文禄・慶長の役（壬辰・丁酉の倭乱）に従軍した日本人が、あるいは分捕りとして典籍を始めとする文化財を持ち帰り、また捕虜としてすぐれた技術や学識を有する人々を連れ帰った。そのため多くの日本人が直接に朝鮮文化に触れ、さまざまな感銘や影響を受けたことによるものと指摘されている。

かくして、日本人は来日通信使の一片の書を手に入れることを喜びとし、幸運にも直接筆談等を交わすことができれば、何よりも名誉としたのであり、その成果をただちに出版（木版印刷）することも行なわれた。それらは『和韓唱酬』『桑韓唱酬集』などの名を付され、おびただしい数にのぼっている。幕末に大学頭林韑が幕府の命を受けて朝鮮をはじめ琉球・中国などとの外交の沿革を伝える史料を編纂した『通航一覧』朝鮮部・筆談唱和等の項の冒頭には、「按ずるに、かの使者来聘ごとに、必筆談唱和あり、天和・正徳の頃よりして、その事やゝ盛なり、故にその書類冊をなすもの百有数十巻にいたる、素より尽くこれを枚挙すべきにあらず」云云、と述べていることにその一端を知ることができよう。

さて、日本人と通信使の詩文・筆談による交流は、一面には国と国との対決という側面があった。つまり文化・教養の度合いをもって国力のバロメータとする意識が存在したのである。それであるからこそ浅学の者がみだりに筆談を交わしたりすることを禁止したのである。元来漢詩文の贈答は漢字を媒介とする国家間の外交儀礼の一つとして大きな意味があり、古くは新羅の使者を迎えて長屋王の邸宅で華やかな詩宴が催され、また渤海使との間では菅原道真・島田忠臣らの文豪が鴻臚館を舞台に才能を発揮している。江戸時代でも同様で、公的な場で接待にあたる人物には文才のある人物が選ばれたのである。

具体的に筆談の内容についてみると、さまざまな交流の姿がみられる。

例えば、林家の祖・羅山（一五八三〜一六五七年）は、寛永十三年（一六三六）の通信使に対して、朝鮮の始祖とされる檀君について、聞くところによると、檀君は支配すること一千年に及んだというが、はたしてそんなに長生きするものであろうか。（中略）君子たるもの怪異の説をとるべきではない。中国の歴代の史書には朝鮮の歴史が詳しく叙述されている。しかし全く檀君のことが記されていないのは何故か。信ずるに足りない愚説の故ではないか。

と、質問している。これはたとえて言えば『日本書紀』『古事記』などで日本の始祖とされるイザナギ・イザナミ・天照大神らのことが、中国の歴史書に全然みえないのはどうしたことか。信ずるに足りない愚説によるものか」と質問するようなもので、まことに無礼と言わざるを得ない（堀勇雄『林羅山』）。ともあれ羅山のいかにも手ぐすね引いて待ち構え、相手が返答に窮することをもって得意とする姿勢があふれている。ちなみにこの時の筆談に対する将軍徳川家光の評価は、「彼の国の事跡や制度などでなく、朝鮮では政治の重点は何にあると考えているのか、また仁義忠信の理は何と考える、といった質問をすればよいものを」といった冷淡なものであったという。

これに対し、同じ時の朝鮮使節に対する石川丈山（一五八三〜一六七二年。もと家康の家臣であったが、後、詩仙堂を建てて閑居）の筆談は、通信使に従って朝鮮に渡り、そこから更に明（中国）に赴き各地の遺跡をたずねてみたい、といったことから、自らの経歴にいたるまで、心情を吐露する問答がなされている。羅山の場合とは全く異質のものとなっているのは、公私立場の相違によるものであろうか。

この他、『通航一覧』をはじめ諸書におさめられた筆談の内容をみると、学者であり政治家としても手腕を発揮した新井白石（一六五七〜一七二五年）が、来日宣教師から入手した最新の世界知識を教示して感謝されているような例もあるが、おおむね日本人が質問し、朝鮮人が回答するという形が普通であった。そこでの日本人の質問つまり関心は、朝鮮の儒学の教理・歴史・官職・制度・風俗などと多岐におよんでいる。

ここで筆談の背景に存在した相互認識特に歴史認識について考えてみたい。つまり通信使と日本人との筆談等ではしばしば両国の歴史が話題になっているが、両国の人はお互いの歴史を何によって学んだのであろうか。この点について興味深い問答が、寛延元年（一七四八）度通信使書記李鳳煥と山宮雪楼（室鳩巣の弟子）との間で交わされている。

雪桜問―『経国大典』（朝鮮の基本法典）の和学部をみると、『庭訓往来』や『童子経』などの書目がみえる。しかしこれは皆な寺子屋の教科書である。（日本の重要な書物である）六国史や『懐風藻』『経国集』、諸実録や律令などは貴国に伝わっていないのであろうか。また水戸光圀公が編集した『大日本史』は、未刊で一般に流布していないが、同じく光圀公は貴国の『東国通鑑』をかつて刊行したことがある。

鳳煥答―貴国の書籍で我が国に伝わるものは極めて少ない。日本の通鑑（『本朝通鑑』）は最近訳所より出された。水戸公の『大日本史』が未だ刊行されていないのは残念である。また『東国通鑑』が既に刊行されたとのことであるが、同書は乱雑であって参考にするには堪えないものである。

この問答から、日本の歴史書が朝鮮に余り伝わっていない様子が知られるが、一方日本人の朝鮮に歴史に対する認識はどのようにして形成されたのであろうか。

朝鮮の正史と言うべき書物は、新羅・百済・百済・高句麗の三国の歴史を扱った『三国史記』『三国遺事』や高麗時代を叙述した『高麗史』などであるが、それらは本国で余り流布せず、まして日本での入手は困難であった。朝鮮では早くから印刷術が発達し、朝鮮歴代の主要文献や中国の書籍などは活字印刷や木版印刷によって流布が計られている。一般的に活字本の場合、普通百部前後刊行され、その内数部を国王の手元や官庁に留め置く他は朝臣に頒賜された。さらに流布を計る場合には活字本を版下に、木版に覆刻するという方法がとられた。例えば一四五一年に完成奏上された『高麗史』についてみると、同書がどの程度の部数刊行されたのか明らかでない。しかし内容が国家の機密に関わるから余り流布させるべきでないとの意見がみられることなどを考えると、それほど多くはなかったと思われる。また『高麗史』は詳細ではあるが、紀伝体で閲読に不便なところから、約三十年後に出版された檀君から高麗までを編年体で叙述した『東国通鑑』がもっぱら利用されるようになり、それとともに『高麗史』の伝本も稀になっていった。本国での状況がこのようなものであったから、まして日本における伝本は少なく、江戸時代にあっては、蔵書家として名高い加賀藩主前田綱紀が元禄四年（一六九一）に百両の大金を払って購入している例が知られる程度である。『高麗史』が流布するのは明治四十一年（一九〇八）に日本の国書刊行会による活版本が出されてからのことである。

このため江戸時代を通じて朝鮮歴史の史料として主に利用されたのは『東国通鑑』であった。『東国通鑑』は外紀一巻・本文五六巻から成り、巻首の外紀は檀君・箕子・衛満の諸朝鮮、漢の四郡、三韓などを略述し、本文は三国時代から高麗末までを編年体で記す。徐居正らにより一四八四年に完成した。内容的にはこれ以前に作られた編年体の『高麗史節要』（一四五二年）や『三国史節要』（一四七六年）などをそのまま利用したにすぎず、しかも誤りを含むためあまり重視されていない。前記の李鳳煥の言のごとくである。しかし李朝成立以前の歴史を容易にみることができる点、便利な書物として利用された。

本書が日本に伝えられた時期などは明らかでない。寛文四年（一六六四）に日朝両国のかけ橋となっていた対馬の宗氏がいろいろな物品を朝鮮に請求した中に、『東国通鑑』の名がみえるが、本書が日本で流布するようになるのは寛文七年（一六六七）に徳川光圀が刊行して以来のことである。そしてその刊行には通信使との関係が考慮されており、林羅山の子春斎（別号鵞峯。一六一八〜一六八〇年）作の「新刊東国通鑑序」には、光圀の言としてて、通信使との交流に役立つとの刊行の意義が記されているのである。

その刊行の経緯は林春斎作の序文および春斎の日記『国史館日録』によって知ることができる。まず日記によると、寛文四年十一月十五日条に、「水戸光圀から『東国通鑑』を借用し、日本関係記事を抄出する」と、『東国通鑑』のことが初めて見える。しかし光圀本は欠けたところがあった。その後、十二月十八日には、光圀本の欠落巻を加賀公前田綱紀の本で補った会津公保科正之の所蔵本が届けられた。これにより完本とすることができたので、光圀は京都の書店（松栢堂）より出版を計り、その序文の執筆を林春斎に依頼した。これが寛文六年春のことである。それから一年余経た寛文七年六月に序文が完成して書店に渡され、十一月に刊行された。そして翌年五月、全巻五七冊が春斎のもとに届けられた。

一方春斎作の「新刊東国通鑑序」には、当時の日本人の朝鮮観の一端が示されていて興味深いものがあるが、ここでは刊行の経緯に触れている部分をとりあげてみたい。

序文にはまず、檀君以来の朝鮮の歴史および日朝関係について略述した後、

彼ノ国モマタ世々《よ》其ノ国史ヲ修ス。然《しか》モ其ノ詳ラカニシテ見ツベキ者ハ、東国通鑑ニシクハ無シ。上、檀君ヨリ、下、王氏ノ末ニ至ルマデ、総計五十六巻、其ノ治乱興廃一覧シテ知ヌベシ。余レ少《わ》《わか》カリシ時、嘗《かつ》テ此ノ書ノ我ガ国ニ伝存スルコトヲ聞ク。而《しか》モ未ダ目ニ触レズ。故ニ癸未ノ歳（寛永二十年）コレヲ朝鮮朴進士（朴安期）ニ問フ。答テ曰ク今ハ亡タリ、ト。蓋《けだ》シ壬辰ノ乱ニ滅ビタルカ。余レ之ガ為ニ悵然タリ。

とあり、「かねて朝鮮の歴史書の随一として『東国通鑑』の名を聞いていたが、これまで実物を見たことがな

かった。そこで寛永二十年（一六四三）の通信使の読祝官（製述官）として来日した朴安期に本書のことを尋ねたところ、既に本国では失われてしまったとのことである。壬辰・丁酉の倭乱（文禄・慶長の役）の際に失われてしまったのであろうか。極めて無念なことである」と、述べている。ここに江戸幕府の学問の中心をなす林家にも本書が所蔵されていなかったことを知ることができる。なお朴安期が本国で失われてしまったと答えたというのは不審で、朝鮮の刊本も数種伝わっている。元来朝鮮は歴史書など自国の有用な書籍が外国にみだりに伝わることを警戒し、流布に慎重な立場をとったので、朴安期の答えもこの点を意識しての回答かも知れない。

序文は続けて、

頃歳《このごろ》、水戸三品参議君（光圀）偶《たま》タマ東国通鑑ヲ求メ得タリ。想フニ夫《そ》レ壬辰ノ後載セ来ル所ノ遺編、偶タマ存セルカ。君、希世ノ書ヲ得ルコトヲ喜ブ。然《しか》モ其ノ欠クル所ロ有ルコトヲ惜《おし》ム。既ニシテ幸ニ一本ヲ僦《か》リ得テ参校写補シテ、以テ漸《ようや》ク全シ。殆ド符節圭瑁ノ合ヘルガ如ニシテ、狗尾貂《くびちょう》ヲ続《つ》グノ比ニ非ズ。謂《いい》ツベシ大幸ナリト。

とあり、「最近光圀が『東国通鑑』を入手した。これは（先に朴安期の言に本書は朝鮮では既に亡んだというので）文禄・慶長の役の後、船載されたものであろうか。光圀は稀覯書を手に入れたことを喜んだが、惜しむらくは完本ではなかった。しかし（前田綱紀から）別に写本を借りることができ、それによって完本とすることができた。それは共に良質の写本であって、きわめて喜ばしいことである」と、幻の書を求め得た光圀の感激を伝えている。

次いで、

是ニ於テ其ノ書ヲ概見スルトキハ、即チ粗《ほ》ボ本朝ノ事ヲ載スト雖ドモ、調庸貢献ニ至テハ、即チ悉ク之ヲ略ス。蓋シ其レ国ノ為ニ之ヲ諱ムカ。臣子ノ情、咎《とが》ムベカラズ。両国ノ史ニ該通シテ眼ヲ着ケテ用捨《ようしゃ》セバ、即チ其ノ旨趣自《おのずか》ラ知ルベシ。

と、「そこで本書の内容をみると、日本のことについてはおおむね記載されているが、日本に朝貢したことについては全て省略されている。けだしこれも国の名誉を考えた史臣のなせる業であって、咎めるにはあたらない。両国の歴史をよく調べれば自ずから分かることである」と記す。

続けて、

参議君謂《おも》ヘラク、朝鮮今猶(ホ)ヲ来朝ノ聘ヲ修ス。他ノ外国ノ属《たぐい》ニ非ズ。此ノ書ヲシテ広ク世ニ行ハシムル時ハ、即チ両国ノ贈酬ニ便《たよ》リ有テ、学者ニ補ヒ無シト為《せ》ザランカ。乃チ洛ノ剞劂《きけつ》氏（書店）ニ命ジテ、新タニ松栢堂ニ刊《きざ》ム。嗚呼《ああ》、君ノ遺書ヲ求ムル再生ノ河間ノ如クニシテ、陳農ニ十倍ス。実ニ是一時ノ盛挙、千歳ノ美談ナリ。

とあり、「光圀は、朝鮮は現在でも通信使を日本に派遣しており、その他の国とは事情が異なる。『東国通鑑』を刊行して流布させると、両国の人々の交流に役立ち、学者の助けになるのではないかと考え、そこで京都の書店に命じて出版させた。その功績は、かつて漢代に皇帝の命によって書籍を天下に求めた陳農らに比べて数倍し、千年の美談と言うべきものである」と、光圀が刊行に際して通信使との交流を重視していたこと、その功績の大なることを述べている。

このあと、「就《つい》テ想フ、泰伯《たいはく》至徳ニシテ我ガ王跡ニ基イス」云々、つまり我が国の王室の始祖は中国古代の聖人太伯に出る、という説を述べている。これは中国の『魏略』（三世紀の作）などの書に「倭人が自ら太伯の後裔という」とあることに基づく見解で、中世以来信奉するものがあり、林家の家説でもあるが、公私をわきまえて、公的事業の『本朝通鑑』には記さなかったということが伝えられている。

そして序文は最後に、

此書今既ニ我国ニ流《し》ク、他後伝ヘテ朝鮮ニ及バヽ、則チ此ニ在テハ博覧ノ助ケタラン、彼ニ在テハ炯誡《けいかい》ノ鑑《かがみ》タラン者ノ必セリ。然ラバ則チ楚珩軽シト為シ、趙璧抛ツ可クシテ撤金・蒔絵ノ器ヲ贈ラズ、虎皮・鷹子ノ貢無シト雖モ亦タ何ノ《（ゾ）》傷マンヤ。余憖《なまじ》イニ此ノ事ヲ預リ知ル。乃シ剞劂氏が乞ニ依テ巻首ニ演露スト、爾《し》カ云フ。寛文丙午孟秋弘文学士院林叟叙ス。

とあり、「かくして『東国通鑑』は我が国に流布するに至った。いずれ朝鮮にも伝えられるであろう。その時は、我が国にとっては朝鮮の歴史をみる上で役にたち、朝鮮によっては戒めの書として役立つであろうことは間違いない」云々と本書刊行の意義を述べて序文を結んでいる。

このようにして『東国通鑑』は日本で流布するようになり、光圀の希望通り通信使との交流にも大いに役立てられた。そして江戸時代を通じて朝鮮史の基本史料となり、たとえば『大日本史』を始め、中国や朝鮮の資料にみえる日本関係記事を収集した松下見林編『異称日本伝』（一六八八年）も本書を利用している。

また、林羅山が編纂を開始した歴史書の『本朝編年録』を『本朝通鑑』と改称したのも、中国の『資治通鑑』

にならって、朝鮮に『東国通鑑』がある、日本にもあって然るべきである、との意見によるものであったが、その『本朝通鑑』(一六七〇年)も朝鮮関係の叙述の多くは『東国通鑑』によっているのである。

なお、本書刊行のことはまもなく朝鮮にも伝わり、天和二年(一六八二)度の通信使の途中対馬からの報告では、本書が刊行されていることについて触れている。

以上、江戸時代の善隣友好を象徴する来日朝鮮通信使と日本人との間で繰り広げられた交流で、その筆談の話題の背景となる両国の歴史認識形成に大きな役割を果たした『東国通鑑』の刊行について述べてみた。『東国通鑑』の版木は戦前まで朝鮮総督府に所蔵されていたので、恐らく今も韓国に存在するのではあるまいか。

5　以酊庵輪番僧虎林中虔

はじめに

明暦三年（一六五七）三月、瑞溪周鳳編著『善隣国宝記』の梓行にあたり跋文を求められた天龍寺の僧虎林中虔は、同書を閲した侍童との間でかわされた問答を記している。その中で侍童が、焚書坑儒によって中国では失われてしまった儒書が徐福によって日本にもたらされたことは明らかであるのに、その典拠となる書名が本書に記されていないのはどうしたわけか、と質問したのに対し、〈黄吻ノ童、何ゾ其ノ黠シキヤ〉と嘆き、瑞溪は博学の僧であり、たまたま典拠をしめしていないのは、その史料を瑞溪が閲覧する機会がなかったからであろうと弁護したうえで、

凡今学者、薄二於責一レ己、以厚レ責レ人。我恐三後生晩学之者、効二侍童顰一。故記下聖経存二于　本朝一証上、以応二或人之需一。云レ爾。

と述べている。[1] この〈凡ソ今ノ学者、己ヲ責ムルニ薄ク、以テ人ヲ責ムルニ厚シ〉云々という一節は、年端もいかない〈黄吻ノ童〉の質問に対する言葉としては、やや唐突で異様な感を受け、いったいこの批判はどのような事情から発せられているのか興味がひかれ、虎林中虔なる禅僧について関心がもたれた。

虎林中虔（一六二七ヵ～七八）については、はやく上村観光氏が、[2] 江戸時代の五山禅僧の中でも注目すべき活躍をした人物としてとりあげ、徳川光圀（一六二八～一七〇〇）との交流などを紹介している。また辻善之助氏も[3]詩文をもって名ある僧として触れ、新井白石（一六五七～一七二五）の『退私録』の記事（下文参照）を紹介されており、玉村竹二氏も、[4] 衰退した近世の五山文学の中でみるべき僧として虎林の名をあげられている。そして虎林は輪番僧として対馬以酊庵に赴任するが、以酊庵輪番僧について総合的な研究を行った田中健夫氏は、[5] 今後の課題の一つとして輪番僧の近世文化史上に果たした役割の考察をあげ、その例として虎林と林春斎（一六一八～八〇）との交流に論及されている。

本稿では、先学の業績を参考に、一人の以酊庵輪番僧をとりまく環境について素描し、親交をもった林春斎との交流についてながめ、さらに虎林が対馬からはるばる春斎に伝えた、壬辰・丁酉の倭乱（文禄・慶長の役）からおよそ六〇年を経た寛文ごろにもなお朝鮮の日本にたいする警戒心が強かったことをしめす記事に論及してみたい。

一　虎林中虔の略歴

虎林中虔の（道号虎林。字中虔。地名鑑湖）の詳細な経歴については、天龍寺慈済院の史料を調査すれば知られるであろうが、今はその機会を得ないので、『五山碩学並朝鮮修文職次目』『僧録官記』所収瑞世目子などにより、

略歴を記すとつぎのごとくなる。(6)

寛永四年（一六二七）		誕生　俗姓青木氏。
（幼年）		天龍寺洞叔寿仙（第一九九世）の門に入る。
慶安元年（一六四八）		二二歳で秉払をつとめる。
承応二年（一六五三）七月	七日	天龍寺単寮に在任。
明暦三年（一六五七）九月二十六日		景徳寺公帖受領。
同	十月二十九日	臨川寺公帖受領。
寛文三年（一六六三）三月	十六日	円覚寺公帖受領。
同	八月　二十日	天龍寺公帖受領。
同　四年（一六六四）四月二十六日		天龍寺入院。第二〇二世。
同　五年（一六六五）四月		対馬以酊庵に赴任。第一五世。
同　七年（一六六七）四月		対馬以酊庵より帰任。
延宝六年（一六七八）九月二十七日		示寂。五二歳。

この経歴をみれば、禅林において順調な出世を遂げ、天龍寺住持の頂点を極めた人物と評することができよう。そして三九歳の時に朝鮮修文職に任命され、寛文五年（一六六五）から七年まで対馬に赴任して朝鮮外交に関与した。周知のように朝鮮修文職は五山僧の中で文筆の才に長じた人物が選任された。虎林の文才は若いころから発揮されていたようである。慶安三年（一六五〇）二月二十六日付の瑞世目子に、(7)

慈済院之住。幼而入㆓洞叔仙（寿仙）長老之室㆒、朝参暮請者十有余年。廿四『三』歳而秉払。所㆑製之戊子吟藁百首・四季独吟四百句呈㆓上　僧録大和尚㆒請㆓添削㆒。至㆓其功拙『巧』㆒者　大和尚幸賜㆓諒察㆒。　社中得『又』㆓印可㆒。

とある。師の洞叔寿仙（承応元年・一六五二年入寂。七八歳）は、朝鮮修文職に選任され、対馬以酊庵に二度赴任した経歴をもつ人物である。（8）この文筆に堪能な師のもとで虎林の文才も磨かれたのであろう。「戊子（慶安元年・一六四八）吟藁百首」「四季独吟四百句」などの作品が僧録に進上されている。虎林が『善隣国宝記』の跋文を記した明暦三年三月といえば、虎林はまだ諸山・十刹に出世する以前のことであり、対馬に赴任する八年も前のことである。このような若い虎林に書肆出雲寺（白水）が外交文書作成者の指針となる『善隣国宝記』の跋文を求めたのは、当時すでに文筆の才が知られ、やがて朝鮮修文職に選任される人物として嘱望されていたことをしめすものにほかならないであろう。

二　禅林における虎林——文字禅としての立場——

さて虎林中虔の生涯において注目されるのは、すでに指摘されているように、漢詩文の才能を発揮した、僧俗世界における活躍である。林羅山の子で幕府の儒官林春斎（一六一八〜八〇）は、対馬に赴任している虎林にあてた寛文五年十月付の書簡（9）において、

和尚平生文字禅之名、既彰㆓于鳳闕之地㆒。今遠伝㆓于鯷壑之風㆒、亦是遠遊之一幸乎。

と述べている。鳳闕は京都、鯷壑は外国をいう。文字禅とは、実際の座禅修行によらずに文字の上で禅を理解しようとすることで、ふつうは軽蔑した意味で用いられる。しかし春斎の場合にはこれと異なり、このほかにも虎林について、〈和尚、文字禅ニ熟ス〉(10)とか、〈彼、頗ル文字禅タリト雖モ、其ノ名利ヲ求ムルコト此ノ如シ〉(11)と称しているが、これらは文筆に堪能な禅僧といったような良い意味で使用していると考えられる。したがって、前掲の書簡の一節は、対馬赴任は、名文家としての名が京師だけでなく異国（朝鮮）にも広まるよい機会となることを述べたものと理解される。

また辻氏の紹介された新井白石の『退私録』巻上の「虎林長老詩作の事」(12)と題した一文は、虎林の豊かな才能、当時の評判をよく伝えている。すなわち、

一、天龍寺慈済院に虎長老とて虎林と号せし僧あり。聯句の名人にて、江城に下りて林氏の子弟・文殊院幷金地院など会して一日連句せしに、此人六十句のうへせられし由なり。彼寺へ昌三などゝ月見にまかれるに、其所に木犀樹のはな咲ておもしろかりしゆへに、夜ひとよ月見して明る日に帰りたり。其句に、

聞馨須開黄史悟　繞床欲□白公禅

と仕りたり。然るに、かの僧明る日早朝に、座中の人々の詩をのこらず和歌して出されたり。諸人驚きてよふよふに再和せし人もあり。某巳の時過はかりに又のこらず再和して帰りしなり。いまだ幼少の時なりしゆへ其詩は取るにたるべからず。

とみえる。これらの史料から、虎林の文才が当時の禅林の内外にとどろいていたことがうかがわれるが、弟子によってまとめられた漢詩文集『西山外集』一二巻（六冊）(13)に収められた書簡・作品によってその多彩な交流を具

体的に知ることができる。後西院や霊元天皇[14]を筆頭とする公家社会、武家社会では徳川光圀の庶兄にあたる松平讃岐守頼重が檀越で[15]、その縁で光圀と親しくなり、虎林が光圀を後西院に紹介してもいる。儒者では林春斎および林家の子弟・門弟、とその交友範囲は多岐にわたっている。社交技術としての漢詩文の才能を遺憾なく発揮して、いわば社交界における花形を思わせる活躍、と言ってもよいのではなかろうか。その人脈が漢詩文の才能によって形成されたものであることは言うまでもない。

しかしこの恵まれた文才による活発な行動——春斎のいわゆる文字禅——は、一方では「不立文字、教外別伝」からする禅林内部の批判を招く一因にもなっていたようである。たとえば春斎の丁巳（延宝五年）十二月付書簡に、

分二緇素之色一、遆二贈酬之筒一、古既有レ例。今何訝焉。

とみえ、虎林が春斎と交流することに訝しく思う人々がいたことを推測させる。[16] このような禅林内部の批判が明確な形で表れたのが虎林の天龍寺入院に際しての出来事である。すなわち『隔蓂記』寛文四年四月条に、

廿五日　晴天也。明日天龍寺慈済院虎林中虔和尚入院故、自二今晩一赴二天龍寺一也。
廿六日　晴天、暖気也。鐘鳴、則各赴二山門一。大円院隆岳紹長老被レ来二宿坊一、而山門江案内者同道被レ申也。列刹各集二山門一。雖レ然白槌・僧録無二出頭一。其子細者、鐘案内不レ達二僧録一撞レ鐘。沙汰限無作法也、出頭被レ申間敷之由。寺中長老衆悉惑〔迷〕仕、種々懇望之由。依レ然、出頭移レ刻也。於二山門一、僧録向二大衆一而殊外之嗔。新命其外天龍満山之無作法、歴住被レ致程之仁、加様無作法可レ有哉、沙汰限之由被レ申也。仏事共済、

草二賀礼一之中、於二方丈一而僧録之曰、新命道具衣之紫色、非二薄紫一而深紫衣、是又無二吟味一、沙汰限之旨
被レ申也。（下略）

とある。虎林入院の当日、鐘の案内がなかったことに怒った僧録竺隠崇五は出席を拒否し、懇願されてようやく出席したが、それでも怒りはおさまらず、大衆に向かって〈歴住致サル程ノ仁、加様ナル無作法有ルベキヤ〉と罵っている。そして僧録の批判は法衣の色にも及んでいる。入院という晴れの儀式の場にもかかわらず、気まずい雰囲気に覆われてしまった様子がなまなましく伝わってくる。僧録のこの態度は、ただ鐘の案内を忘れたことによるものとしては、やや異常に思われる。つぎの春斎の書簡によれば、この背景には、虎林に対する禅林の批判的な空気があったのである。

春斎の寛文四年閏五月付「答二虎林東堂一」書簡は、「前月十三蓂之一緘、殆経二三旬一而岡井氏伝二達之一。披看恰与二晤語一同。件件㠯字如レ左」の前文に始まって、五節からなるが、この前文から虎林書簡の日付は寛文四年五月十三日付であり、したがって四月二十六日の天龍寺入院後まもなく認められ、春斎に送られてきた虎林書簡に対する返書であることが知られる。その内容は、

①虎林が天龍寺住持となり、滞りなく入院の儀を了えたことを慶賀。
②虎林が寛文三年十二月二十六日春斎が弘文院学士に任ぜられたことを慶賀してきたことに対する謝礼。
③春斎の門弟らの近況。

を述べた後、まず第四節に、

一、被レ示洛中乞二文雅一、偶有二読書者一、騁二高遠一談二性理一。然内虚外飾、売レ名求レ利。其時粧余推知レ焉。然人人聾盲無二悟レ之者一乎。若有下具二隻眼一者上、則彼徒豈横行哉。往歳虚名囂囂者、今既寥寥。嗚呼日月之明、人以為二尋常一、如二蛍燐狐火一、則皆驚見レ之。稲粱之味、不二以為一レ珍、如二奇産異物一、則皆嗜二好之一。和尚以為二如何一。

とある。洛中すなわち虎林周辺の人物に、〈内虚シク外飾リ、名ヲ売リ利ヲ求メル〉者の多いとする虎林の嘆きを春斎は理解し、〈往歳虚名囂囂タル者、今ハ既チ寥寥タリ〉と述べ、見る目を有するものがなく、まともなことは往々理解されがたいと虎林に同情をしめして慰めている。さらに第五節には、

一、聞五岳又欠二文席一。嗚呼是何事哉。想夫彼徒定言、復二不立文字之古一。然五岳之先輩達二文字一者、亦踈二参禅一哉。和尚熟二文字禅一。想夫為二群類一招レ嘲乎。俗話有レ云、山有二百猿一。其九十九其鼻皆缺。其中鼻不レ缺者唯独也。九十九猿群集笑二其鼻不一レ缺者一。如レ此之事、今世多有レ之乎。呵呵。(下略)

と述べる。鼻の欠けた九九匹の猿に囲まれた一匹の正常な猿がすなわち虎林であることは言うまでもない。そしてここに冗談めかしてはいるが、時世に対する非難が激しい文章で連ねられているのは、これが虎林書簡に対する返事であることからすれば、虎林書簡にこのような嘆きが盛られており、虎林の心中を忖度した文章とみて誤りない。虎林は自らの禅林における立場を嘆き、入院に際しての不快な思いを春斎にうったえたものであろう。『西山外集』には残念ながらこの時の虎林の書簡が収められていない。あるいは憚られたからかも知れない。

〈和尚、文字禅ニ熟ス。想フニ夫レ群類ノ為ニ嘲リヲ招カンカ〉と記す春斎書簡の前掲の『隔蓂記』の記事を

重ねてみると、僧録らの虎林の入院に際してみられた態度は、単に鐘の案内がなかったというだけでなく、じつは普段から文字禅虎林あるいはその多彩な活動に対する反感に源を発しているものと考えて間違いないであろう。もっとも文章をもって知られた五山僧は虎林だけでなく、朝鮮修文職に任命された者はもちろんのこと、他にも多数いたことは言うまでもない。そうした中にあってことさらに虎林が非難を受けたとすれば、彼の活動が華麗すぎたのか、あるいは個人的な性格に問題があったのかも知れないが、それはともかくとして、このようにみてくると本稿冒頭で問題とした『善隣国宝記』跋文において虎林が〈今ノ学者、己ヲ責ムルニ薄ク、以テ人ヲ責ムルニ厚シ〉と述べているのは、自分を取り囲む禅林に対する批判と理解されてくる。〈黄吻ノ童〉に諭すにしては激しく、やや唐突の感を与える一節も、じつは〈黄吻ノ童〉に託して文字禅を認めない周辺を批判しているものとすれば、疑問も容易に氷解するのである。

虎林はこのような胸の内を率直に春斎に打ち明け、春斎もこれにこたえている。ここに両者の親密な関係をうかがうことができよう。

三　虎林と林春斎

虎林と春斎および春斎の門弟らとの交流については、虎林の文集『西山外集』、林春斎の日記『国史館日録』『忍岡南塾乗』(17)、詩文集『鵞峰文集』などに知ることができる。『西山外集』巻一二、書の部には全部で三四通の書簡が収められているが、このうち、春斎充書簡は六通あり、これに林家一門および水戸光圀充書簡を合わせると十七通を数える。一方『鵞峰文集』巻四一には、虎林充書簡が寛文元年（一六六一）十月晦日付書簡から延宝五年（一六七七）十二月上澣付書簡まで七通収められている。延宝五年といえば虎林入寂の前年にあたる。

両者の交流がいつから始まったかは明らかでないが、虎林充春斎書簡のもっともはやい寛文元年十月晦日付書簡は、「答二虎林西堂一」とあるように返書であり、しかもそこに〈去秋真率ノ一会、偶タマ半日ノ閑ヲ得。数篇ノ対吟、聊カ十年ノ話ヲ叙ス〉とみえるので、これ以前からの知り合いであったことは間違いない。また『国史館日録』にみえるはじめての虎林関係記事は、寛文五年（一六六五）十月二十六日条で、

（上略）作下答二虎林長老一長箋上。虎林者天龍寺僧也。先レ是屢東来。酬和対聯累レ席。

とあり、〈是ヨリ先、シバシバ東来。酬和・対聯席ヲ累ヌ〉と記されている。少なくとも二〇年近く親しい交流があったものと考えてよいであろう。その二人を結びつけたものは、〈緇素ノ色、異ナルト雖モ、句ニ耽ルノ癖、相同ジ〉（寛文八年四月六日付春斎書簡）とあるように、漢詩文であった。

さて、これらに収められた往復書簡は互いに近況を知らせたり、作品の贈答・批評などを中心としているが、時には前掲の入院に関するような心情を吐露している文言を見いだすことができる。また『国史館日録』には江戸におけるうちとけた親交の様子などが記されている。ここではこれらの記事の一々に触れているゆとりはないので、対馬に赴任した虎林が、当地で得た朝鮮関係の情報をはるばる春斎に伝えている興味深い記事を紹介するにとどめたい。

寛文五年（一六六五）十月付春斎の「復二虎林東堂一」書簡は、冒頭に、

月画二遯卦一、発二対州之華簡一、律中二夷則一、達二武野之蒿廬一。

とあり、六月に書かれた虎林の書簡が七月に春斎のもとに届いたことが知られる。そして『国史館日録』同年十月二十六日条に、

(上略)作下答二虎林長老一長箋上。虎林者天龍寺僧也。先レ是屢東来。酬和対聯累レ席。自二今春一在二対馬島一。今秋寄レ簡。余以二疾病故一、回書遅滞。今夕無レ事、故及レ此。

とあり、同二十九日条に、

早朝遣二虎林回簡于宗対馬守一、伝二達于其国一。

と、返書作成にいたる経過を伝えている。さてこの春斎書簡の一節に、

復詳載二朝鮮国州郡災異件件一、被レ示レ之。奇怪之甚、可二以驚回一、可二以長吁一。馬島与二朝鮮一、纔隔二一水一、則似レ聞二隣国之変一乎。何為杞国之憂乎。妖不レ勝レ徳、天示二災戒一、猶不レ棄二其人一也。彼君臣着レ意慎レ之、修レ徳施レ政以保二兆民一、則災害自消、国祚不レ絶。然李氏暦数、殆垂二三百年一、則天運果不レ可レ測乎。和尚以為レ何。

とあり、虎林が対馬で得た朝鮮における異変の情報について触れている。ここには異変の内容について具体的に記されていないが、『西山外集』巻一二に収められた「寄二某甲和尚一書」にみえる記事はおそらく同じ内容をし

めすものと思われる。すなわち、

溽暑方酷、緬惟震艮珍毖、翹跂極切。聞殿下新賜二台帖五岳一、諸刹資産依レ旧。亦頼二和尚周旋之力一、苟非二慈汲之深一、何以致レ此。某晩春解纜戻二止馬島一。万里鵬程、一葦燕爾、勿レ労二遐懐一。逮レ住二酊庵一、宰臣接遇殊渥。是依二太守之厚眷一也。切冀為レ予転謝惟幸。此地雖レ少二知己一、山巖奇絶、幾慰二旅況一。且隣二朝鮮一数獲レ聞二外域事緒一。今歳朝鮮有怪、各道各県詣レ廷、上二書闕一、告レ異甚切。永州郡守書云、郡之北川両処皆変レ血流者一日。晋州牧使書云、州南江変レ血者三日。又曰、慶州府尹際習撃レ剣、一蟾頁三蛙踰二入城中一、不レ可二勝数一。蔚山府有大河。飛鴨数千群飛入レ河、尽没不レ出。東萊府使書云、昔倭王書中、有下求二乙骨一之字上。或曰有二白虎請レ兵之挙一歟。又卜曰乙則乙巳也。骨子折〔字拆〕レ之則画近二四月八日一。此日必有二倭之乱入一云々。頃僧従二倭館一還、持二韓人所レ記以眎レ予曰、巡察使所レ啓二聞朝廷一如レ左。恰近語怪、然而記以充二莞具一。於戯東都西府風馬牛亦不レ及、靡レ任二臨風瞻恋之至一、伏希若レ序自玉、誠恐不乙。

とある。冒頭の〈殿下台帖ヲ五岳ニ賜ヒ〉云々とあるのは、寛文五年七月十一日付徳川家綱朱印状で[18]、常住領・碩学料などが安堵されたことを伝えるものであろう。したがってこの書状はそれ以降、おそらく本年八月ごろに出されたものとみられる。

さて、「寄二某甲和尚一書」において虎林は朝鮮の倭館から帰国した僧の情報として朝鮮における異変・騒動を伝えている。この僧は五月二日に朝鮮の東萊府より厳原に帰着した了□首座[19]とみてよいであろう。その伝えた朝鮮の異変とは、

①永州郡守の書によれば、郡の北川[20]の両処の川の色が血のように変色して一日中流れた。
②晋州牧使の書によれば、南江[21]の川の色が血のように変色して三日間流れた。
③この部分は難解であるが、「慶州府において一体三頭の奇形の蛙多数が城中に溢れた」の意であろう。
④蔚山府では、数千羽の鴨が河中に飛び込んだまま浮かび上がってこなかった。

といったものであり、最後に、

⑤東萊府使が朝廷に倭の乱入あらんと報告した。

と伝えている。寛文五年十月付春斎書簡にみえる〈朝鮮国州郡災異件件〉とは、時期的にみておそらくこれらの異変・騒動をさすとみて間違いない。虎林は「某甲和尚」充の書簡と同じ内容を春斎におくっているのである。

一方、朝鮮側の記録をみると、寛文五年にあたる『朝鮮王朝実録』顕宗六年乙巳三月丙申条に、

永川郡沢水赤如レ血。蔚山甑城前野〔等イ〕・慶州城内外、蟾蛙遍レ野往来、不レ知二其数一。河陽県門前大野蚯蚓遍レ地、不レ見二地色一、一日而止。（修正実録ヲ以テ校ス）

とあり、釜山浦周辺の永川郡あるいは蔚山府における異変を伝えている。これらは細かい点では異なるものの、前掲虎林書簡の①③に対応するものとみなしてよいであろう。したがって②④⑤についても、実録などに対応する記事を見いだすことはできないが、まず事実と考えてよいと思われる。これらの朝鮮情報の中でももっとも興

味を引かれるのは⑤である。この部分は、〈乙骨〉をめぐる二つの拆字（破字）——漢字の画数占い——からなる。中国・朝鮮[22]では古くから拆字が盛んであるが、これもその一例であり、次のような意味である。

A　かつて倭王の書に〈乙骨ヲ求ム〉の語があった。これについて「白虎請兵之挙」あるかとする見方がある。

B　また〈乙骨ヲ求ム〉についてトした結果、乙は乙巳のことであり、骨の字を拆くとその筆画は「四月八日」に近い。したがって乙巳の年すなわち今年の四月八日に倭の乱入があるだろう。

まず、Aの謎は、乙骨の語から「白虎請レ兵之挙」を導き出している。肝心の倭王の書を見いだすことができないため、いまひとつ理解に難しいが、乙骨とは「虎の両脇の胸の皮下に在る三寸許りの骨」[23]のことで、宋黄休復撰『茅亭客話』[24]李吹口の項に、宋の太平興国年中に永康軍の市場に現れた虎を退治した李吹口の言としてつぎのようにみえる。

雍熙二年（九八五）成都遇レ李。因問曰、向来飲二虎血一何也。李云、飲二其血一以壮二吾志一也。又云、虎有レ威如二乙字一長三寸許在二脇両傍皮下一。取得佩レ之臨レ官而能威二畏衆一。無官佩レ之無二憎病一者。（下略）

倭王がこのような乙骨を求めたことについて知ることができないが、[25]いずれにせよ乙骨から虎が連想され、さらに白虎に結び付けられたものと理解される。白虎とは、いうまでもなく四神の一つで、西方の守護神である。そして朝鮮からみた西方は中国にあたる。

このころの中国大陸では、明朝が内憂外患にさらされ、ついに清朝にとってかわられるという変革期にあたる。

すなわち、明朝は外にあっては、一六世紀末に東北地方に興起し、しだいに勢力を増した後金（清）の侵寇に悩まされ、内にあっては反乱が相次ぎ、中でももっとも有力であった李自成が、一六四四年に北京に入城して明朝最後の皇帝毅宗は自殺に追い込まれ、ついに明朝は滅亡した。ついで清が李自成を破り、清の中国支配が始まるのである。明の諸王は地方にのがれて帝を称するが、これも一六六二年に永明王が殺されて明朝はまったく滅亡した。

一方、明を宗主国としていた朝鮮では、上述のような状況にあって、明の要請により清征討の援軍を派遣するなどしていたが、一六二七年に清の大規模な侵寇を受けて降伏し、ついに明との関係を断ち、清の属国となってしまった。しかしその後も親明感情は長く続き、実行には移されなかったが北伐（清遠征）も計画されたほどである。

以上のような状況をみてくると、「白虎請ㇾ兵之挙」については二つの解釈が可能である。その一は白虎が兵を請うの意で、明または清が朝鮮に援兵を要請する事態が起こると考えられたとみなす理解である。事実このころでは、一六五四年と一六五八年の二度にわたり清の要請に応えて黒龍江方面に南下してきたロシア人を掃討するために軍隊を派遣したことがある。しかし清が援軍を朝鮮に求めると理解すると、肝心の〈乙骨〉の語が〈倭王ノ書〉にみえるということ、つまり日本と結び付く必然性がまったくない。

そこでこれを〈白虎ニ兵ヲ請フ〉と読み、中国つまりこのころでは清に援兵を要請する事態が起きると考えられたと理解すればどうであろうか。朝鮮にあって中国に援軍を求めた最大の事件は、豊臣秀吉による壬辰・丁酉の倭乱に他ならない。つぎのBに同じく〈乙骨〉の語から倭の乱入が論じられていることを考えると、「白虎請ㇾ兵之挙」とは壬辰・丁酉の倭乱のごとき日本からの侵入を予言したものと推測されるのである。

つぎにBでは〈乙骨〉をトしたところ、乙はすなわち干支の乙巳のことであり、骨の字を拆けば、つまり分解すると、四月八日の文字を得ることになる。すなわちこれらを合わせると、「乙巳の年の四月八日にまさに日本の侵入があるであろう」という卦が出たというのである。

以上、朝鮮の情報の中の乙骨の語について解釈を進めてきたが、この中で日本軍の侵入を直接に述べているのは⑤のみである。しかし①以下の自然界の異変もおそらく倭乱の前兆とみなされたのではないかと推測される。というのは、倭乱が始まった年の『朝鮮王朝実録』宣祖二十五年壬辰五月条に、倭乱の前兆としていくつかの怪異および謎が記されているが、その中に、

> 先レ是、有二一鳥一、灰色形如レ鳩。自二十三日夜一、鳴二子禁林一。其声若曰二各各禍逃一、或曰二各各弓筒介一。声甚危急、奔遑往返。数日遍啼二於城中一。或曰自二海中一来、或曰深山中。或有之云、始鳴之日、乃倭寇下レ陸之日也。且上年有二死鼈一、自二上流一蔽二漢江一而下。江水又赤、人多憂レ之。至レ是有二倭変一。

と、河川の変色のことあるいは鳥や鼈にまつわる話が記されている。したがってこうした前例を知るものは、今度の各地の河川の変色などから倭乱の前兆をよみとったものではあるまいか。そしてかつて倭王が乙骨を求めたとの謎解きがまさに今年（寛文五年）にあたっており、ますます警戒感を強めたのではなかろうか。まして東萊府・蔚山などは、倭乱の際の激戦地であったことからすればなおのことであろう。

享保四年（一七一九）、徳川吉宗の将軍職襲位を慶賀するために来日した朝鮮通信使の製述官申維翰は、江戸における使命を果たしての帰途大坂に到り、その書籍出版の盛んなありさまを眼のあたりにして、

> 大坂書籍之盛、実為二天下壮観一。我国諸賢文集中、倭人之所二尊尚一者、無レ如二退渓集一。（中略）最可レ痛者、

金鶴峰海槎・柳西厓懲毖録・姜睡隠看羊録等書、多載二両国隠情一。而今皆梓二行于大坂一。是何異二於覘レ賊而告レ賊者一乎。国綱不レ厳、館駅之私貨如レ此。使二人寒一レ心。

と記している。(26) 倭乱当時の宰相柳西厓が倭乱を回顧した『懲毖録』など、朝鮮の機密に触れる書物が日本で出版されていることに危惧の念を抱き、〈是レ何ゾ賊ヲ覘ヒテ賊ニ告グル者ニ異ナランヤ〉とまで述べている。今回の通信使の報告により、朝鮮ではこの後書籍の輸出が制限されるようになったという。(27)

朝鮮では、乱後一世紀を経てさえ日本に対する警戒心は強かった。ましてより倭乱に近い寛文五年ごろではいっそう警戒心が強かったものと推測されるのである。すでに倭乱後半世紀余を経、通信使の往来も六度を数える寛文五年ごろに異変あるいは卜占によって倭の乱入が予言されていることは、いかに壬辰・丁酉の倭乱が朝鮮の人々に脅威を与えていたかを如実に物語り、貴重な史料であろう。

このようにみてくると、虎林が聞いた朝鮮における異変、および〈乙巳ノ年倭ノ乱入アラン〉との情報は、決してデマではなかったと思われる。ただし具体的に朝鮮が警戒体制をとったのかどうか明らかにすることはできない。

さて、虎林から上記のような朝鮮における異変を伝え聞いた春斎の反応は、〈妖ハ徳ニ勝タズ。(28) 天災戒ヲ示スハ、猶ホ其ノ人ヲ棄テザルガ如シ〉云々と、いかにも儒者らしい解釈もしくは感想に終始するだけで、〈倭ノ乱入〉については何ら触れていない。幕府の文教・外交に主導的な立場にある春斎の認識は、さきの申維翰の意識と比べてあまりに逕庭がある。それは個人のレベルにとどまらず、朝鮮・日本両国人士の現状認識の差異と理解してよいのではなかろうか。

むすび

以上、朝鮮修文職に任命され、対馬以酊庵に輪番僧として赴任した虎林中虔についてながめてきた。もとより筆者は禅宗の理解に乏しいため虎林の禅僧としての側面をはじめ、近世初期の禅林にあって果たして虎林のような人物は特異な存在であったのか否か、といった議論もできなかった。しかし文才をもって評価され、またそのゆえに批判をうける一人の輪番僧の環境については、ある程度の知見を得られたのではないかと思う。今回触れることのなかった対馬赴任中の活動については、『西山外集』や対馬藩の公用日記である『毎日記』、さらに朝鮮外交の実際をしめす『本邦朝鮮往復書』などに知られるが、機会をあらためて述べることにしたい。[29]

注

（1）明暦三年版本『善隣国宝記』跋。

（2）上村観光「水戸義公と虎林中虔」（『禅宗』二〇八号、一九一二年。のち『禅林文芸史譚』所収）、同「天龍寺の虎林と向井元升」（『禅宗』二〇九号、一九一二年。のち『禅林文芸史譚』所収）。

（3）辻善之助『日本仏教史』近世篇之四（岩波書店、一九五五年）。

（4）玉村竹二『五山文学』（至文堂、一九五五年）。

（5）田中健夫「対馬以酊庵の研究――近世対朝鮮外交機関の一考察――」（『東洋大学大学院紀要』第二四集、一九八八年）。

（6）『僧録官記』（『金地院文書』四。東京大学史料編纂所蔵影写本。架号、三〇七一・六二／四七／四）所収瑞世目子、『五山碩学並朝鮮修文職次目』（東京大学史料編纂所蔵謄写本。架号、二〇五一・九／八一）天龍寺ノ部、などによって主な経歴を知ることができるが、本文で述べたように調査が不十分であるので、今後補訂すべき部分が出てくるものと思われる。その中でもいくつか注記しておきたい。

まず寂年について、『五山碩学並朝鮮修文職次目』は九二歳とするが、『西山過去帳』（徳川圀順編『水戸義公全集』上巻、角川書店、一九七〇年）の九月二十七日の項には、

延宝六戊午（改行。下同ジ）／天龍寺慈済院虎林中虔年五十二。葬本院

とみえ、五二歳とある。前者では対馬赴任が八〇歳に近く、以酊庵赴任は激務のため六〇歳ないし七〇歳以上は免除されたことを考えると、後者の五二歳が妥当と考える。そこで五二歳説にしたがって誕生年を寛永四年（一六二七）とした。ただし下文に一部を引いた瑞世目子の関連部分をしめすと、

明暦二丙申

（中略）

目子

諸山

景徳寺

十刹

臨川寺

中虔、字虎林

慈済院之住。幼而入洞叔仙（寿仙）長老之室㆒、朝参暮請／者十有余年。廿『三』四歳而秉拂。所㆑製之戊子吟藁百／首・四季独吟四百句呈㆓上　僧録大和尚㆒請㆓添削㆒。／至㆓其功拙『巧』ニ㆒者　大和尚幸賜㆓諒察㆒。　社中『又』得㆓印可㆒。

慶安三庚寅年

二月廿六日

妙智院

行年廿九歳

等修在判

とある。末尾の行年二九歳を慶安三年（一六五〇）当時の年齢とすれば、元和七年（一六二一）生まれとなり、明暦二年（一六五六）現在とすれば、誕生は寛永五年となる。いずれの場合にも享年五二歳にもとづく年齢計算とは差異が出てくる。

承応二年（一六五三）に単寮の任にあったことは承応二年七月七日付「常住屋敷之定」（『天龍寺文書』七。東京大学史料編纂所蔵影写本。架号、三〇七一・六二／三二／七）の署名に知られる。

法系については、虎林の語録『虎林和尚天龍語録』（東京大学史料編纂所蔵謄写本。架号、二〇一六／四九九）、天龍寺慈済院蔵『天龍第二世勅謚仏慈禅師無極和尚派下法系』（玉村竹二『日本禅宗史論集』下之一、思文閣出版、一九六九年、六一六〜一八頁）参照。

俗姓については、林春斎の日記『国史館日録』寛文八年四月十日条に、

虎林臨レ去、請レ作二其祖父青木某碑詞一、且亦其系譜見レ之。則青木氏出レ自二利仁一。利仁像伝在二虎林家一。宋僧清拙作二之賛一。其余旧記数通示レ之。

とみえる。これによれば虎林は鎮守将軍として知られる藤原利仁を祖とする青木氏の出身で、嘉暦元年（一三二六）来日、暦応二年（一三三九）に没した臨済宗の高僧清拙正澄賛のある利仁肖像を所蔵していたという。これ以上のことは明らかでないが、近江坂田郡に青木武蔵守時長・利仁ら五代を祀るという青木大梵天社（山津照神社）がある。虎林の地名鑑湖の湖が琵琶湖に因むものとすれば、この近江坂田郡の青木氏と縁があるかとも思われ、応永十八年の近江守護青木武蔵守持長との関係も憶測されてくる。ただし『近江坂田郡志』下巻（坂田郡役所、一九一三年）は、青木大梵天社に青木時長・利仁らを祀るという説を「妄誕の説」と却けている。

（7）『僧録官記』（注（6）参照）所収。
（8）田中氏前掲論文参照。
（9）『鵞峰文集』巻四一所収。虎林充春斎書簡はすべて同書同巻に収めるので、以下書名など省略する。
（10）甲辰（寛文四年）閏五月付春斎書簡。
（11）『国史館日録』寛文八年四月四日条。なお同書は国書刊行会刊本『本朝通鑑』第一六冊（一九一九年）に収める。
（12）『新井白石全集』第五（国書刊行会、一九〇六年）五七四頁。
（13）東京大学史料編纂所蔵謄写本。六冊。架号、二〇三四／四四。
（14）たとえば延宝五年の春斎書簡に、虎林が〈或ハ禁闕ノ月ニ陪シ、或ハ姑射ノ洞ヲ窺フ〉云々とみえる。
（15）『国史館日録』寛文八年四月八日条参照。
（16）このほか『西山外集』巻一二所収虎林の「覆二林氏春信魁生一書」には、春信（春斎の子）に対して「卿是逢〔縫〕

掖之徒、何与二釈氏一執レ交之至レ此哉」という者があることを記し、「今時書生、似レ儒不レ儒者、往々嫉二視吾徒一。猶鴟梟之当風、不レ弁二其智愚・真贋一、而一切屏レ之」と憤慨している文章もある。

(17) 東京大学総合図書館所蔵。一冊。架号、G二七／三三七。

(18) 『徳川幕府朱印写』（東京大学史料編纂所蔵写真帳〔京都大学文学部国史研究室蔵本〕）。架号、六一七一・〇八／一〇）所収。

(19) 萬松院宗家文庫所蔵『御留守　毎日記』寛文五年五月の冊。

(20) 『新増東国輿地勝覧』巻二二、永川郡、山川の項に、

北川〈在二郡北六里一。出二母子山西一、至二清通駅南一、与二南川一合、為二東京渡一。郡在二二水合流之内一。故名二永州一。永字乃二水也。〉

とみえる。

(21) 『新増東国輿地勝覧』巻三〇、晋州牧、山川の項に、

南江〈在二州南里一。其源有レ二。一出二智異山北雲峰県之境一、一出二智異山南一、合二于州西一。東流至二宜寧県一為二鼎岩津一。〉

とみえる。

(22) 朝鮮の破字（字謎）については、朝鮮総督府編『朝鮮の謎』（一九一九年）参照。

(23) 諸橋轍次『大漢和辞典』巻一「乙骨」の項。朝鮮総督府編『朝鮮語辞典』（一九二〇年）にも同様の説明がある。

(24) 『説郛』所収

(25) 偶目したところでは、『朝鮮王朝実録』世祖三年（一四五七）五月戊子条に収める世祖の足利義政充書契に記された贈り物の中に、「乾虎臓五十二箇・乾虎骨四十二箇・乾虎肉四百七十条・乾虎肋肉帯骨六部・乾虎胸児二部・乾虎脚肉帯四箇」とみえる。

(26) 申維翰『海游録』（『海行捴載』第一巻　朝鮮古書刊行会、一九一四年）。姜在彦訳注『海游録』（平凡社、東洋文庫、一九七四年）参照。

(27) 中村栄孝「柳成龍家の壬辰・丁酉倭乱史料」（『日鮮関係史の研究』中、吉川弘文館、一九六九年）、同「朝鮮

の日本通信使と大坂」（『日鮮関係史の研究』下、吉川弘文館、一九六九年）など参照。

(28)「妖不㆑勝㆑徳」は『史記』殷紀にみえる。

(29) 入矢義高「五山の詩を読むために」（新日本古典文学大系『五山文学集』、岩波書店、一九九〇年）は、五山文学の基礎を築いた人といわれる義堂周信の『空華日用工夫集』応安二年九月二日条を取り上げ、その「又詩は吾が宗を補ふこと有り、翅に唫詠するのみにあらず」という一節は、「詩を作るということは、わが禅門にとっては極めて意義深いことなのであり、単に吟詠諷誦のためにする詩作とはわけが違うのだ、という趣旨であるらし」く、「いわば文学のための文学の創作を戒めようという意図あってのことであろう」と解釈されている（三三一頁）。虎林の場合、あるいは「文学のための文学の創作」として批判されているのであろうか。

附記　かねて『善隣国宝記』に関心をもち、とくに同書流布におおきな役割を果たした明暦三年版本について調べを進めるうち、その跋文を記した虎林中虔なる禅僧にも大いに興味をひかれた。その調査の一端を今から十余年前、田中先生の主宰される前近代対外関係史研究会において報告したことがある。その後『善隣国宝記』についても先生のご指導を受けながら研究をつづけ、まもなく先生と共同で――先生のお手伝いに過ぎないことは言うまでもない――成果を公にすることができる段階にまで至った。このような学恩に加えて、本文の「はじめに」でも触れたように、輪番僧について先生が重要な指摘をなされていることもあって、古稀を記念する本論文集に、先生の驥尾に付して虎林をテーマとする文章を寄せさせていただいた次第である。

なお虎林中虔については、玉村竹二先生からもいろいろご教示をいただき、とくに先生御所蔵の虎林自筆を含む『昕叔中晫頌軸』を見せていただいた時の感激は忘れることはできない。あらためて御礼申し上げる。

6　『善隣国宝記』諸本解説

はしがき

瑞渓周鳳撰『善隣国宝記』の原本については、現在のところ存否を明らかにすることができず、写本・木版本・活版本の形で伝わり、流布している。ここではそれらの現伝の諸本についてまず書誌的事項を掲げ、次に簡単な解説を加えることにしたい。

一　諸本の書誌

1　木版本　明暦三年刊　全三冊

木版本には、明暦三年（一六五七）の天竜寺僧虎林中虔の跋文を有する、書肆出雲寺印行の三冊本があり、初刻本（甲本）と覆刻本（乙本）の大別して二種ある。このうち底本（編者注：『訳注日本史料 善隣国宝記・新訂続善隣国宝記』（集英社、一九九五年）の底本）には甲本を用いた。

（A）甲本

〔外題〕「本朝編纂善隣国宝記　上（中・下）」（刷題簽・双郭）

〔表紙見返し〕上巻封面に、

「　大唐朝鮮
善隣国宝記
本朝宝簡　神雒寿梓　」

とあり、中・下巻にはなし。

〔本文墨付〕上巻―序文七丁・本文三九丁。中巻―本文四〇丁。下巻―本文一四丁・跋文四丁。総計一〇四丁。

〔本文枠・行・字数〕四周双郭。序文・毎面六行・毎行一四字。本文（上・中・下）―毎面一〇行・毎行二〇字。跋文―毎面六行・毎行一四字及び毎面一〇行・毎行一八字前後。

〔版心・版心書名〕花口魚尾。「国宝記序（巻上・中・下・跋）」

〔備考〕刊記・識語なし。訓点・送リガナ等あり。

（B）乙本。表紙見返しの有無、広告・刊記の有無などにより、数種類に分けられる。

〔外題〕「本朝編纂　善隣国宝記　上（中・下）」（刷題簽・双郭）

〔表紙見返し〕上巻封面に、

「　大唐朝鮮本朝宝簡　不許翻刻千里必究

本朝編纂　善隣国宝記　三冊

平安書房　　　松栢堂（印）　」

とあり、中・下巻にはなし。

〔本文墨付・本文枠・行・字数・版心・版心書名〕甲本に同じ。

〔刊記〕三種類ある。

①上巻三九丁裏に、四周単郭の中に『御版行四書集注』等の広告を載せ、郭内左側一行に「御書物所　京都三条通堺町　出雲寺松栢堂」とある。

②中巻四〇丁裏に、四周単郭の中に『善隣国宝記』等の広告を載せ、①と同じく、「御書物所　京都三条通堺町　出雲寺松栢堂」とある。

③下巻跋文のあとに一丁加えて、その裏の四周単郭の中に三行にわけて、「京都三条通升屋町／御書物所／出雲寺和泉掾」とある。

2　写本

今回、『善隣国宝記』の写本として次の一一部を参考にした。

1市本　東京都立中央図書館蔵市村文庫本　架号三一九／ＩＷ／四　一冊

〔外題〕なし。

〔装丁〕袋綴。本文墨付一一三丁。毎半葉九行・一行一八字前後。天地行墨界。

〔法量〕たて二七・一センチ、よこ一八・〇センチ。

〔奥書〕大字にて、「此一書雖為予家秘本依　藤広公／懇求令謄写者也／前南禅文英叟清韓」とある。

〔印記〕本文第一丁表と一一三丁裏に「和学講談所」朱印各一顆、一一三丁裏に「白雲書庫」朱印一顆が押捺され、同印の脇に「此印、野間三竹先生蔵書印也／林道春先生弟子也、新井政毅考」と記されている。

〔備考〕校訂注あり。校訂の方法には二種類あり、一は欄外に本文と同筆で注記される。もう一つは誤字・脱字の個所に紺色の紙片を貼付し、その紙片に文字を記す方法で、字は本文と異なる。本書の忠実な写本の系統（親子かさらに疎遠かは不明）である中村栄孝氏旧蔵松浦家本では、欄外の注記とともに紙片の注記も本文に採用されているので、紙片注記の校合も松浦本書写以前のこととなる。送リガナ等が付されている。

2松本　中村栄孝氏旧蔵平戸松浦家本　一冊
〔外題〕「善隣国宝記　全」（書題簽・単郭）
〔装丁〕袋綴。本文墨付一〇一丁。毎半葉一〇行・一行一八字。
〔法量〕たて二八・〇センチ、よこ一八・七センチ。
〔奥書・識語〕本奥書に、「此一書雖為予家秘本依　藤広公／懇求令謄写者也／前南禅文英叟清韓」とある。
〔印記〕本文第一丁表に「平戸藩／蔵書」「楽歳堂／図書記」朱印、一〇一丁裏に「子孫／永宝」朱印、各一顆を押捺し、一〇一丁裏に「白雲書庫」印影あり。
〔備考〕「楽歳堂／図書記」等は『甲子夜話』で知られる平戸藩主松浦静山（一七六〇―一八四一年）の蔵書印。その底本は、「白雲書庫」の印影・文字の異同などから、市本とみて間違いない。市本において脚注あるいは紙片で示されている文字をおおむね本文に採用している。なお中村栄孝『日鮮関係史の研究』中巻、一〇一頁参照。

3和本　東京都立中央図書館蔵和田文庫本　架号三七八三（Q二二一八／一二）一冊

〔外題〕「国宝記　写本」（打付書）・「写本　善隣国宝記」（貼紙）

〔装丁〕袋綴。本文墨付八五丁（但し中巻後記にあたる二丁は旧蔵者和田万吉による補写）。毎半葉一一行・一行最大二〇字。

〔法量〕たて二四・七センチ、よこ一七・八センチ。

〔奥書・識語〕末尾の補写のあとに、

「右跋文一篇以古写本補之、仍為完本。／于時大正十五年丙寅二月九日也、率菴（花押）」とある。

〔印記〕本文第一丁表に「和田文庫」「東京都立日比谷図書館」および印文不詳印。各一顆が押捺されている。

和田率菴は国文学者和田万吉（一八六五—一九三四年）。

〔備考〕校訂注（本文と同筆・異筆）あり。また送リガナ・フリガナは神名などにまれに付されるのみ。

4天本　天理図書館蔵本　架号二一〇／イ一九／B八九

〔外題〕なし。

〔装丁〕袋綴。本文墨付七六丁。毎半葉一一行・一行二一字前後。

〔法量〕たて三二・三センチ、よこ二三・一センチ。

〔奥書・識語〕なし。

〔印記〕本文七六丁裏（白紙）に「昭和廿三年十月二十日／寄贈／中山正善氏」印・墨記あり。
〔備考〕校訂注（本文と同筆・異筆）あり。送リガナ等あり。天理図書館『貴重書解題』では室町写本とする。

5史本　東京大学史料編纂所蔵本　架号四三五一／一
〔外題〕後補表紙「善鄰国宝記」（書題簽）・原表紙「善隣国宝記」（打付書）
〔装丁〕袋綴。本文墨付七六丁。毎半葉一一行・一行二二字前後。
〔法量〕たて三〇・〇センチ、よこ二一・四センチ。
〔奥書・識語〕なし。
〔印記〕表紙見返しに「史料編纂所図書之印」一顆が押捺されている。
〔備考〕校訂注（本文と同筆）あり。送リガナ等あり。「昭和26年9月16日購入」の印・墨記あり。

6谷本　京都大学附属図書館蔵谷村文庫本　架号五五／一三／セ　一冊
〔外題〕「善隣国宝記　写本単」（付箋）
〔装丁〕袋綴。本文墨付七六丁。毎半葉一一行・一行二二字前後。
〔法量〕たて二八・六センチ、よこ二〇・二センチ。
〔奥書・識語・印記〕なし。
〔備考〕校訂注（本文と異筆）あり。送リガナ等なし。

7蓬本　名古屋市蓬左文庫蔵本　架号一〇八／五八　一冊
〔外題〕「善鄰国宝記」（書題簽）
〔装丁〕袋綴。本文墨付七六丁（最末の一丁、現在欠く）。毎半葉一一行・一行二一字前後。
〔法量〕たて二七・八センチ、よこ二一・〇センチ。
〔奥書・識語〕なし。
〔印記〕本文第一丁表に「御本」印一顆を押捺する。
〔備考〕校訂注（本文と異筆）あり。また送リガナは神名等にまれに付されている。「御本」印は尾張徳川氏の初代徳川義直（一六〇〇―五〇年）の蔵書印である。父家康の遺品として贈られた駿河御譲本を中心に多くの書籍を蒐集した蔵書家として知られ、現在の蓬左文庫の蔵書の中心をなしている。

8東本　大東急記念文庫蔵本　架号三二／一一／一〇五　一冊
〔外題〕「善鄰国宝記」（書題簽）
〔装丁〕袋綴。本文墨付七六丁（但しもと七七丁。いま第一丁・第二丁表を欠く）。毎半葉一一行・一行二一字前後。
〔法量〕たて三〇・〇センチ、よこ二〇・七センチ。
〔奥書・識語〕なし。
〔印記〕本文第一丁表に「観六堂」印一顆が押捺されている。
〔備考〕校訂注（本文と同筆・異筆）あり。送リガナ等あり。

9榊本　大倉精神文化研究所蔵榊原家旧蔵本　架号ウア一／八二　一冊
〔外題〕「善鄰国宝記」（打付書）
〔装丁〕袋綴。本文墨付七六丁。毎葉一〇行・一行二〇字前後。
〔法量〕たて二六・九センチ、よこ一九・九センチ。
〔奥書・識語〕なし。
〔印記〕はじめの遊紙に「大倉精神文化研究所附属図書館蔵書」印、本文七八丁裏に「李部大卿忠次」「文庫」印、各一顆が押捺されている。
〔備考〕校訂注なし。送リガナあり。李部大卿忠次は松平（榊原）忠次。一六〇五―六五年。父は遠江国横須賀城主大須賀出羽守忠政、母は松平康元の女。学芸に関心が深く、林羅山・春斎父子と親交があり、蔵書家として知られた。また将軍徳川家光の信任厚く、継嗣家綱のお守役とされた。元和二年（一六一六）正月一日、式部大輔に補任された。蔵書類は、寛永・正保頃に書写されたものという。大倉精神文化研究所附属図書館『古文書・古記録影写副本解題』参照。

10京本　京都府立総合資料館蔵本　架号和九一六―一六　一冊
〔外題〕「善隣国宝記　完」（書題簽）
〔装丁〕袋綴。本文墨付七六丁。毎葉一一行・一行二一字前後。
〔法量〕たて二八・七センチ、よこ一九・五センチ。
〔奥書・識語〕なし。
〔印記〕本文第一丁表に「大御学都可佐文庫」「古経堂蔵」印文不詳印、各一顆が押捺されている。

〔備考〕校訂注（本文と異筆）あり。送リガナなし。但し「肥富」に「コイツニ、（ママ）」のフリガナあり。「大御学都可佐文庫」印は皇学所の蔵書印。同所は京都における明治初年の公家および社家らの国家主義の教育機関として明治元年（一八六八）十二月、二条邸に開講され、翌年東京遷都とともに実質は東京に移され、翌三年には京都府へ引き渡されて京都府中学校となった。「古経堂蔵」は養鸕徹定《うかいてつじょう》の蔵書印。明治時代前期の浄土宗の僧侶。一八一四—九一年。明治七年京都知恩院に晋山し、同十八年、浄土宗管長となる。古籍・古経の探索に努め、『古経題跋』などを残している。

11類本　静嘉堂文庫蔵続群書類従本　架号一九六四二—二四四—三〇三—三

〔外題〕「続群書類従　雑部　自巻八百七十九／至八百八十一」（双郭刷題簽。但し「雑部」および数字は墨書）

〔扉書〕「続群書類従巻第八百七十九上（中・下）
　　　総検校保己一集
　　　男　源忠宝　校
　　雑部二十九
　善隣国宝記
」

〔装丁〕袋綴。本文墨付—上巻四三丁・中巻四〇丁・下巻一七丁。毎半葉一〇行・一行二〇字前後。

〔法書〕たて二五・二センチ、よこ一七・四センチ。

〔奥書・識語〕

（上巻）「明治十四年四月十五日　筆者　妻木頼徳
『同　年　同　月十七日　校合　小野由久』」

〔中巻〕「明治十四年三月卅日　筆者　吉田直
『同年四月十五日　一校了　数原尚勝』
同年四月内務省納清書　吉田直
『十八年六月廿三日一校了　筧正庸』」
〔下巻〕「明治十四年三月三十日　筆者　神谷良武
『同年四月十二日　校了　数原尚勝』
同年四月廿日内務省納清書　神谷良武
『同十八年五月卅日加一校了　小野由久』」
〔印記〕上巻扉に「温古堂文庫」「静嘉堂文庫現蔵」印各一顆、中巻扉・下巻扉に「温古堂文庫」印各一顆が押捺されている。
〔備考〕「温古堂文庫」印は塙忠宝・忠韶父子の蔵書印。忠韶は保己一の孫で父忠宝の跡を継いで続群書類従の完成を目指したが困難を極め、写本の整備に努めた。活版本がある。

3　活版本

1続群書類従本　続群書類従完成会版　第三〇輯上　雑部
〔奥書・識語〕下巻・跋文の末に、
「右善隣国宝記三巻、以明暦三年之刻版校合畢」とある。
〔備考〕台湾で影印本が「殷礼在斯堂叢書」におさめて刊行されている。

2改定　史籍集覧本　『改定　史籍集覧』第二十一冊
〔奥書・識語〕下巻・跋文の末に、
「右善隣國寶記三巻、以文正二年之刻版為原本、而望印行施句経一校合矣、
明治三十四年八月　近藤圭造」
〔備考〕奥書の「文正二年」云々が誤解であることは言うまでもない。

3中島竦『新訂善隣國寶記』一冊
昭和七年（一九三二）五月刊　文求堂
〔備考〕明暦版本を底本に、底本の錯簡や同事重出は改訂・削除し、必ずしも多くはないが校異を頭注に示している。巻頭の瑞渓序文について付された「読者須知」は簡単ではあるが、『善隣国宝記』に関する最初の研究として注目される。

二　諸本の解説

1　木版本

書誌の項で甲乙両本あることを述べたが、これまでに調べ得た範囲で記すと、甲本については、見返しがあるだけで刊記等のない一種類のみとみられる。これに対して乙本は、（イ）見返しがあり他に刊記等がない本、（ロ）見返しはなく①②③の刊記を備える本、（ハ）見返しはなく③の刊記のみの本、の三種類に分けることができる。しかし本文に相違はない。

さて、乙本が甲本のいわゆる被彫《かぶせぼり》による覆刻であることは、一見して明らかである。甲本では送リガナ・返り点等が周囲の双郭にまではみ出す形であるのに対して、乙本では双郭の部分で止めている。あるいは甲本の送リガナ「ヲ」を乙本では「ノ」「ラ」に彫っているような例をはじめ、返り点・送リガナの彫り忘れや誤りも数多い。しかしその一方では覆刻に際して校訂を加えている部分もある。次のような例がある。

(上巻)

〔丁—行〕	〔甲本〕	〔乙本〕
1オ—5	大	太
24ウ—7	鄕	郷
27オ—7	現二再誕一	現ニ再誕ス
29オ—5	名	召
31オ—10	至二用レ兵	至レ用レ兵
31ウ—10	走馬トハ告二ルヲ急事一	走レ馬ヲ告二ルヲ急事一ヲ
32ウ—6	師	帥
32ウ—9	師	帥
33オ—3	師	帥
33オ—4	師	帥
38ウ—8	怃	既

（中巻）		
9ウ—10	柸	極
12ウ—6	枊	抑
15オ—4	迴	迎
15ウ—4	迴	迎
17オ—2	迴	迴
18ウ—9	師	帥
19オ—2	迴	迴
（下巻）		
7オ—3	肖	背
7ウ—9	土	王

意識的に改訂が加えられているとみられるのは、およそ以上の部分である。この他、「戊→戌」（19オ—4）、「主→王」（20ウ—5）のように誤って覆刻されてしまった例もある。前掲の「大」→「太」の例も「大—神」の朱引を点に誤ったものかも知れない。

いずれにせよこれらからみて、甲本が先、乙本が後であることは間違いなく、甲本を初刊本（初刻本）とみてよい。そして甲本に版元を明らかにする刊記はないが、乙本（覆刻本）に付された刊記などから判断して、甲本も出雲寺による出版と考えてよいと思われる。

なお、甲本を初刻本と判断したが、次の点に留意しておく必要がある。上巻本文一六丁裏八行目にあたる天平勝宝五年条の「正月十二日鑑真乗副使伴」の部分は上郭まで含めて埋木が施された痕を歴然ととどめている。この行は他の行が毎行二〇字の字詰めで記されているのに対し、二一字となる。つまり一字を補うための埋木であり、その文字は「伴」字と考えられる。「伴」字は類本を除く諸写本にない。類本は後述するように甲本の写しとみられ、また市本には傍注があるが、版本による注記とみてよい。したがって「伴」字を挿入するための埋木と考えられる。問題はこの埋木がいつ施されたかである。もし埋木前の刻本が流布したとすれば、甲本を初刻本と表現するのは訂正すべきことになるが、今のところ埋木前の刻本で刷られたとみられる本の存在を知らない。印行・頒布される前に気付いて埋木された可能性もあるので、埋木はあるが甲本を初刻本としておく。ちなみに「鑑真」も類本を除く諸本では「顔真」に作る。この訂正もあわせて行われたかもしれないが、一方諸本では正しく「副使」に作るところを版本では「副便」に誤っている。

また、乙本に属する東京大学史料編纂所蔵本（架号一〇五一・九／一四）をみると、下巻の一二・一三・一四丁などは甲本と同版とみられる。すなわち乙本はすべて甲本の覆刻ではなく、なんらかの事情で失われた版木を補刻したものとみられる――もちろん乙本の大部分を覆刻が占めるので、補刻というのはややそぐわないが――。その事情としては、天明八年（一七八八）正月、京都に大火があり、出雲寺もこの時に罹災し、多くの版木を失ったこととかかわりがあるとみられる。寛政七年（一七九五）版本『続日本後紀』の刊記に「天明八申春焼失／寛政七乙夘再刻　洛陽小川　林和泉掾／洛三条　出雲寺林元章」とみえ（『新訂増補国史大系』本参照）、佐伯有義は「再刻なれば原版と同一なるべきに、誤字いと多し」と、覆刻本の質の劣ることを指摘している（『増補　六国史』巻七『続日本後紀』解説）。『善隣国宝記』の覆刻の時期および事情も同様に考えることができるのではあるまいか。なお出雲寺については、宗政五十緒「書肆出雲寺家のこと」（『国語国文』四九―六）参照。

以上により、今回の翻刻に際しては、甲本に属する個人蔵本を底本として用いた。

なお、木版本は相当流布しているので、調査の及んだ範囲で述べたに過ぎず、あるいは今後増訂が必要になるかと思われるが、およその傾向はつかめるものと思われる。

2　写本

今回の翻刻に際して、写本は一一部を参考にすることができたが、このうち書写の奥書をもつものはわずかに市本・松本・類本の三部にすぎない。そして松本は市本の写しであり、また類本は明治の書写奥書を有するのみである。したがって諸写本の系統・相互の関係等については、明らかにすることが難しい。

まず諸写本については、

(A) 本文が木版本にいう下巻（別幅）まで完備している写本、

(B) 本文が木版本にいう上中巻のみで、下巻を欠く写本、

の二類に分けることができる。

(1) A類の諸本

これに属する写本には市・松・和・類本の四部ある。このうち松本は市本の写しであるので、実質三部ということになる。この中では市本の来歴を比較的詳しくたどることができるので、そのことからまず述べることにしたい。

(イ) 市本の来歴

市本の奥書にみえる文英清韓は大阪冬の陣の原因となった方広寺大仏鐘銘の撰者として知られる東福寺の僧、

藤広は、徳川家康に仕え、慶長十一年から同十九年まで長崎奉行を勤めた（この後は堺奉行などと兼任）長谷川左兵衛藤広である。すなわち本書は、文英清韓が、長谷川藤広の求めに応じて所蔵の一本を写して贈ったものである。文英清韓と長谷川藤広とは、明よりの舶載書について述べた（慶長十七年）五月廿七日付藤広充文英書状に知られるように（東京大学所蔵文書。『大日本史料』一二―三七、元和七年三月二十五日条文英清韓寂伝参照）、親しい交流があった。本書が写され、贈られた時期は明らかでないが、藤広が長崎奉行に任命されて海外交渉に関わる立場になった慶長十一年以後、文英清韓が鐘銘一件で糾弾される慶長十九年以前のこととみてよいであろう。「前南禅」と署した例には、慶長十九年六月二日付の『古文真宝』奥書がある。文英は慶長五年東福寺第二二七世として入寺し、慶長九年五月に南禅寺の公帖を得てはいるが、不住であった。本書の奥書は本文とは筆跡が異なる。断定は困難であるが、文英自筆の可能性が高く、市本は文英令写本とみてよいと考える。

さて、本書の来歴を考える上で興味深いことは、宮内庁書陵部所蔵国宝記版本（架号二〇五／二八三　三冊）の新井白石識語に、

善隣国宝記三冊、古本蔵在東福寺中、南昌院院主／長老玄棟為予、校正朱墨一照〔點カ〕、旧云親自／宝永辛卯孟春君美識于洛陽客館、

とみえることである。長老玄棟は『続善隣国宝記』の編者松隠玄棟、宝永辛卯は玄棟が同書を編纂した宝永八年（正徳元年）にあたり、新井白石はこのころ朝鮮通信使の聘礼改定に関わっていた。この識語から国宝記の古写本が東福寺に所蔵されていたことが知られる。文英清韓は東福寺第二二七世住持として入寺し、本住天得庵のほか、南昌院に住していたことも知られるので（『鹿苑日録』慶長十八年三月二十日条）、文英のいう〈予ノ家ノ秘本〉とは、

東福寺所蔵古写本をさしている可能性が高い。

「白雲書庫」印は江戸前期の医者・儒学者である野間三竹（一六〇八―七六年）の蔵書印。同印の脇に識語を記した新井《あらい》政毅《まさはた》（一八二七―一九〇二年）は森繁夫編・中野荘次補訂『名家伝記資料集成』第一巻に、川越の出身で「風流文雅の人、和歌に秀で蔵書家（一万余巻）にて考証家たり」云々とみえる。

これらの蔵書印・識語等から、本書は長谷川藤広ののち、野間三竹から和学講談所に移り、さらに蔵書家の新井政毅を経て東洋史家市村瓚次郎（一八六四―一九四七年）の書架に帰したものであることが知られる。

（ロ）市本（松本）と和本

市本（松本はその写しであるので、ここでは市本に含む）と和本とは、他の写本が木版本でいう下巻（別幅）を欠くのに対し、上中下巻を完備している。そして中巻にあたる部分に大きな特徴がある。すなわち文書の配列が他の写本や木版本と大きく異なっていることである。本書の番号（編者注：『訳注日本史料 善隣国宝記 続善隣国宝記』に付された文書番号）だけをあげて市本・和本の配列を示すと、1～11・13・14・15・12・16～25・28・29・34・26・27・30～33・35・36となり、さらに37～40は本書の巻末（別幅）の最後に置かれている。この配列の特徴は、他の写本類が編年順であるのに対し、朝鮮関係・明関係をまとめていることである。すなわち、市本の配列によれば、1の朝鮮のあと、2～15までが明、12～20までが朝鮮、21～34までが明、26～36までが朝鮮となる。このような特徴をもつ市本と和本との関係は、書写の形態（行数・字詰など）が異なり、また字句の異同も多いので、同系統の別系列の写本ということになろう。いずれも原書写の段階では誤字・脱字が多く、数筆になる校訂注が施されている。

さて、市本・和本においてもっとも注目されるのが、21の「後華園院」を「大上皇」（太上皇）と記していることである（和本では「後花園院」と頭注があるが本文とは異筆である）。後花園天皇は、寛正五年（一四六四）七月十九日に譲位し、同八月九日、太上天皇の尊号宣下を受けた。その後、応仁元年（一四六七）九月二十日に出家し、文明二年（一四七〇）十二月二十七日に没している。出家と同時に太上天皇の尊号を辞退するのが原則であったことからすると（宮内庁書陵部編『皇室制度史料』太上天皇編、参照）、後花園天皇を「大上皇」と表記するのは、寛正五年八月九日から応仁元年九月二十日までとなる。ところで、『善隣国宝記』は、寛正五年二月に瑞渓が遣明表作成の命を受けたことを契機として編纂が開始され、翌々年文正元年八月に一応稿本の整理がなり、自序を記した。その後も増補改訂の作業を続け、文明二年十二月に完成し、後記を記した、と考えられている（田中健夫「善隣国宝記の成立事情とその背景」『中世海外交渉史の研究』および『訳注日本史料　善隣国宝記・新訂続善隣国宝記』解説）。こうしてみると、後花園天皇を大上皇と表記するのは、まさに自序を記した稿本完成時点にあたるのであるが、市本・和本には文明二年の日付をもつ後記がすでに存在しているので、本来であれば「大上皇」表記も改訂されていなければならないはずである。上巻における同事重出や編年の誤りなどが散見することを考えると、瑞渓の文明二年当時の本書は完成したとは言え、さらに推敲を必要としたものと思われるので、「大上皇」表記もそのままにされていたのであろう。

それでは「大上皇」の表記が、現伝の他の写本・版本で「後華園院」とされているのはどのような事情によるのであろうか。ここで注目したいのが、市本・和本において、本書完成時の文明二年以降、すなわち文明四年・六年・七年（37〜40号）の文書が中巻にあたる部分になく、巻末の別幅集の末に記されていることである。瑞渓は文明五年に入寂するので、存命中の文明四年の文書（37号）は瑞渓によって付載されたとみなすこともできよう。しかしこれ以前の文書はすべて「遣朝鮮書」ないし「答朝鮮書」と表題されているのに対し、別幅のあとに付載されている朝鮮国王充文書二通はいずれも「遣朝鮮国書」となっている。これはこれまでとは編纂の方針が異なっていることを示すものであり、瑞渓以外の人物によって付載されたとみるのが妥当であろう。すなわち、瑞渓入寂以後文明六年・七年の文書（38〜40号）はもちろんのこと、入寂以前の文明四年の文書も含めて、瑞渓以外の別人によって付載されたものと考えられるのである。

このようにみてくると、市本・和本は、瑞渓が完成させた文明二年当時の原撰『善隣国宝記』に、別人（後人）によって37〜40号文書が付載されたものを今に伝える写本と推測される。そしてこの市本・和本の祖本にさらに手を加え、類纂から編年へと改められ、37〜40号を編年の部の末に接続させるといった形の再編が行われ、その過程で「大上皇」という表記が「後華園院」に改められたものと思われる。そしてこの系統の写本が流布し、梓行されるにいたったのではないかと憶測されるのである。これまでもすでに瑞渓入寂後の文書を収めるところから現行の本書に後人の手が加わっていることについては指摘されていたが、この市本・和本はその過程を一層明確に示すものと思われる。

しかし以上のように考える時、問題となる部分がある。それは34号文書で、瑞渓作寛正六年度の遣明表とそれについての瑞渓の按文とから成るが、市本・和本では、遣明表と按文との間に朝鮮関係文書が入って、両者が離れてしまっていることである。按文は遣明表に続けて記されて初めて理解されるのであって、寛正二年の朝鮮王国書に続けて「右寛正五年」云々と遣明表作成の経緯を記すことは有り得ない。この混乱は、上記の推測とは逆に、本来編年に並べられていた文書を後人が類纂に改めたところからきた錯簡ではないかとの疑念を生じさせる。しかしながら「大上皇」表記を手がかりに上に加えてきたような考察の結果からすると、市本・和本が瑞渓原撰の姿をとどめている可能性を否定するまでにはいたらず、転写の過程で生じた誤りと考えるべきではなかろうか。ちなみに市本では按文の「右寛正五年」の文章は、料紙の始めから記されている。

いずれにせよ、このような問題点は残るが、市本・和本が文明二年当時の瑞渓撰『善隣国宝記』の姿を伝えている可能性は高い。

（ハ）類本

上中下巻を完備するところから、同じくA類に属させはしたが、上に述べた市本・和本とは異なり、内容は明暦三年木版本と全く同じである。文字からみると、甲本と共通する。親本が別にある可能性がないわけではないが、書写の時期から考えると木版本を写したものと考えてよいのではなかろうか。

（2）B類の諸本

B類すなわち下巻にあたる部分を欠く諸本には、天・史・谷・蓬・東・榊・京本の七部がある。これらの写本は毎半葉一一行・一行二一字前後のものが多い。さらに書写の形態――やや特殊とみられる字面・改行・行間の取り方、たとえば天本の嘉祥三年条を例にとると、

「嘉祥三年
　　釈円珍…
（中略）
　感激…」（二〇丁ウ）
之泛海八月…
年也十一年…
二年戊寅也…
　　唐書曰…
同六年

唐会要曰…（下略）」

とあり、本来二字下げで書きはじめなければならないところを、丁が変わったところで誤って二字分上げて書写している。このような字面の特殊な乱れ——行頭と平出・一字下げ・二字下げなどの異同も含めてくらべると、天・史・東・谷・蓬本はほとんど書写の形態において異なるところがなく、同じ系統に属することが知られる。

これらの類似する五部の中では、永観元年条の「地管州六十『八土曠而人少率長寿多百余歳国王一姓相伝六十』四世」の部分で『　』内の二一字（ちょうど一行分）が諸本に欠けている中にあって、わずかに谷本に書写されている（他には榊本のみ）。前記の書写形態が類似する五部の中でも谷本が正しく書写していることは注意される。しかし一行分の脱落が谷本以前の谷本系統の本を書写した際に生じたのか、あるいは谷本ないし谷本以後のことであるかは明らかにできない。また前記五部の中では、天本・史本・東本に送リガナ等があるが、谷本（および蓬本）には付されていないため、詳しい比較はできない。

前記五部のほかの二部については、京本は前記の五部の系統に属するものかと思われるが、榊本の系統は明らかでない。そこで諸本同士の関係を中心に解説を加えていくことにしたい。

（イ）天本と史本と京本

天本は天理図書館によれば室町末書写とされているが、諸伝本の中でも古い書写本であることは間違いないと思われる。他本との関係であるが、まず史本と比べると、前述のような書写の形態が類似しているだけでなく、天本に付されている同筆・異筆による校訂注あるいは頭注などが史本では、たとえば天本の異筆による書き込みも本文と同筆で書写している。また送リガナの類も共通しているが、たとえば康正二年条の天本「専ヲ」を「専ラ」と写し間違えているような例もある。中には応安六年条の「亦時請時」（「請」は「靖」の誤り）に両本ともに脚注として「静」字を同じような位置に書いたが、その後の製本の際に下部を切断され、同じように静字の上半分だけが残っている例もある。要するに史本は、見せ消ちも含めて、天本ないしはその書写本を忠実に写し取っていることが知られる。なお、天本にあって史本にない傍注ないしは頭注がままあるが、これらはあるいは史本が書写されたのち書き加えられたものかも知れない。いずれにしても史本は天本の書写本ないしはきわめて近い転写本とみてよいと思われる。

また京本は天本と比べると、天本の校訂注をほとんど本文に取り入れている。この方針は書写全体にわたってつらぬかれ、恐らく親本の形態を忠実に写すのではなく、乱れがあれば正しながら写すという方針のもとに書写がなされたのではないかと推測される。そのため毎半葉一一行・一行二一字前後と、天本を始めとする前記の五部と共通するが、形態において一致するところがないのではあるまいか。いずれにしても天本の系統の写本を書写したものとみられ、書写の時期はずっと降るように思われる。

（ロ）東本

書写の形態は、天本等と比べると、まず一字ずれるようなこともあるが、ほとんど一致しているとみてよい。また本文の文字は天本と共通し、校訂注についても天本の本文と同筆の校訂注——したがって天本の親本にすでにあった可能性のある——は東本にみられるが、それ以外の校訂注・送リガナ等については異なるものが多い。したがって同系統の別系列の写本ということになろう。東本において興味深いのは、諸写本の中でやや特異な位置にある榊本との関係である。たとえば序文の「凡商船往来常得貨財、以富吾国」が榊本では「凡商船往来常非、貨財、以富吾国」となっている。これでは意味不通で、明らかに誤りであるが、この誤りの由来を知る上で注目されるのが、東本である。すなわち東本には、「豈○太子之意乎、凡商船往来常徳財貨衣富／吾国…」と豈と太子の間、および徳の左傍に朱圏が付されており、欄外脚注に、「非二」「得」の二字が記されている。つまり豈と太字の間に非字が入り、徳字は得字の誤りとする意味である。ところが榊本の書写者（ないし榊本の基づいた写本の祖本）はこのような写本に基づき、徳字の左傍の朱圏を誤って非字にあててしまったものであろう。このほか両本については、送リガナ等の共通するものが多く、また欽明十三年条の「不用神言帝崩」が両本では「不用神言而布崩」となっていたり（他の写本では「而」に「布」を傍注するかその逆で二字続ける例はない）、推古十五年条で諸本が「作一区」とするのを版本・市本と同じく「作区」としている例、嵯峨天皇条の「皇太后」を、東本「白マフ〆王太后」、榊本「白〆皇大后」としている例があり、さらに応永十三年条の「朕荷」の個所を両本ともに「朕躬荷」、寛正六年遣明表「四方」を「四海方」としているのは、いずれも両本だけである。このように東本は榊本と共通するところがあるが、一方では異なるところも多く、直接の書写・被書写といった関係にあるわけではない。

（ハ）蓬本

「御本」印記から近世初頭の書写が明らかな本である。これを天本と比べると、書写の形態は全く一致しているが、返り点・送リガナ等は付されていない。また天本にみられるような校訂注はほとんどない。注目されるのは、応永三十一年答朝鮮書の「珍貨」を「珍板貨」としていることである。「板」字の右傍に見せ消ちの符号が付されているが、この「珍板貨」は諸本の中では東本と榊本に見えているだけであり、本の系統を推測する手がかりになると思われるが、現在ではそれ以上明らかにすることができない。

（ニ）谷本

谷本は前記のごとく諸本では欠けている永観元年条の一行分を正しく書写している本である。但し送リガナ等がなく、また天本にみられるような校訂注はほとんどない。他本との関係では、榊本と共通する、寛弘三年条の「老列子」を「老子列子」とする例、同条の「云南海」を榊本「去後南」、谷本「去後南海」（傍注「去イ後」）とする例、同条の「巡天台」をともに「巡礼天台」（但し谷本は天台を頭注とする）といった例があり、数は少ないが、榊本との関係が注意される。

（ホ）榊本

榊本は書誌のところで触れたように、榊原忠次の旧蔵本で、江戸時代初期の書写にかかることが知られるが、異体字をはじめ特異な一本として諸本の中で独特の地位をしめている。書写の形態は、年号も本文もすべて同じ高さ——平出——で記されていることが特徴である。その系統について、東本に共通するものの多いことは前述のとおりであるが、たとえば次のような例がある。天智三年条の末に人名が列挙されている。榊本には、

此亦師安師遠広悰五
広虫広俊人同所勘也

となっているが、これは、

此亦師安　師遠広悰五
広虫広俊」　人同所勘也

と二行（二丁）にわたって記されている本に基づき、割注の書写の順序を間違えて写したことを示している。これが榊本の書写の際の誤りか、それとも榊本の親本がすでに誤っていたのか明らかでないが、このような写本を今のところ見いだすことができない。

さて榊本で注目されるのは、瑞溪序文の「未知神国之所以為仏国乎」という瑞溪の主張の眼目となる部分を、神と仏とを入れ替えて、「未知仏国之所以為神国乎」としていることである。単純な書写の誤りとも思えないので、あるいは神道関係者の書写にかかるものかとも憶測されるが、他には意図的な改訂のあとはみられないので何とも言えない。このほかにも欽明十三年条の「百済高麗」を順序を逆にして「高麗百済」としている例もある。どのような理由に基づくものかは明らかでないが、ともかく特異な写本である。なお、本文については、A群の市本と共通するものがあることを付記しておきたい。

7 『唐大和上東征伝』

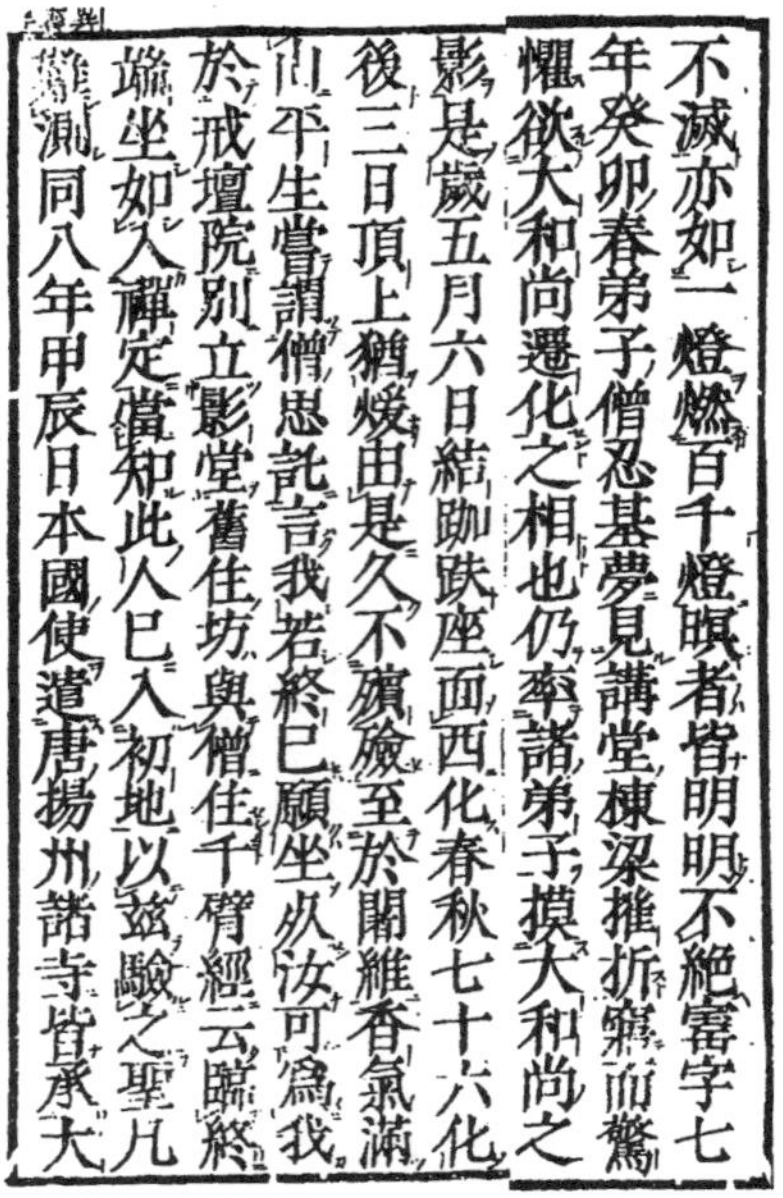
不滅亦如一燈燃百千燈瞑者皆明明不絶寶字七
年癸卯春弟子僧忍基夢見講堂棟梁摧折寤而驚
懼欲大和尚遷化之相也仍率諸弟子摸大和尚之
影是歳五月六日結跏趺座面西化春秋七十六化
後三日頂上猶煖由是久不殯殮至於闍維香氣滿
山平生嘗謂僧思託言我若終已願坐死汝可為我
於戒壇院別立影堂舊住坊與僧住千臂經云臨終
端坐如入禪定當知此人已入初地以茲驗之聖凡
難測同八年甲辰日本國使遣唐揚州諸寺皆承大

『唐大和上東征伝』（宝暦十二年版本『唐大和上東征伝』、和泉書院より）天平美術の傑作のひとつとして知られ、松尾芭蕉が『若葉して御目のしずくぬぐはばや』とよんだ鑑真の肖像に関連した記述が『唐大和上東征伝』の中に見える。

〈読み下し（版本を参考に、適宜改補）〉
（天平）宝字七年発卯の春、弟子の僧忍基夢に講堂の棟梁摧折するを見る。寤めて驚懼す、大和尚遷化せんと欲するの相なりと。仍て諸の弟子を率ゐて大和尚の影を摸す。是の歳五月六日、結跏趺座し西に面して化す。春秋七十六。化して後三日、頂上猶を煖かなり。是に由りて久しく殯殮せず。闍維に至りて香気山に満つ。平生嘗て僧の思託に謂って言はく、「我若し終巳〔亡イ〕せば、願はくは坐して死せん。汝、我が為に戒壇院に於て別に影堂を立つべし。旧住の坊は僧に与へて住せしめよ。」と。『千臂経』に云はく、「終りに臨んで端座し禅定に入るが如し。当に知るべし、此の人已に初地に入るを。」と。茲を以て之を験るに、聖凡測り難し。

鑑真（六八八―七六三）の名を聞くとすぐに、瞑目して結跏趺座する乾漆像を思い浮かべ、失明の原因となった苦難の渡航に思いを馳せる人も多いであろう。その鑑真の生涯を記述した伝記が『唐大和上東征伝』一巻である。全文およそ九千字から成る。書名には『鑑真和尚伝』『法務贈大僧正唐鑑真過海大師東征伝』などのいくつかの別称が伝えられているが、『唐大和上東征伝』が正式の書名と考えられている。

一　作者と成立

作者と成立については、現在伝わる『唐大和上東征伝』諸本の巻首に「真人元開撰」とあり、また巻末に「宝亀十年歳次己未二月八日己卯真人元開撰」とみえる。元開は淡海真人三船の僧名である。すなわち本書は、宝亀十年（七七九）、当時の代表的な学者である淡海三船により撰述されたものであることが知られる。ただし撰述の経緯について、鑑真に同行して来日した弟子の唐僧思託が延暦七年（七八八）に著した『延暦僧録』所収思託自伝に、

…後、真和上唐寺ニ移住ス、人ニ謗讟セラル。思託、和上ノ行記ヲ述べ、兼ネテ淡海真人元開ニ請ヒ、和上東行傳荃ヲ述ブ。則チ先徳ヲ揚ゲ、後昆ニ流芳セシム。

とあり、まず思託が師の伝記を作り、さらに淡海三船に委嘱して伝記をまとめてもらったというのである。思託が自分で撰述した伝記と伝記資料とを三船に託し、撰述を依頼したのであろう。このうち後者が現在の『唐大和上東征伝』であり、前者の思託撰述になる鑑真伝は『大唐伝戒師僧名記大和上鑑真伝』（広伝）三巻と伝えられる

が、残念ながら今日では失われてしまい、諸書に逸文として散見するに過ぎない（国書逸文研究会編『新訂増補　国書逸文』国書刊行会、一九九五年、参照）。なお、このような撰述の経緯を有するためか、本書の写本のなかには「天台沙門思託与㆓真人元開㆒撰」（東寺観智院乙本）と、思託と三船の共著するものがあり、さらに宋の僧賛寧ほか撰『宋高僧伝』巻一四「唐揚州大雲寺鑒真伝」の末尾には〈僧思託、東征伝ヲ著ハシ詳述ス〉とあり、本書が中国にも伝えられていたこと、そしてその著者が思託と伝えられていたことを推測させる。

撰者の淡海三船（七二二―七八五）は、天智天皇の子大友皇子の曾孫。若くして出家し、渡来唐僧道璿に師事したが、のち還俗を命じられた。朝廷がその才能を官人として生かそうとしたのであろう。『延暦僧録』の伝によれば、遣唐留学生に選ばれたが、病気で実現しなかったという。『続日本紀』延暦四年（七八五）七月十七日条の卒伝に〈性識聡敏ニシテ群書ヲ渉覧シ、尤モ筆札ヲ好ム〉とあり、同書天応元年（七八一）六月二十四日条の石上宅嗣薨伝に〈宝字ヨリ後、宅嗣及ビ淡海真人三船ヲ文人ノ首ト為ス。〉と宅嗣と並称される当時を代表する文人となった。三船は『懐風藻』の選者ともみられている。

また本書の撰述に深く関わっている思託は、唐沂州の人。鑑真に戒を受け律を学んだ。鑑真の日本渡航計画に最初から加わり、師と行動を共にして来日した。来日後も鑑真を補佐して戒律の普及に尽くし、延暦七年には日本で最初の僧伝といわれる『延暦僧録』を著した（前掲『新訂増補　国書逸文』参照）。

二　成立の事情

それでは思託が師鑑真の伝記著述を思い立ち、三船に委嘱するにいたった動機はなんであろうか。前に引用した『延暦僧録』思託自伝の記述によれば、師鑑真が〈人ニ謗讟セラ〉れたことが伝記執筆の動機となっていると理解される。この因果関係を疑う説もあるが、「被㆓人謗讟㆒。」で文章を切ってしまうと、鑑真が誹謗を受けたことでこの記事は終わってしまう。誹謗の確かな事情や内容は明らかでないが、師の名誉のため弟子の思託が自ら伝記を作り、さらに淡海三船に述作を依頼して成ったのが『唐大和上東征伝』ということになろう。すなわち先師に対する誹謗・中傷を排し、その徳を称揚し、これを後世に伝えることが目的であったと考えてよいであろう。思託が自分で詳しい伝記を作りながらさらに三船に著述を依頼しているのは、一介の渡来僧の著作と、当代の〈文人ノ首〉と称された淡海三船の筆になるものとでは、日本人に与える影響に大きな差があることを考えてのことではなかろうか。そして『唐大和上東征伝』では鑑真の日本に渡るまでの行動を記述した部分が大半をしめ、来日後の活動についてはきわめて簡単である。思託は日本人に十分には知られていない師の行状、すなわち唐における名声、そしてそれほどの高僧がわざわざ仏法流通のため苦難を厭わず日本に渡来したことを伝えたかったに違いない。

三　内容

鑑真の生涯を記述したものではあるが、書名どおり、東征すなわち五度失敗しようやく六度目に成功した苦難の日本渡航に関する記述が大半を占めている。本文の内容は大きく分けて三部から成る。簡単にその内容を追っていくとつぎのごとくである。

一、鑑真の出自に始まり、出家、長安・洛陽における修行の後、郷里の揚州に帰って戒律を教授し、やがて〈江淮ノ間、独リ化主ト為ル〉と、多くの人々の帰依を受け、随一の高僧とまで評価されるにいたったこと。

二、開元二十一年（天平五）入唐の遣唐使に従って唐にやってきた僧栄叡・普照から戒律伝授のため渡日の要請を受け（天宝元年・天平十四年）、日本渡航に成功するまで。
①天宝二年（天平十五）の最初の渡航計画は随行の僧の内紛から失敗。
②二回目（同上年）は周到な計画をたて、数多くの香料・薬品や経典を準備し、技術者を伴って出航したが、結局悪風に遭い失敗。
③三回目（翌天宝三載）は高僧の日本渡航に反対する越州の僧らの当局への通報によって失敗。
④四回目（同上年）は、度重なる失敗にもかかわらず、栄叡・普照らの堅固な志に鑑真も応え、当局の監視を避けて福州からの渡航を企てたが、師の渡航に反対する弟子の僧霊祐らの通報により失敗。鑑真はこのことを憂え霊祐を叱責し、六〇日後にようやく許したという。
⑤天宝七載（天平二十）、五回目の渡航を計画。第二回目の渡航時と同じように多数の品を用意して揚州を出航。越州から大海に出たところで逆風に遭い、南に流されて海南島に漂着。ようやくのことで再び揚州に戻ることができた。しかしこの間に戒師招請に尽力した栄叡が逝去し、鑑真も失明してしまう。
⑥天宝十二載（天平勝宝五）、前年に入唐した遣唐大使藤原清河・副使大伴古麻呂らの渡航要請を受け、古麻呂の船に乗り込み、蘇州を発して阿児奈波（沖縄）を経て薩摩秋妻屋浦に到着。大宰府を経て、天平勝宝六年（七五四）三月に平城京に至り、朝野の歓迎を受けた。随行の僧俗二四人。その中には遠く西域出身とみられる人物も含まれていた。また釈迦の肉舎利以下、数多くの仏像・経典のほか、王羲之の真跡などをもたらした。
三、来日後の活動から入寂までを簡潔に記す。東大寺に戒壇を設けて聖武上皇以下に戒律を授け、新田部親王の旧宅を伽藍にあらためて唐招提寺を建立したこと、随行の弟子とともに戒律を広め〈此ヨリ以来日本ノ律

儀漸漸厳整ス〉と記す。そして天平宝字七年五月六日の入寂。後日遣唐使が揚州に至り鑑真の死を伝えたところ皆な喪に服し、またこれ以前鑑真の住寺龍興寺が火災にあった際、かつての鑑真の住院だけが焼損を免れたという鑑真の余慶を伝える記事で本文が締めくくられている。

このあとに付録の形で、思託・淡海三船ら鑑真ゆかりの人々の鑑真の入寂を悼む漢詩が付されている。

四　本書の意義

本書が仏教史や当時の日唐交通の具体的な史料として貴重であることはいうまでもないが、文学作品としての価値も高い。特に第五回目の渡航に際しての大漂流の間の記事は精彩に富むが、他にもたとえば、弟子祥彦の最期を伝える次のような記述がある。

僧祥彦、舟上ニ於テ端座シ、思託師ニ問ヒテ云ク、大和上睡リ覚メタルヤ否ヤ。思託答ヘテ曰ク、睡リテ未ダ起キズ。彦曰ク、今死別セント欲ス。思託大和上ニ諮ル。大和上香ヲ焼キ曲几ヲ将チテ来リ、彦ヲシテ几ニ憑リ西方ニ向カヒテ阿弥陀仏ヲ念ゼシム。彦即チ一声仏ヲ唱ヘテ端座シ、寂然トシテ言フコト無シ。大和上乃チ彦彦と喚ビ悲慟スルコト数無シ。

簡潔な記述の中に、死期を覚りながらなお失明した師を気遣う弟子祥彦、これに対する鑑真の温かい人柄を示し、子弟の絆の強さがみごとに表現されているように思う。

五　諸本

本書の原本は伝わらない。写本などはつぎのごとくである。

一、写本　古写本に東寺観智院所蔵の二本があり、甲本は院政期、乙本は鎌倉時代の書写。いずれも影印本が刊行されている。この他、大東急記念文庫などに写本が蔵されている。

二、版本　宝暦十二年（一七六二）に東大寺戒壇院によって外題『唐鑑真過海大師東征伝』とする版本が刊行された。しかし、「東征」などの語が幕府に咎められ、それらの語を削って、外題『唐鑑真大和上伝記』とする修訂版が刊行された。後者の影印本に蔵中進編『宝暦十二年版本　唐大和上東征伝』（和泉書院、一九七九年）がある。

三、活字本　『群書類従』伝部・『大日本仏教全書』遊方伝叢書一・『寧楽遺文』下などに収められている。

なお、鎌倉時代に本書を参考にした絵巻『東征伝絵』が作成されている。

参考文献
安藤更正『鑑真大和上伝之研究』（平凡社、一九六〇年）
蔵中　進『唐大和上東征伝の研究』（桜楓社、一九七六年）
後藤昭雄「『延暦僧録』『淡海居士伝』佚文考」（『平安朝漢文文献の研究』吉川弘文館、一九九三年）

8 『日本紀略』

はじめに

『日本紀略』は新訂増補国史大系の第十巻（昭和四年六月刊）に前篇が、第十一巻（昭和四年十一月刊）に後篇（『百錬抄』と併収）が収められている。前篇には神代・神武天皇紀から宇多天皇紀まで、後篇には醍醐天皇紀から後一条天皇紀までを収め、全編を通じて神代から長元九年（一〇三六）までの編年体の歴史書である（但し村上天皇紀天暦四年から十年までを欠く）。前篇の光孝天皇紀までは六国史の記事の抄出で、宇多天皇紀及び後篇は諸種の史料・記録記事を参考に簡潔に記述したものである。本来の成り立ちからすれば、六国史抄出部分を前篇、宇多天皇紀以降を後篇と分けるのが適当と考えられるが、新訂増補国史大系本の前身である国史大系（旧輯）第五巻（明治三十年刊）に本書を収める際、宇多天皇紀を伝える写本が知られなかった幕末に版行された、醍醐天皇紀から後一条天皇紀までを収める『校訂日本紀略』を底本として後篇としたため、宇多天皇紀は前篇に収められることになったのである。そして新訂増補国史大系本もこの旧輯本の体裁を踏襲して、前篇・後篇と分けた。そのため先行研究においては、六国史部分を第一部、宇多天皇紀以降を第二部と称したり、あるいは前者を前篇、後者を後篇と、国史大系本と同じ名称でかつそれとは異なった用法をもって称されている場合もあるが、本稿では、六国史部分を前編、宇多天皇紀以降を後編と称することとし、国史大系本の前篇・後篇を指す場合はそれぞれ「前篇」「後篇」と「」を付して記すことにしたい。また原則として、新訂増補国史大系本は単に大系本と称し、旧輯国史大系本は大系本（旧輯）とする（なお、国史大系本の本文には句点のみが用いられているが、本稿では句読点に改め、返り点も一部を私に改めて引用する）。

一　書名

本書は、今日では『日本紀略』の名称で流布しているが、伝存する写本の外題、あるいは記録などにみえるところでは、書名は一定しておらず、『日本紀略』の名もそれほど古くからみられるものではない。[1]本書の存在を伝える史料としてまずあげられるのが、一三世紀後半に編纂されたとみられている『本朝書籍目録』帝紀部[2]にみえる「日本史記略」である。同目録の写本には、「日本史記略」を「日本史略」「日本紀略」に作るものもあるとのことであるが、[3]「日本紀略」とするのは、『日本紀略』の書名が流布してから改められた可能性もあろう。「日本史記略」には内容・巻数などが記されておらず、果たして今日の『日本紀略』にあたるかどうか不審なところもあるが、『旧事本紀』など神代を叙述する書の後、六国史の前に置かれていること、また『日本紀略』はこの時期（一三世紀後半）にはすでに成立していたとみられること（後述）などから、「日本史記略」は『日本紀略』を指すものとみてよいであろう。

「日本史記略」の他にも、「日本記略」「日本紀類」「編年紀略」等さまざまな書名で伝えられており、醍醐紀から後一条紀まで、九代については特に「九代略記」「九朝略記」「九代実録」「九代帝王事紀」等の名称が付されている。『日本紀略』の名は、水戸徳川藩の『大日本史』や鴨祐之編『日本逸史』（新訂増補国史大系所収）などで用いられて、流布するにいたったものであろう。(4)

二 諸本

1 写本

『日本紀略』の原本は伝わらず、また古写本と称すべきものも存在しないようである。『国書総目録』（補遺を含む）『古典籍総合目録』（いずれも岩波書店）に著録される写本はおよそ一〇九部に及ぶが、所収年代が明記されているものを分類すると次のごとくである。

①神代～後一条　②文武～後一条　③桓武～淳和　④宇多～後一条　⑤醍醐～後一条

このうち⑤が圧倒的に多い。それは醍醐紀以前は六国史本文が伝わるからであり、宇多紀の存在が極めて稀で、長い間知られなかったことによる。それに次いで多いのが③で、『日本後紀』の欠逸部分を補う上で貴重な史料となっているからである。そして①の完本というべきものは実際には無く、久邇宮家旧蔵本（宮内庁書陵部現蔵）が、わずかに孝謙紀を欠くだけで、神代から後一条紀までを伝えている。両国史大系本は同本を「前篇」の底本とし、また「後篇」の対校本として利用している。神代巻を伝えるのは、他に宮内庁書陵部蔵文久二年書写本があり、神代から持統紀までを収めるが、同本は久邇宮家本を写したものとみられている。(5)この他、②文武紀から後一条紀までといっても、実際には途中に欠巻がある。

そして伝本が稀なのが宇多紀である。上記の『国書総目録』には、宇多紀の写本数点の存在が掲載されているが、実際には、『日本紀略』宇多紀ではなく、『扶桑略記』のそれの場合がほとんどである。(6) したがって、『日本紀略』宇多紀写本は極めて稀で、現在のところ久邇宮家本及びその転写本(7)が知られるに過ぎない。

なお、体裁の類似からか、『扶桑略記』と誤られる場合も多く、『日本紀略』と題されていて、実は『扶桑略記』写本という例、その逆に『扶桑略記』と題されて、その実は『日本紀略』写本である例がある。(8) また『日本後紀』と外題されている『日本紀略』の『日本後紀』部分の写本もある。(9)

2　木版本・活版本

このようにさまざまな書名や形の写本で伝わっていた『日本紀略』は、まず幕末に醍醐以下後一条にいたる九代紀を収める山崎知雄校正『校訂日本紀略』が木版で刊行され、ついで国史大系（旧輯）第五巻に神代から後一条紀まで一冊にまとめて初めて活字印刷され、流布するに至る。明治三十年（一八九七）のことである。同本の凡例には、次のように記されている（句読点―石井）。

本書醍醐天皇紀以下は、故山崎知雄翁の校訂標註本を原とし、其の以前の巻は久邇宮家御蔵本伝写の一本を原本とし、傍ら内藤耻叟・井上頼圀両翁の所蔵本及び六国史其他の諸書に拠りて増補訂正を加へたり。この原本はもと奈良一乗院の古写本にかゝり、上は神代に始まり、六国史を通して殆んと欠文なく、後一条天皇に終る。殊に宇多天皇紀の如きは尤も珍とすべし。

そして昭和四年になって新訂増補国史大系の第一回配本として「前篇」が、ついで「後篇」が刊行された。同本凡例によれば、「前篇」は久邇宮家旧蔵本を底本に、同本に欠けた孝謙天皇紀は井上頼圀本をもって補い、「後篇」は『校訂日本紀略』を底本に、久邇宮家旧蔵本・神宮文庫本及び神宮文庫所蔵旧宮崎文庫本・旧林崎文庫本等によって校訂を加えたことが知られる。旧輯本では「久邇宮家御蔵本伝写の一本を原本とし」たが、新訂増補本では「久邇宮家御旧蔵本」そのものを原本（底本）とすることができたの[10]と相まって、新訂増補と謳うに相応しい、旧輯本の面目を一新する校訂の『日本紀略』が刊行されたのである。その校正に意を用いた苦心のあとは、『日本歴史』一九四号（一九六四年）に掲載された、四校ゲラに「要今一校」と書き加えた口絵写真に見ることができる。

3　新訂増補国史大系本の底本・対校本

（一）「前篇」の底本と対校本

（イ）底本：久邇宮家旧蔵本（宮内庁書陵部所蔵。架号五五三・六）全三一冊。

神代から後一条紀までを収め、途中孝謙紀を欠くだけのほぼ完本。もと奈良興福寺一乗院に伝えられていた（久邇宮家の初代朝彦親王が幕末に一乗院の門主を勤めたことの縁によるものであろう）。第一冊から第二十冊までには抄出した六国史の書名が外題され、第二十一冊（醍醐天皇紀）以降には『扶桑略記』と記されている。特に書写に関わる識語等は無いが、「江戸時代末期の書写」という。[11] 第一冊・第二冊は神代巻で、第二冊の末尾に、正安三年散位資通、嘉元二年釈道恵・同四年剣阿らの本奥書がある。この奥書を持つ『日本書紀』神代巻写本は、いわゆる丹鶴叢書本である。坂本太郎氏は、もともとの『日本紀略』には神代巻二冊はなく、後人によって丹鶴本を書写して付加されたものであろうと推測されている。[12] このような本奥書は他の巻には見られないので、坂本氏の推測は妥当とみられる。

そして本写本の最大の意義は、何と言っても宇多天皇紀を伝える点にある。大系本（旧輯）の凡例に「殊に宇多天皇紀の如きは尤も珍とすべし」、大系本の凡例に「久しくこの欠逸を嘆ぜし学界の渇望始めて医するを得たりといふべし」と特筆されるとおりである。なお新訂増補本初版の口絵写真に本写本の一部が掲げられている。

（ロ）　対校本：井上頼圀本・内藤耻叟本

いずれも、現在無窮会所蔵神習文庫本と思われる。架蔵番号二二三二番の『日本紀略』第三冊に孝謙紀があり、また二二三三番乾坤二冊本『日本紀略』は桓武・平城紀、嵯峨・淳和紀を収め、これに「内藤耻叟」の朱円印が押捺されているので、これらが該当するものと思われる。

（2）「後篇」の底本と対校本

（イ）　底本：山崎知雄校正『校訂日本紀略』（版本）全一四冊

本書凡例によれば、山崎知雄は師塙保己一から、醍醐天皇紀から後一条天皇紀までの校訂を勧められ、一〇種の写本及び扶桑略記・一代要記・公卿補任等の諸書を参考に校訂を進め、上梓するにいたった。凡例には嘉永三年（一八五〇）十月とある。(13)

本書は校訂注を鼇頭欄外に記している。大系本「後篇」では、版本の頭注を【印を付けて鼇頭に記すのを原則とするが、大系本が意補・意改とする中にも、【印は付されていないが、版本の意見を参考にしている例が多い。また版本の頭注は単に文字の校訂にとどまらず、研究の成果が盛り込まれた注釈といえるものも少なくない。山崎知雄は自分の意見だけでなく、師の塙保己一を始め、黒川春村・高橋廣道（笠亭仙果）・内藤廣前・色川三中・八田百枝ら幕末の国学者の見解を紹介している。特に黒川春村の意見が多数引用されている。それらはおおむね大系本にも取られているが、例えば、永祚元年二月五日条の「又定下尾張国百姓愁中守藤原元命可レ被レ替二他人一之由上」の頭注に、【春村曰、として、いわゆる「尾張国郡司百姓等解文」に関する注が記されており、同解文研究の最初の人とされる春村の研究成果の一端が示されている。[14] また大系本に記載されていない注釈の例としては、永観二年十一月二十八日条の「又被レ定下嫌二破銭一幷停中止格後庄園上。」の頭注に、「破銭、蓋謂二輪郭坎欠、文字不明一也。猶三代実録貞観七年六月十日紀所謂悪銭、又吾妻鏡弘長三年九月十日条所謂切銭之類歟。」といったものがある。

(ロ) 対校本・神宮文庫本

「後篇」では、対校本として、久邇宮家旧蔵本の他、神宮文庫所蔵本、神宮文庫所蔵旧宮崎文庫本、神宮文庫所蔵旧林崎文庫本などが用いられ、神宮文庫本については、新訂増補本初版口絵に写真が掲載されている。

三 編者・成立年代

1 編者（抄録者）

『日本紀略』の編者（抄録者）・成立年については、本書本文及び諸写本の奥書・識語の類にも一切記されていないので、不明とせざるを得ない。そこで、前編・後編を通じて、編者は一人か複数か、前編・後編それぞれ別か、別とすればそれぞれに単独か複数なのか、といった複雑な問題がある。先学の意見でも、単独編者説[15]・複数編者説[16]に分かれるが、いずれも体裁や内容・表記に共通性ありと見るか、否と見るかで意見が分かれているのであって、具体的な史料を示して論じられているわけではない。

このような中にあって、具体的に検討を加えて複数説の推論を示されたのが、平野博之氏である。氏は、『日本紀略』の桓武・平城紀にあたる「前篇」第十三と十四とを比較し、例えば『続日本紀』『日本後紀』所載四位の人物の卒伝記事が、十三篇では採録されていないのに対し、十四篇ではほとんどが採録されている事実などに基づき、「紀略は天皇紀（中略）各篇を単位として、いくつかの小人数のグループによって六国史の抄録を行った。全体の基本方針はあったが、それはそれぞれのグループの間で、時には個々の抄録者の間で多少のズレが生じるような大まかなものであり、（中略）全体の監修者というべき者は前後の不統一について改めて細かい調整を行はなかった」と、複数の人々による編纂体制を推測されている。(17)『日本紀略』全体からみれば一部ではあるが、実証に基づく重要な指摘で、今後さらに氏の手法を援用して全編にわたる詳細な検討が望まれるところである。ただこのように考える場合、平野氏自身も言われるように、「抄録作業があまりにも細分化されるという逆な不自然さが生じ」、また共同作業にしてはずいぶんおおまかな作業ということになろう。複数で行う場合には、一定の方針なり基準があり、主体となる人物（監修者）が最終的には統一をはかるのが自然であろう。逆に個人の場合は、原則を立ててもその時々の状況により、方針を変更させて、そのままにして作業を進めてしまう可能性もあることを考慮する必要もあるのではなかろうか。今後の研究にまちたいと思う。

なお前編の光仁・桓武紀には、現行『続日本紀』にない「藤原百川伝」が引かれ、また藤原種継事件の記事が見られることは周知のとおりであるが、これに関連して、このあたりの編者は藤原式家にゆかりのある人ではないかとの推測もなされている。(18)

さて、筆者にも具体的な史料に基づく意見があるわけではないが、前編・後編の共通性について次のことに注目している。すなわち、後編に特徴的な文言に「是日也」という語があるが、この文言が前編にも見られることである。「是日也」の語は後編に三九例（この他に「是月也」「此月也」が各一例ある）を数えることができる。例をあげると、次のようなものがある。

① 延喜八年八月一日庚子条

日蝕。是日也、大納言源朝臣貞恒薨五十二。

② 延長五年十月二十六日条

供二養崇福寺弥勒新像一。設二法会一、准二御斎会一行レ之。是日也、風和日暖、天楽聴二御殿上一、光耀照レ天、紫雲湧出。□□日、西大寺五層塔有レ火。

実はこの「是日也」という語が前編にただ一カ所ではあるが見えている。すなわち、貞観二年閏十月廿日丙寅条に、

雨雪。禁中五位已下及諸衛府宿直者賜レ禄有レ差。是日也。无品同子内親王薨。帝不レ視レ事三日。内親王者、淳和天皇之皇女也。母丹墀氏、従五位上門成之女也。

とある。この部分は『日本三代実録』抄出部分にあたるが、その本文は次の如くである。

雨雪。録下見二在禁中一五位已下及諸衛府宿直者上、賜レ綿有レ差。」无品同子内親王薨。帝不レ視レ事三日。内親王者、淳和太上天皇之皇女也。母池子、丹墀氏、従五位上門成之女也。

すなわち十月二十日の記事は、宿直の者に綿を支給したこと、同子内親王が薨去したことの二つのことが記されている。大系本では、「同日の記事にして異なれる二条以上ある場合にはその間に」を加へ」（凡例）という方針に基づき、」印で異なる記事であることを示している。これに対して『日本紀略』では「是日也」の語をもってそれを示しているのであり、「是日也」三字は『日本紀略』編者が抄出に際して加えた文字ということになる。(19)「是日也」はあまり用いられる語ではないので、後編と前編の抄録者に共通人物を想定させるのではなかろうか。

いずれにしても、編者の具体像については、不明とせざるを得ないのが実状である。(20)

2　成立年代

成立に関する識語等も諸写本に一切なく、不明である。編者の問題と関連して、編者が同一とすれば前編・後編ほぼ同時期に成るものとみられ、また別とすれば、前編が先、後編が後とまず考えられるが、後編が先にできてあとから前編が編まれた可能性も考えておく必要はあろう。坂本太郎氏は、後篇については、記事の最後が後一条天皇長元九年であること、長元七年七月十八日の記事に〈後三条院これなり〉という注記があることから、後三条院の追号の贈られたあとであり、白河天皇・堀河天皇の頃であろうかとされている。(21)ほぼこの頃には全編が完成していたとみるのが妥当なところであろう。なお木本好信氏は、藤原敦光撰『本朝帝紀』逸文と『日本紀略』の文とが一致するところから、『本朝帝紀』は『日本紀略』を参考にしたものであろうと論じられている。(22)『本朝帝紀』の成立年は不明であるが、撰者藤原敦光は天養元年（一一四四）八〇歳で没しているので、この頃にはすでに『日本紀略』は成立していることとなる。

四 編纂の依拠資料

1 前編

神代紀は『日本書紀』の神代巻上下を全文掲げ、以降は『日本書紀』以下六国史の抄出である。ただし、『続日本紀』については、現行本とは異なる一本が用いられている。すなわち、『日本紀略』桓武紀延暦四年の藤原種継暗殺事件関連の記事には、現行本『続日本紀』には見えない記述がある。『日本後紀』弘仁元年九月丁未条の薬子の事件を桓武山陵に告げた宣命によれば、『続日本紀』に記された早良親王一件のことを桓武天皇の時に削除した。ところが平城天皇の寵愛を受けた種継の子仲成と薬子はその記事を復活させた。事件後、嵯峨天皇はこれをあらためて削除したという経緯が知られる。『日本紀略』はこの現行本では削除されている記事を収めている。どのような事情で『日本紀略』編者が非削除本『続日本紀』を利用できたのかは不明であるが、光仁天皇即位前紀にみえる藤原百川伝の引用とあいまって、編者が式家にゆかりのある人物ではないかと推測される所以である。

また『日本書紀』についても現在伝わる写本とは異なった系統の一本が使われたのではないかとの意見がある。すなわち柳宏吉氏は、『日本紀略』の『日本書紀』抄録部分を『日本書紀』本文と対比して、原則として原文に忠実な抄出態度であることを確認した上で、主に神武紀から応神紀までに、現行の『日本書紀』諸本に無い天皇の年齢記事などがみられることに注意する。例えば次のようなものである（『 』内が現行『日本書紀』諸本に無い記事である）。

① 孝霊三十六年正月「（上略）為二皇太子一。『年十九。日本紀無レ之。』」

② 崇神十四年「『伊豆国献二大船一。日本紀無レ之。』」
③ 応神末紀「『辛未年　壬申年　已上、兄弟相譲、皇位已曠。見二于仁徳天皇紀一。』」
④ 反正即位前紀「『或書云、身長九尺二寸五分、歯一寸一分云々。』」

このような異同について、柳氏は、原文に忠実な抄出態度を示す『日本紀略』編者が書き加えたということは考えられず、現行本とは異なる一本を利用したのであろうと論じられた。(23)確かに付加された年齢は、没年等からの推算とするには齟齬が多く、理解に苦しむ記事もあるが、『日本紀略』が原文にない独自の文字・語句を用いることもないわけではなく、現行の『日本書紀』諸本に見えない上記のような『日本紀略』の文は、『日本紀略』編者が加えたものとみてよいのではなかろうか。

2　後編

後編の抄録に際して、『日本三代実録』のあとを受けて編纂が始められたが未定稿に終わった「新国史」、あるいは「外記日記」などが基本的な史料となったであろうことが早くから指摘されていた。平田俊春・木本好信両氏(24)はそれらの逸文を蒐集して、『日本紀略』と比較検討し、『日本紀略』の依拠した史料に「新国史」「外記日記」等があることを実証的に論じられた。以下、平田・木本両氏の成果に基づいて述べていきたいと思うが、逸文との比較検討による参照の有無の判断には、難しい問題があることを注意しておかなければならない。すなわち、参照・引用関係を考える場合、まず文章の類似が判断の基準になるが、文章が似ているからといって、『日本紀略』が直接「新国史」「外記日記」等を利用したとみることはできない。何らかの別の史料から孫引きしている可能性もあるからである。またその逆に文章は似ていなくとも、実際には参照していた可能性がある。逸文を引用する書物が、参考にした「新国史」「外記日記」等の文章を全て忠実に引くとは限らず、必要な部分を引用したり、取意文であったりすることがあるからである。逸文との比較にはこのような問題があることを前提として、叙述を進めることにしたい。(25)

（1）「新国史」

「新国史」逸文と『日本紀略』本文とを比較できる例に、次のようなものがある。

① 仁和四年八月十七日条

『日本紀略』十七日壬午、於二新造西山御願寺一、先帝周忌御斎会。准二国忌之例一。

「新国史」十七日、於二新造西山御願寺一、行二先帝周忌御斎会一。（『花鳥余情』(26)）

② 寛平元年八月五日条

『日本紀略』五日甲子、先皇諡曰二光孝天皇一。於二西寺一修二其斎忌一。

「新国史」五日、官符、定二光孝天皇国忌一。同二十六日、始於二西寺一修二国忌一。（『師光年中行事』(27)）

①は文章が類似しており、『日本紀略』が「新国史」を参考にしている可能性は高い。②の「新国史」逸文は取意文とみられ、そもそも比較することに問題のある例であるが、文言も内容も異なる。西寺における法会は「新国史」によれば二十六日に行われているが、『日本紀略』では五日としていることがもっとも大きな違いである。恐らく五日に光孝天皇の諡号と国忌に関する官符が出され、二十六日に斎忌が営まれたものであろう。下文で触れるように、『日本紀略』前編では関連する事柄については、別の日の出来事でも、その日付を省略して記

事を続ける場合（合叙）がある。②もその例とみることができるので、『日本紀略』が「新国史」を参考にしている可能性は否定できない。

（2）「外記日記」

『日本紀略』が「外記日記」を参照しているとみてまず間違いないのは、次のような例である。

①　応和元年十月二十五日条

『日本紀略』廿五日乙卯、発二遣山陵使柏原・後山階一。今日不堪田奏。来月上申酉日、杜本・当宗等祭也。勘二年々日記一、十一月朔日当二酉日一之時、被レ行二件両祭一之例不レ見。内蔵寮勘二申之一、十一月朔日当二酉日一、件両祭延引、次申酉、祭之例也。可レ依二件勘文一之由、被レ定了。

「外記日記」二十六日外記々云、来月上申酉、杜本・当宗等祭也。勘二年々記一、十一月朔日当二酉日一、件両祭例不二分明一。内蔵寮勘申云、十一月朔日当二酉日一、件両祭延引、以二次申酉一祭之例也。可レ依二件勘文一之由、被二議定一畢。十一月一日辛酉、当宗・杜本祭、可レ用二次申酉一之由、被二仰下一畢。依レ無二上申一也。

（『年中行事抄』[28]）

この『日本紀略』の文は、「勘年々日記」という語がみられるので、「外記日記」を材料としていることは間違いないであろう。ただ日付が『日本紀略』は二十五日とし、「外記日記」逸文では二十六日とする。何れが正しいか、にわかには決しがたい[29]。

このように「外記日記」に取材したことがほぼ確実な記事もあれば、つぎのような例は判断が難しい。

② 天徳二年四月二十一日条

『日本紀略』廿一日壬申、賀茂祭。宣命、先例、内記付二内侍一奏聞。而内裏有二丙穢一、使不レ可二参内一。被レ尋二先例一之処、不レ見二宣命之事一。准二臨時奉幣之使一、不レ穢内記、於二陣外一書二宣命一、不レ経二奏聞一、付二使内侍一、令レ給二内蔵寮使一。料紙可レ請二左大臣家一者。

「外記日記」外記記云、天徳二年四月廿一日云々。蔵人為充召二大外記傳説於蔵人所一、仰云、賀茂祭宣命、内記付二内侍一所二奏聞一。昨日所二承行一。而今日内裏有レ穢、使不レ可二参入一。如レ此之時有レ所レ被レ行乎。傳説申下無二所見一之由上。仰云、准二臨時奉幣例一、以二不レ穢内記一、於二陣外一令書、不二奏聞一、付二使内侍一、令レ給二内蔵使一。但料紙以二左大臣家紙一可二充用一者。（『西宮記』[30]）

両方の記述は確かによく似ており、『日本紀略』は「外記日記」を参照したもののように思われる。その一方、『日本紀略』は直接「外記日記」によったのではなく、別の史料に取材したものではなかろうかとの考えも抱かせる。「外記日記」逸文はほぼ原文に忠実とみなされるが、『日本紀略』は穢を「外記日記」にない「丙」穢としていること、そして抄出にこれだけの文字数を費やすならば、もう少し「外記日記」の文を生かすように思われるからである。しかし後述する「抄出方法の問題点」の前編④⑤の例などをみると、六国史本文の文章を入れ替えたり、別の表現を用いている場合もあるので、これも「外記日記」を参考にしているとみるべきかも知れない。そして逸文との比較の難しさを示すのが次の例である。

③ 寛弘元年十月二十一日条

『日本紀略』廿一日辛丑、行二幸平野・北野両社一。

「外記日記」外記日記曰、（中略）寛弘元年十月廿一日、始有二行幸一。奉二幣帛一。（『菅家御伝記』）[31]

これを比較して、「外記日記」が『日本紀略』の「記述の材料となったとは考えがたい」とする意見がある。[32]しかし『菅家御伝記』の記事は、「この日の「外記日記」に、北野社に始めて行幸し、幣帛を奉じたことが見える」といった趣旨の、まさに取意文とみるべきであろう。したがって『日本紀略』が「外記日記」を参考にしている可能性を否定することはできないと思う。

以上、平田・木本両氏の研究を参考に、『日本紀略』編纂の材料として「新国史」「外記日記」が用いられた可能性についてみてきた。逸文特有の問題として、忠実に引用されているか、取意文であるかによって、比較する上でいろいろな問題があり、参照の有無を論ずることには慎重でなければならないと思うが、少なくとも有力な史料とされたことは間違いないであろう。

（3）その他

この他、本文中の主に分注の形で、「御記曰」（『宇多天皇御記』）「見重明記」（『李部王記』）「水心日記曰」（『清慎公記』）「子細見于外記日記」「外記日記曰」「或記曰」「或本」などと記されている例がある。あるいは後人の注記とみるべきかも知れないが、主に本文に対する異説を示しているので、本文はそれ以外の史料から取ったものである。公家の日記などが有力な材料になったと思われるが、具体的に指摘することは難しい。

五 内容と価値

1 前編

前編は六国史の抄出であるので、六国史の本文が伝えられている部分では校訂の役に立つ程度とも言えるが、『日本後紀』の散佚した本文を知る上で、『類聚国史』と並んで貴重な史料となっていること、また本文が伝わる『続日本紀』においても、現行本にはない「藤原百川伝」が引用されていたり、藤原種継暗殺・早良親王廃太子に関する記事が削除される前の『続日本紀』から引用されていることは上述のとおりである。そのほか、僅かではあるが、六国史の本文には見られない増補もなされている。例えば、

① 『日本書紀』では記事のない年次でも年次を加え、かつ毎年年頭に干支が記されていること。
② 天皇に関わる年齢、主に立太子の年齢が注記されている場合があること。
③ 即位前紀にあたる部分には、六国史以外の記事が補筆されている場合があること。

などであり、六国史が伝存している部分（前編）でも、校訂の史料としてだけでなく、参照するに十分な価値をもっているのである。

また六国史を機械的に抄出するだけでなく、編者が独自の見識をもって抄出していたことをうかがわせるところもある。たとえば、坂本太郎氏が指摘するように、聖武紀と孝謙紀の境目が『続日本紀』では不明瞭であるのに対し、『日本紀略』では天平感宝元年（天平勝宝元年）七月二日の皇太子受禅の記事で聖武紀を終え、同二年正月朔日から孝謙紀を始めている。(33) あるいは、『日本後紀』で桓武天皇没後、平城天皇即位に伴い延暦二十五年を

大同元年と改めたことについて、『日本後紀』編者は踰年称元の礼に悖る非礼と指摘しながらも、延暦二十五年の表記を用いず、年始から大同元年としているが、『日本紀略』では桓武紀の終わり（三月丁亥二十三日条）までは延暦二十五年とし、平城紀では、即位前紀に続く三月辛巳十七日条の桓武崩御・剣璽を東宮に奉る記事から大同元年としている。『日本紀略』編者は『日本後紀』における指摘を踏まえたものであろう。

　このような年次表記の改訂は、『日本書紀』部分の原文に記載のない年次についてもその年の干支と年次を記載している例とあいまって、『日本紀略』編者が年代記としての側面を強く認識して抄出・整理していた証左ではなかろうか。天皇の治世を時期区分の基準とするため、その交替時期を明確にする意図を示すものであろう。

2　後編

後編の記事は比較的簡略ではあるが、六国史以降の編年体の史書として、「新国史」などがまとまった形で伝わらない今日、他に見ることのできない独自の記事が多く、その価値の高さについてはあらためて言うまでもない。たとえば、史上に著名な寛平六年のいわゆる遣唐使を停止するという出来事の唯一根本の史料は『日本紀略』の「其日、停二遣唐使一。」という記事にあるのである（後述）。記述は支配層の動向を中心とし、その死没を丹念に記していることも目立つ特徴の一つであるが、社会の動き、民間の巷説についても興味深い記事がある。疾病が流行していた頃の正暦五年の五月十六日条には、「左京三条南油小路西有二小井一。狂夫云、飲二此水之一者、可レ免二疾病一者。仍都人士女挙首来汲。」、六月十六日条に、「公卿以下至二子庶民一、閇二門戸一不二往還一。依二妖言一也。」など、噂から御霊会を修するに至る状況が記されている。現代にもみられる語呂合わせに類した、長和三年（甲寅）五月五日庚寅条の「東西京貴賤挙首参二広隆寺一。人云、寅年五月五日庚寅日、薬師如来奉レ安二置此堂一之故也。」といった記事は、聖徳太子信仰との関わりでも注目される。また承平・天慶の乱をはじめ乱れつつある東国の動静を知る上でも重要な史料を提供している。もちろんこれらは筆者の関心や思いつくままに記したものので、本書の史料的な価値が極めて高いことは言うまでもなく、興味が尽きない史料である。

しかしながらこのように価値の高い『日本紀略』であるからこそ、その記事には吟味が必要であることもまた指摘されている。例えば和田英松氏は「事実の重複したるもの、干支日時の錯誤したるものも少からず」と述べ(34)、坂本太郎氏は『日本紀略』にみえる「延喜格」施行年時についての疑問を論じ、「編者みずから数種の書から適宜に抄出編纂したのではあるまいか。したがって、そのさいに、或いは年月の数字を誤り、或いは年号を混同して、かなり記事に混乱を生じさせた恐れがあるのではあるまいか。かりに（中略）醍醐天皇一代の間に見ると、その記事には実に次のような多くの衍文・錯簡が求められる。」として、一二例をあげ、「このような明瞭な形を取らぬ衍文錯簡も見逭されてなお多々存するのであろうかと思われる。」と述べておられる。(35) 醍醐天皇紀に限っての指摘であるが、後編の全てにわたって留意すべき事柄である。

このような『日本紀略』を評して、しばしば「杜撰」という言葉が用いられている。そこで以下に後編に関わる問題点のいくつかをあげてみることにしたいと思う。但し後編については、典拠となる史料が明らかでないため、抄出の状況を知ることはできない。そこで明らかに六国史を典拠とした前編ではどのような抄録がなされているのか、考えてみたい。たとえ編者が別人であったにしても、また時期が異なるにしても、抄録という作業に通有の問題を考える参考にはなると思う。

六　抄出方法の問題点

1　前編

前編は六国史の抄出であるので、六国史の本文と比べることによって『日本紀略』の抄出の方法ならびに問題点を知ることができる。『日本紀略』前編、主に『日本書紀』『続日本紀』部分を対象として、丹念に比較検討を加えられた柳宏吉氏は、紀略は原文の表現に忠実であって、原文にない記述を補うことはまずないこと、また字数はつとめて少なく、しかも趣旨は誤らず伝えることに意を用いたこと、といったことを指摘されている。[36] しかし、柳氏の一連の研究における原文との比較をみても、実際には文字や文章を変えることが見られる。いくつか例をあげてみると、次のごとくである。

（1）文字・字数を改めている例

①『日本書紀』部分では、天皇の和風諡号を原則として漢風諡号に改めている。

②「山背」国を平安京遷都に伴う改称以前でも「山城」国とし、「冷然院」をすべて「冷泉院」に作る。「冷然院」が「冷泉院」に改称されるのは天暦八年のことである。

③　天平勝宝六年正月壬子条

『続日本紀』「御二大安殿一。」を『日本紀略』「御二大極殿南院一。」とする。

④　貞観九年五月二十九日条

『日本紀略』廿九日丁卯晦、大二祓朱雀門一。依二月次祭神今食一所レ祈也。宮城京邑病苦死喪者衆。仍有二大祓一。

『日本三代実録』廿九日丁卯晦、六月十一日可㆑修㆓月次神今食之祭㆒。而宮城京邑病苦死喪者衆。仍大㆓祓朱雀門前㆒。

⑤ 天安二年九月三日条

『日本紀略』三日辛酉、（中略）今日、遣㆓使於近陵諸寺〔原作司〕㆒、各修㆓功徳㆒。依㆓晏駕之後、初七日㆒也。自㆑此之後、毎㆑値㆓七日㆒、於㆓京辺諸寺㆒、修㆓転念功徳㆒。

『日本三代実録』三日辛酉、（中略）是日、大行皇帝晏駕之後、始盈㆓七日㆒。遣㆓使於近陵諸寺㆒。各修㆓功徳㆒。自㆑此之後、毎㆑値㆓七日㆒、於㆓京辺諸寺㆒、修㆓転念功徳㆒。

④⑤のような改変がなぜ行なわれているのか、よく分からない。同じような字数を費やすのであれば、もう少し本文を生かしても良いように思われる。

このように、前編においても編者が原文に改変を加えている例も多い。そしてそれだけでなく、抄出に際しての誤りや、抄録した結果、原文の意味を損なうという問題を残す例も少なくないのである。後編の問題を考える参考として、具体例をあげて検討を進めることにしたい（紙幅の関係から代表的な例をあげるに止める）。なお、以下の引用で六国史の本文を掲げる場合、【　】内は『日本紀略』が省略したことを示す。

（2） 単純な誤脱・錯簡の例

① 『日本紀略』和銅元年秋七月甲辰、授位。

『続日本紀』では、「七月甲辰、隠岐国霖雨大風。遣㆑使賑㆓恤之㆒。乙巳、召㆓二品穂積親王（中略）等於御前㆒

（下略）」とあり、乙巳条では、穂積親王らに勅して、職務に精励すべきことを令し、阿倍宿奈麻呂らに位階を授けたことが記されている。『日本紀略』は「乙巳」を見落とした単純な誤りであろう。この種の誤りは多い。

②『続日本紀』天平神護元年二月乙丑、和泉・山背【・石見（中略）多褹】等国飢。並加二賑恤一。是日、【賜下与レ賊相戦及宿二衛内裏一檜前忌寸二百卅六人、守二衛北門一秦忌寸卅一人、爵人一級上。丙寅、（中略）】大宰少弐従五位下紀朝臣広純左二遷薩摩守一。

『日本紀略』は丙寅の紀広純左遷記事を誤って乙丑是日としてしまった。そこで、大系本では「是日」を「丙寅」に改め、頭注に「丙寅、原作是日、拠続紀改」と記す。神護景雲二年正月壬子条などにも同様の例をみることができる。

大系本では前編校訂に際して月や日（干支）を補っている例は多く、大同元年六月己亥条頭注に「己亥条、現在五月紀末、拠後紀移于六月紀」といった例を多く見出すことができる。単純な誤りと言えると思うが、後編で日付は他の史料と一致するが月が異なるという例が見受けられるのも、このような抄出に際しての単純な見誤りあるいは不注意に基づくものと推測される。(37)

（3）合叙する例

内容が一連の記事では、数日に亘る場合でも途中の月・日（干支）を省略して文章を続けている。意図的な省略と思われる。

①『続日本紀』天平九年二月己未、遣新羅使奏下新羅国失二常礼一不上受二使【旨一】。於レ是、召二五位已上、并六位已下官人【惣卅五人】于内裏一、令レ陳二意見一。【丙寅、諸司奏二意見表一。】或言遣レ使問二其由一。(紀略作旨) 或【言】発レ兵加二征伐一。

②『続日本紀』延暦八年十二月乙未、皇太后崩。(紀略作薨)【丙申、(中略)】天皇服二錫紵一、避二正殿一、御二西廂一。率二皇太子及群臣一挙哀。百官及畿内以二三十日一為二服期一。【(中略)明年正月(中略)】壬子。葬二於大枝山陵一。(下略)

③『日本三代実録』貞観十四年五月十七日丙戌、【勅】遣二【正五位下行】右馬頭在原朝臣業平一、向二鴻臚館一、【労二問渤海客一。十八日丁亥、勅遣二左近衛中将従四位下兼備中守源朝臣舒一、向二鴻臚館一。】検二領楊成規等所レ齎渤海国王啓及信物一。(中略)廿日己丑、内蔵寮與二渤海客一【廻二易貨物一。廿一日庚寅、聴下京師人與二渤海客一】交関上。

③の例は同語により目移りした誤脱ではなく、重出する同じ言葉を利用した意図的な省略であろう。しかし二日に亘るできごとをあたかもその日の出来事のごとく記す、問題のある抄出法であることは言うまでもない。

(4) 原文を誤解した抄録、誤解を招く抄出の例

①『続日本紀』養老四年三月丙辰、以二中納言正四位下大伴宿禰旅人一、為二征隼人持節大将軍一。授刀【助従五位下笠朝臣御室・(中略)為二副将軍一】。

②『続日本紀』天平十五年七月癸亥、行二幸紫香楽宮一。以二左大臣橘宿禰諸兄・知太政官事【鈴鹿王・中納言巨勢朝臣奈弖麻呂一為二留守一】。

③『続日本紀』宝亀二年十月己卯、【太政官奏、武蔵国（中略）改二東山道一属二東海道一、公私得レ所、人馬有レ息。奏】可。授二正六位上英保首代作外従五位下一。以レ構二西大寺兜率天堂一也。

④『文徳天皇実録』天安元年二月壬辰条

左大臣【従二位】源朝臣信抗表曰、【(紀略作云々)(中略)】勅答不レ許。【癸巳、権大納言正三位安倍朝臣安仁抗表曰、【(紀略作云々)(中略)】。】依二上表懇至一、聴二其所レ請。

①について「紀略としては異例の巧妙な抄録(38)」とする意見もあるが、果たして授刀助の意味を理解した上で略したのか、疑問。②も同じく橘諸兄が太政官のことを知らしめたかのごとく誤解してしまうし、③は〈授く可し〉と誤読したのではなかろうか。④の〈上表懇至に依り、其の請ふ所を聴〉されたのは安倍安仁であるが、これではあたかも源信の上表を対象としているかのごとく誤解してしまう。

（5）係けられた日付とそこに記された出来事の実際に起こった日とが違う例

①『続日本後紀』承和二年三月辛酉、【下総国人（中略）物部匝瑳連熊猪改レ連賜二宿禰一。又改二本居一貫二附左京二条一。昔物部小事大連錫二節天朝一、出二征坂東一、凱歌帰報。藉二此功勲一、令レ得下於二】下総国一始建二匝瑳郡一、【仍以為上氏。是則熊猪等祖也。】

『日本紀略』の抄録「承和二年三月辛酉、下総国始建二匝瑳郡一。」では、あたかも承和二年に匝瑳郡が建郡されたかのような誤解をしてしまう。大系本の頭注で注意を促しているが、実はこのような抄出の仕方がもっとも問題で、読者に解釈を誤らせることになるのである。それはまた『日本紀略』に限らずある書物・史料などから記事を抄出する場合に犯しやすい誤りでもある。そしてこの例のように、その基づいた史料（『続日本後紀』）や他に参考すべき史料があれば、一目瞭然となるのであるが、もしそれがない場合――後編の独自記事については、このような抄出の危険性があることを常に念頭においておかなければならないのである。しかしながらこのような後世の利用者からすれば大きな問題となる抄録の仕方も、抄録者にとっては、あまり意に介する問題ではなかったのかも知れない。もしその出来事の詳しい状況を確かめたければ基づいた書物を繙けば良いからである。

以上、前編における抄出に問題のある事例を上げた。これらはもちろん代表的なものに過ぎず、年・月・日の誤りもしくは省略、錯簡、重出衍文など、さまざまな問題があるが、大系本の頭注に詳しく記されており、いちいちの挙例は控える。これらはしかしながら、典拠となった六国史の大部分が現存しているので、あまり問題を感じないかも知れない。しかし典拠が明確でない後編では、特に他書を参照し得ない記事について、抄出という作業にともなう上記のようなさまざまな問題が含まれている可能性があり、慎重な対応が必要であることを物語っている。ある史料を、原文の意を損なわずに抄出したり要約したりするのは、実は難しい。『日本紀略』編者も相当に苦心したであろうが、やはり問題点は多いのである。

2 後編

後編の部分は、『大日本史料』の第一編・第二編に基本史料として利用されているが、独自の記事以外で、他の史料とともに、引用されている例をみると、しばしば記述が相違している例を見出す。それは年月日であったり、内容であったりする。そして中に『日本紀略』の誤りと思われる例も少なくない。いくつか具体例をあげると次のようなものである。

(1) 年月日の誤り

① 年の誤り

『日本紀略』長保元年二月七日辛卯、（中略）興福寺別当真喜入滅。或云廿日。

『権記』等によれば、真喜の入寂は長保二年二月七日のことである（『大日本史料』二編之三、同日条参照）。

② 閏月の脱落

『日本紀略』延喜元年六月廿九日癸卯、雷雨。立レ陣。

『新儀式』『西宮記』等によれば閏六月二十九日己酉が正しい（『大日本史料』第一編之二、同日条参照）。

③ 月の誤り

『日本紀略』天慶元年三月二十五日、中納言従三位平朝臣時望薨。

『貞信公記』では天慶元年二月二十五日条に「平中納言薨。」とある。

④ 日の誤り

『日本紀略』昌泰元年二月八日戊申、詔減二服御常膳等物四分之一一。

『類聚三代格』巻一〇所収詔の日付は「三月廿八日」で、同日は戊辰にあたる。

⑤　日と干支の相違

『日本紀略』

寛平五年十一月三日甲辰。五畿七道神社各増二位一階一。

寛平九年十二月三日甲辰。奉レ授二五畿七道諸神三百卌〔卅イ〕社、各位一階一。

同じ『日本紀略』内部における問題であるが、他の史料からみて寛平九年とするのが正しい（『大日本史料』第一編之二、同日条参照）。寛平五年条は、採録に際して、十二月三日甲辰を十一月三日甲辰に誤り、これをさらに誤って五年に係年したものであろう。ちなみに五年十一月三日は丁卯にあたる。後編には日と干支とが異なる例が相当数見られるので、『日本紀略』に独自の記事の場合には特に注意する必要がある。

（2）　記述内容の誤りの例

他書と比較して『日本紀略』の記述の内容に誤りがあるとみられる例に次のようなものがある。

①　延喜元年十一月十九日条

『日本紀略』依二内裏穢一、停二新嘗会一。

『政事要略』『北山抄』いずれも穢あるも新嘗会を行なうとする（『大日本史料』一編之三、同日条参照）。

② 延喜十二年正月三日条

『日本紀略』天皇幸二仁和寺一、拝二賀法皇一。

『貞信公記』には「依二御体御卜一、停二止行幸一。」とある。

③ 延長二年九月九日条

『日本紀略』止二重陽宴会一。依三諸国申二不堪田一也。

『貞信公記』は「節会如レ例。」とし、『撰集秘記』も「猶宴。」とする（『大日本史料』第一編之五、同日条参照）。いずれも『日本紀略』の伝える記事の内容に疑問が抱かれる例である。それでもこれらは他に比較参照する史料があるからよいが、他書に徴証のない、あるいは比較参照すべき史料のない『日本紀略』独自の記事については、一層注意が必要となるのである。

（3） 重複記事の例

すでに坂本太郎氏が醍醐紀についてだけでも、藤原明子崩御（昌泰二年五月二十二日・同三年五月二十三日）をはじめ一二例にのぼる重複記事を指摘されている。[39] このうち一一例については他の史料で、一方が誤りであることが確かめられるが、残りの一例については他に伝える史料がなく、何れを是とすべきか（或いは何れも誤りか）判断がつかない。次の記事である。

①　延喜十一年十二月十八日戊辰、大学寮行二晋書竟宴一。
同　十三年十二月十五日壬午、（中略）大学寮有二晋書竟宴一。

この他にも、

②　寛平七年十二月十六日戊戌、従三位藤原栄子薨。
寛平八年十一月七日癸未、従三位藤原栄子薨。可尋之。
③　貞元二年三月二十八日己丑、東宮（師貞。のちの花山天皇）初読書。于レ時太子御二坐閑院東対一。学士権左中弁菅原朝臣輔正、尚復文章生藤原為時。
（花山院即位前紀）貞元二年四月二十八日、始読書。

などの例は他書に徴証がないため、どちらとも判断しかねる例である。また、

④　天徳元年七月二十日乙巳、（中略）今日、大唐呉越国持礼使盛徳言上レ書。
同　三年正月十二日戊午。大唐呉越持礼使盛徳言上レ書。

も同事重出の可能性が高い。

（4）係けられた日付と実際の出来事の起こった日が異なる例

① 『日本紀略』寛平九年七月二十二日条

地震。豊楽殿幷左近衛府屋上鷺鳥集。陸奥国言下安積郡所レ産小児、額生二一角一、角亦有中一目上。出羽国言二秋田城甲冑鳴一。

『扶桑略記』裡書・寛平九年条

外記日記云、七月三日丙子、（中略）外記々、廿二日乙未、有二御卜一。先レ是、陸奥国言下上安積郡所レ産女子児、額生二一角一、角有中一目上。出羽国言二上秋田城甲冑鳴一。大極殿豊楽殿上・左近大炊屋上鷺集事等也。

「外記日記」によれば、これより以前に陸奥・出羽等の国から異変が伝えられたので、この日に御卜を行ったという。ところが『日本紀略』では「先是」を省略し、御卜が行われたことも記されていない。いかにも七月二十二日に陸奥国や出羽国から言上されたかのようにみなされるので、日付には誤解を招く恐れがある。記事の順序がずいぶんと異なるので、『日本紀略』が直接「外記日記」に取材したと断定してよいかは疑問が残るが、『日本紀略』が「先是」を省略しているのは、問題であろう。

② 『日本紀略』延喜九年十二月四日条

四日。大神祭。用二上卯一。

『本朝月令』四月・上卯日大神祭事

延喜九年外記日記云、十二月乙丑（四日）、右大臣参二入内裏一、有二官奏事一。又今月有二三卯一。以二十八日己卯立春一、而大神祭依レ例、擬レ用二中卯一。荷前之事、自可レ為二立春之後一也。因レ之右大臣仰二大外記菅野吉平（公伊イ）一令二勘

申一。（中略）因レ之右大臣奏定云、此冬大神祭、以二六日上卯一可レ令二奉仕一之状、於二陣頭一被レ召二仰左大史丹
波岑行一已了。

『日本紀略』では、いかにも四日に大神祭が行われ、それは上の卯の日であったと受け取れるが、「外記日記」によれば、四日は大神祭を上卯（六日）に行うべき事が決められた日なのである。ちなみに『日本紀略』には六日の記事はない。

①②のようなことは抄出に際してありがちなことで、前編の問題で取り上げた『日本紀略』承和二年三月辛酉条「下総国始建二匝瑳郡一。」の例と同じである。しかし利用に際して、もっとも注意しなければならないのが、このような例である。これは例えて言えば、『小右記』本記と『小記目録』との関係のようなもので、『小記目録』の記事は、必ずしもその日の出来事ではなくても、その日の『小右記』本記に見えている記事をメモとして抄録しているに過ぎない。詳しい事情を知りたければ、本記を参照すればよいのである。『日本紀略』に関連する一例をあげると、次のような記事がある。永観元年に内膳司の平野・庭火御竈釜が盗まれるという事件があり、御卜が行われ、陰陽師に厭術を行なわせて、その出現を祈らせたことがある。『小記目録』御物紛失事には、

永観元年十月六日、内膳司釜二口紛失事。

とある。これだけではこの日に釜を紛失したかのごとく思われるが、関連する史料をあげると、次のごとくである。

『日本紀略』永観元年十月一日癸未、卯剋、内膳司平野・庭火御竈釜被二盗取一了。九日辛卯、被レ行二御卜一。依二竈釜紛失事一也。

『小記目録』軒廊御卜事　永観元年十月九日、有二御占一事。

つまり十月一日に釜が盗まれ、六日にその対策が協議されて御卜を九日に行なうことが決められ、予定通り九日に御卜が行われたというのが、一連の経緯であると思う。もし『小記目録』御物紛失事の記事だけが伝わったとすれば、十月六日に釜が紛失したと誤解してしまうであろう。このような例は『日本紀略』利用に際しても常に念頭においておくべきことである。(40)『大日本史料』が『小記目録』のみによって条文を立てる場合、わざわざ「是ノ条、小記目録ニ依リテ掲書ス」と注記する姿勢は、『日本紀略』利用にあたっても取るべき態度である。

(5)「其日」記事

最後に『日本紀略』後編に特徴的な記事として「其日」記事を取り上げることにしたい。『日本紀略』には、一日に複数の異なる記事を列記する場合、「是日」「此日」「今日」「同日」と並んで、「其日」「某日」という表現が七〇余例ある。例えば、

① 天延元年二月廿九日甲寅、季御読経終。其日、内大臣女藤原媓子入内。

② 寛仁三年三月廿五日壬午、皇后宮落レ餝為レ尼。（中略）某日、〔其イ〕師明親王於二仁和寺一出家。于レ時童稚也。

とある。②の師明親王の出家は前年の八月二十九日のことである。(41)『日本紀略』編者には出家の年月が明らかで

なかったため、母である皇后媓子の出家の文に合叙したものと推測される。すなわちこれら七〇余例を検討すると、「其日」記事は某日つまり「ある日」の意味で用いられているのであって、是日と同義と解してはならないのである。

「其日」記事でもっとも有名なものは、いわゆる遣唐使停止記事であろう。史上に著名なこの出来事を伝える記事は『日本紀略』の次の記事が唯一のものである。すなわち寛平六年九月条の末尾には、

卅日己丑、大宰府飛駅使来、言下上打二殺新羅賊廿人一之由上。賜二勅符於彼国一令二警固一。是日、授二対馬嶋上県郡正五位上和多都美神・下県郡正五位上平名神並従四位下一、正四位下多久豆神正四位上、従五位上小坂宿禰名神正五位下、正六位上石剣名神従五位下。其日、停二遣唐使一。

とある。ここに三つの出来事が記されている。このうち、三十日の出来事は①大宰府からの報告と②「是日」とある対馬の諸社への授位であって、「其日」を是日と理解して九月三十日に遣唐使が停止されたとみることは誤りである。そしてこの「停二遣唐使一」という言葉は、九月十四日に上奏された道真の「請レ令三諸公卿、議二定遣唐使進止一状」(42)の中に「停二入唐之人一」という文言があり、おそらくその文章からとったものと推測されるのである。このような抄録は十分あり得ることで、あたかも前編の問題で触れた、『続日本後紀』承和二年三月辛酉条を「下総国始建二匝瑳郡一。」とのみ抄録した姿勢、あるいは後編の（4）で取り上げたような問題に通じるものがあると思うのである。いずれにせよ、「其日」を三十日とみることは誤りで、これらのことから、筆者は遣唐使派遣について、朝議で停止を決定したという事実は無く、道真の上奏を受けたものの、再検討の結論が出されぬまま、立ち消えになったものとみている。(43)

このように、「其日」に始まる記事には十分な注意が必要なのである。

むすび

以上、大系本『日本紀略』についての書誌ならびに問題点について概要を述べてきた。後半ではもっぱら『日本紀略』の「杜撰」を強調した感があるが、これらは『日本紀略』の史料的価値が高い故に利用には慎重な態度が必要であることを述べたかったからに他ならない。また『日本紀略』に類した編年体の史書である『扶桑略記』『百錬抄』『本朝世紀』などとの関係にも触れることができなかった。注ならびに後掲の参考文献を参照していただきたい。

注

（1）『日本紀略』についての書誌・研究史・編纂史料などについては、平田俊春『私撰国史の批判的研究』第一篇「日本紀略および本朝世紀前篇の批判」（国書刊行会・一九八二年）に詳しい研究があり、本論文でも拠るところが大きい。

（2）『本朝書籍目録』（「群書類従」雑部所収。続群書類従完成会版第二八輯）。同目録は、和田英松『本朝書籍目録考證』（明治書院・一九三六年）二四～二六頁などによれば、建治三年（一二七七）～永仁二年（一二九四）の間に編纂されたとみられている。

（3）和田英松（前掲書）二四～二五頁。

（4）山崎知雄『校訂日本紀略』の凡例にみえる説であるが、異論もある。平田俊春（前掲書）参照。なお幕末・明治の国学者谷森善臣は、文久二年書写本（宮内庁書陵部蔵。架号：三五一―六五二。五冊）第五冊の末に次のように記している（識語全文は注5参照）。「抑扶桑略記古写本世有二二部一。一部為三僧皇圓所二輯録一、一部為二此略記一。不レ知二誰人略抄一、蓋同号而異書也。是以慶長已来学者題二此書一為二日本紀略一。」と、〈慶長已来ノ学者〉云々と述べている。

（5）架号：三五一—六五二。五冊。第五冊の末に次のような文久二年五月の谷森義臣の識語がある（句読点・返り点—石井）。

一日侍二粟田青蓮院宮一、拝二観其府所蔵扶桑略記古写数十巻一。最初起二神代上下巻幷神武天皇以後略記一至二後一条帝略記一。中間往々有二欠巻一。然而文武天皇以後略記、世間或有二古写本存一。特持統天皇以前略記世為レ所レ未二曾見一、欣喜不レ措。得二尊融法親王恩許一、雇レ筆謄写合為二五冊一。抑扶桑略記古写本世有二二部一。一部為三僧皇圓所二輯録一、一部為二此略記一。不レ知二誰人略抄一、蓋同号而異書也。是以慶長已来学者題二此書一為二日本紀略一。是諸家所蔵古写本巻中多不レ置二題号一、唯外簽書二扶桑略記一耳。此古写本亦同。故今不レ依二原本外題一、標紙書云二日本紀略一爾。」

同写本は、体裁・朱注などすべて久邇宮本と一致する。久邇宮本と粟田青蓮院宮蔵本との関係は不明であるが、同じ本を指している可能性が高い。

（6）例えば、無窮会所蔵神習文庫本（架号：二二三九番）には「自仁和三年至延長八年」と外題され、内題にも「朽木本日本紀略」とあるが、実際は『扶桑略記』である。また静嘉堂文庫所蔵五冊本（架号：七一函—四一架一〇一四九番）の第一冊は宇多紀・醍醐紀を収め、「日本紀略巻之二」と内題された宇多紀の冒頭余白に、「土州谷垣守カ扶桑略記ノ一本ニ、此本略記ニアラス日本記畧ナリトアリ。以是為後考写シテ日本記畧ノ上ニ附ス。追テ可糺之。」とある。しかしこれもまた実際は『扶桑略記』である。この他、宮内庁書陵部蔵（架号：二五四—二〇四。一冊）本も同様の体裁と内容の写本である。

（7）東京大学史料編纂所に宇多紀のみの『日本紀略』（架号：二〇四〇、二／一五。一冊）がある。同本の奥識語に、「大正四年六月十一日水谷川本三代実録〈自光孝至宇多〉冊五之五十ヲ以テ校合了／田中敏治」と記されている。久邇宮家旧蔵本では大系本の「前篇」にあたる冊には六国史の各書名が外題されており、光孝・宇多紀を収める第二十冊には「三代実録〈自光孝至宇多〉冊五之五十」と記されている。したがって史料編纂所本の識語にいう「水谷川本三代実録」とは久邇宮家旧蔵本と同じ体裁の『日本紀略』写本ということになる。そして同識語には水谷川本を以て校合したとあるので、本文は別本を書写したものとなり、恐らく久邇宮家旧蔵本と思われる。なお、和田氏前掲書には、「水谷川男爵家に伝はりたる写本には、神代より、持統天皇に至るものと、宇多天皇一代の紀とあり。」云々とある（二五頁）。「水谷川本三代実録」と「水谷川男爵家」本『日本紀略』とは同じものを指しているとみて間違いないが、久邇宮家旧蔵本との関係などについては、今のところ不明とせざるを得ない。ちなみに岩橋小弥太氏によれば、久邇宮家旧蔵本は一時期史料編纂所に保管されていたことがあるとのことである（『増補　上代史籍の研究』上巻　吉川弘文館・一九七三年、三四二頁）。

（8）大系本の底本である久邇宮家旧蔵本も醍醐紀以降は『扶桑略記』と外題されている。また史料編纂所蔵勧修寺本『扶桑略記』（架号：二〇四〇、二／二。一冊）の中に「扶桑略記　第五」と外題されて、実は『日本紀略』村上紀が綴じられている。宮内庁書陵部蔵（架号：二〇七―四〇一。一三冊）本の第六冊以降も「扶桑略記」と外題されている。この他、筆者は実見していないが、平田俊春氏は彰考館蔵本に『扶桑略記』と題されて実は『日本紀略』写本という例をあげられている（前掲書二八頁）。

（9）西本昌弘「『日本後紀』の伝来と書写をめぐって」（『続日本紀研究』三一一・三一二合併号、一九九八年）、参照。

（10）坂本太郎ほか「座談会『新訂増補国史大系』校刊の沿革（上）」（『日本歴史』一九八号・一九六四年）九～一〇頁、参照。

（11）宮内庁書陵部編『図書寮典籍解題』歴史篇（養徳社・一九五〇年）三一頁。

（12）坂本太郎『六国史』（吉川弘文館・一九七〇年）三五五～三五六頁。

（13）筆者が実見した中では、嘉永七年（一八五四）三月の奥付を持つ本がもっとも古い。それは醍醐紀から村上紀まで四冊本で、その奥付には「自冷泉紀至後一条紀十冊嗣刻」とある（静嘉堂文庫蔵本。架号：七一函四一架一〇一四七番）。あるいは校訂終了後、まず嘉永七年に村上紀まで四冊が版行され、以後続刊されたもののごとく思われる。その後の万延元年（一八六〇）本は全十四冊である。なお現在、無窮会神習文庫に山崎知雄の本書自筆校本が所蔵されている（架号：二二三〇番）。天保十五年正月に自ら書写した本に、弘化から嘉永にかけて諸本をもって校正し、注記が加えられている。

（14）阿部猛『尾張国解文の研究』（新生社・一九七一年）二四三頁、参照。

(15) 例えば、岩橋小弥太(前掲書)三四〇頁。
(16) 例えば、宮内庁書陵部編(前掲書)二九頁。
(17) 平野博之「日本紀略の日本後紀薨卒記事の抄録について(上)」(『下関市立大学論集』二四巻三号・一九八一年)六二頁。
(18) 坂本太郎『史書を読む』(中央公論社・一九八一年)四五頁。
(19) 似たような例に、元慶六年十一月十六日条があり、『日本三代実録』にない「是日」という語が『日本紀略』には加えられている。
(20) なお、坂本太郎氏は、「政府の記録を閲覧する便のある人」(『日本の修史と史学』五六頁〔至文堂・増補版一九六六年。初版一六五八年〕)と言われ、柳宏吉氏は、「ある官司あるいはある官職が政務の参考にするために、自分たちの仕事に関係のある記事だけを抄録しようとしたものではなかろうかという気がする。(中略)例えば蔵人所あたりで作ったのかもしれない」(「日本紀略の続日本紀抄録について」(『続日本古代史論集』中巻〔吉川弘文館・一九七二年〕七三七頁)と推測されている。
(21) 坂本太郎『六国史』(前掲)三五六頁。
(22) 木本好信「『本朝帝紀』と藤原敦光」(『平安朝日記と逸文の研究』桜楓社・一九八七年)参照。
(23) 柳宏吉「日本紀略の宝算の記し方」(『歴史教育』九巻五号・一九六一年)をはじめ以下の一連の論文で主張されている。「日本書紀にみえない日本紀略の記述について」(『続日本紀研究』八巻一〜四号・一九六一年)、「日本紀略の拠った書紀」(『熊本史学』二一・二二号、一九六一年)、「現行と異なる日本書紀一本の存在について」(『日本歴史』一五九号・一九六一年)等参照。このような柳氏の説に対して、伊野部重一郎氏が「日本紀略の宝算について——柳宏吉氏の所論を読む——」(『続日本紀研究』一〇巻二・三合併号、一九六三年)において疑問を呈し、『日本紀略』編者の付記したものであろうことを論じたが、柳氏はさらに「日本紀略の原拠について——伊野部重一郎氏の批判に接して——」(『続日本紀研究』一三七〜一四一号・一九六七〜六八年)で自説を重ねて主張されている。
(24) 木本好信氏は、平田俊春氏の研究(前掲書所収論文)を受けて、既刊・未刊の史料を博捜し、「外記日記」逸文を蒐集された。その成果は『平安朝日記と記録の研究』(みつわ・一九八〇年)第一章第一節「外記日記の研究」及び『平安朝日記と逸文の研究』（桜楓社・一九八七年）第一章「『外記日記』について」参照。

(25)　木本氏も、「比較に用いている条文（逸文―石井注）はある部分の抄出、また取意文等になっていることから、一概に対照してその関係をどうのこうのと論じるのは危険でもある」と述べられている（『平安朝日記と逸文の研究』〔前掲〕三四頁）参照。

(26)　『花鳥余情』十九・若菜上所引。平田俊春（前掲書）五二頁、参照。

(27)　『師光年中行事』八月二十六日国忌事（『続群書類従』公事部所収。続群書類従完成会版第一〇輯上）所引。平田俊春（前掲書）五二頁、参照。

(28)　『年中行事抄』四月上酉日当宗祭事の条（『続群書類従』公事部所収。続群書類従完成会版第一〇輯上）所引。木本好信『平安朝日記と記録の研究』（前掲）六頁、参照。

(29)　木本氏はこの両者を比較して、「山陵使発遣と不勘佃田奏の記事は『外記日記』に見えず、他の記録によったことが推測される」（五四頁）と述べておられる。しかしながら『年中行事抄』は杜本・当宗等祭に関連する部分だけを引用したのであって、もともとの「外記日記」にその他の記事がなかったと断定することはできないであろう。

(30)　『西宮記』巻五所引。木本好信『平安朝日記と記録の研究』（前掲）六頁、参照。

(31)　『菅家御伝記』（『群書類従』神祇部所収。続群書類従完成会版第二輯）所引。

(32)　木本好信『平安朝日記と逸文の研究』（前掲）三四頁。

(33)　坂本太郎『六国史』（前掲）三五三頁。但し整合性を求めた結果、その間の記事の脱落につながってしまったことも、あわせて指摘されている。

(34)　和田英松（前掲書）二六頁。

(35)　坂本太郎「延喜格撰進施行の年時について」（『日本古代史の基礎的研究』下・制度篇〔東京大学出版会・一九六四年〕初出一九三六年）。

(36)　柳宏吉氏の前掲論文及び「日本紀略における律令関係記事」（『日本歴史』二六六号・一九七〇年）、「日本紀略の続日本紀後半部分抄録について」（『日本歴史』二九三号・一九七二年）、「『日本紀略』の対外関係記事抄録について」（『史学論集　対外関係と政治文化』吉川弘文館・一九七四年）等で指摘されている。しかし氏のあげられた例をみても相当に文章が異なる場合もある。

(37) 浅井勝利「『日本紀略』延暦十三年記事について」(『続日本紀研究』二八三号・一九九二年)は、『日本後紀』現行本に欠けている延暦十三年度分の月の記述について検討し、書写段階ではなく、原撰本段階から脱落があることを指摘されている。

(38) 柳宏吉「日本紀略の続日本紀抄録について」(前掲)六九四頁。

(39) 注(34)に同じ。

(40) 似たような例として長元三年四月二十三日条があげられる。すなわち、「仗議。諸国吏居処不レ可レ過二四分一宅一。近来多造二営一町家一。不レ済二公事一。又六位以下築レ垣、幷檜皮葺宅可二停止一者。」とある。『小右記』によれば、「応レ禁二制非参議四位以下造二作壱町舎宅一事」と題する太政官符が左右京職らにあてて出されるのは、これよりさらに一ヵ月を経た五月二十八日のことである。つまりこの記事は、「仗議」とあるように、この日に審議された内容であって、決定ないし公布を意味するのではないが、誤解してしまう恐れはある。藤本孝一「平安京の制宅法——班給及び東山の景観保持——」(『京都文化博物館研究紀要 朱雀』三集・一九九〇年)参照。

(41) 『小右記』寛仁三年三月二十五日条、参照。

(42) 『菅家文草』巻九・奏状所収。

(43) 詳しくは、本著作集第二巻6「いわゆる遣唐使の停止について——『日本紀略』停止記事の検討——」(『紀要(中央大学文学部)』史学科三六号・一九九〇年)を参照していただきたい。

参考文献(注所掲論考を除く)
柳 宏吉「日本紀略における闕名の註の省略と存続」(『日本上古史研究』四巻一号、一九六〇年)
桃 裕行「日本紀略雑記」(『新訂増補国史大系月報』二一、一九六五年)
山中 裕「日本紀略と年中行事」(『新訂増補国史大系月報』二七、一九六五年)
松崎英一「『三代格』『類聚国史』『日本紀略』記事の誤謬矛盾」(『古代文化』三〇巻五号、一九七八年)
神 英雄「蝦夷梟帥阿弖利為・母礼斬殺地に関する一考察」(日野昭博士還暦記念会編『歴史と伝承』所収、永田昌文堂、一九八八年)

9　『旧唐書』『新唐書』に描かれた「倭」「日本」

一　成立事情

『旧唐書《くとうじょ》』は、五代後晋《ごだいこうしん》の天福六年（九四一）に撰集が始まり、開運二年（九四五）劉昫《りゅうく》らによって上進された。全二百巻で、本紀二十巻、志三十巻、列伝百五十巻から成る。唐代に編集されていたいくつかの国史や歴代皇帝の実録などをもとに撰述された。実録などが作られなかった唐代末期については、参考史料の不足から史書としての不備が目立つが、原史料を生かしているところにもっとも特長が表れている。

『新唐書《しんとうじょ》』は、北宋の慶暦四年（一〇四四）に撰集が始まり、嘉祐五年（一〇六〇）に宋祁《そうき》・欧陽修《おうようしゅう》らによって上進された。全二百二十五巻で、本紀十巻、志五十巻、表十五巻、列伝百五十巻から成り、単に『唐書』とも称される。参考史料を博捜して『旧唐書』の不備を改め、史書としての体裁を整えたが、文章を古文を用いて流麗にし、簡潔にするのあまり、事実を誤って記述する結果をもたらす場合もみられる。『旧唐書』『新唐書』（以下、両書をまとめて指す場合には、両唐書と称する）それぞれ一長一短があるが、いずれも唐代史に関する基本史料であることはいうまでもない。

二　原文解説

両唐書における倭・日本関係記事は、『旧唐書』では東夷伝倭国条・日本国条、『新唐書』では東夷伝日本国条に、それぞれ沿革をはじめ、日本からの遣唐使を中心とする記述がある。特に『新唐書』日本国条では、天御中《あめのみなか》主尊《ぬしのみこと》以下の神名、そして神武以降光孝（在位八八四〜八八七）まで歴代天皇の名や元号のことなどが記されている。これは太平興国八年（九八三）に入宋した日本僧奝然《ちょうねん》がもたらした『王年代紀』が参考にされていることによるものである。このほか、本紀や百済征討に活躍した劉仁軌《りゅうじんき》らの列伝、東夷伝百済国条などに、百済征討の役に関連した倭の動向についての記述がみえる。いずれも日本史料にはみられない重要な記事であるが、ここでは倭から日本への国号改称の問題について触れている記事を取り上げ、考えてみたい。中国の正史東夷伝においては、もっぱら倭・倭人・倭国条として記述されてきたが、『旧唐書』で倭国条・日本国条が併載され、『新唐書』以降日本国条が定着する。なお『旧唐書』東夷伝の倭国条と日本国条とを、倭国伝もしくは日本伝として一括して扱う例もあるが、もともと別の条文であるとしなければならない。以下の検討に明らかなように、倭と日本との関係について、唐人（中国側）にはなかなか理解しにくかったようで、それが「日本国は倭国の別種」として、倭国条・日本国条が別々に立てられる理由になっていると思われる。

1　原文

（一）『旧唐書』巻百九十九上・東夷伝・倭国条

倭国者、古倭奴国也。（中略）至（貞観）二十二年、又附新羅奉表、以通起居。

（二）『旧唐書』巻百九十九上・東夷伝・日本国条

日本国者、倭国之別種也。以其国在日辺、故以日本為名。或曰、倭国自悪其名不雅、改為日本。或云、日本旧小国、併倭国之地。其人入朝者、多自矜大、不以実対。故中国疑焉。又云、其国界東西南北各数千里。西界・南界咸至大海。東界・北界有大山為限。山外即毛人之国。

（三）『新唐書』巻二百二十・東夷伝・日本国条

日本、古倭奴也。（中略）咸亨元年、遣使賀平高麗。後稍習夏音、悪倭名、更号日本。使者自言、国近日所出、以為名。或云、日本乃小国、為倭所幷。故冒其号。使者不以情。故疑焉。又妄夸。其国都方数千里。南・西尽海、東・北限大山。其外即毛人云。

2　読み下し

（一）倭国は、古《いにしえ》の倭の奴国《なこく》なり。（中略）（貞観）二十二年に至り、又新羅に附して表を奉《たてま》つり、もって起居《ききょ》を通ず。

（二）日本国は、倭国の別種なり。其《そ》の国日辺《にっぺん》に在るをもって、故《ゆえ》に日本をもって名と為《な》すと。或《ある》いは曰く、倭国自ら其の名の雅《が》ならざるを悪《にく》み、改めて日本と為すと。或いは云《いわ》く、日本は旧《もと》小国、倭国の地を併《あわ》すと。其の人の入朝する者、多自《おお》く矜大《きょうだい》にして、実をもって対《こた》へず。故に中国焉《これ》を疑う。又云く、其の国界、東西・南北各《おの》おの数千里。西界・南界、咸《み》な大海に至る。東界・北界、大山ありて限りと為す。山外は即《すな》はち毛人の国なりと。

(三)日本は、古への倭の奴なり。(中略)咸亨元(六七〇)年、使を遣わして高麗を平《たい》らぐるを賀す。後稍や夏音《かおん》を習い、倭の名を悪《にく》み、更《あらた》めて日本と号す。使者自ら言《いわ》く、国日出づる所に近ければ、もって名と為すと。或いは云く、日本は乃《すな》はち小国、倭の弁す所と為る。故に其の号を冒《おか》すと。使者情をもってせず。故に焉《これ》を疑う。又妄《みだ》りに夸《ほこ》ることあり。其の国、都《およ》そ方数千里。南・西は海に尽き、東・北は大山を限る。其の外は即はち毛人と云ふ。

3　参考史料原文と読み下し

両唐書の他、倭から日本への改称の事情について伝える唐代成立の主な史料には次のようなものがある。

(四)『通典《つてん》』巻百八十五・辺防一・倭

倭、一名日本。自云、国在日辺。故以為称。

倭は一に日本と名づく。自ら云く、国日辺に在り。故にもって称と為すと。

(五)『唐会要《とうかいよう》』巻九十九・倭国

則天時、自言、其国近日所出。故号日本国。蓋悪其名不雅而改之。

則天の時、自ら言く、其の国日出づる所に近し。故に日本国と号すと。蓋《けだ》し其の名の雅ならざるを悪みて之を改めるならん。

4　解　説

一　日本国号の成立時期

(五)『唐会要』に、則天武后《そくてんぶこう》(六九〇〜七〇五)の時に倭から日本へ改められたと伝えられている。『旧唐書』では、(一)倭国条が貞観二十二年(日本大化四・六四八)の記事で終わっており、(二)日本国条は長安三年(正しくは長安二年(七〇二))入唐の遣唐使粟田真人《あわたのまひと》の記事から始まっている。(三)『新唐書』では、咸亨元年(六七〇)の記事の後に国号改称の記事があり、さらに粟田真人来朝の記事が続いている。粟田真人一行は大宝二年(七〇二)に入唐しており、まさに則天武后の時期である。日本側史料では、天武・持統朝に「日本」の国号が成立し、大宝令(七〇一年完成)で正式に採用されたものとみなされている。たとえば天皇の命令を口頭で伝える場合に用いられた詔書について定めた大宝公式令詔書式条には、五種の表記がみえるが、その最初に、「御宇日本天皇詔旨《あめのしたしらすやまとのすめらみことのおほみことらまと》云云」(養老令では「明神《あきつみかみと》御宇日本天皇詔旨」)に始まる形式が定められている。粟田真人は唐に到着後、現地の人と問答をかわした時に、自ら「日本国使」と答えており、唐人は「海東に大倭国」があると聞いていると述べている(『続日本紀』慶雲元年七月甲申朔条)。このようにみてくると、日本の国号は、六七〇年以来約三〇年ぶりに派遣された粟田真人らによって唐に正式に伝えられたとみて間違いない。

二　改称の事情

両唐書及び唐代の史料には、倭が国号を日本に改称した事情について、三つの理由が伝えられている。

①日の出る所に位置しているところから。

②倭という文字が雅《みや》びやかでないことを嫌って改めた。夏音の夏とは中華のことで、すなわち中国語のことである。

③小国であった日本が倭国を併合して日本を国号とした（ちなみに『新唐書』の「日本乃小国、為倭所幷。故冒其号。」という記述は、倭によって併合された日本の名称が国号に採用されたことになり、不可解な文章である）。

さて、史料を注意して読むと、倭ないし日本の使者の発言は、『旧唐書』では「其の国日辺に在るをもって故に日本をもって名と為す」、『新唐書』では「使者自ら言く、国日出づる所に近ければ、もって名と為す」と述べている個所とみなされる。つまり日本の使者が自ら述べた改称の理由は①で、②③は唐人の推測である。（五）『唐会要』には「蓋し」云々と記されている。②については、『宋書《そうじょ》』倭国伝の倭王武《わおうぶ》の上表文《じょうひょうぶん》等に知られるように、早くから倭人・日本人は漢語には十分通じていたはずであり、今さら夏音を習って「倭」に悪い意味があることを知ったというのは、いささか理解し難いことである。確かに「倭」には「醜い」といった意味がある（『大漢和辞典』巻一・八四八頁参照）。しかし、たとえば『古事記』が神武天皇を「神倭伊波礼毗古（カミヤマトイワレヒコ）」と表記するのをはじめ、天皇の和風諡号などにも「倭（ヤマト）」字が用いられており、天平年間には大和国を大倭国とする表記も行われている。日本では「倭」字を悪字などとする考えはない。すなわち②の理解は日本を東方の夷《えびす》とする中国側の差別意識に発するものであろう。

③についても倭から日本への改称を説明するために唐人が考えたものとみられ、歴代正史にみられる、漢代の百余国の倭人の国々が、倭王武の上表文に「東のかた毛人を征すること五十五国、」云々などとあるように、しだいに統合されていくという歴史からの憶測であろう。あるいは『日本書紀』などにみえる、いわゆる神武東遷説話などを遣唐使が語り、それが参考になっている可能性も考えられるであろう。いずれにしても日本の使者が自ら語った改称の事情は①であり、かつて遣隋使が煬帝《ようだい》に献じたという有名な、「日出づる処の天子、書を日没

する処の天子に致す」という表現に通じるものがあり、「日本」認識の源をみることができる。

このように、日本の国号は日本人が自ら定め、大宝度遣唐使によって唐に伝えられたとみて誤りない。現在の古代史学界では、天皇の称号について、使われ始めた時期については異論はあるものの、君主号として正式に採用されたのは天武天皇の時とするのが有力な説になっている。日本の国号も天皇号と同じく天武・持統朝に正式に使用されるようになったと考えてよいであろう。大宝度遣唐使粟田真人一行は約三〇年ぶりの唐への使者で、「日本」号採用後最初の遣唐使であった。

さて、「日本」の国号は、日本人自らが採用し、国際的に認知されるにいたったものとみて誤りないが、後世の日本人有識者の間では、日本の国号は唐が定めたものとする認識が一般的になってくる。平安時代に行われた『日本書紀』の講義記録の一つに『日本書紀私記』丁本（新訂増補国史大系所収）がある。矢田部公望《やたべのきんもち》を講師として承平六年（九三六）に始まり天慶六年（九四三）に終了した時の講義ノートで、その中に次のような問答がある。聴講者の一人が、「倭国は唐の東に在る。唐から見て日の出の方角ではあるが、日（太陽）は日本の領域内から出るわけではない。それでもなお『日出づる国』というのはなぜか」との問いに対し、矢田部公望は、「文武天皇大宝二年者、当二大唐則天后久視三年一也。彼年遣二使粟田真人等一入二朝大唐一。即唐暦云、是年日本国遣使貢献。日本者、倭国之別名者。然則唐朝以レ在二日出之方一、号云二日本国一。東夷之極、因得二此号一歟。」と答えている。

また、延喜度の講書（九〇四〜九〇六年）の時にも、「又問云、改二〔倭国〕一為二日本一之事、自二唐国一耶、将《はた》自二本朝一耶。説云、自レ唐所レ号也。」とみえている。いずれも唐が日本と命名したとの理解を示している。天武・持統朝から二七〇年以上、「日本」国号は自らの祖先が定めたという事情は忘れ去られていたのである。鎌倉時代の『日本書紀』の注釈書『釈日本紀』にも同様の記述がある。余談ではあるが、矢田部公望が日本を

「東夷の極」として憚らないところも、かつて中華をもって自認していた日本の中華思想の変容を考える上で興味深い史料である。

三　「其人入朝者、多自矜大、不以実対。」の解釈

さて、国号の改称に関連して触れなければならないのは、改称記事に続けて、（二）に「其人入朝者、多自矜大、不以実対。故中国疑焉。」、（三）に「使者不以情。故疑焉。又妄夸。」と記されていることである。「矜大」とは「ほこりたかぶる。尊大。」（『大漢和辞典』巻八・二七二頁参照）といった意味で、日本の使者が「矜大」であって、実情を答えないので、唐人は日本人の説明を疑問に思っている、といったことになる。（二）では、この後に「又云」として領域説明が続く文脈からすれば、倭から日本への改称事情についての疑問の理由を述べているとみられるが、「矜大」とは「大を矜る」つまり日本の領域を実際よりも誇張して述べたものとする理解がある。現在『旧唐書』『新唐書』の原文テキストとして一般に用いられている中国の中華書局刊行本（標点本）では、『新唐書』の問題となる部分は、「又妄夸其国都方数千里、」とされている。読み下せば、「また妄りに其の国の都方数千里と夸る」となり、其の国土、もしくは都の大きさを数千里と誇張して述べていることになるのである。

しかしながら、領域を誇張したとする解釈は疑問である。この問題でほとんど注意されていないが、最初の遣唐使犬上御田鍬《いぬがみのみたすき》を送って高表仁《こうひょうじん》が来日している。少なくとも九州から畿内まで実際に旅しており、帰国後その様子は当然報告されたことであろう。また「都」を「みやこ」ととると、続く文章は明らかに日本全土の四至を述べているとみなければならないので、不可解な記述となる。「都」は「およそ」の意味にとらなければならない。すなわちこの部分は、「又妄夸。其国都方数千里、」と句読点を付し、「また妄りに夸ることあり。其の国都《およ》そ方数千里」と読み下して、誇ることと領域説明記事とは分けて考えるべきである。『新唐書』における簡潔な

記述に問題がある例の一つであろう。

要するに、根本的に唐人には「日本の使者は尊大で事実を答えようとしない」という認識があったのではなかろうか。その認識の背景には、隋代の、煬帝を怒らせたという「日出処天子」国書問題をはじめ、開皇二〇年（六〇〇）に来朝した倭王阿毎多利思比孤《あめたりしひこ》の使者が「倭王は天を以て兄と為し、日を以て弟と為す。」云々と述べて、文帝から「これはなはだ義理なし」と評されたようなできごと、さらにまた唐代になってからは、来日した唐使高表仁が、「日本の王子と礼を争って」使命を果たせないまま帰国したというできごと、そして天宝十二載（七五三）の唐朝における朝賀で、席次が新羅使よりも下位に置かれていたことを強硬に抗議した遣唐使の行動など、唐人からみれば無礼・尊大とみなす事例が重なって日本に対する不信感というものが存在し、これが国号改称事情におけるさまざまな憶測に反映しているのではないかと思われる。『旧唐書』『新唐書』では、日本は君子国と評され、粟田真人は立ち居振る舞いが立派で教養があると、特筆されてはいる。それでも基本的には「矜大」とする認識があったのではなかろうか。

四　「日本」という名称

日本の国号に関連して注意しなければならないのは、中国史料における国号ではない「日本」の用例のことで、新羅の別名として用いられている場合のあることである。たとえば日本改称の理由として日本の使者が自ら述べたという、「其の国、日辺に在るをもって、故に日本をもって名と為すと」というが、張喬《ちょうきょう》の「送人及第帰海東（人の及第して海東に帰るを送る）」詩には、「東風日辺起　草木一時春（東風日辺より起り　草木一時にして春）」とみえる。これは唐の国家試験である科挙《かきょ》に合格した新羅人が故郷に帰る時に贈った作品である。ここに新羅を「日辺」と意識していたことが知られる。こうしたところから新羅を指して「日本」とする例がある。たとえば銭起の作品に「送㆔陸挺侍御使㆓新羅㆒」「重送㆔陸侍御使㆓日本㆒」と題するものがあり、また無可「送㆔朴山人帰㆓日本㆒」、尚顔「送㆔朴山人帰㆓新羅㆒」も同様の例である。もちろんこれらは新羅が国号を改称したわけではなく、詩文の世界などでいう雅名として用いられている。この他、日東・日域などの名称も日本だけでなく、新羅を指して用いられている場合があり、このようなところも、唐人が倭と日本との関係についてなかなか理解し難い理由の一つであったかもしれない。

以上、『旧唐書』『新唐書』の中から、倭から日本への改称に関する記事を取り上げ、説明を加えてきた。この問題については、増村宏『遣唐使の研究』（同朋舎・一九八八年）第五編に詳しい検討がなされており、また新羅を「日本」と称することについては、小川昭一「唐代の日本という称呼について」（『中哲文学会報』第一号・一九七四年）に考察がある。本稿では多くの研究を参考にしているが、特に両氏の論著に拠るところが大きい。関心のある方はぜひ参照していただきたい。

10 印象に残る印章の話
――岩村藩版『慶安御触書』の印――

今から四〇余年前、大学院に進学し、本格的に歴史研究の著書や論文を読み始めてまもない頃、ただ研究の参考になるだけでなく、感銘を受けたり、初学者にとっての心構えを教えてくれる論著にも数多く出会った。その一つに本誌（『日本歴史』）二七〇号（一九七〇年一一月）の口絵解説がある。口絵の表に「相模藤澤『森文書』天正六年二月十九日（北条氏繁カ）印判状」の写真が掲載され、裏に朱印の拡大写真と太田晶二郎氏の解説が記されている（のち『太田晶二郎著作集』第四冊、吉川弘文館、一九九二年に収める）。太田氏は、朱印の印文を「顚趾／利出否」と判読し、『周易』下経の〈鼎《かなへ》、趾《あし》ヲ顚《さかしま》ニス、否《ひ》ヲ出《いだ》スニ利《よろ》シ。〉に出典があること、その意味を説明した上で、「戦国の世、非常・逆道を以て革新するの挙　まゝあり、これをば儒経によりて正当化せんとせしに非ざるか。関左の地、特に足利学校を中心として易学　流行せり。」と述べられている。

きわめて短い文章であるが、印文一つから歴史を論ずる迫力に強い印象を覚え、史料の一字一句を大切にし、ゆるがせにしないということはもちろんであるが、本文以外にも注意すべきことを学んだ。以来、文書や典籍に押捺されている印章とその印文にも関心をはらい、荻野三七彦氏『印章』（吉川弘文館、一九六六年）などを座右に備え、各種の「印譜集成」に目を通すようになった。特に史料文言の出典に注意し、漢字については、常識として知っているような文字でも、まずは『大漢和辞典』を手がかりに、『佩文韻府』や『経籍籑詁』（本書の清光緒刊本を故中央大学名誉教授飯田瑞穂先生から結婚祝いにいただいた）などを引いて出典を確かめるというようなことを心がけた。

こうした印章に関わる話題について一つ述べてみたい。江戸時代の有名な『慶安御触書』版本に押捺された印文である。以前、肥前国平戸藩主松浦静山（清）の『甲子夜話続篇』を平凡社東洋文庫本で読んでいた時、『慶安御触書』に関する記事があり、そこに写し取られていた「成教於国」という印に興味がひかれた（4―一二五頁）。『甲子夜話続篇』の記事は、美濃国岩村藩主の子で、幕府の儒官林家に養子として入った林述斎（衡）が静山のもとを訪れ、岩村藩で、『慶安御触書』を印行して農民の教化に資していることを語ったという内容で、『慶安御触書』研究史上では著名な史料である。『慶安御触書』については、慶安二年（一六四九）に江戸幕府が農民統制のために発令したとされているが、本当に幕府から出されたのかといった根本的な疑問をはじめ、さまざまな問題が指摘されていることは周知のとおりである。それについては、神崎直美（『近世日本の法と刑罰』巌南堂、一九九八年）・山本英二（a『慶安御触書成立試論』日本エディタースクール出版部、一九九九年、b『慶安の触書は出されたか』山川出版社、二〇〇二年）両氏の著作を参照いただくこととして、私が注目するのは、岩村藩領内に配付された版本『慶安御触書』の表裏表紙に押捺されている「成教於国」の朱印である。『甲子夜話続篇』に「模出」されている印とはまさにこれにあたる。

山本氏は、岩村藩版『慶安御触書』の表裏表紙綴じ目の部分に、縦二三ミリ×横九ミリの印文「成教於国」の単郭長方形朱印が表には二顆、裏には一顆押捺されていること、岩村藩版『六諭衍義大意』にも同じ朱印が同様に押捺されていることを紹介し、「この印文は、「国に於いて教えを成す」と読むのだろう。この印文からも民衆教化の手段としての「慶安御触書」に託した岩村藩および林述斎の思いをうかがい知ることができる」と述べられている（a一五三頁）。このように山本氏は印の存在に注意されているのであるが、これ以上の言及はなされていない。

この印文「成教於国」の出典は儒学の根本経典の一つ『大学』にあり（『佩文韻府』巻七八、教にみえる）、『六諭衍義大意』の本文「和睦郷里」の条にも、「但大学《ただしだいがく》にも家を出《いで》ずして教《おしへ》を国になすとあれば先《まづ》我一家のむつまじきを本とすべし」（日本思想大系本三七〇頁）と記されている。『大学』については古くから研究が行われているが、とりわけ朱子が経（本文）と伝（注釈）に分けた『大学章句』がテキストとして重視されている。したがって幕府の官学に位置づけられた朱子学の研究と教育をになった林家におけるもっとも重視すべき経典のひとつであり、この印文採用が述斎の発案によるものであることは間違いない。「成教於国」の一句は、『大学』の中でも為政者には特に重視される、治国の要諦を説いた〔伝九章〕の中にみえ、儒学・朱子学研究者には著名な一句で説明の必要もないであろうが、これまで『慶安御触書』『六諭衍義大意』との関連では注意されていないようであるので、次に紹介することにしたい。

『大学』に関する日本人の注釈書も数多いが、今、平易に説かれた宇野哲人全訳注『大学』（一九一六年初版刊行、講談社学術文庫版、一九八三年）により、〔伝九章〕の関連する本文を示すと次のごとくである。

所謂治国必先斉其家者、其家不可教、而能教人者無之。故君子不出家、而成教於国。孝者、所以事君也。弟者、所以事長也。慈者、所以使衆也。（所謂国を治むるには必ず先ずその家を斉うとは、その家教うべからずして、能く人を教うる者はこれ無し。故に君子は家を出でずして、教えを国に成す。孝は君に事うる所以なり。弟は長に事うる所以なり。慈は衆を使う所以なり。）

「成教於国」という印文が「君子は家を出でずして、教えを国に成す」とある一節から取られていることが知られる。そして〔通解〕では、

いわゆる国を治むるには必ずまずその家を斉うとは、けだし家は一国の本である。故に必ずまず己の身を修めてもって家を教え、しかして後国を治むることができる。我が家さえ教うることができぬのに、その国民を教うることができるわけがない。故に君子が国を治めんとするには、ただ己の身をもって家を教うれば自然に一国の模範となりて、国民皆その徳に感化するのである。けだし家と国とその理は同一である。親に孝なる心をもって君に事うればすなわち忠、兄に弟なる心をもって長者に事うればすなわち順、子弟を慈しむ心をもって衆人を使えばすなわち恵である。孝・弟・慈の三つは君子が身を修めて家を教うるゆえんであるが、国民が君に事え長に事え衆を使う道もまたこれに外ならぬので、家を出でずして教えを国に成すことができるのである。

との解釈が示されている。

長々と引用したが、印文に込められた述斎の意図をうかがうためには必要と思っての故である。述斎は、家を岩村藩、国を日本全国とみなし、家（岩村藩領内）を教化することが、すなわち国（日本全国）を治めることにつながるという意味を込めているとみてよいであろう。『六諭衍義大意』にいう「先《まづ》我一家のむつまじきを本とすべし」に通ずるものである。さらに述斎について、「多くの藩主がその門人となり、藩政について述斎に意見を求めた」（神崎氏二五頁）という指摘を参考にすると、岩村藩が模範となってやがて諸藩に広まることを期待してのことであろう。ここで「君子」とは文脈から言えば岩村藩主を指していることになるのであろうが、「君子」は

君主に限らず有徳者とみなし、「君子不出家」を「有徳者は国政の要路に立たずとも」とする解釈もあり（赤塚忠氏『大学・中庸』新釈漢文大系第二巻、明治書院、一九六七年）、述斎が静山に、「某（述斎）、実家の故を以て窃にその政事を助く」とも語っていることを参照すると、述斎自らを擬しているようにも思える。神崎氏は、『慶安御触書』と『六諭衍義大意』とがセットで印行された事実を重視し、「この岩村藩版『慶安御触書』と『六諭衍義大意』は広く流布し、いずれもその後の諸藩本の底本となっている。すなわちこの岩村藩の政策が、その後の諸藩の藩政改革における農政の手本として踏襲された」（六二頁）と指摘されている。まさに印文「成教於国」に込めた述斎の願いが実現したといえるのではなかろうか。

林家や昌平坂学問所の史料を引き継いだ旧内閣文庫の漢籍目録やDBを検索すると、現在の国立公文書館に『大学』は数多く所蔵されている。それらを精査すれば「成教於国」に関する述斎の解釈がみられるのかも知れないが、それは後日を期することとして、上に触れたように、さまざまな議論がある『慶安御触書』について、その重要な鍵を握る岩村藩版印行の事情を考える上で少しでも参考になるところがあれば幸いである。なお述斎の業績については山本氏著書を参照していただきたい。

以上に述べたことについては、主に若い院生を対象とした授業や講演会で、自分が同じような年頃であった時の経験談として折に触れて話し、できるだけ視野を広く持つことの大切さを説いている。このたび本誌編集委員会から寄稿を求められたのを機会に文章化するにいたった次第である。太田氏の文章に接してまもなく院生仲間と足利学校を訪れたことがある。その時のことも印象に強く、再訪の機会を待っていたが、なかなか実現せず、ようやく昨年の四月、四〇年振りに訪れることができた。以前に訪ねた時と比べ、学校は江戸時代中期の姿に復元、整備されていた。史跡内には学生が勉学に勤しんでいたという小さな建物（衆寮）があり、室内には三人並べるほどの長机がいくつか並んでいた。ここで『大学』も学ばれていたことであろう。折から春の雨に見舞われたが、庭園の緑が一層美しく、新緑が学校を囲む堀の水面に映えていた。その後近くの鑁阿寺に参詣して境内を散策し、院生仲間とともに訪れた頃を思い出しながら帰途に着いた。

なお神崎直美氏には蒐集された史料のコピーを提供され、写本の所在等についてご教示いただいた。あつく御礼申し上げる。

11 『肥後守祐昌様琉球御渡海日記』

一

ここに紹介する『肥後守祐昌様琉球御渡海日記』(1)（冊子本・袋綴一冊。以下「渡海日記」ト略称スル）は、薩摩藩士伊東二右衛門祐昌が、平田狩野介宗弘・猪俣為右衛門尉則康らと共に、寛永十五年（崇禎十一・一六三八）に琉球に奉使した時の記録で、祐昌の子孫木脇祐二氏（鹿児島市郡元町一〇八五）の所蔵にかかるものである。

所蔵者木脇祐二氏の家系は、同氏所蔵の『藤原朝臣木脅氏系図』(2)等によると、工藤祐経の系譜を引く伊東氏（嫡流は後に日向飫肥藩主となる）と同族で、祐経の孫祐頼を祖とする木脇氏の一族で、祐頼の子祐継の後裔である。同系図によると、祐継の子祐顕（永徳二年十二月七日卒）の時に日向に下向したという。その後、近世になって一時期伊東姓を称するようになるが、その事情は、同系図の祐辰の項に、「慶長元年、朝鮮御陣中へ伊東大和守祐久公（マヽ）(3)御見廻有之、其砌御饗応ニ罷出ル、其方ハ何ト申候哉ト御尋ニ付、木脇ト有ノマヽ申上候処、自分方へ敵対の伊東家多候得共、其方ハ格別ニ付、木脇ヲ改メ伊東ヲ可名乗ト、此御方へ被申上、御免ニテ伊東ニ相成タル由ナリ」とみえる。この祐辰の子が「渡海日記」の記主祐昌で、同系図祐昌の項に、「木脇源次、後伊東二右衛門、肥後守」とあり、天正十三年（一五八五）五月五日の誕生以降、寛文元年（一六六一）七月九日に七七歳で没するまでの事跡が詳しく記されており、島津家久・光久・綱久ら、歴代当主の側近に仕えたことが知られる。ついで、祐昌の子祐之の項に、「木脇ト改ム」とあり、祐之の孫祐将の項に、「依願木脇ト改ム」とみえるので、まもなく木脇姓に復して今日に至るものとみられる。

木脇祐二氏は、「渡海日記」「系図」の他、元弘三年四月八日付後醍醐天皇綸旨、伊達政宗書状、及び祐昌の自筆書状案等を含む多数の近世文書を所蔵されている。(4)

二

さて、「渡海日記」には、寛永十五年十月五日に鹿児島を出港するところから、翌年四月十九日に坊の津に帰着するまで、一日も欠くことなく、毎日の出来事が記されている。以下「渡海日記」の記事に関連する二・三の問題について述べてみたい。

まず、今回の琉球奉使について、伊地知季安の『南聘紀考』巻下・寛永十五年の条に、

> 是歳、公（島津光久）聞清人将寇㆓琉球㆒、乃遣伊東肥後守祐昌・平田狩野介宗弘・猪俣為右ヱ門則康、使于琉球、十月五日開洋赴之、(5)

とあり、清が琉球に侵寇するという風聞があるために派遣されたとみえる。周知のごとく、この頃、中国大陸で

は、明と新興の清との間で激しい攻防が繰り広げられている。そして琉球周辺の宮古島・八重山諸島等への中国船の流着が散見し、寛永十六年五月には、清の大軍が北京に進攻し、明がこれを撃退したという、琉球の進貢使の得た情報が琉球より薩摩側に伝えられている。(6) 従って、寛永十五年当時、島津氏が中国大陸の情勢に大きな関心を抱いていたことは疑いないが、この頃に清が琉球に侵攻するという風聞があったことを伝える史料は、管見では他に見出すことができない。

三

さて、『南聘紀考』の説はしばらく擱き、今回の奉使の主たる目的には二つあったと思われる。その第一は、光久の襲封を告げること、第二に、琉球の対明貿易の進め方をめぐる懸案の交渉、である。

まず、一についてみてみると、寛永十五年二月、島津家久が没するとその子光久が跡を継ぎ、五月、江戸に赴いた光久は、幕府より襲封を許された。ついで光久は、八月二十五日付で中山王(琉球王尚豊)宛に襲封を告げる書状二通を認めた。(7) 一通には、先祖が足利義教より琉球を拝領した旨を冒頭に述べ、島津氏の琉球支配の来歴を説き、一通には、太刀等を贈る旨を記している。伊東祐昌らは、この書状を琉球王に伝えることを第一の目的にしたものとみられる。すなわち、翌寛永十六年二月十一日付光久宛尚豊書状二通の第一通には、(8)

去歳八月廿五日之台書、同十一月三日到来、欽拝誦仕候、抑琉球之儀、従往古属御当家之御幕下候、

云々とあり、八月二十五日付の光久書状を十一月三日に受け取ったと明記している。

そこで、「渡海日記」をみると、尚豊が光久書状を受け取ったという十一月二日（琉球暦では三日）の条に、祐昌が平田狩野介と共に、首里の王城に赴いて琉球王尚豊及び要人と会見し、

其座にて国司（琉球王）・金武王子(9)・勝連親方へ国元よりの御条書申達候、

と記されている。ここで琉球王らに伝えられた「御条書」には、当然光久書状を含むものと理解されるが、八月二十五日付光久書状を「御条書」とする表現には、やや不適切の感を抱かせ、或は、後述する琉球の対明貿易に関する薩摩側の「覚」を指しているかとも思われる。しかし、尚豊返書にいう日付と一致することから、八月二十五日付光久書状は、この時、祐昌らによって琉球王に渡されたとみてよいであろう。(10)それは、翌三日の記事に、

従国司昨日之条書の趣為被聞召届由、久志上親方・大里両衆を以承候、其以後八日ニ薩州様御代次之御祝言ニ可罷出由、池親方為御使と被仰候、

とあり、十一月七日（琉球暦八日）条に、

薩州様御次目之御祝言被仰候、御太刀進物持せ候而、御城へ狩野介同前ニ罷出候、

とあることによって確かめることができよう。

そして、祐昌らが、尚豊の前述の寛永十六年二月十一日付の返書並に起請文(11)を受け取ったことが、日記の同日

の条に、

薩州様御次目之御祝言之御返事御状、従国主置〔直〕ニ狩野介殿両人ニ而請取候、（中略）茶過候而、薩州様へ上さセらるゝ之起請文ニ判被成、両人ニ御渡被成候、

とみえている。

このように、今回の伊東祐昌らの琉球奉使の目的が、光久の襲封を告げ、幷せてこれまでと変ることなき島津氏への忠誠を誓う琉球王尚豊の返書・起請文を持ち帰ることにあったことは明らかである。(12)

四

また、祐昌ら奉使の目的には、この他に、この頃、琉球の対明貿易をめぐって琉球・薩摩間において生じていた懸案事項について交渉することもあったと思われる。

薩摩藩は、琉球を仲介として明より生糸などを輸入しているが、寛永十一年（一六三四）頃より、琉球側が明において、生糸を不当な価格で購入したり、粗悪品を輸入するなど、薩摩藩の意向に沿わない不当な取引きを行なっていること、或は渡唐銀高の増額要求に応じないといったことで、大きな問題となっていた。寛永十六年二月九日付伊東二右衛門・平田狩野介宛金武王子・勝連親方連署の「覚」二通の中、第一通は、上記の諸問題について、予じめ薩摩側が用意した詰問事項に、琉球側が答えるという体裁になっており、第二通には、琉球が関係者を遠流・寺入・欠所等に処したことを記している。(13)

さて、「渡海日記」をみると、十一月二日の条に、祐昌らが、首里の王城で琉球王・金武王子・勝連親方らに「国元よりの御条書」を渡したことが記されている。前述のように、この「御条書」には、二月九日付「覚」にみえる薩摩側が琉球に回答を求めるための事項を列記したものが含まれていると推測される。更に日記をみていくと、翌年正月二十一日条に、

　日本ニ御返事之条書之就儀、金武王子御出被成候、

とみえ、同二十四日条に、

　去々年[14]からへ被遣候人数ニ、とか（科）之条々被仰付由候而書立、金武王子御持候而御出被成候、

とあるのは、祐昌らと金武王子らとの間で、当該問題について折衝或は打診があったことを示している。そして、二月八日条に、

　首里城へ罷出、御条書之御返事国主直ニ被仰候、狩野助殿同前ニ承候、

とみえる琉球王の「御返事」とは、二月八日付御老中宛琉球国司尚豊「覚」[15]で、島津氏に対して疎意なきことを弁じ、貿易関係者を処罰することなどを述べている。ついで、二月九日条に、

日本へ返事之書物御持セ、金武王子・勝連御出被成候、

とある「返事之書物」が、前述の二月九日付伊東二右衛門・平田狩野介宛金武王子・勝連親方連署の「覚」二通であろう。

このように、祐昌らは、「唐物貿易の不始末の一件は、島津・尚氏間に横たわる矛盾が顕在化したはじめてのケース」[16]といわれる事件の、一応の解決に重要な役割を果しているのである。

五

これまで「渡海日記」の記事から、祐昌らの琉球奉使の事情についてみてきた。この他、日記には、往復の航路・航海の様子を始め、本年の琉球の渡唐船について武具改めを行っていること[17]（十月二十九日・十一月三日〜五日・九日条）、琉球在留日本人のこと[18]（十二月十日条）、薩摩山川の人が大島まで「麦こき」に出掛けていること[19]（四月六日条）等々興味深い記事が散見しているが、ここではキリシタン関係記事について触れておきたい。

まず、キリシタン禁令が江戸から琉球に至る経緯の一端を日記が伝えていることである。

寛永十四年に勃発した島原の乱は、翌十五年二月に漸く鎮圧されたが、幕府はキリシタン禁圧を一層厳にするため、本年九月十三日付で、「一、はてれんの訴人　銀子二百枚」に始まるキリシタン訴人を褒賞する「覚」を出し、同二十日には、諸大名に対して右の「覚」を徹底するように通達している。[20]そして薩摩の国許には十月十三日に到着し、十五日には家老が連署して、「諸所へ制札可被相立候」ことを命じている。[21]更にこれが琉球にも伝えられ、十二月十九日付で、金武王子・勝連親方らの連署を以て告示されている。[22]

さて、「渡海日記」をみると、十二月十二日条に、

> 南蛮宗御法度之御条書○（江戸より国元へ参候、右之）写弐つ赤松宮内左衛門尉殿・篠崎新右衛門尉殿より被遣候、内膳正殿へ爰元ニ而見セ申候、

とみえ、翌十三日条にも、

> 其次てニ江戸よりキリシタン御法度之御書物弐つ国元へ参候写、宮内左衛門尉殿・新右衛門脇殿ゟ此元へ被遣候、金武按司へ見セ申候、

とある。そして十八日条に

> 南蛮宗之儀ニ付、従江戸国元へ被遣候制札之写、先日金武按司迄見セ申候、其制札此嶋へ明日可被立由被仰候而、金武按司・勝連親方被成御出候、

と、明日（十九日）制札を立てる由がみえる。この「従江戸国元へ被遣候制札之写」は、是より先、十二月十一日条に、

> 那波へ罷帰候琉球仮屋よりの仕立船、此元へ為参由候而、赤松宮内左衛門尉殿より参候状、内膳正殿より御

持セ候、

とみえる「琉球仮屋よりの仕立船」によって琉球に齎らされたものとみてよいであろう。

このように、九月十三日に幕府より発せられた禁令が、十月十三日に薩摩に到着し、更に十二月十一日に那覇を経て首里に届き、同十九日に告示されたということになる。キリシタン禁令が琉球にまで伝えられる経緯が知られて興味深いものがあろう。

また十二月三日条に、「とけつへ参候而、南蛮仁之おり候所見物仕候」とある。これは、『中山世譜附巻』巻一・尚豊王崇禎十一年条に（括弧内は原文注）、

本年、為護送南蛮人並器物事、遣顧氏東風平筑登之親雲上助光、同有馬左近・渡慶次掟並百姓五名、到薩州、転送長崎、翌年回国、

（渡慶次村、有南蛮人一人、密密上岸、且埋蔵器物于水浜、而其蛮船、竟不知去処、）

と、読谷村字渡慶次に南蛮人が来着したことを伝えおり、寛永十五年三月八日付金武王子等宛老中衆「覚」(23)にも、

一、とけす村之浜ニ南蛮人来着候而、うつ《(埋)》ミ置候道具長崎御奉行衆へ首尾仕候、自今已後如右之様子共候者、可為琉球之越度事、

とみえている。この南蛮人は、西暦一六三六年七月一〇日（寛永十三年六月八日）に琉球に来着し、まもなく捕え

られ、翌年長崎に送られて拷問にかけられたドミニコ会のアントニオ・ゴンザレスの一行（南蛮人四人・日本人二人）とみられている。(24) 祐昌らは、早速視察にでかけたものであろう。

六

以上、伊東祐昌の「渡海日記」にみえる記事の二・三について述べてきたが、日記の全篇を通じて、琉球官人と薩摩使節との間で、点茶・立花がしばしば催され、使者が琉球各地の寺院・神社に参詣するなど、表面的にはなごやかな交流の様子がうかがわれる。しかし現実には、島津氏の琉球侵攻（一六〇九年）後ほぼ三〇年に及び、その一端を上述したように薩摩・琉球間に様々な矛盾が現われてくる時期でもあり、この時の奉使の背後には極めて緊張したものがあったと思われる。使者が琉球内各地を見学しているのも、情報収集という側面があることを忘れてはならないであろう。

ともあれ本日記が近世初期の琉球奉使記録として貴重な史料であることは言うまでもないが、本文には難解で意味不通の箇所も少なくない。大方の御教示・御批正を乞うしだいである。

なお、末尾に、門ごとの石高などが記されている。「渡海日記」本文との関係は明らかでないが、恐らく木脇家の領地に関するものと思われる。

注

（1）東京大学史料編纂所架蔵写真帳『木脇文書　一』（架番号、六一七一・九七―三五―一）所収。なお本書は、

現後表紙見返しの木脇祐治の識語に明らかなように、明治八年に補修され、裏打が施されたが、湿損のため判読不能の箇所が若干ある。

（2）『藤原朝臣木脅氏系図』（一巻）は、明治五年（一八七二）七月、木脇祐治によって、元禄四年（一六九一）に作成された系図（現存）を基礎に、同家に所蔵されている記録・文書類を参照して作られたものである。

（3）日向飫肥藩主伊東祐久は、『寛政重修諸家譜』巻八九二によると慶長十四年生であるので年代が合わない。但し、祐久の祖父祐兵とすれば、慶長元年当時朝鮮に出陣しているので、系図にいう祐久は祐兵の誤伝であろう。なお、『藤原朝臣木脅氏系図』の冒頭に所蔵の記録・文書類を列記した中に、「〇木脇ヨリ伊東名字ニ成タル書留一巻アリ、亦伊東ヨリ木脇へ成タル書留モアリ」とみえ、これらの文書をみれば苗字変更の事情が明らかになると思われるが、筆者未見である。

（4）東京大学史料編纂所が調査・撮影した綸旨・政宗書状・系図等は、写真帳『木脇文書㈠㈡』として架蔵されている（架番号は前掲）。

（5）東京大学史料編纂所蔵自筆本・第四六丁裏。

（6）『薩藩旧記雑録』（東京大学史料編纂所蔵）後編・巻九六（七三号）、寛永十六年五月二十八日付　伊東二右衛門宛金武・勝連々署「覚」。『鹿児島県史』第二巻（一九四〇年）七〇二頁、参照。なお、『薩藩旧記雑録』は東京大学史料編纂所蔵の原本により、『鹿児島県史料』所収本の文書番号を付した。

（7）『薩藩旧記雑録』後編・巻九四（一三二七号・一三二八号）。なお、嘉吉元年（一四四一）に島津忠国が、将軍足利義教から琉球を拝領したという、所謂「嘉吉附庸」説については、紙屋敦之「琉球国司考」（北島正元編『近世の支配体制と社会構造』吉川弘文館・一九八三年）参照。

（8）『薩藩旧記雑録』後編・巻九五（一二号・一四号）。前者が八月二十五日付光久書状の第一通に、後者が同第二通に、それぞれ対応する。

（9）寛永十三年（一六三六）から正徳二年（一七一二）まで、琉球王を国司と称することについては、紙屋氏前掲論文参照。

（10）『南聘紀考』巻下・寛永十五年条には、「八月二十五日　公賜尚豊王書、使肥後長左ヱ門・田中善兵衛、齎渡海以諭王曰」云々とみえ、八月二十五日付光久書状を琉球に伝えた使者を肥後長左衛門らとしている。確かに、八

月二十五日付書状（一三二七号）の末尾には、

「八月廿五日　　薩摩守光久

謹上　中山王　　於江戸調進

御使　肥後長左衛門尉

田中善兵衛尉」

と、御使として両人の名が記されている。しかし、尚豊の返書に「十一月三日到来」とあるので、肥後長左衛門尉らは伊東祐昌らと同一行動をとったとみなければならないにも拘わらず、祐昌の「渡海日記」に両人の名が全く登場しないことは不自然である。恐らく肥後長左衛門らは、琉球への「御使」ではなく、「於江戸調進」された書状を薩摩に齎らした「御使」と理解すべきであろう。

(11) 『薩藩旧記雑録』後編・巻九五（一三号）。

(12) なお、寛永十五年九月二十一日付中山王宛光久書状（『薩藩旧記雑録』後編・巻九四、一三三〇号）に、

芳墨之趣、令披閲畢、仍為当家連続之祝儀、使者殊御太刀一腰・馬一疋、且復芳物如被録別書送預之、欣然之到、猶北谷按司可相達口状之間、不能詳候、恐惶不宣。

とみえる。これは、島津光久からの正式の襲封通知よりも前に、当主の交替を知った琉球王が、逸早く慶賀の使者を送ってきたことに応えたものである。『中山世譜附巻』巻一・尚豊王崇禎十一年の条に、「本年、為慶賀　光久公承祧事、遣尚氏北谷王子朝秀・法司毛氏豊見城親方盛良、六月到薩州、」とある。

(13) 『鹿児島県史』第二巻・六九六頁、上原兼善「琉球の支配」（『講座日本近世史』2・鎖国、一九八一年）三五〇～五二頁、等参照。二月九日付「覚」二通は、『薩藩旧記雑録』後編・巻九五（一〇号・一一号）。

(14) この「去々年」とは「御条書」の書かれた寛永十五年の「去々年」の意で、寛永十三年を指す。

(15) 『御文書』（東京大学史料編纂所蔵）巻三三、所収。『薩藩旧記雑録』後編・巻九五（九号）にも収む。

(16) 上原氏前掲論文、三五二頁。

(17) 『中山世譜』崇禎十一年冬の条、参照。

(18) 琉球へ武具類を渡すことが禁止されていたことについては、『鹿児島県史』第二巻・六七八頁、参照。

(19) この頃、琉球へ渡航する者について厳重な制限が加えられていたが、居留日本人の行動についても漸次規制が

加えられていき、寛永十五年九月十一日付島津久元・伊勢貞昌宛川上久国ら連署の「覚」（『薩藩旧記雑録』後編・巻九四、一三二九号）に、琉球居付の日本人は、まずそのまま召置き、今後は堅く停止する旨、琉球側に伝えた由がみえている。なお、『鹿児島県史』第二巻・六七七頁、参照。

(20) 清水紘一「キリシタン関係法制史料集」、（『キリシタン史研究』第一七輯・一九七七年）、同「キリシタン訴人褒賞制について」（『キリシタン史研究』第一九輯・一九七九年）等参照。

(21) 『薩藩旧記雑録』後編・巻九四（一三三三号）。日付の次に、「十月十三日ニ江戸ゟ相下」とある。『鹿児島県史』第二巻・八四八頁、参照。

(22) 渡口真清『近世の琉球』（法政大学出版局・一九七五年）三六三頁、所収。本文は十月十五日付家老連署の「掟」と同じで、末尾は、

「崇禎十一年　寅
寛永十五年十二月十九日
　十月十三日従江戸相下
　　　浦　添
　　　豊見城
　　　勝　連　御判
　　　金　武　御判」

となっている。渡口氏は出典として「那覇市史料編」第二巻、二一五〇頁、と記されているが、当該書に見当たらないため、しばらく同氏著書より引用しておく。なお、『島津国史』巻二五・寛永十五年十月十五日条には、薩摩藩家老連署の「掟」について記した後、割註で、

　拠琉球国・大野正右衛門文書、此文蓋命諸郷地頭及琉球国矣、而其本文独在大野氏・琉球国、琉球国写本載慈眼公旧譜、書尾云、十月十三日、至自江戸、又書其右方云十二月十九日、十二月十九日者、蓋命琉球之月日爾、

云々と記されている。

(23) 『薩藩旧記雑録』後編・巻九四（一二七九号）。なお同年六月八日付金武王子等連署請状（同前、一三〇九号）

にも同趣旨の文言が記されている。

(24)　上原兼善『鎖国と藩貿易――薩摩藩の琉球密貿易』(八重岳書房・一九八一年)六五頁。ゴンザレスらの行動については、レオン・パジェス『日本切支丹宗門史』第三編第六章(吉田小五郎訳岩波文庫本、下巻・二九四頁以下)参照。なお『中山世譜附巻』の注に、〈南蛮人一名〉といい、〈其ノ蛮船、去ク処ヲ知ラズ〉と伝えていることは、人数などに相違があり、渡慶次をゴンザレス一行の最終上陸地点とすることにはやや疑問があるが、詳細は不明である。

附記　本稿は、昭和五十九年度科学研究費補助金(一般研究B)による「西日本における中世社会と宗教との総合的研究」(代表者小泉宜右氏)の『研究成果報告書』(一九八五年三月刊)に収録したものを補訂したものである。

本書は、一九八三年一一月、東京大学史料編纂所員黒川高明・村井章介・近藤成一三氏による木脇家文書調査の際に採訪されたものである。発表を許された所蔵者木脇祐二氏に御礼申し上げる。

成稿にあたり、本文の解読については高木昭作・荒野泰典両氏の御協力を賜わり、参考文献等については荒野氏の御教示を得た。記して謝意を表する次第である。

（後補前表紙）

肥後守祐昌様琉球御渡海日記

（後補前表紙見返シ識語）

「後之肥後守祐昌様琉球御渡海ニ付、下国ヨリ上国迄日記、寛永十五年寅十月五日ヨリ前浜出帆、同拾六
年《酉》四月十九日、薩州坊津江着トアリ、夫ゟ書留無之、帰ス鹿府ニ、
　此日記、伯父仁平次様御仕立被置候得共、
　此節又々如斯表紙いたし置候、
（朱書）『仁平次様私ニ　祐昌様御字（自カ）筆別儀
　無之由候、』

祐　利（花押）」

（原前表紙）

〔寛〕
□永十五年　寅

日々記

（付箋）
寛永十五年ゟ寛政十二年迄百六拾九年

十月五日

〔本文〕（翻刻に際し、湿損・難読の箇所は□を以て示した。）

十月五日晴天

一鹿児嶋を八ツ時ニ出船仕、向之嶋赤水へ船かゝり仕候、夜入候て雨ふり候、猪之俣為右衛門尉殿船同前ニ参候、

同六日晴天

一順風無之候て、横山へかゝりなをり候て罷居候、猪俣為右衛門尉殿ハ小舟ニ而候故、おさせ候て、山川迄□之六ツ時分ニ出船仕候、

十月七日晴天

一山□〔川〕江五ツ時ニ着津仕候、久志上の船〔年頭使具志頭親方金氏朝房〕・猪俣為右殿船同前□〔へカ〕着津仕候、平田狩野介殿ノ船ハ夕部着津仕候、此晩内田才右衛門尉殿振舞ニ参候、

同八日曇

一山川之権現へ参銭百疋拝進仕候、此晩日高安衛門尉殿へ振舞ニ参候、

同九日晴天

一鹿児嶋御老中衆へ御用御座候、朝之四ツ時ニ山川より御状遣候、

同十日曇

一平田狩野介殿・猪俣為右衛門尉殿船・久志上之船同前ニ山川を五ツ時ニ出船仕、ちうか水へ船かゝり仕候処ニ、国分十右衛門尉殿為入湯□候、然者何れも御振舞可被成由被仰□順風能候て出船仕候、沖は横風にて浪ふとく候て、口之えらぶへ夜之四ツ時ニ着津仕候、久志上之船は四里程後れ候が、直ニ掛通たると申候、

十月十一日晴天

一順風無之候て出船不罷成、逗留仕候、然者何れも同心仕、山へ慰ひニ罷登り、鹿五ツとれ申候、内壱ツ平狩野介殿被遊候、此晩料理仕候、

同十二日晴天

一寅ノ方之風に罷成、風の手さきつまり候間、出船難成由、船頭衆申候間、逗留仕候、此晩狩野介殿ニ而料理被成候、

同十三日晴天

一同風ニ而出船不罷成候、此晩猪俣為右衛門尉殿にて料理被成候、坊之津之八右衛門船之船頭彦吉夕部着津仕

候由申候而参候、
　同十四日曇
一風不定候而出船不罷成、山へ躮ひに罷登、鹿弐ツ取れ申候、此晩より雨降り候、
　十月十五日雨
一卯之方之風ニて證〔終カ〕日雨降り候故、此方何れも被成御出候而、御咄候間、料理仕候、
　同十六日曇
一寅ノ方之風にて天気しけ候故、出船不罷成候、狩野介殿ニ而被成料理候、
　同十七日曇
一同風ニ而出船不罷成候、猪俣為右衛門尉殿にて被成料理候、夜入候て雨降り申候、
　同十八日雨
一同風出船不罷成、両人御出候而、被成御咄候間、料理仕候、
　同十九日曇
一同風出船不罷成、晩ニハ天気晴上り候、加治来船頭太兵衛尉・山河之船頭宇左衛門尉両人にて三人之衆へ振舞被仕候、
　同廿日晴天
一寅ノ方同風にて候間、何れも出銭にて、所之出家を頼ミ日よりの祈念仕候、徒ニ罷居候間、山へ躮ひに登り、鹿三ツ取れ候、内一ツ狩野介殿被遊候、同壱ツ二右衛門尉仕候、
　十月廿一日晴天
一順風能罷成、坊之津之八右衛門船四ツ時ニ永良部出船仕候、それより狩野介殿・為右衛門尉殿船談合仕候而、

九ツ時分ニ出船仕候、

同廿二日晴天

一順風能候而、七ツ時ニ大嶋西之籠へ着津仕候、狩野介殿・為右衛門尉殿船も頓而着津仕候、所之与人三人参候、鹿児嶋へ米船参由候間、宿元へ遣状、西之籠与人へ相渡候、

同廿三日曇

一順風能候て、大嶋西之籠を四ツ時ニ出船仕候、所之与人四人、小舟ニて送りに参候、狩野介殿・為右衛門尉殿ノ船同前ニ出船被成候、徳之嶋近より大浪に罷成候間、先徳之嶋之内秋徳と申湊へ七ツ時ニ着津仕候、やかて狩野介殿・為右衛門尉殿船も被成着津候、則磯へおり候て両人之衆何れも料理候而振舞候、

十月廿四日晴天

一辰巳之風に罷成候て、出船不仕候、（徳之嶋秋徳と申所ニ逗留仕候、）此晩徳之嶋之下代衆稲多久兵衛殿・武元江左衛門殿尉振舞申候、狩野介殿・為右衛門尉殿被成御出候、晩ニハ雨になり、風も南風ニ罷成候、夜ハ殊之外雨降候て、西風に罷成候、

同廿五日晴天

一同風にて逗留仕候、此晩稲多久兵衛尉殿・武元江左衛門尉殿被成御振舞候、何れも同心申参候、両人亀洲と申所ニ御座候、我々宿元より半里程御座候、

同廿六日晴天

一順風能候て、徳之嶋之秋徳を九ツ時分ニ出船仕、夜を籠乗申候、

十月廿七日晴天

一七ツ時分ニ琉球那波之湊へ着津仕候、船元へ阿多内膳正殿（琉球在番奉行阿多忠栄）・金武王子被成御出候、宿元へ参候へは、則玉城従国司之為御使と焼酎□①弐対御持セ被遣候、久志上親方被成御見廻候、国司ゟ同廿八日晴天（御座候而、米・野菜・）薪・肴・油持せ

候而おさせ之そ（御鎖之側）は被参候へとも、相帰シ申候、

同廿八日晴天

一昨日之米色々持せ候而、勝連親方被参候へとも、昨日同前之返事申候、従国司為御使久志川按司被為越候、朔日二日ニ御城へ可罷出由被仰候、久志上親方被成御見廻候、此晩阿内膳正殿振舞ニ、狩野介殿・為右衛門尉殿同心申参候、

同廿九日晴天

一一昨日之米之儀、又勝連親方御出候て、被仰候へとも、前同前之返事申候、久志川按司・勝連按司・久志上親方被成御見廻候、横目衆何れも被罷出候、当年罷渡候唐船之役者衆書立、金武王子ゟ被遣候、当初之歴々十四五人被罷出候、

十月晦日晴天 琉球者霜月朔日、夜は雨、

一従国司為御使中城親方被為越候、焼酒□①弐対拝領仕候、朔日之為御礼金武按司・勝連親方・御鎖仙〔側〕被成御出候、しおりの歴々衆御礼可被仰由承候へとも、国司江未罷出候間、其中は可有御免由申候而相留候、自夫波上権現・沖之寺権現へ参詣申候、鳥目五百疋充拝進申候、

霜月朔日晴天

一内膳正殿・狩野介殿・為右衛門尉殿御礼ニ被成御出候、

同二日晴天

一狩野介殿同心申、那波を五ツ時ニ打立、首里之宿ニやすらい、九ツ時ニ城へ罷上り候、籠門迄金武王子被成出合、書院之場ニ国司被成御出合、則書院ニて被成対面候、其座にて国司・金武王子・勝連親方へ国元〔崇元〕よりの御条書申達候、頓而すい物ニ而御酒五返参候、自夫罷帰、中宿ニ而したくかへ申て、那波へ参ニ、宗現寺

へ参、見物仕候、坊主被出合、盃被出候、罷帰候へとも、頓而御城へ為罷出為御礼と従国司久志上親方被遣候、

十一月三日晴天

一従国司昨日之条書之趣為被聞召届由、久志上親方・大里　両衆を以承候、其以後八日ニ薩州様御代次之御祝言ニ可罷出由、池親方為御使と被仰候、此晩阿多内膳正殿・平田狩野介殿・猪之俣為右衛門尉殿、内膳正殿付衆四人、船頭太兵衛尉・宇左衛門尉振舞申候、唐へ相渡候衆へ、大和ゟ之御条書為被仰聞せ之由、金武王子・三司官勝連親方・久志川按司より承候、其上役者共書物被為見せ候、

霜月四日晴天

一按司衆何も被成御見廻候、唐船出船ニ付阿多内膳正殿談合被成御出候、従国司猪俣為右衛門尉殿可被罷出由被仰候而、久志上親方御使ニ被遣候、唐船武具之改内膳正殿談合申付候、自夫付衆参るニ付置候、

同五日晴天

一首里之歴々何れも御礼被仰候、唐船出船可有之由候而、喜友名□□[2]暇乞被参候へとも、とれに罷成出船無之候、

同六日晴天

一狩野介殿・為右衛門尉殿参合、鯛之料理仕、就其風呂たかせ候、

同七日晴天　琉球之八日、

一薩州様御次目之御祝言被仰候、御太刀進物持せ候而、御城へ狩野介殿同前ニ罷出候、御振舞御座候而、がく（楽）とも御座候、御振舞過而中城可罷出由申候へとも、御煩之故於客屋ニ御太刀御進物三司官衆被為請取候、金武王子・勝連親方へ御進物持セ、狩野介殿同心申参候、夜入候而罷帰候、金武王子宿元へ御礼ニ御出之由候、

霜月八日晴天

一従国司御礼○〔ニ御使〕可被遣由候へ共、悪日ニ而相延候、

同九日晴天

一従国司一昨日之為御礼と、御使久志上被成御出候、勝連親方私分之御礼ニ被成御出候、金武王子・久志川按司唐船出船之慶ニ御出候、日本人此元へ居付候衆、何れも慶ニ被参候、首里之歴々へ以使御礼申候、此晩狩野介殿へ振舞ニ参候、従国元持来候ミかん壱籠国司へ進上申候、川上又左衛門尉殿御伝言之物同前ニ進上申候、

十一月十日晴天

一歴々何れも御礼被仰候、首里へ罷越、金武王子・久志川・久志上・勝連按司・円学〔覚〕寺御礼申候、頓而久志川より為御礼使被遣候、久志上・勝連私身被成御出候、

同十一日晴天

一按司衆何れも御礼被仰候、円学〔覚〕寺へより昨日見廻申候へ共、頓故以使僧御礼被仰候、狩野介殿御出候て、立花被遊候、自夫為右殿も御出候て、料理仕候、

同十二日晴天

一薬師へ参候而、自夫壺作候所へ見物ニ為右衛門尉殿同心仕参候、

同十三日晴天

一狩野介殿御出候て立花仕候、内膳正殿・為右殿被成御出料理仕候、それより直ニ風呂たき候也、

十一月十四日　琉球之十五日、晴天

一今日御礼として従国司御使東風平被参候、何れも那波之役人衆・横目衆被罷出候、国司へ為御礼、首里之仮屋迄、狩野介殿・為右衛門尉殿同心申罷越、金武王子迄申入候、勝連親方・久志河按司・久志上使を以御礼

申候、それより直ニ円覚寺・天王寺・成〔西〕来院・末吉見物申罷帰候、金武王子・勝連親方・御鎖側御礼ニ被成
御出候、従国司今朝罷出候為御礼とぎのわん（宜野湾）被参候、
　同十五日晴天　夜ハ雨、
一内膳正殿・狩野介殿・為右衛門尉殿御出候而、立花被成候、十九日ニ可被成御振舞由被仰候而、金武王子被
成御出候、
　霜月十六日晴天
一琉球之とうじ（冬至）にて城へ歴々衆被罷出、三拝之由申候、左様成御祝として従国司勝連按司御使にて焼酒□①被下
候、為御礼金武王子迄六左衛門尉遣候、阿多内膳正殿へ狩野介殿・為右衛門尉殿同心申参、立花仕料理御座候、
　同十七日曇　夜ハ雨、
一金武王子へ十九日ニ振舞ニ参候為御礼狩野介殿同心申参候、それより直ニうつら狩ニ参、内膳正殿・為右衛
門尉殿御出合被成候、従国司医者之儀ニ付為御使、
　同十八日曇
一いまきしん（今帰仁）按司御礼被仰候、金武王子へ昨日之鶉一竿持せ遣候、
　同十九日曇
一平田狩野介殿咳気見廻ニ参候、些被成快気候間、金武王子へ振舞ニ狩野介殿・為右衛門尉殿同心申参候、内
膳正殿ゟ長右衛門殿を以船改鳥ねらい之儀被仰候、
　霜月廿日晴天
一金武王子へ昨日之御礼使を以申入候、為右衛門尉殿被成御出、立花被仕候、
　同廿一日晴天

一与輪〔論〕嶋ゟ売買船為参由、内膳正殿より監〔満〕助〔尾〕殿を以承候、為右衛門尉殿御出候而、被成立花候、

同廿二日晴天

一久志川按司より廿四日御茶可被下之由被仰候へ共、狩野介殿咳気気ニ御座候而、御出被成間敷由候間、御延被成候へと、使を以申分候へとも、狩野介殿之儀は御快気次第可被仰候間、先廿四日ニ可参由、重而被仰候間、可参由返事申候、右之由狩野介殿へも六左衛門尉を以申達候、金武王子江小梅干小壺一ッ・梅干小壺一ッ音信遣候、金武王子ゟ花の具〔真カ〕・ミき為音信被遣候、

霜月廿三日曇ニ雨

一為右衛門尉殿被成御出、立花仕候、久志川へ明日之茶之御礼ニ参候、此晩福治・多賀良・総左衛門尉振舞申候、為右衛門尉殿も被成御出候、

同廿四日曇　琉球之廿五日

一久志川へ数奇ニ為右衛門尉殿同心申参候、書院ニ而立花御座候、

同廿五日晴天

一久志川へ昨日之礼ニ為右衛門尉殿同心申参候、金武王子痰気之由候間、見舞申候、それより直ニ鶉狩ニ参候、

同廿六日晴天

一為右衛門尉殿へ参候而、立花仕候、多賀良も被参候、振舞御座候、

同廿七日曇　琉球之廿八日、

一勝連へ数奇ニ参ニ付、久志上親方・東風平親方置合ニ御座候とて被成御出候、従国司廿八日之為御礼、椿之花御持セ伊津〔計カ〕被遣候、則御礼として首里之仮屋迄参、金武王子へ申置候、使之宿へも参候、勝連へ明後日之数奇之御礼ニ為右衛門尉殿同心申参候、

霜月廿八日曇

一従国司被下候椿にて立花仕候、為右殿・多賀良立花被仕候、

同廿九日晴天

一勝連へ為右衛門尉殿同心申数奇ニ参候、置合久志上親方・東風平親方、茶過候而書院にてうたひ御座候、夜入候而罷帰候、

雪月（十二月）朔日晴天

一国司より御使被下候、則御礼ニ首里之仮屋迄参、金武王子へ申置、それより為右衛門尉殿同心仕、勝連へ数奇之御礼ニ参候、四日五日之間ニ茶を御振舞可被成之由候而、久志上親方被成御出候へとも、今日より禁酒仕候間、可被指置之由申分候、金武王子・勝連親方・御鎖側今日之御礼ニ被成御出候、それより壺屋へ見物ニ参、罷帰ニ、多賀良へ立花見物ニ参候へは、振舞被成候、

雪月二日晴天

一為右衛門尉殿同心申、普天間之権現へ参詣申候、座主ニ而振舞被成候、御物城被参候、それよりわんへ一宿仕候、中途にて読谷山之親方下食籠持セ被為出合候、わんの宿見舞ニ被為越候而、振舞被成候、中途ニ而鶉狩仕候、其鶉一竿五ツ読谷山親方へ遣候、

同三日晴天

一為右衛門尉殿参合朝食被下、とけつ（渡慶次）へ参候而、南蛮仁之おり候所見物仕候、御鎖側も被参候、罷帰道すから、うつら狩仕候、野ニ而べんたう御鎖側・御物城・為右衛門尉殿寄合候て、焼鶉共仕候、罷帰中途ニ而読谷山之親方何れも被為振舞候、それより北谷江参候へとも、池袋と申所へ雁付候由申来候、それより参候而雁仕罷帰、北谷へ一宿仕候、

十二月四日曇

一北谷にて、北谷親方・御鎖側・為右衛門尉殿参合、雁之もゝき料理仕、それより罷立候、雁ハ国司へ進上可申と存、自是金武按司迄持セ申候、牧跡へ《と申所へ》御鎖側下食籠御持セ□□③、それよりおさせのそばハ、首里之様ニ被為帰候、城間迄内膳正殿よりこはん御持セ使被遣候、何れも付衆長右衛門尉殿・監介殿・休以殿・利右衛門尉殿、里主久米村衆平ちやくす下食籠持せ被参候、とまり（泊）と申所まて船頭衆太兵衛尉・宇左衛門尉・総左衛門尉・六右衛門尉　下食籠持セ被参候、狩野介殿ゟ使被遣候、

同五日曇

一沖之寺之座主・出家衆三人にてかうどく（講読）仕候、普天間へ参候とて、石川□・福治・屋賀・道雲・祐玄・明意・宗治・雲慶・道雪下食籠持セ被参候、金武按司下食籠持セ被成御出候、勝連親方ゟこはん御持セ使被遣候、国司より七日八日之間ニ雁之料理御茶可被下由候而、○《御》使ニ池親方被遣候、狩野介殿咳気見廻ニ参候、内膳正殿へも同前ニ参候、

霜〔雪〕月六日晴天

一明日従　国司御茶可被下之由、久志上親方を以承候、則首里之仮屋迄参候、金武按司申置、罷帰ニ天界寺・安国寺見物仕候、金武王子・玉城明日之数奇之置合せニ御座候由被仰候而、被成御出候、来年年頭之御使之乗船船頭総左衛門尉、狩野介殿乗船船頭宇左衛門尉、為右衛門尉殿乗船船頭善十良、我等乗船船頭太兵衛尉、琉球仮屋之替衆乗船頭七嶋之六右衛門尉、右之賦為相済由、内膳正殿満尾監助殿を以承候、此晩風呂たき候也、為右衛門尉殿参合、入候て振舞申候、

雪月七日曇

一四ツ過ニ首里之仮屋まて参、則国司より国頭を以城へ可罷上之由被仰候、金武王子・玉城・為右衛門尉殿同

心中、玄関へはいり候、頓而国司被成御出候、それより御数寄屋へはいり候、掛物一休、釜二方《日本》釜、会席進上申候雁之汁、花はぼたん・椿しらたま、花入せんしのきんた（砧）、茶入丸壺、四ほうほんニすハる、御□④□過候而、於書院立花仕候、それより琉球之がく御うたひとも御座候而罷立候、

同八日曇

一昨日之為御礼従国司池親方を以被仰候、やかて為右衛門尉殿同心申、首里へ罷登り候、昨日之御礼久志川・勝連へ申置、罷帰ニ敷石之寺へ見物仕、向之道を参候、直ニ狩野介殿見廻申候、留主ニ金武按司・玉城御出之由候、久志上親方ゟ十一日ニ御茶可被下之由候而仰候而、私身被成御出候、前々も承候へとも、禁酒ニ而候由候て、可被差置之由申候処ニ、遮而被仰候間、十一日ニ可参之由返事候、

雪月九日曇

一為右衛門尉被成御出参合立花仕候、鹿児嶋之者かな仕候而、前此元へ参候船出船之時分走候而、爰元へ罷居候、尋出此中内膳正殿御覚悟にて被召置候、又走申候間可承置之由、満尾監助殿を以被仰候、

同十日晴天

一久志上親方へ明日之数寄之御礼ニ為右衛門尉殿同心申首里へ参候、それより直ニ豊見城へ参、見物仕候、砂唐〔糖〕仕候所見申候而、落平と申所へ清水御座候、見物仕候、船頭太兵衛尉・善十郎べんたう被振舞候、それより船にて罷帰候、昨日内膳正殿より被仰候走者為尋出由、市後崎長太郎殿・満尾監助殿両人を以承候、琉国へ罷居日本仁相記シ書立を以、いかやうの様子にて爰元へ居付候哉、細ニ書付ニて可被差出之由、御物城・里主へ申渡候、

雪月十一日晴天

一狩野介殿咳気御快気候て、被成御出候、御慶申、狩野介殿宿元へ参候、それより直ニ首里へ参、狩野助殿・

為右衛門尉殿同心申、久志上親方へ数寄ニ参候、茶過に宿へ参、したくかへ御礼ニ参、那波へ罷帰候琉球仮屋よりの仕立船、此元へ為参由候而、赤松宮内左衛門尉殿より参候状、内膳正殿より御持セ候、爰元へ国司御見舞可被成由、金武按司より内証承候、

雪月十二日曇

一琉球仮屋之仕立船、国元より為参由候而、船頭罷出候、昨日之為御礼と久志上親方被成御出候、従国司之為御使金武按司被成御出、十七八日之比、国司可被成御見廻由、被仰候、色々斟酌申候へとも、前より右之通ニ御座候間、必可被成御出之由候、左候ハヽ、不及是非候間、当時禁酒仕候間、廿四日迄ニ而候、然廿五日ニ御見舞候ハヽ、可忝由申候、就其金武王子可被成立花之由被仰候間、為右衛門尉殿参合、《それより》立花仕候、取あへす被振舞出候、阿多内膳正殿・里主・小禄振舞ニ被出候、従国司為御使ぶい梅之花之真御持セ被遣候、南蛮宗御法度之御条書之（○江戸より国元へ参候、右之）○写弐つ赤松宮内左衛門尉殿・篠崎新右衛門尉殿より被遣候、内膳正殿へ爰元ニ而見セ申候、狩野介殿之御色気悪候間、御宿へ御見廻ニ参、次てニ見セ申候、御鎖側より御振舞可被成之由被仰候而、御出候へとも、禁酒之中ハ可被差置由申候、

雪月十三日晴天

一従国司昨日梅之花被下候御礼ニ首里ニ参、金武按司迄申置候、其次てニ江戸よりきりしたん御法度之御書物弐つ国元へ参候写、宮内左衛門尉殿・新右衛門尉殿此元へ被遣候、金武按司へ見せ申候、其為御礼と金武按司・勝連親方御出ニ而候、国司爰元へ御見廻廿五日ニ相済申候、何れも日本之花へ勘解由振舞被仕ニ付、立花被遊候、十やい程御座候、従国司被下候梅の真ニ而仕候、

同十四日雨

一昨日金武王子・勝連親方被成御出候御礼ニ使遣候、其次てニ久志川・久志上へ音信仕候、為右衛門尉殿・小

禄御出候而立花被成候、

雪月十五日晴天

一従国司今日之為御礼と東風平親方御使ニ焼酒□①弐対御持セ御越候、則御礼ニ首里之仮屋迄参、金武王子へ申置候、自夫観音ニ参、寺見物仕候、帰るさに道ニ而白鷺壱ツ仕候間、狩野介殿・為右衛門尉殿参合、料理。仕、金武按司・勝連親方・御鎖側御礼ニ被成御越候、何れも那波之衆、日本之諸船頭罷出候、

同十六日曇

一為右衛門尉殿・小禄御出候而立花被成候、

同十七日曇

一国司江国元より持来候蒔絵之香箱二ケ進上申度由申候、金武按司迄持セ申候、又金武按司よりかこ（籠）の花入壱つ被遣候、国司御出ニ付、久志川御供可被成由、金武按司まて申入候、久志川へ頼存候かけ物之写出来候而参候、

雪月十八日晴天

一従国司昨日之香箱之御礼状被下候、久志川御供ニ相添、南蛮宗之儀ニ付、従江戸国元へ被遣候制札之写、先日金武按司迄見セ申候、其制札此嶋へ明日可被立由被仰候而、金武按司・勝連親方被成御出候、狩野介殿へ罷有候て不懸御目候、久志上親方ゟやこかい（夜光貝）為御音信被遣候、狩野介殿へ参、立花仕候、被成御振舞候、

同十九日晴天

一国司廿五日ニ御出□⑤御座候、御相伴阿多内膳正殿可被成之由、金武按司・勝連へ申遣候、内膳正殿も御礼ニ被成御出候、内膳正殿より廿五日之為指合塩小鳥廿被遣候、此元之仮屋殿福地従　国司名を為被下由被申候、昨日従金武按司右之通承候、

同廿日雨
一廿五日ニ国司御出候為御礼、勝連親方被遣候、福治之子友仙罷出候、
雪月廿一日曇
一走者之儀ニ付、横目衆・日本之諸船頭衆書物持セ、内膳正殿被成御出候、就其年内日も無之候間、先籠ニ可被入置之由、談合申候、金武按司ゟ為御音信味酒足桶壱つ被遣候、
同廿二日曇
一国司廿五日ニ被成御出御礼ニ首里之仮屋本迄参、金武按司迄申置候、それより金武王子・久志川按司・勝連親方へ参、罷帰ニ八幡参詣申候、
同廿三日曇
一国司御出ニ付沖之寺八幡江参銭百疋拝進申候、国司御出ニ付、首里之御使衆物奉行衆ゟ野菜・肴御持セ候、
同廿四日曇
一国司御出ニ付、金武按司・久志川按司・勝連親方焼酒・野菜・肴共御見次被成候、
雪月廿五日曇
一国司御出ニ付、波上八幡江参銭百疋拝進申候、国司那波之官屋へ九つ時ニ御出候、頓而官屋迄御迎ニ罷出候、則御光儀被成、夜入候而御帰宅被成候、御供金武按司・久志川按司・勝連親方、御相伴内膳正殿・惣之御供衆振舞申候、
同廿六日曇ゝ雨
一金武按司・久志川按司・勝連親方昨日之御礼ニ被成御出候、狩野介殿・内膳正殿へ昨日之御礼ニ参、直ニ首里之仮屋迄参、昨日之御礼久志上親方を以申上候、金武按司・勝連・久志川按司へ参、それより罷帰ニ

べさいてん（弁済天）へ参、為右衛門尉殿へ御礼申罷帰候、其留主ニ那波之衆何れも昨日之立花見物為被申由候、国司ゟ昨日之為御礼久志上被遣候、

同廿七日曇

一金武按司・久志川按司為歳暮御礼御酒・肴御持セ使被遣候、勝連按司歳暮為御礼□①御持セ被成御出候、円学〔覚〕寺気相被成快気候て被成御出候、其外天海寺〔界〕・天王寺・盛来院〔西〕被成御出候、従公儀歳暮為御礼米・炭・薪故実調御鎖側為御使被指越候、何れも前々ゟ御座候衆へも右之通ニ為被仰付由候間、同前ニ請取置候、

雪月廿八日雨

一歳暮為御礼内膳正殿・狩野介殿・為右殿、

一風呂興行仕、内膳正殿・狩野介殿・為右衛門尉殿被成御出、被成御入候、それより何れも料理仕振舞申候、

（異筆、朱書）「本文平居住有馬源兵衛殿貰候ニ付、すき写いたし遣候、

于時寛政年丑二月廿九日

木脇仁平次祐長」

寛永十六年

正月朔日曇

一三献祝候而、五ツ時ニ波上権現・沖寺権現・天神・部才天〔弁財〕・八幡宮五社へ参詣申、それより塩ひのつゝみに参、千騎乗見物仕候、直ニ内膳正殿へ振舞ニ参候、那覇之歴々衆、日本之諸船頭何れも被罷出候、

正月二日雨

一国司へ年頭之御礼、内膳正殿・狩野介殿・○為右衛門尉殿同心罷出候、三人は太刀ニて罷出候、それより金武按司・久志川按司・勝連親方・久志上親方焼酒壺一充・肴持セ候、大里按司六日ニ御茶可被下之由被仰候へとも、国司狩野介殿へ御出之日限不相定候故、相済候而此方より可申入由申候、

同三日曇

一□□⑥之故無何事も候、

同四日晴天

一首里之歴御礼ニ被成御出候、狩野介殿へ御振舞ニ参候故、手前之振舞相延候、乍去付衆へ何れも振舞申候、

同五日晴天

一首里之歴々衆何れも御礼被仰候、大里按司へ明日之数寄之御礼ニ為右衛門尉殿同心申。参候、国頭按司・宅志親方置合ニ御座候由被仰候而、被成御出候、

正月六日晴天

一大里按司へ数寄ニ狩野介殿・為右衛門尉殿同心申参候、置合は国頭按司・宅志親方、茶過候而御書院ニ而うたひとも御座候、それより金武王子へ参、狩野介殿へ国司御出候宿之儀談合申候、左様ニ候て、大里按司へ御茶之御礼申、罷帰候、

同七日晴天

一沖之寺座主頼□□⑦経読申候、首里之歴衆御礼被仰候、勝連按司九日十日之間に可被成御振舞由被仰候御出候へとも、狩野介殿へ十三日ニ国司御出之由候間、左様成相済候而之以後可参由申候、

同八日晴天

一勝連按司十七日ニ御振舞可被成由被仰候而御出候、日限は追而可申由御返事申候、寺々へ年頭之御礼使を以申候、

正月九日晴天

一内膳正殿・狩野介殿・為右衛門尉殿へ年頭振舞仕候、福治・多賀良被参候、

同十日晴天

一狩野介殿へ国司御出ニ付、鶉狩ニ為右衛門尉殿同心申参候、野ニ而べんたう寄合申候、

同十一日曇

一□〔具カ〕足之時為右衛門尉殿と寄合申、勝連按司より十七日ニ可参由被仰候へとも、手前些隙入儀候間、廿日ニ可参由申候而遣候、

同十二日晴天

一吉日ニ而候間、船ニ乗初仕候、為右衛門尉殿同心申候、里主・福治・多賀良下食籠御持セ候、御物城新城□①壱対充、船頭衆総左衛門尉・善十郎・六左衛門尉・善兵衛尉・太兵衛尉下食籠、阿多内膳正殿ゟ船ニ乗初為仕と候て、為御祝□①弐対御持セ候、金武按司ゟ為御音信ミき御遣候、

正月十三日晴天

一国司、狩野介殿へ被成御出候、我等宿にて御振舞被為上候、御相伴ニ罷出候、

同十四日曇

一昨日之御礼ニ従　国司伊計被遣候、其御礼ニ則首里之仮屋まて参、御鎖側迄申置、直ニ勝連へ罷越、七ツ時ニ参着申候、為右殿とべんたう寄合申候、

同十五日曇

一伊計被為振舞候、五ツ時ニ勝連城へ登り見物仕候、それより直ニ打立、屋賀之原にて昼休仕、金武と申所〇之権現へ直ニ参詣申、それより村へ参、一宿仕候、此晩金武按司被為振舞候、為寄主と国頭按司被為越候、

正月十六日雨

一金武へ逗留仕、朝国頭按司被成御振舞候、晩ハ昨日ねらひに仕候鴨之料理仕、国頭按司・為右衛門尉殿・御

物城・若狭寄合申候、

同十七日雨

一金武を四ツ時分ニ打立、越来ニ而昼休仕、北谷迄参候、金武按司ゟ使被遣候、

同拾八日曇

一北谷五ツ時ニ打立、七ツ時分ニ罷帰候、

同拾九日晴天

一首里之円覚寺千法見物ニ参候へは、御振舞被成候、近所之寺々へ見物ニ参候、其より勝連ニ明日之御礼ニ参候而罷帰候、

同廿日晴天

一勝連按司をろく（小禄）之宿御借被成、御振舞被成候、狩野助殿・為右衛門尉殿同心参候、相半よむたんざ（読谷山）按司・こちひら（東風平）、振舞已後、狩野助殿両人立花仕候、

同廿一日晴天

一日本ニ御返事之条書之就儀、金武王子御出被成候、勝連ニ昨日之御礼ニ参候、

同廿二日晴天

一柿（垣）之花ニ鶉狩ニ為右衛門尉殿同心仕参候、

同廿三日雨

一久志上・をさセ之そは・内膳正殿・狩野助殿・里主・御物城振舞申候、

同廿四日晴天

一吉日ニ而候間、隠々寺へ門出仕候、国主より御使被下候間、御礼ニ首里へ参候、金武王子まて申置候、其よ

りき之わん《（宜野湾）》へ明日之振舞之礼ニ参、罷帰候、内膳正殿明日金武ニ御越被成候間、暇請ニ参候、何れも為右衛門尉殿同心仕参候、去々年から《（唐）》へ被遣候人数ニ、とか《（科）》之条々為被仰付由候而書立、金武王子御持候而御出被成候、

同廿五日曇

一ぎ之わんへ振舞ニ狩野助殿・為右衛門尉殿同心申参候、相半勝連按司・いけ《（伊計）》御出候、ふれ《〔るカ〕》まひ過候而立花御座候、

同廿六日雨

一久志上よりかこ《（籠）》之花入被遣候、

同廿七日雨

一国頭之按司より明後日之振舞之御礼ニ狩野介殿・為右衛門尉殿同心参候、其より直ニ円覚寺へ振舞ニ参候、相半勝連按司・久志上・○《たくし》御出被成候、振舞過候而立花仕候、

同廿八日曇

一なご之衆・日本之諸舟頭礼ニ被参候、狩野助殿御出候、為右衛門尉殿さけじきろう御取被成候、ひらきニ御持候、

同廿九日曇

一国頭之按司へ振舞へ狩野助殿・為右衛門尉殿同心申参候、相半勝連親方・たくし《（宅司）》、振舞過候而立花御座候、勝連之親方ニ為右衛門尉殿以来月拾日比ニ出舟可申候、順風無之候ハヽ、うんてん《（運天）》まて可参由申入候、金武王子同前ニ申入候、

同毎《〔晦〕》日雨

一風呂たき、為右衛門尉殿参合入候、晩之食寄合候、

二月朔日曇

一従 国主御使ニ北谷親方被参候、金武王子・勝連親方・をさせそば御礼ニ御出被成候、従国主明後三日ニ城
○《可》罷上由、久志上以承候、

同二日曇

一明日之御礼ニ首里へ参、其より直ニさしき（佐敷）・ちねん（知念）・玉城・久志上見物申罷帰候、為右衛門尉殿同心申候、

同三日晴天

一首里之城へ参、立花仕、御振舞被成候、罷帰候、為右衛門尉殿同心申候、

二月四日晴天

一昨日之御礼ニ首里へ参、金武王子へ申置、国頭親方ニ明後日之御礼申候、何れも為右衛門尉殿同心仕候、
九日《爰元》出船就仕、金武王子・勝連御用ニ而御出被成候、

同五日晴天

一首里之衆何れも暇請ニ御出被成候、

同六日曇

一国頭親方へ狩野介殿・為右衛門尉殿同心申振舞参、相半勝連按司・玉城・振舞後立花御座候、喜雁ニ明後日
礼ニ参候、

同七日晴天

一風呂興行仕、内膳正殿・狩野介殿・為右衛門尉殿御出御入被成候、

二月八日晴天

一首里城へ罷出、御条書之御返事国主直ニ被仰候、狩野助殿同前ニ承候、従其喜雁へ透〔数寄〕ニ参候、狩野介殿・為右衛門尉殿同心申候、置合よむたんさん按司・いけ親方、

同九日晴天

一内膳正殿へ狩野介殿・為右衛門尉殿同心申振舞参候、日本へ返事之書物御持セ、金武王子・勝連御出被成候、

同十日晴天

一国主より明日罷立候由候て、伊計御使ニ被遣候、狩野助殿・為右衛門尉殿御宿ニ見廻申、内膳正殿へ暇請ニ参候、

同十一日晴天晩ハ雨

一五ツ時ニなは打立、首里之城へ参、薩州様御次目之御祝言之御返事御状、従国主置〔直カ〕ニ狩野介殿両人ニ而請取候、其より支度かへ、透《数寄》屋へ狩野介殿・為右衛門尉殿、直〔置カ〕合よむたんさん之按司・勝連親方、掛物琉国之事を書たる物、茶入京焼、鎌〔釜〕日本物、花春菊・柿つわた〔燕子花〕・柳・釣舟、茶過候而、□薩州様へ上させらるゝ之起請文ニ判被成、両人ニ御渡被成候、従其罷立候、中途へ下食籠御持遣候、又内膳正殿着《付》衆・なは之衆何も下食籠持遣御出候、又牧跡と申所へ金武王子・久志川・勝連親方、其外首里之歴々衆何れも下食籠持遣御出候、従其北谷迄参一宿仕候、従所被振舞候、従国主御使被下候、

二月十二日雨

一天気悪敷候而北谷ニ逗留仕候、

同十三日曇

一北谷之〔をカ〕罷立、たひた之浜ニ而昼やすミ仕候、何れも振舞申候、其より西女と申処ニ一宿仕候、金武王子より御振舞被成候、内膳正殿為使運天迄罷返由被仰、監介殿御出候、

同十四日曇

一西女罷立、中途ニ而へんとう、何れも参合被下候、雨ふり候而、頓而はれ候、な□と中所ニ而ぢけより被振舞候、従其運天ニ参候、従所被振舞候、

同十五日雨

一朝従所被振舞候、晩ニハ監介殿振舞申候、

同十六日雨

一従国主御使として勝連親方被越候、

同十七日雨

一従那□は飛脚参候、内膳正殿　金武王子より状被遣候、此□晩勝連被振舞、狩野介殿・為右衛門尉殿・監介殿同心申候、相半今帰神按司・たくし、

同十八日晴天

一為右衛門尉殿以監介殿へ先可被帰由申候、いケ様ニも談合次第と被仰候、

同十九日晴天

一監助殿被立候、金武王子へ条書之返事如何之由以勝連承候、従大和御返事可申由申入候、

同廿日晴天

一里主運天之いそニ而被振舞候、狩野介殿・為右衛門尉殿同心申候、相半勝連親方・たくし、日入時分ニ罷帰候、

同廿一日曇

一狩野助殿宿元へ参、勝連可被帰由、為右衛門尉殿以申入候、左様ニ候ハヽ、帰宅可有由被仰候、金武王子より

使被遣候、
　同廿二日晴天
一運天之野ニ而船越被振舞候、為右衛門尉殿・狩野助殿同心申候、相半今帰仁・たくし・おさセ、日入時分ニ
罷帰候、久志川按司被着候とて使被遣候、
　同廿三日曇
一久志川按司宿元へ御出被成候、頓而久志川宿へ見廻申候、従其過船まて国頭参候、船許まて久志川其外何れ
も送ニ御出被成候、此晩屋遍《か》と申所に一宿仕候、国頭被振舞候、
　同廿四日晴天
一屋か遍ゟ船ニ而遍とまて参、其よりかち道ニ而国頭之上ノ遍と見物仕、又船ニ而屋か遍まて参候、遍とニ而
狩野助殿・為右衛門尉殿・国頭・里主・にし四郎兵衛殿へんとう振舞申候、
　二月廿五日晴天
一遍《屋》か遍打立候ニ、国頭船元迄下食籠持遣小船ニ而被送遣候、昼前に運天ニ着津申候、船許まて久志川其外何
れも御出被成候、
　同廿六日曇　晩ハ雨、
一久志川明日屋か嶋ニ而御振舞可被成由被仰候て御出被成候、可参由申、頓而御礼参候、其次ニ狩野助殿へ見
廻申候、なはへ遣候使罷帰候、
　同廿七日曇
一屋か嶋ニ而久志川被振舞候、狩野介殿・為右衛門尉殿同心申参候、相半今帰仁・たくし、夜入候而罷帰候、
　同廿八日晴天

一狩野助殿御礼ニ御出被成候、久志川へ以使昨日の御礼申入候、其次ニ爰許へ長々御逗留被成候間、明日・明後日間ニ御帰宅可被成由申入候、明日御振舞可被成由、たくし御出被成被仰候、従《那》覇乗船何れも相廻候、

同廿九日曇

一金武王子《為》被着由ニ而御出被成候、久志川被帰候御暇乞ニ御出候、船元迄罷出候、其ゟたくし之振舞ニ上之はるへ□《狩野介殿・》此朝為右衛門尉殿同心申参候、相半金武王子・今帰仁・よむたんさん、此朝船頭衆太兵衛尉・宇左衛門尉・膳十郎・総左衛門尉・六右衛門尉・与七兵衛振舞申候、

同卅日曇　但琉球之朔日、

一里主・にし船頭衆礼ニ被参候、

三月朔日晴天

一狩野助殿・為右衛門尉殿御出被成候、頓而我等も参候、其ゟ金武王子浜ニ而被振舞候、狩野介殿・為右衛門尉殿同心申参候、相半今帰仁・よむたんさぬ・たくし、夜入候而罷帰候、

同二日晴天

一金武按司先御帰可被成由、以里主申入、則可有帰宅由候而被打立候、浜まで送罷□〔帰カ〕候、夜之九ツ時分那覇之火付相知候而、内膳正殿ゟ状参候、

同三日晴天

一順風能候而運天出船仕、沖へ拾八里ほと参候処ニ、俄ニ西風ニ罷成、船乗□も罷成候而、よんの嶋へ乗可申由、船頭衆申候へ共、其之内ニ北風ニ罷成候間、又運天ニ乗申候、夜入時分ニ着津申候、何れ之ぢけ衆船ニ而中途まで被参候、

同四日曇

一昨日船かけもとり候とて、首里ゟ付被置候れきゝ〔れ〕き御出候、

同五日曇

一今帰仁ゟ狩可被仰付候間、可罷登由承候へ共、当分作時分ニ而候間、可被召置由申入候、就其明日浜ニ而可被振舞由被仰候、いつ方へなり共可参由申候、

同六日曇　昼ゟ雨、

一今帰仁浜へさじきこしらへられ候へとも、雨ふり候間、よむたんさん宿ニ而被振舞候、狩野助殿・為右衛門尉殿同前ニ参候、相半よむたんさん・たくし、夜□〔入カ〕候て罷帰候、

同七日雨　昼ヨリはれあかり候、

一昨日之御礼使以申入候、今帰仁御出被成候、

同八日晴天

一久志上御越之由候而御出候、明日御振舞可被成由被仰候、久志上之宿ニ御見廻彼是ニ参候、其ヨリ置〔直〕ニ為右衛門尉殿同心申、屋か嶋へ参候、夜入候て罷帰候、

同九日晴天　昼ヨリ雨、

一久志上さじき於上之野ニ御かまへ被成□候間参候へ共、俄ニ雨ふりかゝり候間、先久志上宿参、御振舞被成候、狩野助殿・為右衛門尉殿御出候、相半よむたんさん・今帰仁・たくし、夜入候て罷帰候、

同十日雨

一久志上へ昨日之御礼ニ使以申入候、頓而久志上御出被成候、

同十一日曇

一久志上へ今度者俄ニ御越被成候間、先帰宅可有由以使申候へ共、出船まては可有御逗留由被仰候、

同十二日曇

一首里ヨリ被詰衆、何れも御見廻被成候、

同十三日曇

一国主ヨリ御使よむたんさん被相越候、□茶一なつめ（棗）被下候、金武按司ヨリ飛脚被遣候、索麺・たうふ（豆腐）御持せ候、

同十四日　琉球之十五日、晴天、

一首里ヨリ被詰候衆、何れも御礼ニ御出候、

同十五日晴天

一順風能候て、四ツ時分ニ運天之〔をカ〕何れも六捜〔艘、下同ジ〕立ニ而出船仕候、夜入候て、俄ニ雨ふり風替帆柱をそさし、漸□〔徳〕之嶋秋徳湊へ次日之八ツ時分ニ着津仕候、諸船ゆ之川湊ニ着津之由候、

同十六日曇

一徳之嶋秋徳之湊八ツ時分ニ着津仕候、諸船五捜ハゆ之川へ着津之由候、此方従も狩野助殿・為右衛門尉殿へ以飛礼申入候、狩野助殿ヨリ使被遣候、ゆの川ヨリ為右衛門尉殿・読谷山按司（年頭使向氏朝宗）御見廻ニ御出被成候、

同十七日晴天

一大田丹後守殿御見廻被成候、

同十八日晴天

一大田丹後守殿振舞申候、狩野助殿・読谷山按司・為右衛門尉殿御見廻ニ御出被成候間、振舞申候、大和守於二月出船為仕、山川船ニ捜・屋久嶋船壱捜ゆの川之湊ニ着津仕候、

同十九日晴天

一大田丹後守殿御振舞被成候、按司・狩野助殿・為右衛門尉殿御出被成候、

同廿日晴天

一狩野助殿へ順風能候ハヽ、御出船可被成由申候て使遣候、狩野助殿ヨリも飛脚被遣候、風少たかく参候て、何方も出船不罷成候まゝ、ゆの川へ見廻ニ参候、為右衛門尉殿御振舞被成候、

同廿一日晴天

一順風能候而、芦徳之湊四ツ時分ニ出舟仕候、ゆの川ヨリも同前ニ出舟被成候、大嶋ヨリ壱里程沖ニ而俄ニ雨ふり、西風ニ罷成、漸しはと申湊へ取付候、狩野助殿舟ハ少早候而、あむろと申所ニ着被成候、此晩按司・為右衛門尉殿御出被成候、

同廿二日雨

一平狩野助殿より飛脚被遣候、按司・為右衛門尉殿御見舞被成候、

同廿三日雨

一平狩野助殿ヨリ野村四郎兵衛殿被遣候、此方よりも使遣候、按司・たな原・当屋真・為右衛門尉殿参合、料理仕候、有川五左衛門尉殿・野村隼人佑殿十九日ニなせ（名瀬）へ着津之由候而、五左衛門尉殿ヨリ使参候、志郎右衛門尉被参候、

同廿四日雨

一坊之津之船頭琉球へ罷下候、夕部西之こはへ着津仕候由申候而、国元ヨリ之状持参候、則其船頭へ阿多内膳正殿へ遣状あつらへ候、国元へ油買調御登遣可有由申遣候、

同廿五日雨

一五左衛門尉殿使被罷帰候、乗船之帆柱取調、山ヨリ昨日下申候、為右衛門尉殿・志郎右衛門尉殿、料理仕候、

同廿六日曇

一為右衛門尉殿料理被成候、按司・琉球衆何れも同前ニ参申候、

同廿七日曇

一狩野助殿ヨリ使被遣候、

同廿八日雨

一五左衛門尉殿ヨリなせ之与人参候ニ、鹿之肢壱ツ・鹿児嶋酒徳利壱ツ被遣候、則按司・何れも琉球衆・為右衛門尉殿参合、料理仕候、

同廿九日曇

一順風能候而大嶋西之こは出船仕、同嶋なせへ着津仕候、頓而雨ふり西風ニ成候、

四月朔日曇

一□〔有〕川五左衛門尉殿、何れも付衆、狩野介殿・為右衛門尉殿□〔参〕合、料理仕候、

同二日曇

一なせ近所之在郷見物仕候、此晩有馬治右衛門尉殿、何れも付衆、為右衛門尉殿参合、料理仕候、有馬治右衛門尉殿・有川五左衛門尉殿御国元へ被得御意書物請取候、

同三日雨

一按司御振舞被成候、五左衛門尉殿・為右衛門尉殿同心申候、此晩五左衛門尉殿・治右衛門尉殿御出被成□□申入候而鴨中之談合申候、

同四日晴天

一五左衛門尉殿鬼界ごとく被相渡候、治右衛門尉殿被帰候、鬼界之与人両人罷帰候、

同五日晴天

一せつたヨリ五左衛門尉殿扩《当屋真被振舞候、》按司・狩野介殿・為右衛門尉殿同心申参候、従其なせ之在郷見物仕候、

同六日曇

一せつたより五左衛門尉殿送使罷帰ニ状被遣候、鎌田兵助殿先年此嶋へ逗留之刻、男子一人出来候、後之人於御国之ごとく被遣之由候、琉球より阿多内膳正殿使として中村金大嶋へ被遣候、今日着津被仕候、山川之船此嶋へ麦こきニ参候へ共、麦無之候而、新米迄相待候、其船ニ乗候者一人狩野助殿船ニ便仕罷登由、狩野介殿より以四郎兵衛殿被仰候、

同七日晴天

一なせ之内いつぶ村へ狩野介殿同心申参、見物仕候、帰さニ狩野助殿被振舞候、

同八日雨

一阿多内膳正殿・金武按司へ遣状中村金へ相渡候、

同九日曇

一従琉球之使船出船仕候、按司・狩野介殿御出被成候、

同十日曇

一狩野助殿よりひす之鳥壱ツ内衆被仕候とて御音信候、余順風無之候而、諸舟頭へ無油断出船日より談合可仕由、以為右衛門尉殿申聞候、

同十一日晴天

一順風能候而、大嶋なせ之津を五ツ時ニ出船仕候処ニ、八ツ時分ヨリ西風ニあかり登不罷成候而被戻、次日之五ツ時ニ漸同嶋てけぶ(手花部)と申湊へ取付申候、

同十二日

一大嶋てけぶと申所ニ着津仕候、田ニひす之鳥はミ候由申候間、ねらひニ参仕、狩野助殿へ送申候、坊之〔津脱カ〕八右衛門尉舟琉球へ罷下候、従国元状・音信物持参候、

同十三日晴天　七ツ時より雨、

一狩野助殿・為右衛門尉殿宿見舞申、赤木名と□〔申〕所へ両人同心申、見物ニ参候、治右衛門尉殿ニ□〔焼カ〕酒御振舞被成候、余日より無之候間、中乗衆中出銭ニ而日より神楽仕候、

同＋四日曇

一按司御出被成候、琉球衆何れも被参候、

同十五日曇

一按司何れも御礼ニ御出候、狩野助殿按司へ御礼ニ参候、従治右衛門尉殿明後日御振舞可被成由、以為右衛門尉殿承候、狩野助殿於御出ハ必可参由返事申候、

同十六日晴天

一従治右衛門尉殿形〔刑〕部左衛門尉殿以明日可参由承候、前ニ如申狩野助殿於御出ハ可参由返事申候、所之神踊見物ニ按司・為右衛門尉殿同心申参候、

同十七日晴天

一有馬治右衛門尉殿御振舞可被成由約束申候得共、順風能候而四ツ時ニ出船仕候、

同十八日晴　夜ハとれ、

一同風、

同十九日晴天

一朝ハ同風、昼より些風たかく罷成、山川へ乗事不罷成、坊津へ乗申候、湊口より雨ふり、西風ニあかり、漸湊へ押入候、類船之内狩野助殿・為右衛門尉殿船夜入時分ニ着津候、琉球衆被乗候弐捜之船ハ何方へ参候哉不相知候、今日ハ順風悪敷候て、坊津へ逗留仕候、就夫八右衛門被振舞候、狩野助殿・為右衛門尉殿同心申参候、今朝鹿児嶋へ使遣候、爰元へ舟改衆□□甚右衛門殿御座候而、□改被成候、

一高壱石ニ付公儀米三升ツヽ、
右年ニより公儀米多少可相定事

一諸請地物成公儀代検使為被定直上ニ〔置〕、領主ゟ其上ニかふせ代被申付候ハヽ、従公儀被仰付候検使之儀候間、私ニ代を被定候儀不可候間、左様成人於有之候ハヽ可被申上候、若検使緩ニ被相定候ハヽ、従領主□〔彼カ〕座へ申出候ハヽ、吟味を以幷〔再〕検可□□⑧候、

一門壱ツニ付年中納物之定

一茅莚三枚　一すミ壱俵　三斗入
一節木四束　一箸木
一芋三升　一山芋
一きね二ツ　一若木二束
一薪四束　一萩弐束
一おやし五合□□□⑨　一いつり葉
一もろむき　一柳
一たら　一門松

三月三日、五月五日用之納物
一蓬　　一巻茅
一菖蒲
右五里ゟ内ハ現ニ其色々相納、五里ゟ外ハ可為代物事、
七夕之納
一ものほし竿一ツ、石台四本、
七月祭納もの
一とほし松一束但長さ一尺五寸、廻弐尺、
沢□[10]幷水之子用之野菜
一□[11]□わり壱本但無用人ハ長木五本ツヽ
一わら莚四枚
一半縄十房三十三尋ツヽ
一小縄三房五十尋ツヽ
一畳うらこも弐帖但六帖重、
一夫仕十五才ゟ六十才迄之もの面付壱人ニ付年中ニ夫仕五人ツヽ可召仕事
一米津下シ十二里、十弐里ゟ以上領主ゟ舟賃駄賃□百生へ差引候て可遣事
一船着宿賃之儀ハ領主ゟ可承候
一百姓納物持参之時滞留仕候ハヽ、領主可為賄事
一従遠方中途ニ泊候時之飯米右同断之事

一人面付
清水近所 ◬妙法寺屋敷 男二人牛壱疋 女二人馬壱疋 ◬
□〔二〕高五十石
同同 ○新原門 男四人 女壱人 馬二疋
○一高四十石九斗九合三勺七才
二人面付
同同 △中城屋敷 男三人 女二人 馬一疋 ◬
十五石五斗六升
近所 新原屋敷 男二人 女壱人 馬壱疋
□□〔二高〕廿壱石九斗壱升一合五勺七才
伊集院近所 △内直木之門 男六人〔七〕 女四人 馬五疋 四人面付 ◬
一高三十石弐斗四升六合八勺八才
同同 辻之門 男六人 女壱人 馬五疋
□□〔二高〕廿六石四斗
同同 ○鶴田之門 男七人 女四人 馬十疋
一高廿六石五斗四合
始良中途 論地之門 男九人 女二人 馬九疋
□〔二〕高四十壱石八斗二升六合二勺五才
同同 ◬上久保屋敷 男三人 女二人 馬六疋 二人面付 ◬

〔一高〕□□廿壱石四斗四升五合八勺三才
同同 △御堂□屋敷 男三人 女壱人 馬二疋 三人面付 △
〔一〕□高三十七石五斗六升二合四勺九才
同 瀬戸口之門 男六人 女三人 馬八疋
〔一高〕□十二石八斗五升□合壱勺七才
大園之門 男七人 女二人 馬四疋
〔一高〕□三十九石二斗四升六合三勺六才
穎娃近□ △原村屋敷 男七人 女七人 馬六疋 三人面付 △
〔一〕□高五十三石壱斗八升五合壱勺壱才
同 上芝口屋敷 男十壱人 女□人 馬六疋
一高五十三石二斗六升二合八勺壱才
同 今村之門 男九人 女七 馬九疋
一高五十三石壱斗
菱刈遠方 柿之内之門
一高七十四石五斗
同⑫ △茶□之門 男三人 女二人 壱人面付 △
一高七十四石五斗
同 柳野之門 男七人 女四人 馬四疋
一高七十四石四斗九升二合九勺四才

長江《恒吉》之門男七人女六人馬八疋

〔一高〕□五十石
五石九合一勺一才
三百十七石五斗九合四勺二才

右高三百弐石五斗○三勺壱才

□高十三石四斗九升七合七勺七才

□高八百六十一石壱升五勺五才本高ニ不足高二斗七升二合二勺五才

（異筆）「萬治三年子ノ五月十三日」
□高弐百六十四石九斗三升七合八勺二才

（以上本文）

（後補後表紙見返シ識語）
「此祐昌様琉球御渡海之日記は、雨濡ニ而用紙失痛居候間、明治八年乙亥十月初旬、祐治勧業掛茶方勤之節召仕候勘定方筆者下町人神川徳太郎江佗〔託〕し、表粧相改置候者也、子孫永々無麁略様格護嫡家ニ永伝可有者也、

明治八年乙亥十一月十七日表粧終事 祐兄公ゟ十三代之正嫡

木脇治郎祐治（花押）」

◎難読箇所部分写真（本文の文字の右傍に番号を付す）

①

②

③

④

⑤

⑥

⑦

⑧

⑨

⑩

⑪

⑫

第四巻初出一覧

Ⅰ　古代日本と東アジア

1　研究の歩み（『日本の対外関係1　東アジア世界の成立』吉川弘文館、二〇一〇年六月）

2　東アジア世界の成立（『日本の対外関係1　東アジア世界の成立』吉川弘文館、二〇一〇年六月）

3　律令国家と東アジア（『日本の対外関係2　律令国家と東アジア』吉川弘文館、二〇一一年五月）

4　通交・通商圏の拡大（『日本の対外関係3　通交・通商圏の拡大』吉川弘文館、二〇一〇年十二月）

Ⅱ　「武家外交」の誕生（単行本）（さかのぼり日本史外交篇8　鎌倉「武家外交」の誕生、NHK出版、二〇一三年五月）

Ⅲ　虚心に史料を読む

1　崇親院に関する二・三の問題点――昌泰四年四月五日官符の検討――（『古代文化』三二巻五号、一九八〇年五月）

2　陽明文庫本『中右記』管見（『陽明叢書記録文書篇第七輯　中右記1』月報一八、思文閣出版、一九八八年六月）

3　徳川光圀と『高麗史』（『茨城県史研究』六〇号、一九八八年三月）

4　朝鮮通信使との交流と『東国通鑑』（『季刊青丘』一号、一九八九年八月）

5　以酊庵輪番僧虎林中虔（『前近代の日本と東アジア』吉川弘文館、一九九五年一月）

6　『善隣国宝記』諸本解説（『訳注日本史料 善隣国宝記・新訂続善隣国宝記』集英社、一九九五年一月）

7　『唐大和上東征伝』（『歴史と地理』四九〇号、一九九六年六月）

8　『日本紀略』（『国史大系書目解題　下巻』吉川弘文館、二〇〇一年十一月）

9 『旧唐書』『新唐書』に描かれた「倭」「日本」(『別冊歴史読本四六 新視点古代倭国の研究』二〇〇三年五月)

10 印象に残る印章の話——岩村藩版『慶安御触書』の印——(『日本歴史』七五七号、二〇一一年六月)

11 『肥後守祐昌様琉球御渡海日記』(史料紹介)(『南島史学』二八号、一九八六年九月)

第四巻訂正一覧

＊以下は、主要な訂正箇所を一覧として掲げたものである。一覧註の正誤欄には、基本的に本巻及び初出誌の記載をそのまま掲げた。冒頭に＊を付したものは編者による修正、無印のものは著者手沢本による修正である。

＊アラビア数字は部、○番号は論文（目次順）。

	頁数	行	本巻	初出誌
	I②37頁	9-10行目	(初出時の重複を削除)	そこでその年次は~正始元年(二四〇)
	I②37頁	最終行	(初出時の重複を削除)	「其の年十二月」に~解釈と思われる。
＊	I②52頁	17行目	未斯欣	未斯斤
	I③62頁	5行目	文帝	皇帝文宗
	I③62頁	14行目	六二三年(推古三十一)	六二三年(推古三一)
	I③70頁	3行目	唐に渡った人々	唐に渡る人々
	I③75頁	最終行	唐の有力都市にも近い新羅	唐の有力都市に近い新羅
	I③82頁	4行目	現実のものと認識させてくれた	現実のものと認識する上で欠かせないものであった

	Ⅱ⓪110頁	9行目	情報の幅広い蒐集	幅広い情報の蒐集
	Ⅱ①113頁	12行目	之(これ)*ルビ追加	之
	Ⅱ①114頁	1行目	凡(およ)そ/按堵(あんど)/故(もと)*ルビ追加	凡そ/按堵/故
*	Ⅱ①118頁	最終行	山口県下関市豊浦町	山口県上関町
	Ⅱ①126頁	7行目	渡来僧が務めた。	渡来僧が務めたことであろう。
	Ⅱ①129頁	8行目	繫留(けいりゅう)*ルビ追加	繫留
	Ⅱ①137頁	13行目	下語(あご/あぎょ)*ルビ追加	下語(あご)
	Ⅱ②159頁	7行目	一二七三年(至元十)	一二七五年(至元十二)
*	Ⅱ②178頁	7行目	である。	である、
	Ⅱ③186頁	8行目	蒲鮮万奴(ほせんばんど)	蒲鮮万奴(はせんばんど)
	Ⅱ③198頁	6行目	「米幷せて一百二十石、紬布…」	「米幷せて一百二十石・紬布…」
	Ⅱ④209頁	16行目	花押(かおう)*ルビ追加	花押
*	Ⅱ④209頁	最終行	近衛基通	近衛元通

第四巻訂正一覧

＊	Ⅲ①240頁	註16	『京都坊目誌』	『京効坊目誌』
＊	Ⅲ③253頁	11行目	大坂	大阪
＊	Ⅲ③253頁	16行目	大坂	大阪
	Ⅲ③257頁	註10	李施愛	施愛
＊	Ⅲ③259頁	註19	『通航一覧』	『通交一覧』
＊	Ⅲ⑥296頁	8行目	神雒	神雒
	Ⅲ⑥311頁	13行目	37〜40	37〜39
	Ⅲ⑥311頁	17行目	校訂注	校訂法
	Ⅲ⑥312頁	14行目	37〜40	37〜39
	Ⅲ⑥312頁	最終行	38〜40	37〜39
＊	Ⅲ⑥313頁	3行目	37〜40	37〜39
＊	Ⅲ⑥313頁	4行目	37〜40	37〜39
＊	Ⅲ⑧361頁	註5	往々	住々

＊	III⑩377頁	18行目	六論衍義大意	六論衍義大意
＊	III⑩378頁	4行・11行	六論衍義大意	六論衍義大意
＊	III⑩379頁	16行目	六論衍義大意	六論衍義大意
＊	III⑩380頁	4行目	六論衍義大意	六論衍義大意
＊	III⑪383頁	12行目	伊地知季安	伊知地季安
＊	III⑪390頁	8行目	原文注	原分注
＊	III⑪392頁	註7	北島正元編『近世の支配体制と社会構造』吉川弘文館	『近世の支配体制と社会構造』
＊	III⑪394頁	註22	『近世の琉球』（法政大学出版局・一九七五年）	『近世の琉球』（一九七五年）
＊	III⑪402頁	5行目	猪之俣為右衛門	猪之俣為右為門

索　引

凡　例

＊本索引は本文中の人名・地名・史料名・事項を採録した。
＊事項は本文中の論旨に直接関わる語彙を対象とした。
＊ただし、第三部 11 の末尾の翻刻部分は除外した。
＊配列は五十音順別・筆画順とし、人名・地名は日本語読みにもとづいた。

人名索引

【あ行】

【か行】

【さ行】

【た行】

【な行】

【は行】

【ま行】

【や行】

【ら行】

【わ行】

研究者名索引

【あ行】

【か行】

【さ行】

【た行】

【や行】

【ら行】

【わ行】

地名索引

【あ行】

【か行】

【さ行】

【た行】

【な行】

【は行】

【ま行】

【や行】

【ら行】

【わ行】

史料名索引

【あ行】

【か行】

【さ行】

【た行】

【な行】

【は行】

【ま行】

【や行】

【ら行】

【わ行】

事項索引

【あ行】

【か行】

【さ行】

【た行】

【ま行】

【や行】

【ら行】

【わ行】

著者略歴

石 井 正 敏（いしい・まさとし）

中央大学名誉教授。専門は古代・中世対外関係史。

著書に『日本渤海関係史の研究』(吉川弘文館、2001年)、『東アジア世界と古代の日本』(山川出版社、2003年)、『鎌倉「武家外交」の誕生』(NHK出版、2013年)などがある。

編者略歴

荒 野 泰 典（あらの・やすのり）

立教大学名誉教授。専門は近世日本史、近世国際関係史。

著書に『近世日本の国際関係と言説』(編著、淡水社、2017年)などがある。

須 田 牧 子（すだ・まきこ）

東京大学史料編纂所助教。専門は日本中世史(対外関係)。

著書に『「倭寇図巻」「抗倭図巻」をよむ』(編著、勉誠出版、2016年)などがある。

米 谷　 均（よねたに・ひとし）

中央大学文学部非常勤講師。専門は中近世日朝・日中関係史。

論文に「中世日明関係における送別詩文の虚々実々」(『北大史学』55号、2015年)などがある。

石井正敏著作集　第四巻

通史《つうし》と史料《しりょう》の間《あいだ》で

著者　石井正敏

編者　荒野泰典　須田牧子　米谷　均

発行者　池嶋洋次

発行所　勉誠出版(株)

〒101-0051 東京都千代田区神田神保町三―一〇―二

電話　〇三―五二一五―九〇二一(代)

二〇一八年八月十日　初版発行

印刷　製本　太平印刷社

ISBN978-4-585-22204-0　C3020

古文書料紙論叢

古代から近世における古文書料紙とその機能の変遷を明らかにし、日本史学・文化財学の基盤となる新たな史料学を提示する。

湯山賢一 編・本体一七〇〇〇円（＋税）

中世地下文書の世界
史料論のフロンティア

中世において、朝廷・幕府や荘園領主の側ではなく、「地下」の側＝地域社会において作成され、機能した文書群である地下文書の実態を明らかにする。

春田直紀 編・本体二八〇〇円（＋税）

紙の日本史
古典と絵巻物が伝える文化遺産

長年の現場での知見を活かし、さまざまな古典作品や絵巻物をひもときながら、文化の源泉としての紙の実像、そして、それに向き合ってきた人びとの営みを探る。

池田寿 著・本体二四〇〇円（＋税）

平安朝漢詩文の文体と語彙

平安朝漢詩文を代表する十種の文体について、実例の読解および当該作品の読まれた状況の再現により、その構成方法や機能などの文体的特徴を明らかにする。

後藤昭雄 著・本体八〇〇〇円（＋税）

東アジアのなかの建長寺
宗教・政治・文化が交叉する禅の聖地

北条得宗家による宗教政策の中枢として、幕府と禅僧の関係の基盤を築いた建長寺。日本と東アジアを結ぶ「禅」という紐帯の歴史的意義を明らかにする。

村井章介 編・本体三五〇〇円（+税）

中華幻想
唐物と外交の室町時代史

唐物に当時の《中華》イメージを探り、外交の現場から幕府の対外観をあぶり出す。言説・伝説、文化史や美術史の成果なども取り入れた、新しい対外関係史。

橋本雄 著・本体二八〇〇円（+税）

日明関係史研究入門
アジアのなかの遣明船

外交、貿易、宗教、文化交流など、様々な視角・論点へと波及する「遣明船」をキーワードに、十四〜十六世紀のアジアにおける国際関係の実態を炙り出す。

村井章介 編集代表／橋本雄・伊藤幸司・須田牧子・関周一 編・本体三八〇〇円（+税）

「倭寇図巻」「抗倭図巻」をよむ

赤外線撮影による文字の解読、隣接する各種絵画資料・文献資料の分析などの多角的視点から、倭寇図巻の成立、倭寇をめぐるイメージの歴史的展開に迫る画期的成果。

須田牧子 編・本体七〇〇〇円（+税）

【石井正敏著作集◎各巻収録論文一覧】

◉第1巻……古代の日本列島と東アジア

I…倭国と東アジア外交

五世紀の日韓関係——倭の五王と高句麗・百済
『日本書紀』隋使裴世清の朝見記事について

II…古代の日本と新羅・渤海

日本・渤海間の名分関係——舅甥問題を中心に
八・九世紀の日羅関係
九世紀の日本・唐・新羅三国間貿易について

III…内憂と外患——貞観期の災害・海賊

円仁と張宝高——入唐日本人と新羅人
大宰府鴻臚館と張宝高時代を
　中心とする日本・新羅関係
貞観十一年の震災と外寇
貞観十一年の天災と外寇
東アジア史からみた鞠智城

IV…古代国家の変転と残像

『金液還丹百問訣』にみえる渤海商人李光玄について
　——日本渡航問題を中心に
『日本書紀』金春秋来日記事について
藤原定家書写『長秋記』紙背文書
　「高麗渤海関係某書状」について
東アジアの変動と日本外交

◉第2巻……遣唐使から巡礼僧へ

I…遣唐使

外交関係——遣唐使を中心に
遣唐使の貿易活動
遣唐使と新羅・渤海
唐の「将軍呉懐實」について
大伴古麻呂奏言について
　——虚構説の紹介とその問題点
いわゆる遣唐使の停止について
　——『日本紀略』停止記事の検討
寛平六年の遣唐使計画について
寛平六年の遣唐使計画と新羅の海賊
『古語拾遺』の識語について
宇佐八幡黄金説話と遣唐使
遣唐使と語学

II…巡礼僧と成尋

遣唐使以後の中国渡航者とその出国手続きについて
入宋巡礼僧
入宋僧奝然のこと
　——歴史上の人物の評価をめぐって
成尋——一見するための百聞に努めた入宋僧
成尋生没年考
入宋僧成尋の夢と備中国新山寺
『成尋阿闍梨母集』にみえる
　成尋ならびに従僧の書状について
源隆国宛成尋書状について
入宋僧成尋のことなど
『参天台五臺山記』研究所感
　——虚心に史料を読む、ということ
『参天台五臺山記』にみえる「問官」について

◉第3巻……高麗・宋元と日本

I…日宋貿易と日麗交流

十世紀の国際変動と日宋貿易
肥前国神崎荘と日宋貿易
　——『長秋記』長承二年八月十三日条をめぐって
年未詳五月十四日付源頼朝袖判御教書案について
　——島津荘と日宋貿易
高麗との交流
日本・高麗関係に関する一考察
　——長徳三年(九九七)の高麗来襲説をめぐって
『小右記』所載
　「内蔵石女等申文」にみえる高麗の兵船について

II…日元・日麗外交と文書

至元三年・同十二年の日本国王宛クビライ国書について
　——『経世大典』日本条の検討
文永八年来日の高麗使について
　——三別抄の日本通交史料の紹介
文永八年の三別抄牒状について
『異国牒状記』の基礎的研究
貞治六年の高麗使と高麗牒状について

◉第4巻……通史と史料の間で

I…古代日本と東アジア

研究の歩み
東アジア世界の成立
律令国家と東アジア
通交・通商圏の拡大

II…武家外交の成立

幕府滅亡 強硬路線の果てに
握りつぶした協調の道
幕府が信じた外交ルート
源頼朝〝敗訴〟からのスタート

III…虚心に史料を読む

崇親院に関する二・三の問題点
　——昌泰四年四月五日官符の検討
陽明文庫本『中右記』管見
徳川光圀と『高麗史』
朝鮮通信使との交流と『東国通鑑』
以酊庵輪番僧虎林中虔
『善隣国宝記』諸本解説
『唐大和上東征伝』
『日本紀略』
『旧唐書』『新唐書』に描かれた「倭」「日本」
印象に残る印章の話——岩村藩版『慶安御触書』の印
『肥後守祐昌様琉球御渡海日記』